Schriften zu Wirtschaftsprüfung, Steuerlehre und Controlling

Herausgegeben von
Carl-Christian Freidank, Hamburg, Deutschland

Weitere Bände in dieser Reihe http://www.springer.com/series/12267

Nils Langhein

Umsatzsteuer und Steuerplanung

Die Umsatzsteuer unter organisatorischen und planerischen Gesichtspunkten

Mit einem Geleitwort von Prof. Dr. Siegfried Grotherr

Springer Gabler

Nils Langhein
Hamburg, Deutschland

Dissertation Universität Hamburg, 2016

Schriften zu Wirtschaftsprüfung, Steuerlehre und Controlling
ISBN 978-3-658-18219-9 ISBN 978-3-658-18220-5 (eBook)
DOI 10.1007/978-3-658-18220-5

Die Deutsche Nationalbibliothek verzeichnet diese Publikation in der Deutschen Nationalbibliografie; detaillierte bibliografische Daten sind im Internet über http://dnb.d-nb.de abrufbar.

Springer Gabler

Gedruckt auf säurefreiem und chlorfrei gebleichtem Papier

Springer Gabler ist Teil von Springer Nature
Die eingetragene Gesellschaft ist Springer Fachmedien Wiesbaden GmbH
Die Anschrift der Gesellschaft ist: Abraham-Lincoln-Str. 46, 65189 Wiesbaden, Germany

Geleitwort

Der weltweite Bedeutungsanstieg der Umsatzsteuer und die wachsenden Anforderungen an ein effektives Umsatzsteuer-Management in den Unternehmen begründen ein aktuelles und praxisrelevantes Problemfeld für den wissenschaftlichen Diskurs.

Die vorliegende Untersuchung befasst sich mit den Perspektiven des harmonisierten Umsatzsteuergesetzes für Unternehmen zur Verbesserung ihrer betriebsorganisatorischen und planerischen Strukturen. Dabei wird u.a. untersucht, inwieweit der internationale Bedeutungsanstieg anhand messbarer Faktoren festzustellen ist und wie die Unternehmen auf den internationalen Trend zur Verlagerung der Besteuerung von den direkten zu den indirekten Steuern, wozu die Umsatzsteuer gehört, reagieren.

Fast alle verfügbaren diesbezüglichen Studien wurden bislang von großen Wirtschaftsprüfungsgesellschaften durchgeführt und orientieren sich an der Bedeutung für das praktische Beratungsgeschäft. Eine tiefgründige wissenschaftliche Untersuchung der verschiedenen Bereiche eines betrieblichen Umsatzsteuer-Managements durch Datenerhebungen, Problemaufrisse, Empfehlungen und Lösungsansätze fehlte bisher. Die vorliegende Arbeit von Dr. Nils Langhein betrachtet das Umsatzsteuer-Management aus einer unternehmerischen Gesamtperspektive.

Auf der Grundlage einer umfangreichen qualitativ-empirischen Untersuchung in Unternehmen werden die verschiedenen Bereiche des Umsatzsteuer-Managements systematisiert und analysiert. Die Basis der durchgeführten empirischen Untersuchung bilden halbstandardisierte, leitfadengestützte Experteninterviews mit Steuerverantwortlichen. Mit Hilfe dieser Vorgehensweise konnten neue praxisnahe Erkenntnisse in einem wenig erforschten Bereich des betrieblichen Umsatzsteuer-Managements gewonnen werden.

In der vorliegenden Arbeit werden Handlungsempfehlungen zur Veränderung in der umsatzsteuerlichen Betriebsorganisation sowie Grundlagen für ein betriebliches Umsatzsteuer-Risikomanagementsystem erarbeitet. Im Mittelpunkt der Betrachtungen stehen dabei immer die Reduzierung von Verwaltungsaufwand, umsatzsteuerlichen Befolgungskosten und steuerlichen Risikopotenzialen. Schließlich identifiziert die Untersuchung den Kostencharakter der Umsatzsteuer für Unternehmen. Dabei wird auch der Zusammenhang zwischen einem wirtschaftlichen Umsatzsteuer-Management und der wertorientierten Unternehmensführung herausgearbeitet.

Die Untersuchungsergebnisse geben eine Antwort auf den weltweiten Bedeutungsanstieg der Umsatzsteuer, indem mögliche Strategien zur Verbesserung der betrieblichen Abläufe im Umsatzsteuer-Management und Reduzierungsmöglichkeiten von Umsatzsteuer-Risiken beschrieben werden.

Hamburg, im Oktober 2016 — Prof. Dr. Siegfried Grotherr

Vorwort

Zum Gelingen dieser Arbeit haben viele engagierte Steuerkollegen beigetragen.

Ein herzlicher Dank gilt meinem Doktorvater, Herrn Prof. Dr. Siegfried Grotherr, für die Möglichkeit der Promotion und die vielfältige Unterstützung während der Bearbeitung.

Weiterer Dank gilt Herrn Prof. Dr. Carl-Christian Freidank für die Erstellung des Zweitgutachtens und der Erlaubnis zur Veröffentlichung in seiner Reihe bei Springer Gabler.

Ohne die engagierte und geduldige Teilnahme von fast einhundert Personen, u.a. Leiter von Unternehmensteuerabteilungen, Finanzvorständen, Steuerberatern und Mitarbeitern der Finanzverwaltung, an meinen qualitativen Erhebungen und Experteninterviews zum Umsatzsteuer-Management hätten viele Untersuchungsergebnisse und Nachweise nicht erbracht werden können. Ihnen allen möchte ich gleichermaßen meinen besonderen Dank aussprechen.

Hamburg, im November 2016 Nils Langhein

Inhaltsverzeichnis

Abbildungsverzeichnis

Tabellenverzeichnis

Abkürzungsverzeichnis

a.a.O.	am angegebenen Ort
Abl. EU	Amtsblatt der Europäischen Union
Abs.	Absatz
Abschn.	Abschnitt
AfA	Absetzung für Abnutzung
AG	Aktiengesellschaft
AktG	Aktiengesetz
AO	Abgabenordnung
AStBV	Anweisungen für das Straf- und Bußgeldverfahren (Steuer)
Aufl.	Auflage
Az.	Aktenzeichen
B2B	Business to Business
B2C	Business to Customer
BaFin	Bundesanstalt für Finanzdienstleistungsaufsicht
BB	Der Betriebs-Berater (Zeitschrift)
BC	Zeitschrift für Bilanzierung, Rechnungswesen und Controlling
Bd.	Band
BDI	Bundesverband der Deutschen Industrie e.V.
Bez.	Bezeichnung
BFH	Bundesfinanzhof
BFuP	Betriebswirtschaftliche Forschung und Praxis (Zeitschrift)
BGB	Bürgerliches Gesetzbuch
BGBl.	Bundesgesetzblatt
BGH	Bundesgerichtshof
BHO	Bundeshaushaltsordnung
BilMoG	Gesetz zur Modernisierung des Bilanzrechts vom 29.5.2009, BGBl. I 2009, 1102.
BilReG	Bilanzrechtsreformgesetz
BMF	Bundesministerium der Finanzen
BMG	Bemessungsgrundlage, § 10 UStG
BpO	Betriebsprüfungsordnung
BR-Drucks.	Bundesratsdrucksache
BSI	Bundesamt für Sicherheit und Informationstechnik
BStBl.	Bundessteuerblatt
BTR	British Tax Review (Zeitschrift)
BWL	Betriebswirtschaftslehre
BZSt	Bundeszentralamt für Steuern
CFO	Corporate Financial Officer

CMR	Controlling Management Review (Zeitschrift)
CR	Corporate Responsibility
CSR	Corporate Social Responsibility
D	Deutschland
DAX	Deutscher Aktienindex
DB	Der Betrieb (Zeitschrift)
DBW	Die Betriebswirtschaft (Zeitschrift)
Destatis	Statistisches Bundesamt
DIIR	Deutsches Institut für Interne Revision e.V.
Diss.	Dissertation
DRS	Deutsche Rechnungslegungsstandards
Drucks.	Drucksache
DStJG	Deutsche Steuerjuristische Gesellschaft (Zeitschrift)
DStR	Deutsches Steuerrecht (Zeitschrift)
DStRE	Deutsches Steuerrecht Entscheidungsdienst (Zeitschrift)
DU	Die Unternehmung (Zeitschrift)
EBIT	Earning before interest and taxes
Eds.	Mehrere Herausgeber
EG	Europäische Gemeinschaft
ERP-System	Enterprise Resource Planning-System
EStDV	Einkommensteuerdurchführungsverordnung
EStG	Einkommensteuergesetz
et al.	et alii
EU	Europäische Union
EuGH	Europäischer Gerichtshof
EuGHE	Sammlung der Entscheidungen des EuGH
EUSt	Einfuhr-Umsatzsteuer
EuZW	Europäische Zeitschrift für Wirtschaftsrecht
EVG&D	Economic Value Generated and Distributed Tabelle
EWG	Europäische Wirtschaftsgemeinschaft
EWR	Europäischer Wirtschaftsraum
EY	Ernst & Young Steuerberatungs- und Wirtschaftsprüfungsgesellschaft
f.	folgende
FA	Finanzamt
ff.	fortfolgende
FG	Finanzgericht
FGO	Finanzgerichtsordnung
FiBU	Finanzbuchhaltung
FR	Finanz-Rundschau Ertragssteuerrecht (Zeitschrift)

FTSE	Financial Times Stock Exchange
FVG	Finanzverwaltungsgesetz
GB	Großbritannien
GbR	Gesellschaft bürgerlichen Rechts
Ges.	Gesellschaft
GewSt	Gewerbesteuer
GmbH	Gesellschaft mit beschränkter Haftung
GmbHR	Die GmbH-Rundschau (Zeitschrift)
GRI	Global Reporting Initiative
GST	goods&sales tax
GuV	Gewinn und Verlustrechnung
h. M.	herrschende Meinung
HGB	Handelsgesetzbuch
HH	Hansestadt Hamburg
HMS	Haftungsmanagementsystem
HMRC	Her Majesty`s Revenue and Customs (britische Finanzbehörde)
Hrsg.	Herausgeber
HS	Halbsatz
i.O.	im Original
IDWPS	Institut der Wirtschaftsprüfer Prüfungsstandards
IIA	The Institute of Internal Auditors
IKS	Internes Kontrollsystem
innergem.	Innergemeinschaftlich/-e/-er
IStR	Internationales Steuerrecht (Zeitschrift)
IW	Institut der deutschen Wirtschaft Köln Consult GmbH
IWB	Internationales Steuer- und Wirtschaftsrecht (Zeitschrift)
IWW	Institut für Wissen in der Wirtschaft
Jg.	Jahrgang
jPdöR	juristische Person des öffentlichen Rechts
JStG	Jahressteuergesetz
KG	Kommanditgesellschaft
KMU	Kleine und mittlere Unternehmen
KOM	Europäische Kommission (EU-Kommission)
KRP	Zeitschrift für Kostenrechnungspraxis
KSt	Körperschaftsteuer
LG	Landgericht
LSt	Lohnsteuer

m. Anm.	mit Anmerkungen
m.w.N.	mit weiteren Nachweisen
MaRisk	Mindestanforderungen an das Risikomanagement (Rundschreiben 10/12 der BaFin)
MOSS	Mini One Stop Shop
MwSt	Mehrwertsteuer
MwStDVO	Mehrwertsteuerdurchführungsverordnung der EU-Kommission
MwStR	MehrwertSteuerrecht (Zeitschrift)
MwStSystRL	Mehrwertsteuer-Systemrichtlinie
n.F.	neue Fassung
nat.	national
NGO	Non-Governmental Organisation (Nichtregierungsorganisationen)
nv	nicht veröffentlicht
OECD	Organisation for Economic Cooperation and Development
ÖStZ	Österreichische Steuerzeitung (Zeitschrift)
OFD	Oberfinanzdirektion der Landesfinanzverwaltungen
PM	Pressemitteilung
PR	Public Relations
RGBl.	Reichsgesetzblatt
RM	Risikomanagement
RMCD	Royal Malaysian Customs Department
RMS	Risikomanagementsystem
Rn.	Randnummer
ROI	Return on Investment
Rz.	Randziffer
SAF-T	Standard Audit File for Tax
ST	Schweizer Treuhänder (Zeitschrift)
StBerG	Steuerberatungsgesetz
SteuBAG	Steuerbürokratieabbaugesetz
Stellv.	Stellvertreter
SteuK	Steuerrecht kurzgefaßt (Zeitschrift)
StuB	Unternehmensteuern und Bilanzen (Zeitschrift)
StuW	Steuern und Wirtschaft (Zeitschrift)
TransPuG	Gesetz zur weiteren Reform des Aktien- und Bilanzrechts, zur Transparenz und Publizität
Ubg	Die Unternehmensbesteuerung (Zeitschrift)

UK	United Kingdom (Vereinigtes Königreich von Großbritannien und Nordirland)
UMS	Unified Messaging Service
Untern.	Unternehmer, unternehmerisch
UO	Untersuchungsobjekt
UR	Umsatzsteuer-Rundschau Zeitschrift
Urt.	Urteil
USA	United Staates of America
USt	Umsatzsteuer
UStAE	Umsatzsteuer-Anwendungserlass
UStB	Der Umsatz-Steuer-Berater (Zeitschrift)
UStDV	Umsatzsteuer-Durchführungsverordnung
UStG	Umsatzsteuergesetz
UStGe	Umsatzsteuergesetze (weltweit)
USt-IdNr.	Umsatzsteuer-Identifikationsnummer i.S.d. § 27a UStG
VorstOG	Vorstandsvergütungs-Offenlegungsgesetz
VoSt	Vorsteuer
VPN	Virtual Private Network
WP	Wirtschaftsprüfung
WPg	Die Wirtschaftsprüfung (Zeitschrift)
WSI	Wirtschafts- und Sozialwissenschaftliches Institut
ZCG	Zeitschrift für Corporate Governance
ZfB	Zeitschrift für Betriebswirtschaft
ZfbF	Zeitschrift für betriebswirtschaftliche Forschung
ZfP	Zeitschrift für Personalforschung
ZIP	Zeitschrift für Wirtschaftsrecht
zM	zusammenfassende Meldung gem. § 18a UStG

I. Kapitel: Problemstellung und Gang der Untersuchung

A. Untersuchungsanlässe

Während Unternehmenssteuersätze in den letzten 10 Jahren weltweit stabilisiert oder reduziert wurden, hat eine Verlagerung hin zu indirekten Steuern stattgefunden, weshalb immer mehr Staaten den Schwerpunkt ihrer Einnahmen auf indirekte Steuern und höhere USt-Sätze legen, um die Staatseinnahmen abzusichern.[1] Die Steuer vom Umsatz (USt, englisch *VAT/GST*) nimmt innerhalb des Bereichs der indirekten Steuern eine herausragende Stellung ein.[2] Der Anteil von Umsatzsteuern am gesamten Steueraufkommen beträgt in derzeit 34 OECD-Mitgliedstaaten durchschnittlich über 31% und über 20% der weltweiten Steuereinnahmen. So sind Steuern vom Umsatz weltweit die drittwichtigsten Einnahmequellen für Staaten, gefolgt von Sozialbeiträgen und Einkommensteuern, aber weit vor Unternehmens- oder Besitzsteuern.[3] In Zeiten wirtschaftlicher Probleme suchen Staaten nach neuen Wegen, um die Einnahmen zu erhöhen. Im Kontext dieses Trends werden **Umsatzsteuern** international ausgeweitet, woraus für Unternehmen umsatzsteuerliche Risiken entstehen können.[4] Solange diese Tendenz anhält, stehen Unternehmen vor neuen Herausforderungen, Verkomplizierungen von Compliance-Verpflichtungen[5], wachsendem Ressourceneinsatz und höheren Liquiditätsbelastungen. Vor diesem Hintergrund sind steigende Steuersätze, intensivierte Außenprüfungen und verschärfte Sanktionen bei Fehlverhalten im Bereich der USt zu erwarten. Entgegen des weltweiten Bedeutungsanstiegs sind Steuerabteilungen im Bereich der USt organisatorisch und finanziell nicht ausreichend ausgestattet, was Auswirkungen auf erforderliche Erfolgskriterien im Management hat.[6]

Die USt leistet zusammen mit der Lohnsteuer (LSt) den mit Abstand größten Beitrag zum deutschen Steueraufkommen. Das USt-Aufkommen betrug im Jahr 2014 zu-

---

1 Vgl. KPMG (2014A), S. 2, 4; EY (2014A), S. 8, 9, EY (2014B), S. 4; PWC (2013), S. 3, 5, 6, 10, 29; KPMG (2012A), S. 1.

2 Vgl. PWC (2010), S. 2, 5.

3 Vgl. KPMG (2012B), S. 4.

4 Vgl. KPMG (2013), S. 5 f.

5 Vgl. PWC (2013), S. 33.

6 Vgl. KPMG (2012A), S. 3.

sammen mit der Einfuhrumsatzsteuer (EUSt) 203 Mrd. Euro[7] verbunden mit einem vergleichsweise abgabeeffizienten Erhebungs- und Vollzugsaufwand der Finanzverwaltung. Dennoch leidet das deutsche USt-Recht im Zuge der europäischen Steuerrechtsharmonisierung zunehmend an gesetzlichen Defiziten,[8] die betriebswirtschaftliche Unzulänglichkeiten für Unternehmen verursachen.

Als unternehmerische Herausforderungen der USt können neben der weltweiten Gesetzesbefolgung, Rechtsunsicherheit[9], Neutralitätsfragen, strukturelle Schwächen im Besteuerungsverfahren, Harmonisierungsdefizite und USt-Betrug aufgeführt werden, die in Unternehmen einen erheblichen bürokratischen Aufwand auslösen können. Diese administrativen Belastungen im Rahmen des Steuervollzugs führen zu **Befolgungskosten** für Unternehmen i.H.v. jährlich 8,6 Mrd. Euro[10] verbunden mit erheblichen **Risikopotenzialen**, die bundesweit auf jährlich 5 Mrd. Euro[11] geschätzt werden. Da die Bedeutung der USt weltweit zunimmt, sind Unternehmen gezwungen, diese Kosten durch eine Optimierung des betrieblichen USt-Managements zu reduzieren.

Kaum ein Einzelsteuerrecht ist stärkeren Rechtsprechungsänderungen unterworfen wie das USt-Recht. Der EuGH gibt immer wieder Impulse, dass die bisherigen Grundsätze zu überdenken, aufzuheben oder zu verändern sind. Nationale Gerichte, Finanzverwaltungen, Unternehmen und Berater sind daher zum ständigen Umdenken gezwungen, zumal die europäische Rechtsprechung nur selten sämtliche Aspekte und Fallgestaltungen abdeckt.[12] Der deutsche Gesetzgeber reagiert eher zurückhaltend auf die EuGH-Rechtsprechung[13]. Daher wurden Gesetzesänderungen vorgenommen, die nicht immer zur Vereinfachung des UStG beigetragen haben. Hinzu kommen komplizierte Regelungen in Bezug auf die USt-Anwendung. Häufige Steuerrechtsänderungen und unzählige Regelungserlasse im Bereich der USt werden in der Literatur als Hauptursache für Vollzugsmängel genannt. Die Folge ist ein wachsender Bürokratieaufwand für Unternehmen und Finanzverwaltung verbunden mit hohen **Befol-**

---

7 Statistisches Bundesamt (DESTATIS) (2015), online verfügbar unter https://www.destatis.de/DE/ZahlenFakten/GesellschaftStaat/OeffentlicheFinanzenSteuern/Steuern/Steuerhaushalt/Tabellen/KassenmaessigeSteuereinnahmen.html (Juni 2015).

8 Vgl. WIDMANN (2012), S. 429.

9 Vgl. EY (2014A), S. 10.

10 Berechnungen stammen vom Institut der Deutschen Wirtschaft, IW CONSULT (2008), S. 6, 38; vgl. zu den zunehmenden Pflichten von Unternehmen Kemper (2015), S. 373.

11 Vgl. IW CONSULT (2008), S. 9.

12 Vgl. STAPPERFEND (2012), S. 3.

13 Vgl. WIDMANN (2012), S. 429.

gungskosten[14] **und erheblichen Risiken.** Sogar Steuerfachleute können den erheblichen Verwaltungsaufwand kaum noch bewerkstelligen und aufgrund der vielen Interpretationsspielräume die USt nicht mehr sicher *ex ante* kalkulieren.[15]

Die Europäische Kommission schätzt die Befolgungskosten der USt mittlerweile auf 2% bis 8% der erhobenen Mehrwertsteuer (MwSt[16]). Den Belastungen sind insbesondere kleine und mittlere Unternehmen ausgesetzt, sodass die erforderlichen Kapazitäten kaum noch aufgebracht werden können.[17] Bezüglich der Identifizierung und Reduzierung umsatzsteuerlicher **Risiken** bezeichnen sich viele Unternehmen weltweit als verwundbar.[18]

Nicht selten sehen sich Unternehmen aufgrund der Komplexität des derzeitigen USt-Systems einer sehr hohen Belastung ausgesetzt. Selbst für alltägliche Anwendungen wie z.B. die korrekte Abgabe der USt-Voranmeldung müssen teilweise externe Berater hinzugezogen werden. Ohne zielgerichtete steuerpolitische Strategien wird dieser Zustand sich unbefriedigend entwickeln. Die EU-Mitgliedstaaten und Steuerverantwortliche in Unternehmensleitungen stehen vor umfangreichen Herausforderungen. Durch diese Entwicklung ist der Neutralitätsgrundsatz der MwSt[19] gefährdet mit der Folge, dem europäischen Binnenmarktgedanken zu schaden.[20]

Nationale Gerichte, Finanzverwaltung, Unternehmen und Berater müssen sich ständig umorientieren und bisherige Praktiken überdenken. Dies gilt auch für ausländische Unternehmer, wenn sie selbst keine inländischen steuerpflichtigen Umsätze erwirtschaftet haben.[21] Ein bedeutendes Hindernis für die effiziente Abwicklung von Binnenmarktgeschäften ist die Aufsplitterung des gemeinsamen MwSt-Systems der

---

14 Vgl. WOHLFAHRT (2013), S. 274; WIDMANN (2012), S. 417, 419; BUNDESRECHNUNGSHOF (2012A), S. 7 f.

15 Vgl. IW CONSULT (2008), S. 9; ERLE (2008), S. 205.

16 Der Begriff MwSt wird in Deutschland gleichbedeutend mit dem Begriff der USt verwendet. Trotz der Steuerreform von 1967 hält der deutsche Gesetzgeber an der Bezeichnung „Umsatzsteuer“ fest. Auf europäischer und internationaler Ebene wird hingegen die Bezeichnung „Mehrwertsteuer“ verwendet, engl. VAT.

17 Vgl. EU-KOMMISSION (2011), S. 4; IW CONSULT (2008), S. 20.

18 Hierzu die Umfrage von KPMG unter weltweit 249 Unternehmen; KPMG (2013), S. 23.

19 Der Grundsatz der steuerlichen Neutralität der USt ist ein Grundprinzip des EU-weiten MwSt-Systems und als solcher Ausdruck des Grundsatzes der Gleichbehandlung, siehe EuGH v. 19.12.2012, C-310/11– Grattan, UR 2013, S. 271.

20 Vgl. ERLE (2008), S. 205.

21 Vgl. KORF (2011A), S. 1070.

EU in 28 nationale MwSt-Systeme. Daraus ergeben sich strukturelle **Harmonisierungsdefizite** verbunden mit strukturellen Schwächen im deutschen USt-System. Die Wirtschaft geht davon aus, dass eine mangelnde **Harmonisierung** wesentliche Gründe für die hohe Komplexität, zusätzliche Verwaltungskosten und rechtliche Unsicherheiten sind. Das Europäische Parlament, der Europäische Wirtschafts- und Sozialausschuss und die Europäische Arbeitsgruppe Steuerpolitik schätzen das MwSt-System der EU als **reformbedürftig** ein. Dennoch sind die EU-Mitgliedstaaten offenkundig nur zu schrittweisen Veränderungen bereit, zumal die MwSt-Einnahmen durchschnittlich ca. 21% des nationalen Steueraufkommens ausmachen.[22] Problembereiche und strukturelle Defizite stehen nach Angaben des Bundesrechnungshofs der Sicherung des USt-Aufkommens entgegen, weswegen das derzeitige USt-Recht im Hinblick auf den europäischen Binnenmarkt als reformbedürftig bezeichnet wird.[23]

Im Vergleich zu anderen Einzelsteuerarten ist die USt als Anmeldesteuer von mangelnder Flexibilität und sozialer Unterscheidung aufgrund eines festgelegten Steuersatzes gekennzeichnet, der unabhängig vom steuerlichen Leistungsfähigkeitsprinzip vom Endverbraucher erhoben wird. Die USt steht daher als konsumbelastende Steuer im Mittelpunkt des öffentlichen Interesses.

Auf internationaler Ebene versuchen die EU-Mitgliedstaaten, das USt-System mittelfristig strukturell effizienter und effektiver zu gestalten, um USt-Einnahmen zu erhöhen. Dazu gehören Maßnahmen der Harmonisierung des europaweiten MwSt–Systems und der Intensivierung des zwischenstaatlichen Informationsaustauschs. Auf nationaler Ebene wird die Anhebung des USt-Satzes langfristig wieder Gegenstand von Diskussionen sein, weil Deutschland mit 19% im europäischen Vergleich zusammen mit Luxemburg und Malta einen geringen Steuersatz veranschlagt.

Zusätzlich zu Problemfeldern bietet das deutsche Umsatzsteuerrecht eine Vielzahl von **Gestaltungsmöglichkeiten**, die sich in dieser Fülle kaum in einem anderen Steuerrechtsgebiet finden lassen.[24] Diese ergeben sich aus unterschiedlichen Rechtsfolgen gestaltbarer Tatbestandsmerkmale.[25] Da die USt i.H.v. 19% den laufenden Zahlungsverkehr beeinflusst und sich auf die Liquidität auswirkt, entstehen erhebliche Heraus-

---

22 Vgl. EU-Kommission (2011), S. 3 f.

23 Vgl. Widmann (2012), S. 417; Bundesrechnungshof (2012A), S. 7 f.

24 Vgl. Korf (2011A), S. 1072.

25 So Korf (2011A), S. 1072.

forderungen für die Finanzwirtschaft von Unternehmen hinsichtlich Kapitalverwendung und -verwaltung.

Internationaler **USt-Betrug** (sogenannte USt-Karusselle) verursacht jährlich Steuerausfälle in Milliardenhöhe[26] und ist nicht zuletzt regelmäßig Gegenstand medialer Berichterstattung. Dabei stehen u.a. Banken und Energieunternehmen durch Großrazzien der Steuerfahndung und Polizei sowie reputationsschädigende materielle Klagen von Geschäftspartnern im Mittelpunkt der Öffentlichkeit.[27] Für den Fiskus führen diese Defizite zu erheblichen und unwiederbringlichen finanziellen Verlusten i.H.v. jährlich über 17 Mrd. Euro.[28] USt-Betrug führt nicht nur zu Einnahmeverlusten, sondern kann Wettbewerbsbedingungen verzerren, der Unternehmensreputation schaden und den EU-Binnenmarkt destabilisieren. Das erhebliche Betrugspotenzial der USt veranlasste EU-Kommission und EU-Mitgliedstaaten dazu, Gegenmaßnahmen einzuleiten. Hierzu gehört insbesondere die Ausweitung des Reverse-Charge-Verfahrens, elektronische unterstützte Außenprüfungen und das Instrument der USt-Sonderprüfungen. Gutgläubige Unternehmen bestimmter Branchen sind außerdem gefährdet, unwissentlich in Betrugsversuche verwickelt zu werden. Presseberichte, Verhaftungen von Mitarbeitern der Steuerabteilungen und anderen Abteilungen, Strafanzeigen gegen Mitglieder der Geschäftsführung, Steuernachzahlungen und etwaige Schadensersatzansprüche von Geschäftspartnern wirken sich erheblich auf die Glaubwürdigkeit und Legitimation aus. Der weltweite Trend zur Intensivierung von Steuern vom Umsatz wird bei Unternehmen ständig zu neuen Compliance-Herausforderungen, zu einem wachsenden administrativen Verwaltungsaufwand und zu einem sich verändernden USt-Risikoprofil führen.

Die genannten Problemfelder machen die USt aus Sicht der Unternehmen zur verwaltungs- und kostenaufwendigsten Steuerart[29] und zu einem erheblichen Unsicherheitsfaktor innerhalb des unternehmerischen Risikoportfolios. Dies begründet ein

---

26 BUNDESRECHNUNGSHOF (2012B), S. 6.

27 Siehe mediale Wahrnehmung der USt zwischen 2011 und 2014, Anhang 9. Zum USt-Betrug berichteten u.a.: HANDELSBLATT v. 14.10.2012, 24.04.2014, 04.04.2014; DER SPIEGEL v. 18.02.2014, 07.06.2014, 15.07.2014; DIE SÜDDEUTSCHE v. 15.10.2014, 15.07.2014 (siehe Quellenangaben in Anhang 9)

28 Diese Zahl basiert auf einer internen, nicht veröffentlichen Untersuchung des IFO INSTITUTS MÜNCHEN für 2012, die den Finanzministerien der Länder jährlich vorgelegt wird. Für die vorliegende Arbeit ist dem Verfasser von den zuständigen Landesfinanzbehörden Einsicht gewährt worden.

29 Vgl. IW CONSULTANT (2008), S. 15.

vorausschauendes USt-Management. Steuerverantwortliche in den Unternehmensleitungen stehen vor umfassenden Herausforderungen.

B. Abgrenzung der Problemstellung

1. Zielsetzung der Untersuchung

Dieser Arbeit liegt die **Fragestellung** zugrunde, inwieweit der vermutete, internationale Bedeutungsanstieg der USt anhand messbarer Faktoren festzustellen ist und inwieweit es einen Trend in den Staaten gibt, das Steueraufkommen von direkten auf indirekte Steuern zu verlagern. Treffen die Annahmen zu, sind Unternehmen gezwungen, das betriebliche USt-Management an das sich veränderte Umfeld anzupassen um hohen umsatzsteuerlichen Befolgungskosten entgegenzuwirken und Risikopotenziale einzuschränken. Dabei werden die eingangs beschriebenen Problembereiche der USt analysiert und erörtert.

Seitens der Unternehmen besteht unter betriebsorganisatorischen Gesichtspunkten ein Bedarf an Empfehlungen hinsichtlich eines effizienten **Managements** im unternehmerischen USt-Bereich. So sollen Möglichkeiten für eine Optimierung aufgezeigt werden, um **Befolgungskosten** (Bürokratiekosten) bei Unternehmen zu senken und **Risiken** zu reduzieren. Hierfür werden Verfahren, konkrete Maßnahmen und Hilfsinstrumente für verbesserte USt-Prozesse und Schnittstellen entwickelt. Diese Perspektiven sollen betriebsorganisatorische Steuerstrukturen unterstützen und verfeinern sowie umsatzsteuerliche Definitivbelastungen verhindern. Ein **Schwerpunkt** bildet die optimierte Abwicklung von Binnenmarktgeschäften. Dabei wird untersucht, inwieweit der umsatzsteuerliche Neutralitätsgrundsatz als Ausprägung des allgemeinen Gleichbehandlungsgrundsatzes[30] und das damit verbundene USt-Management in der praktischen Anwendung ausgeprägt sind.

Eine zentrale Aufgabe des unternehmerischen Zielsystems ist der Aufbau und Erhalt von liquiden Mitteln (Cashflow). Diese Aufgabe ist wesentlich für Investitionen und zur Sicherstellung der Wettbewerbsfähigkeit. In der Untersuchung soll die USt unter **Liquiditätsaspekten** analysiert und es sollen Lösungsvorschläge für eine vorteilhafte Anwendung erarbeitet werden. Weitere Gestaltungschancen im deutschen Umsatz-

---

30 Vgl. WÄGER (2012), S. 125.

steuerrecht sollen recherchiert und erörtert werden, um die Möglichkeit der Generierung von **Wettbewerbsvorteilen** zu prüfen und mögliche Einflüsse auf den **Unternehmenswert** zu analysieren.

In einem weiteren Schritt werden **Handlungsempfehlungen** für den Gesetzgeber und die Finanzverwaltung erarbeitet, ausgewählte Bereiche des UStG anzupassen, um die Beteiligten zu entlasten und Befolgungskosten zu senken. Dies bezieht sich auch auf die grenzüberschreitende Harmonisierung des europäischen MwSt-Systems innerhalb der europäischen Waren- und Dienstleistungsfreiheit.

2. Eingrenzung des Untersuchungsgegenstandes

a) Untersuchte Problembereiche und betriebswirtschaftliche Herausforderungen

Dieser Arbeit liegen zwei Themenschwerpunkte zugrunde. Hierbei handelt es sich um die Bereiche Betriebsorganisation und Umsatzsteuerplanung, die zusammen das unternehmerische USt-Management begründen. Die Umfrage unter Steuerverantwortlichen ausgewählter Unternehmen und Finanzverwaltung bildet den Ausgangspunkt für die Untersuchungen und die thematische Auswahl.

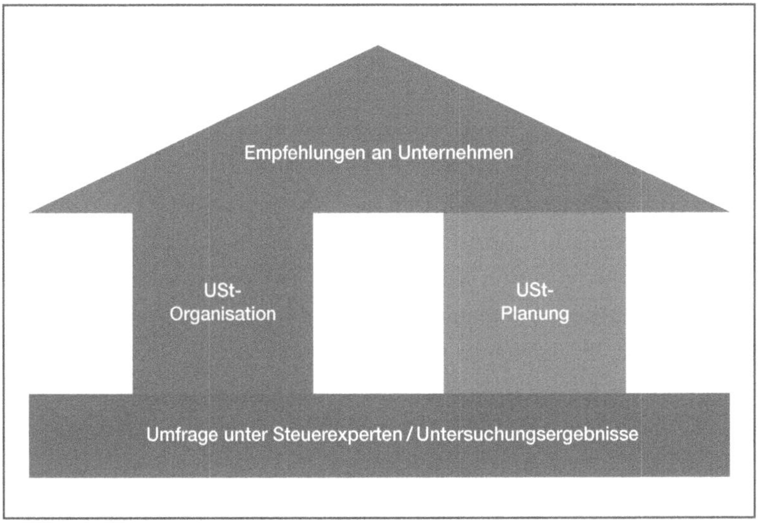

Abbildung 1: Thematische Säulen der Dissertation
Quelle: Eigene Darstellung.

Eine umfassende Analyse aller umsatzsteuerlichen Problembereiche kann in dieser Arbeit nicht durchgeführt werden, weil diese zwischen den Unternehmen je nach Marktteilnahme, Geschäftsfeld und Ausprägung der internationalen Betätigung (Internationalisierungsgrad) sehr vielschichtig sein können. Infolgedessen werden die Ausführungen auf wesentliche, sich überschneidende **Problembereiche** des USt-Managements mit entsprechender betriebswirtschaftlicher Relevanz und Bedeutung für Unternehmen beschränkt. Diese allgemeinen Problembereiche umfassen insbesondere die Reduzierung umsatzsteuerlicher Befolgungskosten und die Verbesserung der technischen Unterstützung, die Organisation von Lieferungen bzw. sonstigen Leistungen und von externen Einflüssen wie z.B. Rechtsprechung oder Betriebsprüfung. Darüber hinaus werden betriebsorganisatorische Herausforderungen hinsichtlich der Reduzierung umsatzsteuerlicher Risiken und effizienter USt-Managementmaßnahmen herausgearbeitet und analysiert. Dies umfasst nicht nur organisatorisch-administrative, sondern auch planerische Bereiche.

Der Bereich des **USt-Betrugs** wird unter unternehmerischen Abwehrgesichtspunkten analysiert. Probleme der **Differenzbesteuerung** sind kein Bestandteil dieser Arbeit. Auf Diskussionen über die **USt-Rechtsprechung** wird verzichtet, die als vorgegebener Rahmen für Unternehmen betrachtet wird. Der Schwerpunkt liegt vielmehr in der Optimierung des USt-Managements in Unternehmen sowie Empfehlungen an Gesetzgeber bzw. Finanzverwaltung im Hinblick auf eine bürokratiereduzierende USt-Abwicklung.

b) Verglichene Staaten

Die internationale Ausrichtung deutscher Unternehmen und die hohe Exportabhängigkeit der deutschen Wirtschaft setzt eine Analyse sowohl des deutschen als auch des ausländischen USt-Rechts voraus. Zwischenstaatliche Vergleiche von Rechtsvorschriften und Harmonisierungsbestrebungen beziehen sich in dieser Arbeit nur auf Mitgliedstaaten der EU, die aufgrund von Größenmerkmalen eine hohe Bedeutung für den deutschen Außenhandel (Einfuhr und Ausfuhr) einnehmen.[31] Im Jahre 2012 lag der Anteil der Ausfuhren in EU-Länder bei 57% des deutschen Gesamtexports, in

31 Siehe DESTATIS (2013B), Außenhandel – Rangfolge der Handelspartner, S. 2.

Mitgliedstaaten der Währungsunion (Euro) bei 37,4%.[32] Analysiert werden die Außenhandelsbeziehungen unter umsatzsteuerlichen Gesichtspunkten zwischen Deutschland sowie Frankreich (9,5% Anteil an den deutschen Ausfuhren), Großbritannien (6,65%), Italien (5,09%), die Benelux-Staaten (11%), Spanien (2,84%), Polen (3,85%), die skandinavischen EU-Mitgliedstaaten (4,03%) sowie Ungarn (1,49%). Ein Schwerpunkt liegt dabei auf Frankreich und den Benelux-Staaten.

Im Mittelpunkt der Untersuchung stehen USt-Bereiche, in denen sich nationale Vorschriften unterscheiden oder von Harmonisierungsvorgaben abgewichen wird. Aus der Perspektive der gesamteuropäischen Entwicklung wird auch auf die weiteren Harmonisierungsbestrebungen der EU-Kommission eingegangen.

3. Wissenschaftssystematische Einordnung der Untersuchung in die Internationale Betriebswirtschaftliche Steuerlehre

Steuern gehören zu den wertvernichtenden Aufwendungen[33] und bilden einen erheblichen Kostenfaktor für Unternehmen. Daher sind sie bedeutend für das unternehmerische Ziel- und Entscheidungssystem.[34] Die Forschungsdisziplin der Betriebswirtschaftlichen Steuerlehre ist Bestandteil der Allgemeinen Betriebswirtschaftslehre und der Steuerwissenschaften, weil sie unabhängig von Unternehmensmerkmalen und Wirtschaftszweigen die Gesamtheit unternehmerischer Tätigkeiten in Abhängigkeit von der Besteuerung untersucht.[35] Dieser Komplex beinhaltet auch die Analyse über die Auswirkungen der Besteuerung auf alle funktionalen und strukturellen unternehmerischen Entscheidungen.[36]

Die **Internationale Betriebswirtschaftliche Steuerlehre** befasst sich mit der Begutachtung und Interpretation des grenzüberschreitenden Besteuerungseinflusses auf

---

32 Siehe DESTATIS (2013A), EU-Handel, online verfügbar unter https://www.destatis.de/DE/ZahlenFakten/GesamtwirtschaftUmwelt/Aussenhandel/Handelskennzahlen/Tabellen/AnteilEUHandel.html (Stand Juni 2015).

33 Vgl. GROTHERR (2003), S. 5; FREIDANK/MAMMEN (2008), S. 285.

34 Vgl. VERA (2001), S. 315.

35 Vgl. FISCHER/KLEINEIDAM/WARNEKE (2005), S. 4.

36 Vgl. WÖHE (1988), S. 3 ff. und 30 f.; WALDEN (1984), S. 413; WAGNER (1974), S. 393 ff.; SCHNEIDER (1967), S. 206 ff.

unternehmerische Aktivitäten.[37] Diesbezüglich können vier Aufgabenbereiche abgegrenzt werden:[38]

1. **Internationale Steuersystemlehre**
   Dieser Aufgabenbereich umfasst die Beschäftigung mit den jeweiligen nationalen Steuersystemen und dem Internationalen Steuerrecht. Es werden Erkenntnisse gewonnen, die die Grundlage für die *betriebswirtschaftliche Würdigung* von grenzüberschreitenden Steuersachverhalten bilden.[39] Die normative Steuerforschung ist das Fundament der Betriebswirtschaftlichen Steuerlehre.[40]

2. **Internationale Steuerwirkungslehre**
   Dieser zweite Aufgabenbereich beschäftigt sich mit dem Abhängigkeitsverhältnis zwischen der Außenwirtschaftstätigkeit eines Unternehmen und der Besteuerung als wesentlichen *unternehmerischen Bestimmungsfaktor* (Erklärungsfunktion). Gleichzeitig ist er eine Vergleichsbasis für empirische Steuerauswirkungen.[41]

3. **Internationale betriebswirtschaftliche Steuerpolitik bzw. Steuergestaltungslehre**
   Im Rahmen der Gestaltungsfunktion soll die Internationale Betriebswirtschaftliche Steuerlehre, basierend auf Gesetzmäßigkeit im Bereich von Besteuerung und Außenwirtschaftstätigkeit, *Verhaltensnormen* aufstellen. Das Ziel ist die zweckmäßige Reduzierung der Steuerbelastung von Unternehmen.

4. **Internationale normative Steuerrechtsgestaltungslehre**
   Unter Verwendung der Ergebnisse aus den genannten drei Aufgabenbereichen werden steuerrechtliche Regelungen de lege lata und de lege ferenda *unter betriebswirtschaftlichen Gesichtspunkten* kritisch gewürdigt.[42] Dies geschieht unter Hinzunahme grenzüberschreitender Steuergesetze, Verwaltungsanweisungen und der Rechtsprechung. Anschließend werden Empfehlungen an den Gesetzge-

---

37 Vgl. KLEINEIDAM (1970), S. 112.

38 Vgl. FISCHER/KLEINEIDAM/WARNEKE (2005), S. 4 f.; KURZEWITZ (2009), S. 10; WÖHE (1988), S. 25 f.; WALDEN (1984), S. 414; DZIADKOWSKI (1983), S. 2049.

39 Vgl. KUßMAUL (2006), S. 1 f.

40 Vgl. SCHNEIDER/BAREIS/SIEGEL (2013), S. 1151.

41 Vgl. SCHNEIDER/BAREIS/SIEGEL (2013), S. 1146.

42 HABERSTOCK/BREITHECKER (2008), S. 2; vgl. auch für die Einbziehung von de lege ferenda Analysen RÜCKLE (1983), S. 88.

ber und die Finanzverwaltung formuliert, um nachteilige Konsequenzen durch Steuergesetze und Gesetzesauslegung für Unternehmer zu reduzieren, bei gleichzeitiger Bewahrung der „Interessenslage des Staates"[43]. Ein weiteres Ziel ist daher die Herstellung wirtschaftlicher Gerechtigkeit im juristischen Sinne.

Diese Arbeit impliziert alle erwähnten Aufgabenbereiche der Internationalen Betriebswirtschaftlichen Steuerlehre. Hauptadressat sind national und international tätige Unternehmen. EU-harmonisierte USt-Normen, die wesentlich für die strukturelle Betriebsorganisation sind, werden im Hinblick auf grenzüberschreitende Sachverhalte mit dem Ziel erläutert, USt-Prozesse entscheidungsorientiert in Unternehmen zu optimieren. Die Betriebswirtschaftliche Steuerlehre beinhaltet auch die empirische Überprüfung der auf entscheidungslogischem Weg identifizierten Ergebnisse (empirische Betriebswirtschaftliche Steuerlehre).[44] In dieser Arbeit wird vor allem auf diese Methodik zurückgegriffen. Daraus folgt die Entwicklung von Maßnahmen und Strategien für unternehmerische Aufbauelemente und Entscheidungsprozesse. Darauf aufbauend wird das Umsatzsteuerrecht unter steuergestalterischen Gesichtspunkten analysiert und gewürdigt. Anschließend sind Handlungsempfehlungen für Gesetzgeber und Finanzverwaltung zu formulieren sowie USt-Gesetze und Verwaltungsanweisungen zu reduzieren, damit hohe Befolgungskosten für Unternehmen reduziert werden können.

C. Gang der Untersuchung

Im **zweiten Kapitel** werden die betriebswirtschaftliche Relevanz der USt dargelegt und verwendete Begriffe bestimmt, indem das USt-Management als Disziplin der Betriebswirtschaftslehre und als Teilbereich der Betriebswirtschaftlichen Steuerlehre eingeordnet wird. Allgemeine Überlegungen legen zudem fest, ab welcher Größe und ab welchem Zeitpunkt eine interne bzw. externe umsatzsteuerliche Variable für ein Unternehmen betriebswirtschaftlich relevant wird. Anhand der Risiken für Unternehmen, empirischen Untersuchungen und öffentlichen Wahrnehmung wird der weltweite Trend eines Bedeutungsanstiegs der USt herausgestellt.

---

43 Vgl. WÖHE (1978), S. 8 f.

44 Siehe SCHNEELOCH (2012), Fn. 2, S. 1 (Hervorh. i. O.).

Im Anschluss an die einleitende und allgemeine Betrachtungen zur USt werden im **dritten Kapitel** die Untersuchungsergebnisse der qualitativen Befragung von Experten aus Wirtschaft und Finanzverwaltung zu Veränderungen, Herausforderungen, Risiken und Management im Bereich der USt präsentiert und erörtert. Hieraus sollen Erkenntnisse zum betrieblichen USt-Management einschließlich der USt-Planung erarbeitet werden. Zusätzlich werden betriebswirtschaftlich relevante Risiken analysiert und deren Management untersucht. Der problemorientierte Gesprächsleitfaden wurde so entwickelt, dass ein breites, länderübergreifendes Anwendungsspektrum der USt erfasst wird. Grundlage für die empirische Untersuchung sind leitfadengestützte Fragen, die aber offen sind, indem Nachfragen vorgenommen werden können. Im Mittelpunkt stehen zudem die Gesetzgebung und Rechtsprechung sowie deren nationale und internationale Auswirkung auf die umsatzsteuerliche Praxis für Unternehmen. Auf Basis der Untersuchungsergebnisse ist ein Überblick über zentrale umsatzsteuerliche Problembereiche, über praktisches USt-Management sowie über Veränderungen in der Betriebsorganisation und Steuerplanung möglich.

Im **vierten Kapitel** wird die USt unter **betriebsorganisatorischen** Gesichtspunkten untersucht. Die dargestellten Bereiche wurden aufgrund von Problemanalysen im Rahmen der Umfrage ausgewählt und unter Einbezug von Literaturquellen problemorientiert beschrieben, um Empfehlungen für Unternehmen abzuleiten. Gestaltungsmöglichkeiten einer optimalen Steuer- und Betriebsorganisation im Bereich der USt werden ebenfalls erarbeitet. Diese Untersuchung schließt die Vermeidung bzw. Abmilderung betriebswirtschaftlicher Unzulänglichkeiten (Defizite) mit ein. In dieser Analyse werden für Unternehmen mögliche Wege einer verbesserten betrieblichen USt-Organisation und USt-Veranlagung aufgezeigt. So soll die Sicherung des USt-Aufkommens gewährleistet, aber unangemessenem Verwaltungsaufwand und hohen Befolgungskosten vorgebeugt werden. In diesem Zusammenhang werden Lösungsvorschläge für das unternehmerische Zielsystem und damit verbundene Strategien erarbeitet.

Im **fünften Kapitel** wird der USt-Bereich von Unternehmen hinsichtlich planerischer Gesichtspunkte untersucht. Die ausgewählten Bereiche schließen insbesondere strategische Überlegungen, Liquiditätsüberlegungen und Möglichkeiten zur Reduzierung umsatzsteuerlicher Risiken mit ein. Dabei werden unter Entwicklung von Effizienzgesichtspunkten konkrete Empfehlungen an Unternehmen formuliert.

Im **sechsten Kapitel** folgen die zusammenfassende Darstellung der Ergebnisse und Empfehlungen an Unternehmen. Für die EU-Mitgliedstaaten und die EU-Kommission werden zudem einige Vorschläge zur Weiterentwicklung des europäischen USt-Systems unterbreitet.

II. Kapitel: Bedeutung der Umsatzsteuer für Unternehmen

A. Vorbemerkung

Zunächst ist der Unternehmerbegriff im Sinne des UStG zu betrachten. Gem. § 2 Abs. 1 Satz 1 und 3 UStG ist Unternehmer, *wer eine gewerbliche oder berufliche Tätigkeit selbstständig ausübt. Gewerblich oder beruflich ist jede nachhaltige Tätigkeit zur Erzielung von Einnahmen, auch wenn die Absicht, Gewinn zu erzielen, fehlt.* Der Begriff des Unternehmers im Bereich der USt unterscheidet sich vom BGB- oder HGB-Unternehmer. Dieser umfasst im Unterschied zum BGB nicht nur rechtsfähige Personen (natürliche, juristische Personen und Personengesellschaften), sondern auch nicht rechtsfähige Personen (z.B. Erbengemeinschaften, teilrechtsfähige GbR).[45] Auch ertragsteuerliche Liebhabereibetriebe, KSt-befreite Vereine und Betriebe gewerblicher Art der öffentlichen Hand können umsatzsteuerlich Unternehmer sein. Der in dieser Arbeit verwendete Unternehmerbegriff entspricht ausschließlich dem Begriff i.S.d. UStG. Kleinunternehmer i.S.d. § 19 UStG sind ausdrücklich ausgenommen. Die ertragsteuerliche Zuordnung zum Betriebs- oder Privatvermögen wirkt sich nicht aus auf die umsatzsteuerliche Unternehmenszuordnung,[46] weshalb im Folgenden der Begriff des Unternehmensvermögens für den unternehmerischen Tätigkeitsbereich eines Unternehmers im umsatzsteuerlichen Sinne steht.[47]

B. Betriebswirtschaftliche Relevanz der Umsatzsteuer

In der traditionellen Betriebswirtschaftslehre gehören Unternehmensziele bzw. das unternehmerische Zielsystem zu den dispositiven Produktionsfaktoren eines Unternehmens.[48] **Unternehmensziele** beschreiben Zielsetzungen unternehmerischer Betätigung als Ausdruck eines individuellen Selbstverständnisses und Gestaltungsanspruchs.[49] Sie dienen der Verbesserung der Wirtschaftlichkeit, der Wettbewerbsfähigkeit und des Wachstums und setzen einen Maßstab für den Erfolg eines Unter-

---

45 Siehe weiterführend UStAE zu § 2 Abs. 1 (2014)

46 Siehe A 3.3. Abs. 1 S. 2 UStAE (2014).

47 Siehe u.a. A 1.5. Abs. 4 S. 1, 3.4. Abs. 5 S. 2 UStAE (2014).

48 Vgl. WÖHE (1973).

49 HUNGENBERG/WULF (2006), S. 49.

nehmens.[50] Zielvorgaben sehen einen Zustand vor, der in einem überschaubaren zeitlichen Rahmen erreicht werden soll und beinhalten einen Umsetzungsplan mit wirtschaftlichen Eckdaten, der Nennung von Verantwortlichen und Terminsetzung.[51] Aufgrund der umfangreichen Geschäftstätigkeit können sehr unterschiedliche Ausprägungen hinsichtlich der Bedeutung von einzelnen Unternehmenszielen festgehalten werden. Vor diesem Hintergrund beeinflussen insbesondere Branchen- und Größenmerkmale die Qualität und Quantität des unternehmerischen Zielsystems (Ziel-Pluralismus).[52] Die **betriebswirtschaftliche Relevanz von Steuern** wird maßgeblich von drei Dimensionen skizziert: die **materielle Gewichtigkeit**, die **Gestaltungsabhängigkeit** hinsichtlich eigener Entscheidungen und die **Ungewissheit**, ausgelöst durch Komplexität und Unbestimmtheit steuerlicher Sachverhalte.[53] Die meisten Steuerarten sind als wertvernichtende Aufwendung[54] **materiell gewichtig** und daher nicht nur ein Kosten-, sondern auch ein negativer Liquiditätsfaktor[55] unternehmerischer Aktivität mit entsprechendem Risikopotenzial, das sich unmittelbar auf das unternehmerische Zielsystem auswirkt.

Die unterstellte Charaktereigenschaft der USt als erfolgs- und kostenneutraler **durchlaufender Posten** vernachlässigt die globale betriebswirtschaftliche Realität. Lange Wartezeiten oder unmöglich zu erreichende VoSt-Erstattungen[56] können für Unternehmen versteckte Steuererhöhungen oder zusätzliche Zollabgaben bedeuten, die als **Standortfaktor in strategische Absatzmarktanalysen** einzubeziehen sind. Darüber hinaus löst die USt für das Rechnungswesen und die Steuerabteilung aufgrund von wesentlichen Mitwirkungspflichten einen **erheblichen Verwaltungsaufwand** aus verbunden mit hohen administrativen und organisatorischen Herausforderungen. Daraus resultieren Risikopotenziale[57] und Befolgungskosten[58]. Darüber hinaus entstehen durch die USt nicht zu vernachlässigende Kapitalbindungseffekte und Kapitalkosten und unerwünschte Nachfrageeffekte bezüglich der Preis-Absatz-Funktion. Diese entstehen bei Unternehmen, deren Produkte und Dienstleistungen nicht von Unterneh-

---

50 Vgl. Häusler (2013), S. 16, 28.
51 Vgl. Häusler (2013), S. 31, 32.
52 Vgl. Domschke/Scholl (2005), S. 8.
53 Vgl. Rose (1985), S. 234 f.
54 Vgl. Grotherr (2003), S. 5; Freidank/Mammen (2008), S. 285.
55 Vgl. KPMG (2012A), S. 5.
56 PWC (2013), S. 6.
57 Eine ausführliche Auflistung und Erläuterung von USt-Risiken erfolgt auf S. 30.
58 Eine Definition der Befolgungskosten erfolgt im IV. Kapitel, Abschnitt B, S. 104 ff.

men (*B2B-Bereich*), sondern von privaten oder USt-befreiten Endverbrauchern abgenommen werden (u.a. *B2C-Bereich*). Für im Wettbewerb stehende Unternehmen dieses Bereichs hat die Höhe der USt gemessen am Nettopreis als USt-Bemessungsgrundlage einen direkten Einfluss auf den Bruttokaufpreis und somit auf das Kaufverhalten der Endverbraucher. Von diesem unerwünschten Nachfrageeffekt sind insbesondere KMU mit wenig Marktmacht erheblich betroffen.

Ein weiterer Bezug der USt zur Betriebswirtschaftslehre betrifft den **Bereich der Finanzwirtschaft** (Finanzierung und Investition) von Unternehmen. Dieser klassische BWL-Bereich umfasst die Planung, Steuerung und Kontrolle der finanziellen Mittel im Unternehmen. Funktionen der Finanzwirtschaft sind die Kapitalbeschaffung (Finanzierung), Kapitalverwendung (Investition) und die Kapitalverwaltung (Finanzplanung). Die USt ist aus betriebswirtschaftlicher Sicht zunächst kostenneutral, da abgeführte USt mit gezahlten VoSt durch die Abgabe der Voranmeldung verrechnet werden. Da sich die USt (regelmäßig 19%) aber direkt auf die Liquidität auswirkt und den laufenden Zahlungsverkehr beeinflusst, berührt sie unmittelbar die Ebene der Kapitalverwendung und Kapitalverwaltung im Unternehmen. DAX-Unternehmen beziffern die Höhe bilanzierter latenter Steuern, inklusive der USt, regelmäßig mit der Hälfte des Eigenkapitals, was erhebliche Auswirkungen auf den Cashflow hat.[59] Die materielle Gewichtigkeit der USt zeigt sich in den negativen Liquiditätseffekten, die aufgrund der Soll-Versteuerung entstehen. Die USt entsteht mit Rechnungstellung und ist daher vor Fälligkeit der entstandenen Kundenforderung und dem Forderungseingang abzuführen. Insbesondere bei grenzüberschreitenden Umsätzen wird die entrichtete USt durch EU-Mitgliedstaaten oftmals sehr spät erstattet, sodass hohe USt-Beträge zunächst zwischenfinanziert werden müssen. Je höher die Beträge der Eingangsrechnungen sind, desto stärker sind die Auswirkungen auf die Liquidität und desto bedeutsamer sind die Effekte auf die Finanzwirtschaft eines Unternehmens. Nicht gewährte oder nicht erhaltene VoSt-Erstattungen führen zu Kosten, die einen echten Aufwand darstellen und das Geldvermögen von Unternehmen unmittelbar verringern. Ein optimiertes USt-Management ist daher nicht zuletzt ein häufig unterschätztes Instrument der Innenfinanzierung.

Die USt beeinflusst unmittelbar den **Produktionsfaktor** des unternehmerischen Zielsystems. Finanzierungs- und Liquiditätsaspekte, Befolgungskosten und erhebliche

---

59 Vgl. ERLE (2008), S. 207.

Risikopotenziale als zukünftige (mögliche) Kostenverursacher berühren die unternehmerische Kostenstruktur, den Cashflow und Gewinn- bzw. Rentabilitätsziele. Steuern vom Umsatz sind für Unternehmen niemals ein neutraler durchlaufender Posten. Zudem sind sie **international**, wenn Unternehmen internationale Umsätze tätigen, weil sie grds. länderspezifisch nach dem Bestimmungslandprinzip abzuführen sind.

C. Das Umsatzsteuermanagement

1. Begriffserklärung und innerbetriebliche Verortung

Administrative Forschungsansätze widmen sich seit über 150 Jahren Fragen der Führung von Unternehmenseinheiten. Vertreter wie Henri Fayol (1841–1925) und Max Weber (1864–1920) entwickelten schon früh Systematiken von Managementfunktionen, die bis heute das Fundament für die Führung und Organisation von Unternehmen bilden.[60] Auf dieser Grundlage untergliedert sich **Management** in die folgenden Funktionen: **Führung, Organisation, Koordination, Planung und (Erfolgs-)Kontrolle** betrieblicher Abläufe.[61] Werden administrative Forschungsansätze der Unternehmensführung auf den Steuerbereich eines Unternehmens übertragen und angepasst, besteht das unternehmerische Steuer-Management allgemein aus den Managementfunktionen Steuerorganisation, Steuerplanung und Steuerüberwachung. Abgeleitet auf den Bereich der USt ist dies das Management des unternehmerischen Bereichs der USt, bestehend aus der betrieblichen Organisation der USt sowie der umsatzsteuerlichen Planung und Kontrolle (im Folgenden USt-Mangement, USt-Organisation, USt-Planung, USt-Kontrolle).

---

60 Vgl. hierzu HUNGENBERG/WULF (2007), S. 39.

61 Siehe u.a. ROBBINS/DECENZO/COULTER (2011), S. 34, 468; WÖHE/DÖRING (2002), S. 142; STEINMANN/SCHREYÖGG (2000), S. 42 ff.

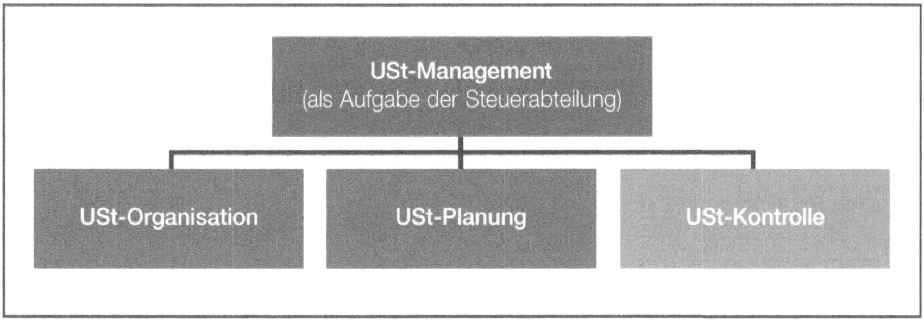

Abbildung 2: Aufgabenbereiche des Umsatzsteuermanagements
Quelle: Eigene Darstellung.

Der Begriff der **Organisation** ist abhängig vom spezifisch zugrunde gelegten Themenbereich und lässt sich nicht eindeutig definieren. In der vorliegenden Arbeit umfasst die Begriffslegung das „formale Regelwerk eines arbeitsteiligen Systems", das sich in **Spezialisierungsarten** einerseits und **Koordinationsformen** andererseits unterscheidet. Die Spezialisierung bestimmt in diesem Zusammenhang, wie eine Aufgabe effektiv und arbeitsteilig erledigt werden kann. Koordination umschreibt, wie arbeitsteilige Prozesse zur Aufgabenerfüllung effizient zu strukturieren sind.[62] Organisation schafft Strukturen (Ordnungsrahmen), zu deren Umsetzung Verantwortliche bestimmt werden, und definiert gestalterische Maßnahmen.[63] Alle arbeitsteiligen Koordinations- und Spezialisierungsaufgaben innerhalb des Steuerbereichs einer Unternehmenseinheit gehören zur unternehmerischen **Steuerorganisation**. Folglich befasst sich die Steuerorganisation mit der Zuordnung von Aufgaben, Rechten und Pflichten auf Grundlage steuerlicher Gesetze und Richtlinien. Sie ist gekennzeichnet von festen Abläufen innerhalb einer Organisationsstruktur. Die **USt-Organisation** ist auf die massenhafte Abwicklung umsatzsteuerlicher Vorgänge im Unternehmen ausgerichtet mit dem **Ziel** der betriebsorganisatorischen Optimierung und Steuerung betrieblicher USt-Aufgaben, der Befolgung aller umsatzsteuerlich relevanten Gesetzes- oder gesetzesähnlichen Pflichten (im Folgenden USt-Compliance) sowie der Implementierung, Anwendung, Koordination und Verbesserung von USt-Prozessen. Hinter der USt-

62 Siehe u.a. ROBBINS/DECENZO/COULTER (2011), S. 34, 468; WÖHE/DÖRING (2002), S. 142; STEINMANN/SCHREYÖGG (2000), S. 42 ff.

63 Vgl. HAMMER/KALTENBRUNNER (2009), S. 184 ff.; HAMMER (2015), S. 53; WÖHE/DÖRING (2002), S. 142.

Organisation verbergen sich verschiedene **Aufgaben und Funktionen.** Hierzu gehören z.B. die USt-Compliance, die Identifikation umsatzsteuerlich relevanter Sachverhalte, Erfüllung formal-gesetzlicher Anforderungen, USt-Veranlagung und Abführung von USt, VoSt-Management, Beratungsleistungen und der Technologieeinsatz.[64] Die Dimensionen der Ungewissheit, Gestaltungsabhängigkeit und globaler Bedeutung sind in diesen Bereichen unterschiedlich ausgeprägt.

Im Zusammenhang mit Management und Organisation bedeutet **Planung** die Vorstellung von Modalitäten zur Erreichung von Zielen.[65] Anhand realistischer Vorgehensweisen werden dabei Strategien und Maßnahmen für eine konkrete Realisierung erarbeitet.[66] Übertragen auf den unternehmerischen Steuerbereich umfasst die betriebliche **Steuerplanung** die zielorientierte Beeinflussung von Steuerwirkungen und Einflüssen der Besteuerung auf unternehmerisches Handeln. Sie kann dabei als die zielgerichtete, d.h. planmäßige Ausnutzung steuerlicher Gestaltungsmöglichkeiten verstanden werden, basierend auf steuerlichen Wahlrechten, steuerlichen Ermessensspielräumen und steuerlich orientierter Sachverhaltsgestaltung.[67] Die **USt-Planung** baut als Bestandteil des USt-Managements auf die unternehmerischen Ergebnisse der USt-Organisation auf. Es wird auf interne und externe umsatzsteuerlich relevante Informationen und Erfahrungen der USt-Organisation zurückgegriffen, um Zielvorgaben zu definieren und wertbildende Maßnahmen einzuleiten.

Eine weitere Managementfunktion ist die **(Erfolgs-) Kontrolle**. In dieser Arbeit erfolgt eine Differenzierung zwischen der unternehmensinternen und unternehmensexternen Kontrolle. Die unternehmensinterne USt-Kontrolle des USt-Managements wird von der Steuerabteilung durchgeführt, unterstützt und begleitet von externen Beratern, überprüft von der Internen Revision. Die Kontrolle und Überwachung der Einhaltung von USt-Vorschriften (USt-Compliance) vollzieht sich in der Regel parallel zu der Bearbeitung USt-relevanter Sachverhalte. Da diese Art der USt-Kontrolle einzelfallbezogen ist, ist sie in dieser Arbeit innerhalb der USt-**Organisation** angesiedelt. Die Erfolgskontrolle der gesamten USt-Organisation hingegen wird in dieser Arbeit the-

64 Eine detaillierte Auflistung erfolgt im II. Kapitel, Abschnitt C unter 2., S. 23

65 Vgl. HAMMER (2015), S. 42.

66 Vgl. HAMMER (2012), S. 101 f.; HAMMER/KALTENBRUNNER (2009), S. 305 f.; STEINMANN/SCHREYÖGG (2013), S. 10 f.

67 Die Begriffe „Steuerpolitik" und „Steuerplaung" werden im Schriftum nicht von allen Autoren synonym verwendet. Die Begfiffsabgrenzungen weichen teilweise erheblich voreinander ab. Im Einzelnen vgl. HEINHOLD (1979), S. 20 ff.; RÖDDER (1988), S. 3; SCHNEELOCH (2002), S. 3 f.

matisch dem Bereich der **USt-Planung** zugerechnet. Die Durchführung unternehmensexterner USt-Kontrollen findet außerhalb des Unternehmens durch Abschlussprüfer und die Finanzverwaltung in Form von Außenprüfungen bzw. USt-Sonderprüfungen statt. Die Aufgabe der Steuerabteilung in Form einer systematischen Auswertung umsatzsteuerlicher Prüfungsergebnisse wird in dieser Arbeit thematisch dem Bereich der USt-Planung zugeteilt. Weitere externe Kontrollen finden von der Öffentlichkeit statt, z.B. durch mediale Berichterstattungen über steuerliche Geschäftspraktiken oder über die unternehmerische Steuerpolitik.

Der Begriff der Effizienz wird in dieser Arbeit als **betriebswirtschaftlicher Erfolgsfaktor** von Aufgaben und Funktionen des USt-Managements verwendet. Dabei besteht die Effizienz in der Regel aus den messbaren Komponenten Qualität, Zeit, Kosten und Arbeit.[68]

2. Aufgaben und Funktionen

Ziel des USt-Managements ist die Senkung von Risikopotenzialen und Befolgungskosten sowie die permanente Untersuchung und Implementierung von Optimierungsmöglichkeiten, indem die Steuerung aller relevanten Vorgänge und Maßnahmen, die auf eine Reduzierung von Fehlern ausgerichtet ist, sichergestellt wird und die USt so ihr Wesen einer neutralen Steuer für Unternehmen beibehält. Dies erfolgt unter Zusammenwirkung und Harmonisierung der Bereiche USt-Organisation, USt-Planung und USt-Kontrolle. Die Kosten des USt-Managements sind die sogenannten **umsatzsteuerlichen Befolgungskosten** (im Folgenden USt-Befolgungskosten).[69] Hieraus lässt sich ableiten, dass die optimierte Ausgestaltung des USt-Managements Wettbewerbsvorteile generiert und sich positiv auf den **Unternehmenswert** ausübt.[70]

In Tabelle 1 werden **Aufgaben und Funktionen** des USt-Managements aufgelistet und zwischen den Bereichen USt-Organisation und USt-Planung aufgeteilt. Die Inhalte entstammen aus den Untersuchungsergebnissen der Umfrage unter Steuerexperten aus Unternehmen, Beratungsgesellschaften und der Finanzverwaltung.[71]

---

68 Vgl. UNGERICH (2012), S. 114 f.

69 Siehe Ausführungen im IV. Kapitel, Abschnitt B, S. 104 ff.

70 Zum Einfluss des USt-Managements auf den Unternehmenswert siehe KPMG (2001), S. 1, 3 f.

71 Gem. den Untersuchungsergebnissen, S. 51 ff. und Antworten der Steuerexperten, Wortprotokolle (Anhang 6 und 7).

Die Auflistung gibt einen detaillierten Überblick über die Vielfalt der Aufgaben im USt-Bereich.

Eine strikte Trennung von USt-Aufgaben und -Funktionen ist innerhalb des USt-Managements nicht möglich. Sie können sich überschneiden, ergänzen und aufeinander aufbauen. Dabei sind sie stets **unternehmensspezifisch** und aus einem globalen Kontext heraus zu betrachten.

USt-Management Aufgaben und Funktionen	Umfang u. Ausprägung (Bsp.)
USt-Organisation	
USt-Compliance	Gesetzesbefolgung Identifikation, Ermittlung u. Organisation von USt-Sachverhalten (länderbezogen) Mitwirkungs- u. Informationspflichten[72] Deklaration: Vorbereitung, Ermittlung, BMG, Steuersatz, Abgabe der USt-Voranmeldung, ZM USt-Zahlung: Überwachung, Überblick, Fristenkontrolle Berichts-/Aufzeichnungspflichten: Dokumentation von Buchungs-/Belegnachweisen, Archivierung Anpassungen bei Gesetzesänderungen Bekämpfung von USt-Betrug
VoSt-Management	Vorbereitung, Anmeldung, Überwachung, Aufteilung (länderbezogen)
USt-Prozesse	Integration der USt in Unternehmens- u. Geschäftsabläufe Koordination, Überwachung abteilungsübergreifender Schnittstellen Verfahren für Informationsweitergaben (*wall crossing*) Koordination abteilungsübergreifender Kommunikation über USt-Sachverhalte Aufbau, Integration, Koordination, Pflege von USt-Inhalten im Intranet Überwachung ausgegliederte Prozesse (externer Dienstleister) Anpassungen bei Gesetzesänderungen Anpassung bei veränderten Geschäftsaktivitäten u. neuer Unternehmenspolitik
Technologie-Management	Entwicklung, Implementierung, Überwachung, Kontrolle, Wartung, Pflege von IT-Systemen, Software, Infrastruktur u. Tools, Einsatz von Spezial-Software Stichprobenauswertungen, Plausibilitätskontrollen Koordination, abteilungsübergreifende Begleitung von Softwarelösungen Durchführung von Anpassungen

72 Siehe Aufführung der Informationspflichten im UStG in Anhang 8 dieser Arbeit.

USt-Management Aufgaben und Funktionen	Umfang u. Ausprägung (Bsp.)
USt-Beratung	Adressaten: eigene Geschäftsführung, Entscheidungsträger
Zusammenarbeit mit externen Beratern	Beauftragung, Koordination, Zuarbeit, betriebliche Umsetzung
Zusammenarbeit mit Finanzverwaltung	Kontakt, Koordination, verbindliche Auskünfte, Abfrage von USt-IdNr., MOSS
Begleitung von USt-Prüfungen	Zuarbeit, Aufbereitung vergangener USt-Sachverhalte
Mitarbeit in Verbänden	Interessensgruppen, USt-Arbeitsgruppen in Unternehmensverbänden
USt-Planung	
USt-Strategie	Strategien zur Erreichung von Zielen u. Handlungsgrundlage der USt-Planung Entwicklung, Implementierung, Kontrolle, Anpassung (länderbezogen)
USt-Planung allgemein	Option zur Steuerpflicht u. Optimierung des VoSt-Abzugs Implementierung von USt-günstigen Betriebsstrukturen, Überwachung
Liquiditätsmanagement	Überblick, Überwachung, Optimierung (länderbezogen) Kontrolle der Steuerzahllast, ggf. Reduzierung, Finanzierungen Optimierung des VoSt-Abzugs, Kostenüberlegungen
Erfolgskontrolle der USt-Organisation	Überwachung von Erfolgsfaktoren Überprüfung von USt-Prozessen, Betriebsprüfungssimulation Stichprobenkontrollen im Rechnungswesen: z.B. Eingangs-/Ausgangsrechnungen
USt-Risikomanagement	Aufbau, Implementierung, Überwachung, Pflege Management von zutreffenden USt-Risiken Überwachung der USt-Tax-Compliance
Auswertung von USt-Prüfungen	Fehler-Analyse, Schlussfolgerungen, Entwicklungen, Implementierung von Verbesserungen
Kommunikation u. Berichtwesen	ständige Versorgung von Entscheidungsträgern mit USt-relevanten Informationen Auswahl der Adressaten, Zeitabstände, Inhalte (länderbezogen) Zusammenarbeit mit interner Revision
Wissensmanagement	E-Learning, Trainings, Intranet-Pflege Mitarbeiterschulung u. -qualifikation: Planung u. Durchführung, Ausbildung, Sensibilisierung

Tabelle 1: USt-Management: Aufgaben und Funktionen
Quelle: Eigene Darstellung.

D. Das Umsatzsteuerrisiko: Arten und Ausprägung umsatzsteuerlicher Risiken

Aufgrund komplexer und ausgedehnter unternehmerischer Geschäftstätigkeit, zum Teil über staatliche Grenzen hinaus, treten Steuerrisiken auf.[73] Diese sind **Gefahrenpotenziale**, hervorgehend aus unrichtigen, verspäteten bzw. unterlassenen Angaben steuerlicher Sachverhalte oder der Verletzung von Mitwirkungspflichten.[74] Im Falle des Schadenseintritts werden finanzielle, steuerstrafrechtliche oder reputative Konsequenzen ausgelöst.[75] Diese potenziell steuerlichen Mehrbelastungen aufgrund nicht vorhersehbarer Ereignisse sind Teil allgemeiner Unternehmensrisiken.[76]

Steuerliche Risiken umfassen **Wahrscheinlichkeiten**, dass ein steuerliches Ergebnis von dem abweicht, das vom Steuerpflichtigen erwartet wurde und das die Höhe der Steuerbelastung beeinflusst.[77] Dies beinhaltet keine Steuerrisiken bezüglich eines vorsätzlichen Steuerbetrugs oder -täuschung, daraus resultierende Aufdeckungswahrscheinlichkeiten oder andere Straftaten, deren Ursprünge im bewussten Verschweigen steuerlich relevanter Sachverhalte liegen.

In der Praxis gilt der Grundsatz, dass ungewöhnliche und selten auftretende Sachverhalte einem erheblich höheren steuerlichen Gefahrenpotenzial ausgesetzt sind als häufig auftretende. Damit ist das inhärente Steuerrisiko bei komplexen und eher ungewöhnlichen Transaktionen tendenziell höher.[78]

Im Bereich steuerlicher Risiken nehmen **umsatzsteuerliche Risiken** (USt-Risiken) eine besondere Rolle ein: Die zunehmende Internationalisierung der Wertschöpfung, Formalisierungen und die europäische Rechtsprechung verkomplizieren USt-relevante Sachverhalte. Die USt ist aufgrund ihrer Fehleranfälligkeit in fast allen Außenprüfungen Schwerpunktgebiet mit teilweise erheblichen Nacherhebungsrisiken. Kurze Fristen im Rahmen der Steuerveranlagung sowie hohe monetäre und strafrechtliche Konsequenzen bei Verstößen oder Unregelmäßigkeiten verschärfen das Risikopotenzial. USt-Risiken können in Unternehmen an sehr unterschiedlichen Stellen und Ebenen auftreten. Betroffen können operative oder unterstützende Unter-

---

73 Vgl. CLOPÀTH (2000), S. 661.

74 Vgl. OBERMAYR (2004), S. 85; FREIDANK/MAMMEN (2008), S. 286; MAMMEN (2011), S. 503.

75 Vgl. FREIDANK/MAMMEN (2008), S. 287; RÖTHLISBERGER/ZITTER (2005), S. 298.

76 Vgl. CLOPÀTH (2000), S. 661.

77 Vgl. OBERMAYR (2004), S. 85; RISSE (2012), S. 170.

78 Siehe Untersuchungsergebnisse zu Frage 3, S. 73 f. und Wortprotokoll zu Frage 3 (Anhang 6), außerdem PWC (2004), S. 4;

nehmens- und Geschäftseinheiten, Tochtergesellschaften und sonstige funktionale Bereiche sein.[79]

In der Literatur wird zwischen permanenten, temporären und bilanziellen sowie internen und externen Steuerrisiken unterschieden. Während **permanente** steuerliche Risiken aus regelmäßigen Unsicherheiten in Bezug auf die grds. Würdigung eines USt-relevanten Sachverhalts resultieren, geht es bei **temporären** Steuerrisiken um unregelmäßige Aufwands- und Gewinnverlagerungen. Dabei werden die vom Steuerpflichtigen beeinflussbaren als interne, nicht beeinflussbare steuerliche Risiken hingegen als externe beschrieben.[80]

Diese Klassifizierung wird im Folgenden **auf USt-Risiken übertragen**. Oftmals ist jedoch keine eindeutige Abgrenzung der unterschiedlichen Risikoarten im USt-Bereich möglich. USt-Risiken überschneiden und ergänzen sich und bauen aufeinander auf. An dieser Stelle werden USt-Risiken anhand von Klassifizierungsmerkmalen allgemeiner Steuerrisiken und von Untersuchungsergebnissen der Umfrage unter Steuerexperten, Vertretern der Finanzverwaltung und externen Beratern[81] operationalisiert, eingeordnet und analysiert. Ausprägung und Umfang der USt-Risiken sind **unternehmensspezifisch** und aus einem globalen Kontext heraus zu beurteilen. Anpassungen an Branchen, Geschäftsaktivitäten, Unternehmensgröße, Organisationsstruktur, den Grad der internationalen Ausrichtung sowie länderspezifische Regelungen stehen ebenfalls aus. Die folgende Darstellung orientiert sich daher an einer dynamischen Perspektive. Im weiteren Verlauf dieser Arbeit wird auf die Übersicht zurückgegriffen. Die Auflistung der USt-Risiken erfolgt in alphabetischer Reihenfolge.

---

[79] Siehe Untersuchungsergebnisse zu Frage 3, S. 73.

[80] Vgl. KRÖNER/BECKENHAUB (2007), S. 137, 129; FREIDANK/MAMMEN (2008), S. 286.

[81] Siehe Untersuchungsobjekte und Teilnehmer der Umfrage, S. 52 ff.

Arten von USt-Risiken	Bereich	
	Intern	Extern
Permanent	**Administrative Risiken u. Managementrisiken** Managementfehler, menschliches Versagen u. Kommunikationsdefizite in Steuerabteilung u. operativen Abteilungen **Bsp.:** Wissenslücken des Personals u. Managementfehler beim Erkennen u. Einordnen von USt-Sachverhalten Compliance-Verstöße von Führungskräften u. Mitarbeitern mangelnde Kommunikation USt-relevanter Sachverhalte zw. Steuerabteilung, Akteuren, Geschäftsleitung Fehler in Prozessen der Entscheidungsfindung	**Administrative Risiken** Probleme bzgl. der Bürokratie u. einzuhaltender Formalitäten in nationalen USt-Systemen **Bsp.:** Erhebliche administrative Anstrengungen für VoSt-Erstattungen zeitlich stark versetzte VoSt-Erstattungen Kosten- u. zeitintensive USt-Registrierungen
	Compliance-Risiken Fehler in der Befolgung aller gesetzlichen u. rechtlichen Vorschriften des jeweiligen Staates bei operativen Geschäftsaktivitäten Im Einzelnen: VoSt **Bsp.:** VoSt-Aufteilung, -Korrektur, Vergütungsverfahren Abgrenzungsfragen u. Qualifizierung von Leistungen **Bsp.:** Nicht standardisierte Leistungen, unentgeltliche Wertabgaben Überlassung von Gegenständen, Geschenke, Sponsoring Rechnungsstellung, fehlerhafte Dokumentation Fragen der Rechtsanwendung u. –beurteilung **Bsp.:** Abgabe der USt-Voranmeldung, USt-Erklärung, Mindest-BMG Innergem. Lieferungen u. Reihengeschäfte **Bsp.:** Lieferschwellen, Buch- u. Belegnachweise, Gelangensbestätigung, Verbringung	

Arten von USt-Risiken	Bereich	
	Intern	**Extern**
	Drittlandsumsätze **Bsp.**: Einfuhr-, Ausfuhr-, Zollrisiken, VoSt Spezialbereiche **Bsp.**: Tauschgeschäfte, Seeschifffahrt, Freihäfen	
	Financial-Accounting- u. Dokumentationsrisiken Gefahrenpotenziale aufgrund buchhalterischer Fehler im Rechnungswesen u. unvollständiger Dokumentation **Bsp.**: Fehlerhafte Dokumentation von USt-IdNr., unvollständige Buch- u. Belegnachweise falsche Liefernachweise (z.B. Gelangensbestätigung)	
	Haftungs- u. Nachzahlungsrisiken USt-relevante Vorgänge lösen ggf. Nachzahlungen aus für etwaige USt-Ausfälle bestehen Haftungsrisiken für Dritte **Bsp.:** Forderungsabtretung (§ 13c UStG), Verpfändung u. Pfändung von Forderungen (§ 13c Abs. 3 UStG) falsche USt-BMGs Fehlerhaft ausgestellte Rechnungen u. unberechtigter Steuerausweis (§ 14c Abs. 1 u. Abs. 2 UStG) Eigenverbrauchstatbestände nicht abgeführte Steuern, Karussellgeschäfte (§ 25d UStG) Haftung des Organträgers für Organgesellschaften (§ 73 AO) Geschäftsführer-Haftung (§ 75 AO)	**Umfeldrisiken** Rechtsunsicherheit, Veränderung der Interpretation u. Rechtsauslegung von USt-Gesetzen durch Gerichte bzw. Finanzverwaltung, weltweite USt-Satzänderungen. **Bsp.:** Änderung der Rechtsprechung durch neue Grundsatzurteile oder verfassungsrechtliche Überprüfung, rückwirkende Prüfungsergebnisse z.B. aufgrund anderer Rechtsauffassung, abweichende Gesetzesinterpretationen
	Informationsrisiken: Gefahrenpotenziale aufgrund Informationsdefizite, unvollständiger Sachverhaltsübermittlung Informationsverluste im Unternehmen	

Arten von USt-Risiken	Bereich	
	Intern	**Extern**
	Bsp.: Fehlerhafte Einschätzung USt-relevanter Geschäftsvorfälle, Änderungen von Geschäftsaktivitäten u. interner Organisation mangelnde Einbindung der Steuerabteilung	
	Konzentrierungsrisiken Gesamtrechnungen sind fehlerhaft, weil Einzelrechnungen fehlerhaft sind **Bsp.:** Unterschiedliche Steuersätze, fehlerhafte Länder- u. Produktschlüssel, Währungsumrechnungen, Zuordnungsfehler bei Lieferorten	
	Portfoliorisiken Risiken, die aus Kombination der dargestellten Risiken entstehen **Bsp.:** Compliance-Risiken begründen Betriebsprüfungs- u. Nachzahlungsrisiken, die wiederum Zins- u. Haftungsrisiken auslösen können	
	Risiken des Technologieeinsatzes[82] Gefahrenpotenziale in Software- u. Serversystemen des Rechnungswesen zur korrekten Informations- u. Datenverarbeitung, Datenarchivierung u. Lesbarmachung **Bsp.:** Fehlerhafte Dokumentation USt-relevanter Sachverhalte Programmierfehler von Steuerschlüsseln Buchhaltungsfehler durch das Personal Unvollständige Archivierung USt-relevanter Nachweise keine ordnungsgemäße Buchführung u. Gefahr der USt-Schätzung fehlerhafte Implikation von Gesetzesanwendungen u. -änderungen	

[82] Siehe Definition des USt-Technologieeinsatzes im IV. Kapitel, Abschnitt I. 1, S. 173.

Arten von USt-Risiken	Bereich	
	Intern	Extern
Temporär (zeitbezogen)	**Haftungs- u. Nachzahlungsrisiken** verspätete Abgabe oder unrichtige Angaben in der USt-Voranmeldung **Bsp.:** Auslösung einer Steuerhinterziehung gem. § 370 AO **Implementierungsrisiken** Probleme in der Umsetzung von Gesetzes- oder Rechtsprechungsänderungen **BSP:** Gesetzes- oder Rechtsprechungsänderungen werden gar nicht oder zu spät erkannt u. somit nicht in der Betriebsorganisation berücksichtigt	**Betriebsprüfungs- u. Nachzahlungsrisiken** alle Unternehmen sind Außenprüfungen ausgesetzt Mittelgroße u. große Unternehmen unterliegen der lückenlosen Betriebsprüfung **Bsp.:** Außenprüfungen mit USt-Schwerpunkt, USt-Sonder-, Zollprüfung bei Ein- u. Ausfuhr, USt-Nachschau, BaFin-Prüfung
	Inkonsistenzrisiken Abweichungen in der Aufbereitung bzw. Bearbeitung zwischen ähnlichen oder gleichen umsatzsteuerlichen Sachverhalten **Bsp.:** Einheitliche Erklärung eines Umsatzes in USt-Voranmeldungen zweier Länder, in denen nicht einheitliche UStGe gelten **Planungsrisiken** Gefahrenpotenziale in der Planung unternehmerischer Entscheidungen mit umsatzsteuerlichen Auswirkungen **Bsp.:** Risiken in der Steuergestaltung grenzüberschreitender Sachverhalte oder in der Einschätzung internationaler umsatzsteuerlicher Sachverhalte	**Reputationsrisiken** Reputationsverlust bei Lieferanten, Kunden, Finanzverwaltung durch negative mediale Berichterstattung über unternehmerische USt-Sachverhalte **Bsp.:** (Un)wissentliche Teilnahme an USt-Betrug u. somit Auslösung von Inanspruchnahmen von eigenen Lieferanten u. Kunden unwissentlicher Handel mit Hehlerwaren mögliche Folgen: Belastung des Verhältnisses zum Finanzamt Vertrauensverlust bei Stakeholdern u. Reputationsschäden
	Prozessrisiken Gefahrenpotenziale Rechtsdurchführung u. korrekte Abwicklung verschiedener Sachverhalte u. Transaktionen, Dokumentation **Transaktionsrisiken** Gefahrenpotenziale aufgrund spezifischer bzw. einmaliger, nicht standardisierter Vorgänge bei Unternehmenstransaktionen fehlende Strukturen u. Prozesse aufgrund der	**Umfeldrisiken** Rechtsunsicherheit, Veränderungen von UStGen u. Formalitäten in Staaten **Bsp.:** Durch Regierungswechsel oder veränderten ökonomische Bedingungen werden schärfere USt-Vorschriften für (nicht einheimische) Unternehmen erlas-

Arten von USt-Risiken	Bereich	
	Intern	Extern
	Seltenheit besonders hohe Risiken bei Transaktion unter rein steuerlichen Gesichtspunkten **Bsp.:** Erwerb von Unternehmen/Anteilen, Fusion von Unternehmen i.Z.m. Belastung u. Übertragung von Eigentumsrechten, Konzernbildung, Umstrukturierungen, Verschmelzungen, Übernahme, Umwandlung, *squeeze out*, Finanzierung des Unternehmenserwerbes	sen oder bestehende Vorschriften zum Nachteil von Unternehmen ausgesetzt
Bilanziell	**Bewertungsrisiken** Neubewertung bei Steuersatz (0, 7, 19%) u. Bemessungsgrundlagenänderungen **Bsp.:** Teilwertberichtigungen im Umlaufvermögen, wenn der Markt keine Weiterberechnung akzeptiert	**Kapitalmarktrisiken** nicht vorhersehbare Reaktionen des Kapital- oder Absatzmarktes steuerinduzierter Umsatzrückgang bei Konsumprodukten u. damit Ertragsverluste **Bsp.:** Produkte werden teurer u. die damit verbundene USt-Erhöhung kann nicht voll an den Endverbraucher weitergegeben werden
	Informationsrisiken Risiken, die aufgrund von Informationsasymmetrien entstehen können **Bsp.:** Kalkulation von Herstellungskosten bei retrograder Bewertung, bei Verbrauchsfolge-Bewertungsverfahren	**Zinsrisiken** Gesetzesverstöße können zu zusätzlichen finanziellen Belastungen oder Sanktionen führen **Bsp.:** Entstehung von Unterschiedsbeträgen bei der Festsetzung der USt (§§ 233a ff. AO) unrichtige Erstellung u. Einreichung von USt-Erklärungen ab 15 Monaten nach Ablauf des Kalenderjahres entstehen nachträgliche Korrekturen eingereichter Umsätze

Tabelle 2: USt-Risiken – Arten, Ausprägung und Bereiche
Quelle: Eigene Darstellung.

Die USt-bezogene Kategorisierung wurde teilweise in Anlehnung an allgemeine Steuerrisiken vorgenommen. Siehe hierzu u.a. Kröner/Beckenhaub (2007), S. 137, Röthlisberger/Zitter (2005), S. 297; PWC (2004), S. 4-7; KPMG (2004), S. 5.

Die tabellarische Darstellung verschiedener Arten umsatzsteuerlicher Risiken ist nicht schnittmengenfrei. Dies betrifft z.B. umsatzsteuerliche Haftungsrisiken, weil Ursachen sowohl unternehmensintern als auch -extern auftreten können. Des Weiteren überschneiden sich USt-Risiken wie **Portfoliorisiken** teilweise und gehen ineinander über. So können umsatzsteuerliche Compliance-Risiken Prüfungsrisiken auslösen, die wiederum Nachzahlungs-, Zins- und Haftungsrisiken bewirken können. Gleiches gilt für Dokumentations- und Financial-Accounting-Risiken, die ebenfalls Prüfungsrisiken verursachen.

Eintretende USt-Risiken können in Unternehmen weltweit kostenintensive **Sanktionen und andere Folgen** auslösen. Hierzu gehören finanzielle Schäden (z.B. Nachzahlungen oder versagter VoSt-Abzug), Haftungstatbestände (z.B. Steuerhinterziehung) und immaterielle Nachteile (z.B. Reputationsverlust).[83]

Diese Risiken untermauern die hohe betriebswirtschaftliche Relevanz der USt aufgrund eintretender USt-Risiken als erfolgswirksame Gefahrenpotenziale und begründen die Notwendigkeit einer Einbindung in das unternehmensweite Überwachungssystem der Steuerabteilung als fester Bestandteil des steuerlichen Risikomanagementsystems (RMS).

E. Die Umsatzsteuer in empirischen Untersuchungen und Forschungsstand im Bereich des Umsatzsteuermanagements

An dieser Stelle erfolgt eine tabellarische Aufstellung von Studien und Publikationen, die thematisch u.a. im betriebsorganisatorischen oder planerischen Bereich der USt im weitesten Sinne anzusiedeln sind. Dies umfasst die Bedeutung der USt im Allgemeinen, Aspekte des USt-Managements (z.B. den Technologieeinsatz, USt-Risiken o.Ä.) und der Steuerplanung sowie den Bereich des USt-Betrugs.

Die folgende Auflistung erfolgt anhand der zeitlichen Reihenfolge der Veröffentlichungen. Neben Herausgebern, Erscheinungsjahr und Titel wird in der vierten Spalte auf die zugrunde gelegte Datenbasis eingegangen. In der fünften Spalte werden die Art der Veröffentlichung, Untersuchungsmethodik, -schwerpunkte und -ergebnisse vorgestellt. Die Untersuchungsergebnisse werden nur beispielhaft und in verkürzter Ausführung wiedergegeben.

---

83 Hierzu folgen Ausführungen im V. Kapitel, Abschnitt H, S. 274 ff.

Die in Tabelle 3 zitierten, überwiegend englischsprachigen Veröffentlichungen werden zusätzlich im Literaturverzeichnis ausgewiesen.

Quelle	Jahr	Thema / Titel	Untersuchungsobjekte (UO)	Beschreibung der Arbeit Form Untersuchungsmethoden Zentrale Ergebnisse im Hinblick auf das USt-Management
IW Consult	2008	Hand- u. Spanndienste Zu den Bürokratie- u. Verwaltungskosten der LSt, USt u. Sozialabgaben	1.023 UO Mitarbeiter u. Leiter von Steuerabteilungen deutscher Unternehmen	**Umfrage** **Untersuchungsmethode** Quantitativ-empirische Befragung mit standardisiertem Onlinefragebogen. **Untersuchungsschwerpunkt** Bürokratiekosten für Unternehmen im Bereich USt, LSt u. Sozialabgaben **Ergebnis** Befolgungskosten der USt für Unternehmen liegen in Deutschland jährlich bei 8,6 Mrd. Euro, zzgl. Haftungs- u. Prüfungsrisiken. Sie verteilen sich auf Personal-, Sachmittel- u. sonstige Kosten. Große Unternehmen u. KMU sind hiervon unterschiedlich stark betroffen. **Online verfügbar unter** http://bdi.eu/download_content/KonjunkturStandortUndWettbewerb/02_Buerokratie_Hand-und_Spanndienste.pdf (Juni 2015)
PWC	2010	The impact of VAT compliance on business	184 UO Staaten mit USt (VAT/GST)	**Studie u. Publikation** **Untersuchungsmethode** Vergleichsanalyse anhand von Daten der Weltbank **Untersuchungsschwerpunkt** Länderspezifische Unterschiede zwischen USt-Systemen, insb. Formalitäten, Compliance u. VoSt-Erstattung **Ergebnis** Die Anforderungen der USt übersteigen die der Unternehmensteuern deutlich, mit Auswirkungen auf Befolgungskosten.

Quelle	Jahr	Thema / Titel	Untersuchungsobjekte (UO)	Beschreibung der Arbeit Form Untersuchungsmethoden Zentrale Ergebnisse im Hinblick auf das USt-Management
				Grenzüberschreitende Umsätze lösen einen erheblichen organisatorischen u. zeitlichen Mehraufwand aus. Bei den EU-Mitgliedstaaten besteht eine Relation zwischen zeitlichem USt-Befolgungsaufwand u. der Dauer von VoSt-Erstattungen. **Online verfügbar unter** http://www.pwc.com/gx/en/tax/pdf/impact-of-vat.pdf (Juni 2015)
Deloitte	2011	Betriebsprüfung Belastungstest	588 UO Vertreter von Steuerabteilungen von Unternehmen über 10 Mio. € Umsatz oder mehr als 250 MA	**Umfrage u. Publikation** **Untersuchungsmethode** Quantitativ-empirische Befragung mit standardisiertem Onlinefragebogen im Zeitraum 2005-2009 **Untersuchungsschwerpunkt** Betriebsprüfungsergebnisse u.a. bzgl. der USt Geprüfte Steuerarten u. Zeiträume Geprüfte Themen u. verursachte Mehrbelastungen **Ergebnis** Steuerl. Mehrbelastungen der USt steigen analog zur Unternehmensgröße. 30% haben USt-Mehrbelastungen nach BP, insb. bei VoSt-Aufteilungen, Buch- u. Belegnachweisen, Rechnungsvorschriften gem. § 14 UStG. **Online verfügbar unter** http://www.deloitte-tax-news.de/steuern/unternehmensteuer/files/studie-betriebspruefung-komplett-301111.pdf (Juni 2015)
KPMG	2011	The Benchmark Survey on VAT/GST	124 UO Unternehmen aus 27 Ländern 24% der UO mit mehr als 20 Mrd. USD Umsatz, 35% der Befragten sind USt-Verantwortliche	**Umfrage u. Publikation** **Untersuchungsmethode** Quantitativ-empirische Befragung mit standardisiertem Online-Fragebogen.

Quelle	Jahr	Thema / Titel	Untersuchungsobjekte (UO)	Beschreibung der Arbeit Form Untersuchungsmethoden Zentrale Ergebnisse im Hinblick auf das USt-Management
				Untersuchungsschwerpunkt Kriterien der Erfolgsmessung des USt-Managements Umsatzsteuerliche Zielvorgaben in Unternehmen **Ergebnis** 66% der UO haben keinen globalen USt-Verantwortlichen. Nur 20% der UO verfolgen strategische USt-Ziele, anhand derer Effizienz u. Effektivität des USt-Managements messbar ist. 54% haben keine USt-Strategie (Europa). Ziele der USt-Strategie sind u.a. die Vermeidung von Zinsen, Strafen u. Reputationsschäden. Ein effektives u. effizientes USt-Management hat einen positiven Effekt auf den Unternehmenswert. **Online verfügbar unter** http://www.kpmg.com/Global/en/IssuesAndInsights/ArticlesPublications/Documents/The-Benchmark-Survey-on-VAT-GST.pdf (Juni 2015)
Bundesrechnungshof	2012	Gemeinsamer Bericht der Rechnungshöfe über die Kontrollprüfung zum innergemeinschaftlichen USt-Betrug	-	**Publikation** **Untersuchungsschwerpunkt** Bekämpfung von USt-Betrug durch EU-Finanzverwaltungen **Ergebnis** USt-Ausfall betrug in 2006 ca. 106,7 Mrd. Euro. Zersplitterung des EU-USt-Systems ist größtes Hindernis für effizienten EU-Handel. Mangelnde Harmonisierung führt zu hoher Komplexität u. Befolgungskosten. KMU sind zurückhaltender bei innergem. Geschäfte. **Online verfügbar unter** https://www.bundesrechnungshof.de/de

Quelle	Jahr	Thema / Titel	Untersuchungsobjekte (UO)	Beschreibung der Arbeit Form Untersuchungsmethoden Zentrale Ergebnisse im Hinblick auf das USt-Management
				/veroeffentlichungen/sonderberichte/langfassungen/2012-sonderbericht-kontrollpruefung-zum-innergemeinschaftlichen-umsatzsteuerbetrug (Juni 2015)
KPMG	2012	Corporate and Indirect Tax Survey 2012	130 UO (Staaten)	**Studie** **Untersuchungsmethode** Vergleichsanalyse **Untersuchungsschwerpunkt** Vergleich zwischen weltweiten USt-Sätzen u. nationalen Steueraufkommen **Ergebnis** Der weltweite Trend von Staaten zur Priorisierung der USt ggü. KSt erfordert Investitionen in die Steuerabteilungen u. die Zentralisierung von USt-Funktionen. Unternehmerische Entscheidungen sollten verstärkt auf USt-Aspekte abgestimmt werden um Befolgungskosten zu senken u. Wettbewerbsvorteile zu schaffen. **Online verfügbar unter** http://www.kpmg.com/DE/de/Documents/Corporate_and_Indirect_Tax_Survey_2012.pdf (Juni 2015).
KPMG	2012	The 2012 Benchmark Survey on VAT/GST	225 UO Leiter von Steuerabteilungen u. USt-Spezialisten aus 24 Ländern Davon 24% aus dem Bereich Kredit- u. Finanzierung Davon 73% mit USt-Umsätzen von mehr als 1 Mrd. Euro 35% der Befragten sind USt-Experten	**Umfrage u. Publikation** **Untersuchungsmethode** Quantitativ-empirische Befragung mit standardisiertem Online-Fragebogen **Untersuchungsschwerpunkt** Liquiditätseffekte, Zielvorgaben, Struktur u. Organisation im USt-Bereich Zukünftige Investitionen **Ergebnis** Bedeutungsanstieg der USt im Vergleich zu 2011. Spürbarer Anstieg von UO mit USt-Strategie. 51% benennen einen neg. Einfluss der USt auf Liquidität.

Quelle	Jahr	Thema / Titel	Untersuchungsobjekte (UO)	Beschreibung der Arbeit Form Untersuchungsmethoden Zentrale Ergebnisse im Hinblick auf das USt-Management
				37% haben regionale/globale USt-Verantwortliche. 38% sehen USt im Bereich der Finanzierung u. nicht im Steuerbereich. Wichtigste Maßnahme der USt-Organisation ist für 72% die Integration von USt-Funktionen in ERP-Systeme. 39% investieren in Prozessoptimierung, 35% in Technologie, 26% in neue USt-Mitarbeiter. **Online verfügbar unter** http://www.kpmg.com/Global/en/IssuesAndInsights/ArticlesPublications/Lists/Expired/vat-gst-benchmark-2012v2.pdf (Juni 2015)
KPMG	2013	The 2013 Benchmark Survey on VAT/GST	249 UO Leiter von Steuerabteilungen u. USt-Spezialisten aus 24 Ländern	**Umfrage u. Publikation** **Untersuchungsmethode** Quantitativ-empirische Befragung mit standardisiertem Online-Fragebogen **Untersuchungsschwerpunkt** Liquiditätseffekte, Zielvorgaben Struktur u. Organisation im USt-Bereich von Unternehmen Zukünftige Investitionen **Ergebnis** 51% benennen einen neg. Einfluss der USt auf Liquidität. Erhöhung der Komplexität der USt im Vergleich zu 2012. Spürbarer Anstieg von UO mit USt-Strategie. Nur 34% haben regionale/globale USt-Verantwortliche 70% verfolgen eine USt-Strategie. Wichtigste Maßnahme der USt-Organisation ist für 69% der Ausbau des Technologieeinsatzes. 47% investieren in Prozessoptimierung, 29% in Technologie, 25% in neue USt-Mitarbeiter.

Quelle	Jahr	Thema / Titel	Untersuchungsobjekte (UO)	Beschreibung der Arbeit Form Untersuchungsmethoden Zentrale Ergebnisse im Hinblick auf das USt-Management
				Online verfügbar unter http://www.kpmg.com/Global/en/IssuesAndIn-sights/ArticlesPublications/benchmark-survey-vat-gst/Documents/benchmark-survey-vat-gst-2013-v1.pdf (Juni 2015)
PWC	2013	Shifting the balance from direct to indirect taxes: bringing new challenges	10 UO (Staaten) Die 10 wichtigsten Volkswirtschaften der Welt	**Studie u. Publikation** **Untersuchungsmethode** Vergleichsanalyse **Untersuchungsschwerpunkt** Globale USt-Herausforderungen für Unternehmen bzgl. Erhebungsformen, VoSt-Erstattung, Befolgungskosten **Ergebnis** Weltweiter Trend zu indirekten Steuern. Indirekte Steuern tragen einen erheblichen Anteil am weltweiten Steueraufkommen. Ggü. Neuseeland/Singapur schneiden die EU-Mitgliedstaaten hinsichtlich effektiver Erhebung, schneller VoSt-Erstattungen u. Befolgungskosten für Unternehmen schlecht ab. **Online verfügbar unter** http://www.pwc.com/en_GX/gx/tax/assets/pwc-shifting-the-balance-from-direct-to-indirect-taxes-bringing-new-challenges.pdf (Juni 2015)
Wohlfahrt	2013	Umsatzbesteuerung u. Umsatzsteuerausfall in der EU – Eine rechtliche u. ökonomische Analyse	-	**Dissertation** Universität Mannheim. **Schwerpunkt:** USt-Betrug u. Maßnahmen der Bekämpfung seitens Gesetzgeber u. Finanzverwaltung
EY	2014	Indirect Tax in 2014 – A review of global indirect tax developments and issues	Alle Staaten der Welt mit Änderungen im Bereich der USt (VAT/GST)	**Studie u. Publikation** **Untersuchungsmethode** Vergleichsanalyse

Quelle	Jahr	Thema / Titel	Untersuchungsobjekte (UO)	Beschreibung der Arbeit Form Untersuchungsmethoden Zentrale Ergebnisse im Hinblick auf das USt-Management
				Untersuchungsschwerpunkt Weltweite Veränderungen der USt-Gesetze u. USt-Sätze **Ergebnis** Weltweiter Trend von direkten zu indirekten Steuern. Steuerbehörden verstärken weltweit die Zusammenarbeit u. den Datenaustausch. Tlw. drastische Erhöhung von Strafen u. Sanktionen. **Online verfügbar unter** http://www.ey.com/Publication/vwLUAssets/EY-PDF-Indirect-tax-2014/$FILE/EY-Indirect_Tax_2014.pdf (Juni 2015)
EY	2014	Indirect Tax Briefing – A review of global indirect tax developments and issues	50 UO (Staaten) Vorstellung von USt-Gesetzesänderungen 4 EY-USt-Experten werden zu Gesetzesänderungen in der EU befragt	**Experteninterview u. Publikation** **Untersuchungsmethode** Experteninterview u. Vergleichsanalyse **Untersuchungsschwerpunkt** Weltweite Veränderungen der USt-Gesetze u. USt-Sätze. USt-Veränderungen innerhalb der EU **Ergebnis** Feststellung eines allgemeinen Trends zur Erhöhung der USt-Sätze sowie zu verschärften Außenprüfungen. Immer mehr Staaten verlangen Umstellung auf elektronische USt-Anmeldungen. **Online verfügbar unter** http://emergingmarkets.ey.com/wp-content/uploads/downloads/2014/04/61.-EY-ITB-Issue-9.pdf (Juni 2015)
EY	2014	VAT/GST electronic filing and data extraction	86 UO (Staaten)	**Studie u. Publikation** **Untersuchungsmethode** Vergleichsanalyse

Quelle	Jahr	Thema / Titel	Untersuchungsobjekte (UO)	Beschreibung der Arbeit Form Untersuchungsmethoden Zentrale Ergebnisse im Hinblick auf das USt-Management
				Untersuchungsschwerpunkt Unterschiede, Problemaufriss u. elektronische Neuerungen in UStGen bzgl. Datensammlung, Dokumentation, Rechnungen u. Archivierung **Ergebnis** In 66 Ländern ist elektronische Archivierung von USt-Voranmeldungen möglich. In 23 Ländern müssen neben elektronischer USt-Voranmeldung alle Zahlungsnachweise eingereicht werden. Elektronische Rechnungen sind in 72 Ländern anerkannt. Nur 4 Länder erlauben keine elektronische Archivierung von Rechnungen **Online verfügbar unter** http://www.ey.com/Publication/vwLUAssets/EY_-_VAT-GST_electronic_filing_and_data_extraction/$FILE/EY-vat-gst-electronic-filing-and-data-extraction.pdf (Juni 2015)
Deloitte	2014	Indirect Tax Client Survey 2014	104 UO Steuerexperten für indirekte Steuern aus Großbritannien Kleine, mittlere u. große Unternehmen aller Branchen, einige NGOs	**Umfrage u. Publikation** **Untersuchungsmethode** Quantitativ-empirische Befragung mit standardisiertem Online-Fragebogen **Untersuchungsschwerpunkt** Verhältnis zur Finanzverwaltung (HMRC) Bedeutung der USt innerhalb des Unternehmens **Ergebnisse** Die Studie bescheinigt einen internationalen Bedeutungsanstieg der USt (VAT/GST). 56% bezeichnen das Verhältnis zur HMRC als „gut". Bei 65% war die USt Thema in der Geschäftsführung. 55% wurden von Stakeholdern zur USt-Strategie des Unternehmens gefragt. 69% sehen die USt als genügend integriert im Geschäftsalltag. Erfolgsindikatoren der USt-Strategie sind die rechtzeitige u. korrekte Abgabe der

Quelle	Jahr	Thema / Titel	Untersuchungsobjekte (UO)	Beschreibung der Arbeit Form Untersuchungsmethoden Zentrale Ergebnisse im Hinblick auf das USt-Management
				USt-Erklärung, genaue Kenntnis der USt-Schuld u. VoSt-Erstattungen **Online verfügbar unter http://www.ukbudget.com/files/uk-services-tax-indirect-tax-client-survey-2014.pdf** (Juni 2015)
KPMG	2014	Corporate and Indirect Tax Rate Survey 2014	130 UO (Staaten)	**Studie u. Publikation** **Untersuchungsmethode** Vergleichsanalyse **Untersuchungsschwerpunkt** Vergleich weltweiter USt-Sätze u. landesspezifischer Gesetzesänderungen **Ergebnisse** Weltweite Verschiebung der Bedeutung von direkten zu indirekten Steuern. Mit zunehmender Komplexität der USt steigt auch der Zeitaufwand im USt-Management. Eindeutiger Trend zur Zentralisierung von USt-Funktionen im Unternehmen. Risikominimierung erfolgt durch ein effektives Aufzeichnungs- u. Überwachungssystem. **Online verfügbar unter** http://www.kpmg.com/Global/en/IssuesAndInsights/ArticlesPublications/Documents/corporate-indirect-tax-rate-survey-2014.pdf (Juni 2015)
KPMG	2014	VAT/GST Refunds Survey 2014	65 UO (Staaten) Ökonomisch wichtigsten Staaten der Welt	**Umfrage, Studie u. Publikation** **Untersuchungsmethode** Vergleichsanalyse anhand Rückmeldungen von Unternehmen **Untersuchungsschwerpunkt** VoSt-Erstattungssystem von Staaten Ausgestaltung u. Ablauf von VoSt-Erstattungen **Ergebnis** Eine effiziente Bearbeitung von Anträgen zu VoSt-Erstattungen erfolgt bei 40% der

Quelle	Jahr	Thema / Titel	Untersuchungsobjekte (UO)	Beschreibung der Arbeit Form Untersuchungsmethoden Zentrale Ergebnisse im Hinblick auf das USt-Management
				UO, bei 15% erfolgt diese nur unter sehr erschwerten Bedingungen. Bei 34% der UO erfolgt eine schnelle Bearbeitung auch für nicht ansässige Unternehmen, bei 29% erfolgt die Bearbeitung für diese Gruppe gar nicht. Es besteht ein Zusammenhang zwischen effizienter Bearbeitung u. der ökonomischen Situation des UO. **Online verfügbar unter** http://www.kpmg.com/Global/en/IssuesAndInsights/ArticlesPublications/Documents/vat-gst-refunds-survey-2014-v2.pdf (Juni 2015)

Tabelle 3: Forschungsstand im USt-Bereich und Bezug zur Betriebswirtschaftlichen Steuerlehre
Quelle: Eigene Darstellung.

Besonders auffällig erscheint, dass fast alle Veröffentlichungen in diesem Bereich von den sogenannten **Big-Four-Gesellschaften**[84] durchgeführt wurden. Im Bereich des USt-Managements zeigt sich die Wissenschaft bislang eher zurückhaltend, trotz der hohen finanziellen und administrativen Belastungen für Unternehmen.

Die Problemaufrisse, Datenerhebungen, Empfehlungen und Lösungsansätze der Big-Four-Publikationen orientieren sich fast ausschließlich an der Bedeutung für die praktische Beratung. Da die Besteuerung allgemein von real-wirtschaftlichen Sachverhalten ausgeht, ist die Nutzung des betriebswirtschaftlichen Wissens aus Publikationen der Big-Four-Beratungsgesellschaften für die Beurteilung und Bewertung der Beziehung zwischen tatsächlichen steuerlichen Herausforderungen und dem Umsatzsteuerrecht wesentlich.[85] Darüber hinaus verfügen die Big-Four-Gesellschaften hinsichtlich internationaler Besteuerungsprobleme, Beratungsbedarf und Problembereiche der steuerlichen Praxis über ein erhebliches Informations- und Wissensvolumen. In

84 Deloitte, EY, KPMG, PWC.

85 Vgl. hierzu Ausführungen von SCHNEIDER/BAREIS/SIEGEL (2013), S. 1145, 1151, zu empirischer Betriebswirtschaftlicher Steuerlehre und den Rückgriff auf Praktikerveröffentlichungen.

wissenschaftliche Arbeiten müssen entsprechende Informationen daher Beachtung finden und einer kritischen Würdigung unterzogen werden.

Alle Artikel erscheinen in englischer Sprache, Adressaten sind Unternehmen und externe Berater weltweit. Dies unterstreicht eine hohe internationale Relevanz indirekter Steuern.

Insgesamt ist die Mehrheit der Publikationen international ausgerichtet. Inwieweit sich Unternehmen als Untersuchungsobjekte (UO) auf die verschiedenen Länder oder auf die Kontinente verteilen wird nicht erwähnt. Aufgrund vieler Hinweise ist allerdings anzunehmen, dass die teilnehmenden Unternehmen **überwiegend aus dem anglo-amerikanischen Raum** stammen.

Zudem wurde bei den oben aufgeführten Studien mehrheitlich auf **quantitative** Untersuchungsmethoden mit standardisierten Onlinefragebögen zurückgegriffen. Dies eröffnet einerseits die Möglichkeit, eine hohe Anzahl von Unternehmen bzw. von Steuerverantwortlichen zu erreichen. Andererseits ermöglichen Befragungen aus der Ferne eine bequeme Art der Beantwortung von tiefgründigen oder herausfordernden Fragen, die elektronisch ausgewertet werden können. Dies birgt allerdings die Gefahr, dass sich UO für die Beantwortung der Fragen wenig Zeit nehmen oder die Bearbeitung nicht auf Ebene des USt-Verantwortlichen erfolgt. Dadurch könnten komplizierte Fragestellungen flüchtig, oberflächlich oder nicht aus einer umsatzsteuerlichen Gesamtperspektive heraus beantwortet werden. Zusätzlich leiden Untersuchungen im Steuerbereich implizit an Problemen ethischer Komponenten, die möglicherweise „unternehmenspolitisch korrekte" Antworten der Befragten hervorrufen können. Dies ist besonders häufig der Fall, wenn UO der versprochenen Anonymisierung kein Vertrauen schenken. Onlinebefragungen können nie anonym sein. Die Untersuchungsmethode des qualitativen Experteninterviews wurde nur einmal angewandt. Zu Wort kamen allerdings nur eigene Experten aus dem Beratungsunternehmen.

Viele der vorgestellten Publikationen beschäftigen sich mit **globalen Unterschieden** von nationalen USt-Systemen, VoSt-Erstattungssystemen und länderspezifischen gesetzlichen Neuerungen. Dabei wird nur vereinzelt auf Aspekte des betrieblichen USt-Managements wie z.B. USt-Strategien oder USt-Risiken eingegangen. Weitere Themen der Publikationen sind USt-Betrug (Karussellgeschäfte), Außenprüfungen, Liquidität und Technologieeinsatz im Bereich der USt und Neuerungen bei elektronischen

Veranlagungsformen. Die Herausgeber empirischer Untersuchungen im USt-Bereich weisen einheitlich und ohne Ausnahme auf den weltweiten **Trend** einer Verlagerung von der direkten zur indirekten Besteuerung hin. Gleichzeitig zum **Bedeutungsanstieg** der USt erfahren immer mehr Unternehmen die Folgen dieser Entwicklung: intensivierte USt-Prüfungen, mehr Verwaltungsaufwand, höhere Befolgungskosten, steigende USt-Risiken und die Notwendigkeit des verstärkten Einsatzes von Technologie. Wesentliche Unterschiede in den Umfragen bestehen hinsichtlich der Anzahl der Untersuchungsobjekte, der Erhebungsform und –methodik sowie den Untersuchungsschwerpunkten. Einige Umfragen betrachten verstärkt konkrete betriebliche Bereiche des USt-Managements, während andere Umfragen die internationale Entwicklung der Umsatzbesteuerung verbunden mit Befolgungskosten für Unternehmen analysieren.

Die **schwache Resonanz** bei einigen der aufgeführten Umfragen ist an dieser Stelle ebenfalls hervorzuheben. So beteiligten sich vor allem an den quantitativen Befragungen mittels standardisiertem Fragebogen nur zwischen 12% und 48% der angefragten Unternehmen. Die Gründe können sehr vielschichtig sein: mangelndes betriebliches Interesse, keine freien Ressourcen aufgrund des hohen Arbeitsaufwands, grds. Desinteresse an Umfragen oder Aspekte des Steuergeheimnisses. Diese Schwäche tritt bei fast allen quantitativ-empirischen Methoden mit Onlinefragebogen auf.

Die Entwicklung des internationalen Bedeutungsanstiegs der USt fordert eine Neuausrichtung des betrieblichen USt-Managements. Außerhalb der Big-Four-Gesellschaften gibt es hierzu noch keine Untersuchungen, weswegen sich diese Forschungsarbeit diesem Themengebiet widmet. Mehrheitlich sind die Publikationen Praktikerhilfen, die auf rein informativen Daten für Unternehmen basieren und den Beratungsbedarf aufzeigen. Vertriebsgedanken können hierbei eine Rolle spielen, weswegen Aspekte der Neutralität und Vollständigkeit zunächst fraglich sind. Vor diesem Hintergrund erfolgt im III. Kapitel eine **eigene empirische Umfrage**, die sich kritisch mit der USt-Situation von Unternehmen auseinandersetzt. Hierbei wird auf die Methode des Experteninterviews zurückgegriffen. Entgegen der Umfragen der Big-Four-Gesellschaften steht insbesondere das betriebliche USt-Management großer deutsche Unternehmen und die persönliche Wahrnehmung von Führungskräften hinsichtlich aktueller umsatzsteuerlicher Probleme im Mittelpunkt.

F. Die Umsatzsteuer in der öffentlichen Wahrnehmung

1. Untersuchungsergebnisse der Datenerhebung

Die öffentliche Wahrnehmung und das öffentliche Meinungsbild werden in Deutschland maßgeblich von überregionalen Zeitungen und Magazinen (Leitmedien) geprägt. Hier sind verschiedene USt-Themen in den letzten Jahren präsent. Um einen Eindruck für die Bedeutung der USt in der Berichterstattung von Massenmedien zu gewinnen, wurden für den Zeitraum 2011 bis 2014 alle USt-Artikel einschlägiger Leitmedien untersucht.[86] Die Ergebnisse werden in Tabelle 4 wiedergegeben.

Tabelle 4 zeigt die Anzahl von Artikeln über USt-Themen in großen überregionalen deutschen Zeitungsmedien. Insgesamt sind **228 Artikel** von 2011 bis 2014 erschienen. Die Auswahl erfolgte anhand der verkauften Auflagen. Diese Leitmedien sind als Tageszeitungen die *Bild* und *Die Süddeutsche*, als führende Wirtschafts- und Finanzzeitung das *Handelsblatt* und das Wochenmagazin *Der Spiegel*.[87]

Zur praktischen Einordnung der umsatzsteuerlichen Berichterstattung wurden vier thematische Kategorien gebildet. Dies sind USt-Satz, USt-Reform, Bedeutung der USt (national und international) sowie USt-Betrug.

---

[86] Siehe Auflistung von USt-Artikeln deutscher Leitmedien in Anhang 9.

[87] Nach Angaben der Informationsgemeinschaft zur Feststellung der Verbreitung von Werbemitteln, online verfügbar unter http://www.ivw.eu/print/quartalsauflagen/quartalsauflagen (Stand April 2015).

Untersuchungsobjekt (UO)	2011	2012	2013	2014	Σ
Bild					
USt-Satz 7 oder 19%	4	6	1	0	11
USt-Reform	0	3	1	1	5
Bedeutung der USt (nat. und int.)	3	6	4	2	15
USt-Betrug	7	11	7	2	27
Σ Bild	**14**	**26**	**13**	**5**	**58**
Die Süddeutsche					
USt-Satz 7 oder 19%	1	3	3	4	11
USt-Reform	5	1	2	3	11
Bedeutung der USt (nat. und int.)	3	6	6	7	22
USt-Betrug	2	3	2	4	11
Σ Die Süddeutsche	**11**	**13**	**13**	**18**	**55**
Handelsblatt					
USt-Satz 7 oder 19%	2	2	4	4	12
USt-Reform	3	1	3	3	10
Bedeutung der USt (nat. und int.)	3	4	6	12	25
USt-Betrug	3	4	0	4	11
Σ Handelsblatt	**11**	**11**	**13**	**23**	**58**
Der Spiegel					
USt-Satz 7 oder 19%	3	6	2	0	11
USt-Reform	4	1	0	2	7
Bedeutung der USt (nat. und int.)	3	7	10	6	26
USt-Betrug	5	5	2	2	14
Σ Der Spiegel	**15**	**19**	**14**	**10**	**57**

Tabelle 4: USt-Berichterstattung deutscher Leitmedien
Quelle: Eigene Darstellung; Angaben zur Datenerhebung und Datenaufbereitung in Anhang 9 und 10.

Legende:
Die roten Zahlen sind die zahlenmäßigen Höchstwerte (*peaks*) der jeweiligen Kategorie bzw. des jeweiligen Jahres.

In der Berichterstattung aller untersuchten Leitmedien sind USt-Themen im untersuchten Zeitraum präsent. Die *Bild* übernimmt hier eher eine plakative Berichterstattung, mehrheitlich zu Themen des USt-Betrugs, zu Karussellgeschäften oder zu USt-Hinterziehung. Bei den anderen Medien liegt der Schwerpunkt eindeutig bei der nationalen und internationalen Bedeutung der USt.

In der Zeitung *Die Süddeutsche* und dem *Handelsblatt* ist ein starker Anstieg umsatzsteuerlicher Berichterstattung zu erkennen. Beide Zeitungen verfügen über personell gut ausgestattete Wirtschafts- und Finanzredaktionen, deren Berichterstattung sich gezielt an unternehmerische bzw. wirtschaftsorientierte Zielgruppen richtet. Dieses Ereignis ist ein Anzeichen für den Trend des Bedeutungsanstiegs der USt für Unternehmen und den Fiskus.

Die mediale Präsenz der USt ist zwischen 2011 und 2014 bei allen Untersuchungsobjekten (UO) konstant. Bei den beiden wirtschafts- bzw. finanzorientierten UO kann eindeutig ein überproportionaler Anstieg festgestellt werden. Dieser Trend kann als Indiz für eine zunehmend USt-sensibilisierte Öffentlichkeit[88] gewertet werden. Aufgrund der Limitationen dieser Untersuchung ist dies jedoch kein endgültiger Nachweis.

Der im II. Kapitel, Abschnitt E zur USt in empirischen Untersuchungen festgestellte globale Trend eines **Bedeutungsanstiegs** der USt für Staaten und Unternehmen sowie die weltweite Verlagerung von direkten zu indirekten Steuern spiegelt sich auch in der Berichterstattung wirtschafts- und finanzorientierter deutscher Leitmedien wider. USt-Themen genießen eine zunehmende **öffentliche Wahrnehmung** und sind in der **öffentlichen Diskussion** präsent.

2. Untersuchungsdesign der Datenerhebung

Mithilfe der vorliegenden Untersuchung wurde die Bedeutung der USt in der öffentlichen Wahrnehmung und deren Veränderung innerhalb eines bestimmten Zeitraums untersucht.

Nachfolgend soll das Untersuchungsdesign kurz vorgestellt werden.

---

[88] U.a. HARDECK (2011), S. 938 ff.; ERLE (2008), S. 206 ff.; SALZBERGER (2008), S. 555 ff.; RÖTHLISBERGER/ZITTER (2005), S. 298 ff.

Als Untersuchungsmethode kam die Autopsie-Methode zum Einsatz, indem innerhalb eines standardisierten Verfahrens eine explorative, qualitative Datenerhebung durchgeführt wurde.

Um die mediale Wahrnehmung der USt in Deutschland im Zeithorizont 2011-2014 zu analysieren, wurden als UO vier große überregionale deutsche Zeitungsmedien ausgewählt. Die Auswahl der Medien erfolgte aufgrund ihres Einflusses auf das öffentliche Meinungsbild und ihrer Bedeutung für die öffentliche Wahrnehmung. Bestimmt wurde dies anhand der verkauften Auflagen. Diese Leitmedien sind als Tageszeitungen die *Bild* und *Die Süddeutsche*, als führende Wirtschafts- und Finanzzeitung das *Handelsblatt* und als Wochenmagazin *Der Spiegel*.[89]

Die aufgeführte Datenmenge wurde durch eine Primärerhebung gewonnen. Die eingegebenen Suchbegriffe in den Onlinedatenbanken der ausgewählten Leitmedien waren „Umsatzsteuer“ und „Mehrwertsteuer“. Innerhalb des vierjährigen Untersuchungszeitraums (2011-2014) wurden **insgesamt 228 Artikel** zu USt-Themen ermittelt und anschließend analysiert. Gezählt wurden jeweils nur der jeweilige Erstartikel eines Sachverhalts, über den mehrmals im Medium berichtet wurde. Mehrfachzählungen gab es nur bei Berichten zu neuen und sachverhaltserheblichen Tatsachen in Folgeartikeln.

Da die Datenerhebung nur innerhalb eines festgelegten Zeitraums und nur bei bestimmten UO erfolgte, entspricht die Datenerhebung nur einer Teilerhebung der Grundgesamtheit aller Artikel zum Thema USt. Die vorliegende Datenerhebung basiert auf 4 UO und beschränkt sich auf einen festdefinierten Zeitraum. Die Repräsentativität dieser Teilerhebung ist daher gegeben. Aufgrund der genauen Dokumentation der Datenmenge und der Fundstelle ist die eindeutige Identifikation und Überprüfbarkeit der Quellenlage ebenfalls gegeben.[90]

Um die mediale Themenvielfalt zu beschränken und gezielt USt-zentrierte Artikel zu suchen, wurden vier thematische Inhaltskategorien für die Datenerhebung gebildet, unter denen gezielt bei den UO gesucht wurde. Die Inhaltskategorien waren: die Bedeutung der USt im Allgemeinen, USt-Satz von 7 oder 19%, USt-Reformvorhaben so-

89 Nach Angaben der Informationsgemeinschaft zur Feststellung der Verbreitung von Werbemitteln, online verfügbar unter http://www.ivw.eu/print/quartalsauflagen/quartalsauflagen (Stand April 2015).

90 Zu elektronischen Quellen und Informationsformen siehe THEISEN (2013), S. 79 ff.

wie Themen zum USt-Betrug (Karussellgeschäften). Die Kategorisierung erfolgte zudem aus Praktikabilitätsgründen für anschließende Vergleichsanalysen.

Alle gefundenen USt-Artikel wurden nach Medium sortiert und Kategorie chronologisch in eine Tabelle aufgenommen.

Die vorliegende Untersuchung unterliegt Limitationen, die an dieser Stelle kurz benannt werden sollen. Im Mittelpunkt empirischen Datenerhebung stehen nur vier deutsche Leitmedien. Andere Leitmedien, die ebenfalls über hohe Verkaufsauflagen verfügen, waren nicht Bestandteil der Untersuchung. Da nur deutschsprachige Medien untersucht wurden, die sich überwiegend an eine Leserschaft in Deutschland wenden, ist die Aussagekraft der USt-Artikel zu internationalen Themen und globalen Trends teilweise eingeschränkt.

Hinsichtlich der Quantität von Artikeln zu USt-Themen gibt es immer dann Verzerrungen, wenn bekannte Persönlichkeiten oder sehr große Unternehmen im Mittelpunkt von Untersuchungen oder Betrugsvorwürfen stehen oder ein anderes öffentliche Informationsbedürfnis besteht.

Weitere Limitationen liegen in der sehr oberflächlichen und stark verkürzten Berichterstattung über komplizierte USt-Themen, deren Ursache regelmäßig im mangelnden steuerspezifischem Fachwissen von Journalisten und Leserschaft liegt. Weiterhin sind Steuerthemen allgemein eher unpopulär. Daher ist anzunehmen, dass einige Leitmedien ihre Leserschaft nur bei Ereignissen von besonderer Tragweite informieren.

Ein großes Hindernis für die mediale Berichterstattung ist das deutsche Steuergeheimnis, wenn keine Informationen nicht auf anderen Wegen in die Öffentlichkeit gelangen. Während im angelsächsischen Raum steuerliches Fehlverhalten von Unternehmen schnell in die interessierte Öffentlichkeit gelangen kann, hemmt das geltende Steuergeheimnis eine nicht gewünschte Verbreitung. Daher ist anzunehmen, dass die mediale Berichterstattung in ihrem Zugang zu Informationen und somit in ihrem Urteilsvermögen beschränkt ist.

Technische Limitationen dieser Untersuchung liegen eindeutig bei den Online-Datenbanken der Leitmedien. Die Einstellungen der Suchfunktion und zugehörige Algorithmen sind für außenstehende Benutzer nicht einsehbar. Zudem ist nicht nachprüfbar, ob alle USt-Artikel der Printmedien auch in den Onlinedatenbanken hinterlegt bzw. abrufbar sind.

Abschließend wird auf die bekannte Problematiken von Sekundärquellen hingewiesen[91], weil Leitmedien in Artikeln oftmals einander zitieren oder einander wiedergeben. Dies ist auch für den geübten Leser nicht immer erkennbar.

G. Die Umsatzsteuer in der Steuerliteratur

Die folgenden Ausführungen betreffen weiter den Forschungsstand. In der **Steuerfachliteratur** stehen überwiegend steuerjuristische Betrachtungsweisen einzelner USt-Probleme und die Rechtsprechung im Vordergrund, nicht aber betriebswirtschaftliche Aspekte des USt-Managements. Im Folgenden werden die wichtigsten USt-Themen in der Literatur mit Angaben zu Artikeln aufgeführt, die sich im weitesten Sinne mit dem Thema USt-Management für Unternehmen befassen. Für die Quellenangaben wurde nur eine Auswahl für den Zeitraum von 2010-2015 getroffen.

Allgemein diskutierte **Probleme** sind dabei u.a. der VoSt-Abzug bzw. die VoSt-Vergütung[92], umsatzsteuerliche Zuordnungsfragen (VoSt-Aufteilung)[93], Leistungsort[94], innergemeinschaftliche Lieferungen und Reihengeschäften[95], USt-Organschaft[96], Option zur USt-Pflicht[97], Bemessungsgrundlagen[98] und USt-Befreiung[99].

Viele Artikel im USt-Bereich setzen sich mit umsatzsteuerlichen **Spezialfragen** wie z.B. zum sogenannten Reverse-Charge-Verfahren[100], zu Differenzgeschäften[101], Bauträger-

---

91 Siehe RUSSELL/KANE (2008), S. 422-425; ANDERMANN/DEGKWITZ (2006), S. 221-229.

92 Vgl. STERZINGER (2014B), S. 832 ff.; KÜFFNER (2013), S. 134 ff.; WÄGER (2013), S. 102, 107 f.; RADEISEN (2011), S. 53 ff.; ENGLISCH (2008), S. 489 ff.

93 Vgl. WÄGER (2014), S. 724 ff.; SCHOLZ (2014), S. 764 ff.; HEUERMANN (2014), S. 505 ff.; FLITZINGER (2014), S. 293 ff.; WÄGER (2013), S. 106 ff.; BECKER (2011), S. 611 ff.

94 Vgl. LUDÄSCHER/HOPPLER (2012), S. 311 ff.; FISCHER/KLEINEIDAM/WARNEKE (2005), S. 73 ff.

95 Vgl. KETTISCH (2014), S. 593 ff.; NIESKENS/HEINRICHSHOFEN/MATHEIS (2014), S. 513 ff.; FRYE (2014), S. 753 ff.; STERZINGER (2014A), S. 133 ff.; BEISER (2012), S. 222 ff.; LANG-HORGAN (2012), S. 628 ff.; NIESKENS (2012), S. 17 ff.; PRÄTZLER (2012), S. 2654 ff.

96 Vgl. SAUER/GISSEL (2014), S. 918 ff.; BIRKENFELD (2014), S. 120 ff.; DODENHOFF (2014), S. 337 ff.; GRUNE/MÖNCKEDIECK (2012), S. 541 ff.; MAUNZ/KÜFFNER (2013), S. 221 ff.; KORF (2010), S. 558 ff.

97 Vgl. FRIEDRICH-VACHE (2014), S. 646 ff.; PRÄTZLER (2013), S. 959 ff.

98 Vgl. HUMMEL (2015), S. 213 ff.

99 Vgl. z.B. HÜTTEMANN (2014), S. 45 ff.; AMMANN (2013), S. 111 f.

100 Vgl. STANGE (2013), S. 12 ff.; LUDÄSCHER/HOPPLER (2012), S. 303 ff.

101 Vgl. WÄGER (2013), S. 110 ff.; DAHM/HAMACHER (2012), S. 2409 ff.

tätigkeiten, Freihafenregelungen, Immobilientransaktionen[102], zum Gutglaubensschutz[103] und mit USt-Voranmeldungen[104] auseinander.

Viele Autoren beteiligen sich auch an der **Systemdebatte**[105] zur USt im europäischen Binnenmarkt[106]. In diesem Zusammenhang wird immer wieder die allgemeine **Reformbedürftigkeit** des USt-Systems anhand struktureller Schwächen aufgezeigt. Gesetzgeber und Finanzverwaltung werden vorgehalten, aufgrund Reformunwillens im USt-System erhebliche Steuerausfälle[107], unangemessenen Verwaltungsaufwand und hohe EU-Strafzahlungen in Kauf zu nehmen.

Viele Beiträge bietet der Bereich **USt-Betrug** und dessen Bekämpfung.[108] Die Autoren bewerten fast ausschließlich die von der Finanzverwaltung angestrengten Maßnahmen. Veröffentlichungen über konkrete betriebsorganisatorische Präventionsmaßnahmen für Unternehmen zur Verhinderung der unwissentlichen Teilnahme an USt-Betrug fehlen.

Nicht selten wird die Finanzverwaltung hinsichtlich der USt-Anwendung der **Regelungswut** bezichtigt[109]. Innerhalb des Gemeinschaftsgebiets sehen sich Unternehmen

---

102 Vgl. FULL (2013), S. 881 ff.; SALDER (2012), S. 2422 ff.; EISELE (2012), S. 2416 ff.

103 Vgl. HÖINK/ADICK (2014), S. 2928 f.; STAPPERFEND (2013), S. 321 ff.; FRITSCH (2013), S. 225; STREIT (2013), S. 97; RADEISEN (2011), S. 54; DRÜEN (2010), S. 1849; ACHATZ (2009), S. 484; NIESKENS (2008), S. 813.

104 ZUGMAIER/KAISER (2013), S. 17-19.

105 Vgl. KUBE (2013), S. 489 ff.; MELLINGHOFF (2013), S. 5 ff.; ENGELS (2013), S. 188 ff.; KIRCHHOF (2011).

106 Vgl. LISTL/BAUMGARTNER (2014), S. 913 ff.; ALEFS (2012), S. M01 ff.; FELDERHOFF (2013), S. 24 ff.; WIDMANN (2013), S. 15 ff.

107 Vgl. BUNDESRECHNUNGSHOF (2012B), S. 4 ff.

108 Vgl. WÄGER (2015), S. 81 ff.; KAISER (2014), S. 365 ff.; HUMMEL (2014), S. 256 ff.; WÄGER (2013), S. 105 ff.; HUSCHENS (2012), S. 479 f.; ENGLISCH (2008), S. 489 ff.

109 Vgl. WIDMANN (2012), S. 419 ff.

110 Vgl. BDI (2013), S. 12 ff.

111 Vgl. KEMPER (2014), S. 642 ff.; FLITZINGER (2013), S. 145 f.; ISMER/PULL/ENDRES (2013), S. 263 ff.

III. Kapitel: Empirische Erhebung zu aktuellen Herausforderungen und Management der Umsatzsteuer

A. Untersuchungsmethode

Die vorliegende Umfrage ist vor dem Hintergrund, dass es sich um die Gewinnung von Erkenntnissen in einem wenig erforschten Bereich handelt, als explorativ zu betrachten. In diesem Rahmen kam ein **halbstandardisiertes, leitfadengestütztes Interview** zur Anwendung, geprägt von Flexibilität und Problemzentriertheit. Für explorative Fragen sind **Experteninterviews** anhand eines Gesprächsleitfadens ein geeignetes Verfahren[112] und begründen eine Sonderform der qualitativen Befragungsmethoden.[113] Sie ermöglichen durch offene Fragen und eine flexible Gestaltung, die persönlichen Sichtweisen und Erfahrungen der professionellen Befragten besser zu erheben als standardisierte Methoden.[114] Auf individuelle Begebenheiten kann direkter eingegangen und auf diese Weise eine hohe Antwortqualität erzielt werden kann. Relevante Aspekte können vertieft werden. Dabei sind im Vergleich zu standardisierten Befragungen anhand anonymer Fragebögen Verständnis- und Rückfragen jederzeit möglich.[115] So können anfangs unvollständige oder ungenaue Aussagen bzw. Antworten dennoch zu zufriedenstellenden und aussagekräftigen Interviewergebnissen führen. Im Gegensatz zu anderen qualitativen Befragungstechniken[116], wie z.B. dem narrativen Interview[117], steht das spezifische Fachwissen des Befragten im Zentrum der Analyse und nicht die Person.[118] Die Methode des Experteninterviews weist aufgrund des persönlichen Dialogs im Vergleich zu quantitativen Befragungstechniken mit technischen Fragebögen erhebliche Vorteile auf.

Weiterhin sind Experteninterviews eine geeignete Methode vor allem bei praktischen Problemen und Themen,[119] wie sie in dem vorliegenden Fall zu Fragen im Zusammenhang mit der USt gegeben sind. Der Gesprächsleitfaden wurde nach den Anwen-

---

112 Vgl. LAMNEK (2010), S. 656; BÄHRING (2008), S. 92.
113 Vgl. LAMNEK (2010), S. 656.
114 Vgl. BÄHRING/HAUFF et al. (2008), S. 91; FLICK (2002), S. 122 ff.
115 Vgl. LAIER/QUICK (2012), S. 266.
116 Vgl. LAMNEK (2005), S. 356 ff.
117 Vgl. HERMANNS (1995), S. 182 ff.
118 Vgl. BÄHRING/HAUFF et al. (2008), S. 91; MEUSER/NAGEL (1991), S. 72.
119 Vgl. BOGNER/MENZ (2005), S. 10 ff.

dungsempfehlungen von BÄHRING et al.[120] erstellt. Mithilfe dieser Methode ist beabsichtigt, eine schnelle Datenexploration zu erreichen, die einen praxisbasierten, problemorientierten Einstieg in das Untersuchungsfeld ermöglicht. Die Forschungsfragen wurden einem Pre-Test unterzogen und auf Logik und Verständlichkeit von nicht an der Studie beteiligten Personen überprüft. Dies kann sich als zweckmäßig erweisen, mögliche strukturelle oder inhaltliche Schwachstellen bzw. Fehlerquellen aufzuspüren[121], das Verständnis der Fragen zu kontrollieren und Interviewdauer, Gesprächsdynamik, aber auch zumutbare Belastungen zu überprüfen.[122]

B. Teilnehmer

1. Vorbemerkungen

Unter Experten sind Personen zu verstehen, die als Funktionseliten selbst Teil des Handlungsfeldes sind, das den Forschungsgegenstand ausmacht.[123]

Experten tragen die Verantwortung für den Entwurf, die Implementierung oder die Kontrolle einer Problemlösung oder verfügen über einen privilegierten Zugang zu Informationen über Personengruppen oder Entscheidungsprozesse.[124] Für Zwecke der vorliegenden Untersuchung fallen hierunter Personen, die durch ihre Tätigkeit in einer verantwortlichen Position ihr Unternehmen steuerpolitisch nach innen und außen vertreten und über Erfahrungen und Entscheidungskompetenzen im Hinblick auf die USt verfügen. Sie besitzen ein ausgesprochen hohes Fach- und Spezialwissen über steuerliche Sachverhalte im Unternehmen. Die Führungskräfte von Unternehmens- oder Konzernsteuerabteilungen wurden in diesem Kontext als Zielpersonen der Befragung und ideale Gesprächspartner erachtet. Personen höherer Hierarchiestufen wie der CFO stellen sich für den vorliegenden Untersuchungszweck als ungeeignet dar, weil Steuerabteilungen regelmäßig über eine sehr hohe Autonomie verfügen[125] und häufig als einzige Personengruppe innerhalb des Unternehmens über ein Ver-

---

[120] Vgl. BÄHRING (2008), S. 94 ff.
[121] Vgl. GLÄSER/LAUDEL (2004), S. 105.
[122] Vgl. SCHNELL/HILL/ESSER (2005), S. 347.
[123] Vgl. MEUSER/NAGEL (1991), S. 443.
[124] Vgl. MEUSER/NAGEL (1991), S. 443; SPRONDEL (1979), S. 145.
[125] Vgl. SALZBERGER (2008), S. 556.

ständnis der komplexen umsatzsteuerlichen Materie verfügen.[126] Die Mehrheit war vor ihrer leitenden Tätigkeit in Steuerberatungs- bzw. Wirtschaftsprüfungsgesellschaften beschäftigt, sodass die langjährige Berufserfahrung[127] die Basis für dieses speziellen Wissens bildet. Die Auswahl dieser Zielpersonen soll zur Qualitätsabsicherung der Untersuchung[128] beitragen. Es ist anzunehmen, dass aufgrund der Stellung der Steuerverantwortlichen (Experten) im jeweiligen Unternehmen eine Vergleichbarkeit ihrer Position und eine vermutete Ähnlichkeit ihres Erfahrungswissens vorliegen. Es sollen gemeinsame überindividuelle Merkmale herausgearbeitet werden, um im Anschluss Interpretationen und Deutungsmuster aufzeigen zu können.[129]

Vor dem Hintergrund, dass es sich um eine qualitative Studie handelt, stand bei der Auswahl des Samples weniger eine Generalisierbarkeit als vielmehr die Gewinnung möglichst erfahrener und kenntnisreicher Untersuchungsteilnehmer im Vordergrund. Das Ziel der vorliegenden Untersuchung bestand darin, einen breiten Überblick über Probleme und betriebsorganisatorische Herausforderungen zu gewinnen (*maximum sample approach*). Es wurden daher gezielt Unternehmen akquiriert, die sich nach Größe, Branche, Kundenkreis, Geschäftspartnern, Börsennotierung, Herkunft des Mutterunternehmens und Steuerstrategie voneinander unterscheiden.

Dem Untersuchungsgegenstand entsprechend mussten alle teilnehmenden Unternehmen zwingend sowohl national als auch international tätig sein und über eine eigene Steuerabteilung verfügen. In einem ersten Schritt wurde nach geeigneten Unternehmen mit Sitz in Norddeutschland in Datenbanken der Industrie- und Handelskammern recherchiert. Wichtige Gründe für die Auswahl von Unternehmen waren der Bekanntheitsgrad und die Größe anhand betriebswirtschaftlicher Kennzahlen. Zudem wurde auf bestehende Kontakte aus früheren Befragungen zurückgegriffen. Schließlich konnten durch diese Unternehmen Kontakte zu weiteren Unternehmen aus dem übrigen Bundesgebiet vermittelt werden. Die Auswahl der Unternehmen geschah auf diese Weise entsprechend einer Mischung aus einem *purposeful* und *convenience sampling*.[130]

---

126 Vgl. SPENGEL/MATENAER (2011), S. 800.
127 Vgl. HITZLER/HONER/MAEDER (1994), S. 26.
128 Vgl. BÄHRING/HAUFF et al. (2008), S. 91.
129 Vgl. MEUSER/NAGEL (1991), S. 452.
130 Zu den Sampling-Techniken bei qualitativer Forschung vgl. MARSHALL (1996), S. 522-524; PATTON (1990), S. 169.

Um Problembereiche und aktuelle Herausforderungen im Bereich der USt zu analysieren, wurden insgesamt **32** Experten aus Unternehmen, Beratung und Finanzverwaltung von März 2013 bis Juni 2015 für die Durchführung von Experteninterviews befragt. Es wurden Kontaktdaten und wenn möglich Ansprechpartner in den vorausgewählten Unternehmen gesammelt. Die Kontaktaufnahme erfolgte durch persönliche Anschreiben per E-Mail[131] und richtete sich unmittelbar an die Führungskräfte der Steuerabteilungen. Aus dem Anschreiben ging hervor, dass es sich um eine qualitativ empirische Untersuchung im Rahmen einer Dissertation handelt. Aus Gründen der Seriosität wurde die digitale Signatur des Universitätslehrstuhls verwendet. Bei Bedarf wurde die Pressestelle kontaktiert, wenn die verantwortliche Person im Vorwege nicht ermittelt werden konnte. Dieses Vorgehen blieb während der Teilnehmeraquisition aber die Ausnahme. In diesem Rahmen wurde auch auf die betriebswirtschaftliche Bedeutung des Themas und anhaltende aktuelle steuerpolitische Diskussionen hingewiesen. Zusammen mit dieser ersten Kontaktaufnahme wurden der Gesprächsleitfaden und eine Verschwiegenheitserklärung zugestellt.[132] Sofern sich Unternehmen innerhalb von zwei Wochen nicht zurückmeldeten, folgte eine telefonische Kontaktierung. Bei erfolgreicher Rückmeldung wurden Interviewtermine vereinbart, bei erfolgloser Rückmeldung Gründe für die Absage erfragt. Aufgrund dieser Vorgehensweise gab es von fast allen angeschriebenen Unternehmen eine Rückmeldung. Nicht zuletzt sollte durch ein zeitnahes Nachfragen die Teilnahmeresonanz der angefragten Experten auf deutlich über 50% gesteigert werden. Weitere Kontaktaufnahmen erfolgten auf überregionalen USt-Konferenzen, deren Teilnehmer Steuerexperten aus Unternehmen, Beratung und Finanzverwaltung waren.

2. Teilnehmende Unternehmen und Umsatzsteuerexperten

Aufgrund der Sensibilität des Themas wurde den Unternehmen schriftlich eine vollständige Anonymität zugesichert. Dies berücksichtigt das Steuergeheimnis und schafft eine Vertrauensbasis, die unternehmenspolitisch ein erwünschtes Antwortverhalten vermeidet. Vor diesem Hintergrund muss im Rahmen der Darstellung der teilnehmenden Unternehmen und der Ergebnisse auf Namen und auf detaillierte Angaben zu den Unternehmen verzichtet werden. An der Befragung beteiligten sich 27

131 Siehe Anhang 1.

132 Siehe Anhang 2 und 3.

USt-Experten aus Unternehmen und Beratung[133], was bei qualitativen Studien einer angemessenen und repräsentativen Stichprobe entspricht.[134] Fünf der untersuchten Unternehmen sind im DAX 30 gelistet, zwei im M-DAX 50, eines im Dow Jones 30 (Stand Juni 2015). Durch den Einbezug von UO mittlerer und mittelgroßer Größe werden auch mögliche Problembereiche außerhalb der Sphäre von Großunternehmen in den Befragungsergebnissen abgebildet.

Von den insgesamt 27 teilnehmenden Unternehmen haben 12 ausländische Muttergesellschaften, die überwiegend börsennotiert sind. Mit wenigen Ausnahmen sind alle UO exportorientiert und verfolgen global ausgerichtete Geschäftsaktivitäten. Für diese Unternehmen ist Deutschland ein Kernland neben vielen anderen Märkten. Alle UO haben ihren Geschäftssitz in Deutschland. Diese Bedingung begründet eine weltweite Beurteilung der Steuern vom Umsatz aus einer deutschen Perspektive.

Zur Wahrung der Anonymität der Unternehmen muss von einer detaillierten Untergliederung der Branchen abgesehen werden. Die Einteilung der Branchen erfolgte daher gemäß der *International Standard Industrial Classification of All Economic Activities.*[135] In der Hauptgruppe C (Verarbeitendes Gewerbe) finden sich sowohl Konsumgüterhersteller als auch Unternehmen, die sich an Industriekunden und den Staat richten. Die Zahlen zu Umsätzen und Mitarbeitern stammen aus den Geschäftsberichten oder wurden im Rahmen der durchgeführten Interviews erfragt und bis Juni 2015 aktualisiert.

3. Nicht teilnehmende Unternehmen

Bei insgesamt 24 angefragten UO konnte keine Befragung stattfinden. Davon reagierten 21 nicht auf die Kontaktaufnahme, teilweise auch nicht trotz wiederholten Ersuchens. Ein Unternehmen gab an, grds. nicht an Studien oder Befragungen teilzunehmen, da dies vor dem Hintergrund häufiger Anfragen zu viele Ressourcen binden würde. Zwei angeschriebene Unternehmen erwiderten, zu steuerlichen Fragen generell keine Auskunft zu erteilen.[136] Damit liegt die Teilnahmeresonanz bezüglich der

---

133 Siehe Tabelle 5, Untersuchungsobjekte, S. 63 und Anhang 5.

134 Vgl. HELFFERICH (2011), S. 175; BÄHRING et al. (2008), S. 97.

135 Die Einteilung wurde gem. der UNITED NATIONS STATISTICS DIVISION (2013) vorgenommen: B: Bergbau, Rohstoffe und Gewinnung von Steinen und Erden; C: Verarbeitendes Gewerbe; G: Groß- und Einzelhandel, Werkstätten für Kraftfahrzeuge; H: Verkehr und Lagerhaltung; J: Information und Kommunikation; K: Kredit- und Finanzwesen.

136 Zu den nicht teilnehmenden Unternehmen siehe Anhang 5.

durchgeführten Experteninterviews insgesamt bei ca. 53%. Im Vergleich zu den anfangs vorgestellten empirischen Untersuchungen entspricht dies einer mittleren bis hohen Teilnahmequote.[137] Umstände und Beweggründe für die Absagen werden in der abschließenden Diskussion der Untersuchungsergebnisse erörtert.

4. Teilnehmende Vertreter der Finanzverwaltung

Angehörige der Finanzverwaltung zeigten ein geringes Interesse für eine Teilnahme an Experteninterviews. Von 9 angefragten USt-Referaten der Länderfinanzbehörden gaben nur 2 eine Rückmeldung. Beide nahmen an der Befragung teil. Um an weitere Informationen aus der Finanzverwaltung zu gelangen wurde in dieser Untersuchung zweimal vom parlamentarischen Instrument der kleinen Anfrage Gebrauch gemacht. Dieses Mittel ist geeignet um einen Einblick in Praktiken der Finanzverwaltung zu bekommen. Hervorzuheben ist die positive Resonanz der EU-Kommission.

C. Datenerhebung

Die Gesprächspartner seitens der Unternehmen waren in 17 Fällen die Leiter bzw. stellvertretenden Leiter der Unternehmens- bzw. Konzernsteuerabteilung oder des Rechnungswesens. In 6 Fällen waren der Leiter für indirekte Steuern bzw. deren Stellvertreter, in 2 Fällen der CFO bzw. dessen Assistent Interviewpartner. Viele Experten waren vor ihrer Tätigkeit in dem jeweiligen Unternehmen Mitarbeiter großer Steuerberatungs- und Wirtschaftsprüfungsgesellschaften. Gesprächspartner der Finanzverwaltung waren Finanzbeamte von Länderfinanzbehörden. Alle Interviews wurden als Einzelgespräche konzipiert. Insgesamt wurden 23 der 31 Interviews persönlich geführt. 5 Interviews wurden aus Verfügbarkeitsgründen telefonisch organisiert. 3 Interviews waren sowohl persönlich als auch telefonisch. Die persönlichen Interviews fanden in den Räumen der Steuerverantwortlichen statt. Dieses Vorgehen wurde aufgrund des direkten Kontakts zu den Befragten als vorteilhaft empfunden. Zudem half die Nähe zum Wirtschaftsalltag der Befragten, Verzerrungen und Unschärfen zu reduzieren.[138] Im Zuge der vorherigen Versendung des Leitfadens konnten sich die Interviewpartner auf die Fragen vorbereiten. Dieser Weg wurde gewählt, um die

137 Siehe Teilnahmequoten der empirischen Untersuchungen, S. 31 ff.

138 Vgl. MAYRING (2002), S. 23.

Wahrscheinlichkeit einer Teilnahme zu steigern und um qualitativ wertvollere Antworten während der Interviews zu erreichen. Die Interviews dauerten zwischen 45 und 120 Minuten, wobei die Mehrzahl nach ca. 1,5 Stunden abgeschlossen war. Die Antworten der Gesprächspartner wurden handschriftlich dokumentiert. Basierend auf diesen Mitschriften wurden im Anschluss digitale Wortprotokolle angefertigt. Verzichtet wurde auf Tonbandaufzeichnungen, weil diese aufgrund der Sensibilität des Themas von der Mehrzahl der Unternehmen nicht gewünscht wurde. Im Bereich sensibler steuerlicher Daten und Informationen würden Mitschnitte jeder Art einer vertrauensvollen und nutzbringenden Gesprächsatmosphäre entgegenwirken. Einige Interviewpartner haben diesen Verzicht im Vorwege als Bedingung für eine Teilnahme genannt. Durch einen Vertrauensaufbau soll Desinformationen oder unvollständiger bzw. ausweichender Beantwortung des Leitfadens entgegengewirkt werden. Zudem ergaben die Gespräche, dass Interviewanfragen ohne Vorabübersendung des Gesprächsleitfadens mehrheitlich nicht gewünscht waren und oftmals abgesagt wurden.

Die interviewten Experten haben sich als sehr ergiebig und erkenntnisreich erwiesen, weil diese Fachleute ein herausragendes Gespür für umsatzsteuerliche Problembereiche ihres Unternehmens haben und über umfangreiche Erfahrungen im Umgang verfügen. Nachfragen konnten in allen Fällen direkt beantwortet werden.

D. Auswertung

Die **Wortprotokolle**[139] wurden mithilfe einer qualitativen Inhaltsanalyse[140] ausgewertet, deren Zweck darin liegt, systematische und intersubjektiv überprüfbare Textanalysen durchzuführen. Diese Methode ist eine der bedeutsamsten Auswertungsmethoden für Experteninterviews.[141] Es werden auf methodisch kontrollierte Weise Erkenntnisse über Texte und Kommunikation ermittelt.[142] Ziel dieser Analyse ist es, auf bestimmte Aspekte aus den Gesprächsprotokollen zu fokussieren und diese auf Basis bestimmter Kriterien einzuschätzen.[143] Die Auswertung der Textinhalte erfolgt an-

---

139 Siehe Anhang 6 und Anhang 7.

140 Vgl. MERTON/KENDALL (1993), S. 172.

141 Vgl. BÄHRING et al. (2008), S. 103.

142 Vgl. KNAAP (2008), S. 20.

143 Vgl. MAYRING (2002), S. 11 ff.

hand der Systematik eines mehrstufigen Vorgehens.[144] Die Antworten der Interviewpartner wurden anhand der Gesprächsprotokolle im digitalen Wortprotokoll sukzessive unter den jeweiligen Fragen festgehalten.[145] Dies erleichtert die Auswertung und schafft Vergleichsmöglichkeiten. Das Textmaterial bildet den Ausgangspunkt für die Bildung von Antwortkategorien (induktive Kategorienbildung),[146] die den Expertenantworten zugeordnet werden. Dies fördert die Hervorhebung unternehmensinterner Prozesse, Mechanismen und Deutungssysteme.

Im Anschluss an diese qualitativen Schritte werden gemäß der benannten Herausforderungen und Managementansätze **Kategorienhäufigkeiten** (Typologie) erhoben und quantitativ analysiert, um über die Ergebnisse berichten zu können. So können einzelne Untersuchungsteile allgemein zusammengefasst werden.[147] Diese Typologie ist ein wichtiger Bestandteil der Analyse und den daraus zu ziehenden Erkenntnissen, indem kausale Zusammenhänge und deren Mechanismen aufgedeckt und rekonstruiert werden können.[148] Besondere Stärken liegen bei dieser Auswertungsmethode in der Erhebung genauer Daten und Informationen über USt-steuerliche Probleme und Strategien. Es wird angenommen, dass der jeweilige Typ das steuerliche Verhalten bedingt und die Kategorisierung über die Frage Aufschluss gibt, inwieweit Entscheidungsträger USt-Risiken verwalten und wie diesbezüglich Verantwortlichkeiten an Unternehmensschaltstellen verteilt sind. Darüber hinaus werden prägnante Textpassagen herausgearbeitet und im Rahmen der Ergebnisse wiedergegeben.[149] Schließlich werden Branchen- und Größenmerkmale herangezogen, um die UO einzuordnen. Es handelt sich folglich um ein Verfahren, das quantitative und qualitative Analyseschritte kombiniert.[150] Auf diese Weise werden einzelne Antworten analysiert und in Beziehung zueinander gesetzt. Die Wiedergabe von exemplarischen Zitaten soll zu einer höheren Form der Authentizität beitragen. Der Leser kann unmittelbar nachvollziehen, welche Aussagen die Experten getroffen haben.[151] Für die Benennung von Kategorien können zum einen In-vivo-Codes vergeben werden. Dahinter verbergen sich im empirischen Material vorfindbare Wortwahlen, die gegebenenfalls direkt für die

---

144 Zum im Folgenden dargestellten Verfahren, siehe MAYRING (2005), S. 10 ff.
145 Vgl. LAIER/QUICK (2012), S. 266.
146 Vgl. MAYRING (2005), S. 11 f.
147 Vgl. MEUSER/NAGEL (1991), S. 462.
148 Vgl. BÄHRING/HAUFF et al. (2008), S. 106.
149 Vgl. LAMNEK (1990), S. 206.
150 Vgl. MAYRING (2005), S. 9.
151 Vgl. BÄHRING/HAUFF et al. (2008), S. 107; BRADTKE et al. (2004); BLÖCHER/GLAUM (2005).

Benennung von Kategorien, zugehörige Konzepte sowie für die Formulierung der zu entwickelnden Theorie berücksichtigt werden können.[152] In Divergenz zu quantitativen Befragungen anhand anonymer Fragebögen wird in der Auswertung vor dem Hintergrund der qualitativen Befragungstechnik ausdrücklich auf statistische Hochrechnungen oder einfache Ja-Nein-Antwortmuster verzichtet.

E. Gesprächsleitfaden

Die Befragung ist **teilstandardisiert durch vorformulierte Fragen**, die als Leitfaden dienen, gleichzeitig aber offen sind, indem immanente Verständnis- und Nachfragen zur Vertiefung[153] jederzeit getätigt werden können. Es wurde bewusst auf Fragen verzichtet, für die Daten aus amtlichen Statistiken oder anderen Befragungen vorliegen. Der entwickelte Gesprächsleitfaden setzt sich aus zehn Fragen mit insgesamt vier Unterfragen zusammen.[154] Da im Gesprächsleitfaden keine Antworten vorgegeben werden, liegt der Akzent der Befragung auf der Validität und nicht wie bei voll standardisierten Befragungen auf der Reliabilität und Messgenauigkeit.[155] Alle Nachfragen zu den Fragestellungen, die im Verlauf der Interviews gestellt wurden, zielen auf eine weitere Narration ab. Während der Umfrage wurde der Gesprächsleitfaden präzisiert und ergänzt. So wurde auf sich ergebende Ergebnisse, Anregungen, Erkenntnisse und Dynamiken reagiert.

Befragungsziel ist die deskriptive Erfassung umsatzsteuerlicher Herausforderungen und Probleme, deren administratives Management aus Wissensbeständen der Befragten sowie die explorative Sammlung von Informationen zu relevanten USt-Sachverhalten. Vor diesem Hintergrund sind die Interviewfragen präzise formuliert, um Fachwissen, Einschätzungen und Erfahrungen der Interviewpartner als Repräsentanten ihrer Organisation genau abzufragen. Die Expertenantworten sollen ungefiltert erfasst werden, um ein möglichst genaues Bild von Problembereichen, Herausforderungen und dem Management der USt in der betrieblichen Praxis zu zeichnen. In diesem Zusammenhang werden alle anderen Einzelsteuerarten und deren Risiken in dieser Umfrage vernachlässigt. Die Interviews haben die Aufgabe, Informationen

152 Vgl. Mey/Mruck (2009), S. 114-115; Kuckartz (2010), S. 75; Corbin/Strauss (2008), S. 65.
153 Vgl. Laier/Quick (2012), S. 266.
154 Siehe Anhang 3.
155 Vgl. Hollstein/Ullrich (2003), S. 35.

über die Kontextbedingungen für das Handeln der Experten zu liefern[156] und dienen als Datenquelle für das Befragungsziel. Mit der gewählten Untersuchungsmethode wird das Ziel verfolgt, Strukturen und Strukturzusammenhänge des Expertenwissens zu analysieren. In der Auswertung soll es darum gehen, Wissens- und Handlungsstrukturen, Einstellungen und Prinzipien theoretisch zu generalisieren, bevor Aussagen über Kategorien und Konzepte getroffen werden können.[157]

Als Ausgangspunkt für die Befragung wird zunächst die **Bedeutung** der USt für die Unternehmen ermittelt (Frage 1), indem Veränderungen im Zeitverlauf bewertet werden sollen. Der Beginn der Befragung hat einen ausgeprägt narrativen Charakter, da insbesondere auf die **umsatzsteuerliche Erfahrung** der Experten abgestellt wird. Auf Grundlage der Antworten bzw. Ausführungen sollen Erkenntnisse darüber gewonnen werden, inwieweit die in dieser Arbeit zugrunde liegende Annahme einer immer stärkeren Komplexität und Herausforderung des USt-Bereichs mit den Wahrnehmungen der Experten korreliert. Die zusammengetragenen Erfahrungen der Experten sollen ein repräsentatives Bild über die Wahrnehmung in zeitlicher Hinsicht hervorbringen. Diesbezügliche Unterschiede zwischen verschiedenen Ländern, in denen die teilnehmenden Unternehmen tätig sind, und umsatzsteuerliche Rechtsstreitigkeiten können ergänzend eruiert werden. Die Frage zu USt-Rechtsstreitigkeiten wurde im Gesprächsleitfaden ergänzt und von einigen Interviewpartnern erst im Nachhinein beantwortet.

Die nächste Frage zielt auf Arten **umsatzsteuerlicher Risiken** und deren Bedeutung ab (Frage 2). So soll differenziert werden, inwieweit Unternehmen aus verschiedenen Branchen unterschiedliche Arten von USt-Risiken wahrnehmen, deren Identifikation klassifiziert und bezüglich ihrer unternehmensspezifischen Wichtigkeit mithilfe von Rangfolgen bewertet werden. Entsprechend können Unterschiede im Anschluss herausgearbeitet werden.

Potentielle **Quellen und Ursachen** für umsatzsteuerliche Risiken und Herausforderungen in den teilnehmenden Unternehmen werden im zweiten Schritt beleuchtet (Frage 3). Mögliche Unternehmensbereiche, die hinsichtlich dieser speziellen Risikoart gefährdet sind, sollen ebenfalls herausgearbeitet werden. Im gleichen Zuge sollen Informationen zu relevanten USt-Sachverhalten gesammelt werden, die unter Um-

---

156 Vgl. MEUSER/NAGEL (1991), S. 445.
157 Vgl. MEUSER/NAGEL (1991), S. 447.

ständen nur über Nachfragen zu ermitteln sind. Die Frage 3a beleuchtet ergänzend die am Risiko-Management beteiligten Unternehmensabteilungen.

Die Integration von konkreten **Maßnahmen** und internen **Prozessen** des USt-Risikomanagements in die operativen Geschäftsabläufe soll in Frage 4 untersucht werden, um anschließend vermutete Gemeinsamkeiten zwischen den teilnehmenden Unternehmen zu identifizieren und gegenüberzustellen

Frage 5 ermittelt die **Zuständigkeiten** für das betriebsinterne USt-Management. Die Unterfrage zur Begleitung von USt-Prüfungen der Finanzverwaltung wurde später im Gesprächsleitfaden ergänzt und von einigen Interviewpartnern im Nachhinein beantwortet.

Im weiteren Verlauf wird nach einer vorhandenen USt-Strategie und konkret nach der Existenz eines umsatzsteuerlichen RMS gefragt (Frage 6). So soll ermittelt werden, ob Unternehmen unterschiedlicher Ausprägung **feste USt-Strategien** implementiert haben. Ziel ist es, die praktische Relevanz theoretischer Steuerstrategien, die steuerliche RMS beinhalten können, zu bestimmen und zu ergründen. Es ist anzunehmen, dass theoretische Konstrukte steuerlicher RMS generell nicht in Unternehmen aller Rechtsformen und Branchen in gleicher Intensität zur praktischen Anwendung kommen. Diesbezügliche Unterschiede sollen analysiert werden. Inwieweit die Unternehmen auf externe Fachberatung zurückgreifen, wird mithilfe einer der Frage 6a geprüft, die erst später zum Gesprächsleitfaden hinzugefügt wurde.

Anschließend wird gezielt nach der **Steuerplanung** im USt-Bereich gefragt (Frage 7). Hier werden die UO aufgefordert, Maßnahmen der USt-Planung konkret zu benennen. Diese Frage soll darüber Aufschluss geben, inwieweit die teilnehmenden Unternehmen die USt als internen Kostenfaktor erkannt haben und welche Funktion der USt in der Unternehmens-Steuerstrategie zukommt.

Frage 8 beleuchtet die **betriebsorganisatorischen Herausforderungen**, die mit der USt verbunden sind, und Auskünfte über Personalstärken in diesem Bereich. Die rein administrativen USt-Belastungen bzw. Befolgungskosten der Unternehmen sollen deskriptiv erfasst werden. Es soll der Versuch unternommen werden, den Anteil der USt-spezifischen Auslastung der Steuerabteilungen zu benennen und zu vergleichen.

Frage 9 zielt auf konkrete **interne Reaktionen** der teilnehmenden Unternehmen im Hinblick auf die im Zeitverlauf veränderte USt-Situation. Damit soll die These eines immer komplexer werdenden USt-Systems trotz der europäischen Harmonisierungsbestrebungen untersucht werden und aufklären, welche Unternehmen besonders betroffen sind bzw. welche umsatzsteuerliche Betriebsorganisation weitgehend unverändert geblieben ist.

Abschließend sollen Informationen über die aktuelle **Prüfungspraxis** der Finanzverwaltung untersucht werden (Frage 10). Eine Veränderung der Prüfungsmodalitäten im Zeitverlauf wäre ein Indiz für die „Navigationsprobleme der Besatzung des deutschen USt-Schiffes im Meer der europäischen MwSt"[158]. Zum anderen können Empfehlungen erarbeitet werden, wie sich die Unternehmen künftig aufstellen können, um USt-Risiken zu minimieren. Der Gesprächsleitfaden wurde während der Umfrage um diese Frage erweitert und von einigen Interviewpartnern im Nachhinein beantwortet.

Nahezu alle Fragen und deren spezifizierende Unterfragen lassen Raum für Nachfragen und veranschaulichende Beispiele aus der aktuellen USt-Praxis zu. Das im vorherigen Abschnitt benannte **Befragungsziel** kann unter Mitwirkung der Experten, ihres spezifischen Fachwissens und ihrer langjährigen (Umsatz-)Steuererfahrung erreicht werden. Die in diesem Abschnitt beschriebenen Fragen bilden eine Grundlage für die Systematisierung von Relevanzen, Typisierungen, Sinnzusammenhängen, Deutungsmuster und Verknüpfungen.[159]

F. Ergebnisse der Untersuchung

1. Einführung in die Untersuchungsergebnisse

Die folgende Übersicht stellt die teilnehmenden Unternehmen vor und gibt Aufschluss über Sach- und Finanzkennzahlen. Die Branchen und Umsatzangaben sind zusammengefasst bzw. kategorisiert, um eine Rückverfolgbarkeit der teilnehmenden Unternehmen auszuschließen.

---

158 WIDMANN (2012), S. 429.

159 Vgl. MEUSER/NAGEL (1991), S. 462.

Untersuchungsobjekte (UO)

Unternehmen	Branche (siehe Legende)	Umsatz	Mitarbeiter	Mitarbeiter in der Steuerabteilung Davon beschäftigt mit USt – Sachverhalten
UO 1	B	C	II	6/2
UO 2	C	C	IV	8/2
UO 3	I	A	I	8/3
UO 4	C	B	V	4/1
UO 5	C	A	II	10/5
UO 6	K	-	II	8/2
UO 7	B	D	III	15/3
UO 8	G, H	D	VI	10/3
UO 9	C, H	A	I	3/1,5
UO 10	C	B	V	8/3
UO 11	B, C	B	III	6/3
UO 12	C	B	II	10/2
UO 13	C	B	III	5/1,5
UO 14	C	B	III	5/2
UO 15	B	B	II	7/2
UO 16	D	D	V	18/4
UO 17	C	A	I	2/2
UO 18	K	k.A.	II	6/2
UO 19	C	C	III	10/4
UO 20	N	B	III	k.A.
UO 21	N	B	III	k.A.
UO 22	D	D	VI	35/5
UO 23	J	k.A.	I	2/0,5
UO 24	H	k.A.	k.A.	40/9
UO 25	C	D	VI	55/8
UO 26	C	D	VI	30/5
UO 27	C	C	VI	52/10
UO F1	O	-	-	-
UO F2	O	-	-	-
UO F3	O	-	-	-
UO F4	O	-	-	-

Tabelle 5: Untersuchungsobjekte
Quelle: Eigene Darstellung.

Legende:
Alle Angaben Stand März 2013 bis Juni 2015.

Aufgeführt sind nur die unternehmerischen UO, nicht der Finanzverwaltung.

Umsatz
A: unter 1.000 Mio. €
B: 1.000 - 5.000 Mio. €
C: 5.000 - 10.000 Mio. €
D: über 10.000 Mio. €

Mitarbeiter (gerundet)
I: unter 1.000
II: 1.000-5.000
III: 5.000-10.000
IV: 10.000-20.000
V: 20.000-40.000
VI: über 40.000

Branchen
Die Branchen-Einteilung wurde gem. der United Nations Statistics Division (2013) vorgenommen:
B: Bergbau, Rohstoffe und Gewinnung von Steinen und Erden
C: Verarbeitende Industrie
D: Energie-, Gas-, Wasserversorgung, Klimatechnik
G: Groß- und Einzelhandel, Reparaturgewerbe für KfZ
H: Verkehr, Logistik, Transport
I: Lebensmittel
J: Information und Kommunikation
K: Kredit- und Finanzwesen
N: administrative und unterstützende Dienstleistungen
O: öffentliche Verwaltung
S: andere Dienstleistungen

2. Veränderungen in der Bedeutung und Relevanz der Umsatzsteuer im Zeitverlauf

Frage 1: Können Sie Veränderungen in der Bedeutung bzw. Relevanz der USt im Zeitverlauf der letzten 5-10 Jahre für ihr Unternehmen feststellen?

Alle UO stimmten der Frage zu und gaben an, dass die Veränderungen im Zeitverlauf ausnahmslos auch auf das eigene Unternehmen und die Branche zutreffen. Die zuständigen Steuerverantwortlichen argumentieren dazu wie folgt:

- In den letzten Jahren sind die USt-Risiken eindeutig angestiegen (UO 5).
- Die USt ist zu einem bürokratischen Monster geworden. Das System wird zunehmend nicht mehr beherrschbar. Damit ist die Langfristigkeit in unseren Planungen nicht mehr gegeben. Die sogenannten „Buchstabengesetze" im UStG haben zu einer Unsystematik im Gesetz geführt. Die frühere „Reinheit"

im UStG ist durch immer neue Gesetze und die EuGH-Rechtsprechung verloren gegangen. Der VoSt-Abzug ist sehr viel komplizierter geworden (UO 6).

- Es gab eindeutige Veränderungen im Bereich der USt. Die Steuerart ist in den letzten 10 Jahren wesentlich personalintensiver geworden. Dokumentationserfordernisse wurden erheblich ausgeweitet. Auch die Strafen wurden schon bei leichtfertigen, fahrlässigen Verstößen drakonisch verschärft. Vor diesem Hintergrund ist das Management der USt zu einem erheblichen Zeit- und Kostenfaktor geworden. Die USt belastet schon lange nicht mehr nur den Endverbraucher (UO 11).
- Mittlerweile nimmt die USt einen erheblichen Teil unseres Tagesgeschäfts ein, ca. 70% (UO 9).
- Die Harmonisierung innerhalb der EU ist zulasten der Unternehmen gegangen. Harmonisierung heißt auf europäisch, dass es komplizierter und nicht einfacher wird. Die USt ist schon lange kein durchlaufender Posten mehr. Wer das sagt, verkennt die Realitäten. Dies betrifft nur Standardfälle, die aufgrund globalisierter Strukturen selten geworden sind. Die USt bedeutet vielmehr echte Kosten, die genau wie andere Steuern auch verwaltet werden müssen, insbesondere über die VoSt (UO 13).
- Die USt bedeutet für uns einen immensen Verwaltungsdruck. Daher sind USt-Probleme auch in der Konzernspitze angekommen (UO 7).
- Früher war die USt ein Abfallprodukt der Betriebsprüfung. Das hat sich nun geändert. Früher haben sich Betriebsprüfer bei den Ertragsteuern ausgeruht. Die Ertragsteuersätze der Unternehmen sind aber stark gesunken. Das hat die USt als Einnahme des Staates aufgewertet (UO F1).

Auf Basis der Antworten in den Experteninterviews liegt insgesamt ein außerordentlicher Bedeutungsanstieg der USt für die teilnehmenden Unternehmen vor. Dies bestätigt die in dieser Arbeit vorangestellte Annahme eines gestiegenen Verwaltungsaufwands verbunden mit hohen Befolgungskosten. Als Ursache wird die hohe Komplexität des USt-Systems angegeben. Alle UO stehen vor umfangreichen umsatzsteuerlichen Herausforderungen. Gemäß dem Empfinden der Steuerverantwortlichen haben die Harmonisierungsbestrebungen innerhalb der EU nicht zu den gewünschten Vereinfachungen geführt. Die Wahrnehmung der Interviewpartner korreliert mit den

Ergebnissen anderer Umfragen.[160] Die Antworten der UO erfolgten unabhängig von der Größe oder der Branche.

Frage 1a: Bestehen diesbezüglich Unterschiede zwischen verschiedenen Ländern, in denen Ihr Unternehmen tätig ist?

3 der insgesamt 31 Experten aus Unternehmen und Finanzverwaltung verneinten die Frage und sprachen von generellen, internationalen Veränderungen im USt-Bereich. Einige Experten erwähnten in diesem Zusammenhang jedoch Staaten, in denen es besondere Veränderungen im Bereich der USt gegeben habe bzw. in denen Unternehmen besonderen Herausforderungen ausgesetzt seien:

- Es ist überall schärfer geworden (UO 3).
- Es gibt besonders strenge Anforderungen in Polen. Lockerer ist es in den skandinavischen Ländern. Innerhalb Deutschlands legt NRW die USt-Gesetze sehr fiskalisch aus. Oftmals geht die eigentliche Idee der USt, nämlich die Besteuerung des Endverbrauchers, verloren (UO 8).
- Generell ist die USt international komplizierter geworden. Allerdings gibt es in einigen Ländern besonders hohe Hürden für Unternehmen, so z.B. in Spanien und Italien (UO 2).
- In Griechenland und Italien haben wir die bislang unangenehmsten Erfahrungen gemacht. Das USt-Vergütungsverfahren läuft dort nur sehr schleppend. Wir warten teilweise seit Jahren auf Rückerstattungen, was für uns einen Liquiditäts- und Zinsverlust bedeutet (UO 10).
- Deutschland ist im Vergleich zu Großbritannien oder den Niederlanden sehr formalistisch. Dort sind Außenprüfungen weitaus zeitnaher und weniger häufig. Wir zeigen dem Finanzamt dort unsere USt-Prozesse, legen Risikomanagementstrukturen offen und sind in Zweifelsfragen in ständigem Dialog. Wir haben so weitaus weniger Prüfungen und Arbeit. Das Verhältnis zur Finanzverwaltung in Großbritannien und den Niederlanden ist wesentlich besser als in Deutschland. In Deutschland werden wir überzogen mit Prüfungen und Formalien. Hier lauert die Finanzverwaltung auf formale Fehler, um uns die VoSt abspenstig zu machen. Das passiert in Großbritannien und den Niederlanden nicht. Die dortigen Finanzverwaltungen sind kooperativ und konzent-

[160] Siehe Ergebnisse empirischer Untersuchungen, S. 31 ff.

rieren sich auf die schwarzen Schafe und nicht auf redliche und ehrliche Unternehmen (UO 27).

Tabelle 6 nennt Staaten, die bei dieser Frage von den Experten im Zusammenhang mit USt-Problemen und Risiken genannt wurden:

Angeführte Staaten (nur EU)	Häufigkeit (inkl. Mehrfachnennungen)
Italien	10
Polen	7
Rumänien	5
Portugal	4
Spanien	3
Griechenland	3
Bulgarien	3
Sonstige: Ungarn, Slowakei, Niederlande, Belgien	6

Tabelle 6: Umsatzsteuerliche Problemherde – Angeführte Staaten
Quelle: Eigene Darstellung.

Auffällig ist, dass die Steuerverantwortlichen USt-Probleme in bestimmten Ländern in Kauf nehmen bzw. diese bereits in Geschäftsaktivitäten einkalkuliert sind. Versagte oder langwierige VoSt-Erstattungen sind für Unternehmen oftmals kein Hinderungsgrund für Geschäftsbeziehungen, obwohl damit unter Umständen erhebliche Belastungen für die Liquidität verbunden sind. Als besonders problematisch gilt in den aufgeführten Ländern die VoSt-Erstattungspraxis der Finanzverwaltung, die mit hohen Befolgungskosten verbunden ist. In diese Länder exportierende Unternehmen sind stärker betroffen als solche, deren Geschäftsschwerpunkte in anderen Ländern liegen. Größen- oder Branchenunterschiede wurden nicht festgestellt.

Frage 1b: Kam es im Bereich der USt zu Rechtsstreitigkeiten?

Nur bei 4 UO gab es in der jüngeren Vergangenheit FG-Verfahren.

Auffällig ist, dass die große Mehrheit der Experten versucht, Rechtsstreitigkeiten möglichst zu vermeiden. Die Unternehmen, die in der Vergangenheit Rechtstreitigkeiten mit der Finanzverwaltung ausgetragen haben, können als prozessfreudig bezeichnet werden. Sie gaben an, bei Gefährdung von Interessen grds. den Rechtsweg in Anspruch zu nehmen.

Insgesamt sind die befragten Unternehmen im Hinblick auf Rechtsstreitigkeiten sehr risikoavers.

- Früher haben wir der Finanzverwaltung die harte Kante gezeigt und sind im Zweifel vors Gericht gezogen. Dies wäre für uns aber heutzutage undenkbar. Wir meiden Rechtsstreitigkeiten (UO 7).
- Es kann sich lohnen, den Rechtsweg einzuschlagen, da es bei der USt um echtes Geld geht (UO 22).
- Wenn wir müssen und unsere Interessen wahren müssen, ja. Manchmal können wir nicht anders, besonders dann, wenn die Finanzverwaltung willkürlich agiert (UO 27).

3. Arten umsatzsteuerlicher Risiken und deren Bedeutung

Frage 2: Welche Arten steuerlicher USt-Risiken haben in Ihrem Unternehmen eine Bedeutung? Gibt es eine Rangfolge?

Die beispielhafte Auswahl von sieben möglichen USt-Risiken hat sich für die Beantwortung der zweiten Frage als hilfreich erwiesen. Einleitende Erklärungen oder Definitionen von einzelnen USt-Risiken waren nicht notwendig. Die aufgeführten Risiken sind allen Interviewpartnern bekannt. Es ist zu vermuten, dass dies auf die praktische Relevanz im USt-Bereich von Unternehmen zurückzuführen ist. In allen Fällen verhalf der gewählte Start zu einem strukturellen Verständnis, obgleich die Steuerverantwortlichen über spezielle USt-Risiken sehr gut informiert waren. In Tabelle 7 sind die Häufigkeiten der Risiken absteigend der Rangfolge nach aufgeführt (Mehrfachnennungen waren möglich).

Untersuchungsergebnisse **Rangfolge von USt-Risiken in Unternehmen**	**Relevanz** (inkl. Mehrfachnennungen)	**In Prozent** (gerundet)
Compliance-Risiken *davon*	**69**	**54%**
VoSt-Risiken *u.a.* korrekte Rechnungen, USt-Vergütungsverfahren VoSt-Aufteilung bei (tlw.) USt-befreiten Umsätzen VoSt-Korrektur	23	33% der Compliancerisiken insg.
Drittländer *u.a.* allgemeine Risiken (3) Einfuhr-, Ausfuhr-, Zollrisiken (10)	13	19% der Compliance-risiken insg.
Innergem. Lieferungen *u.a.* Lieferschwellen Buch- u. Belegnachweise, Gelangensbestätigung Verbringung	10	14% der Compliance-risiken insg.
Abgrenzungsrisiken u. Qualifizierung von Leistungen *insb.* unentgeltliche Wertabgaben Überlassung von Gegenständen Geschenke, Sponsoring nicht standardisierte Leistungen	9	13% der Compliance-risiken insg.
Innergem. Reihengeschäfte	7	10% der Compliance-risiken insg.
Rechtsunsicherheit Fragen der Rechtsanwendung u. -beurteilung	5	7% der Compliance-risiken insg.
Spezialbereiche *u.a.*	2	3% der Compliance-

Untersuchungsergebnisse **Rangfolge von USt-Risiken in Unternehmen**	**Relevanz** (inkl. Mehrfachnennungen)	**In Prozent** (gerundet)
Tauschähnliche Umsätze Seeschifffahrt		risiken insg.
Betriebsprüfungs- u. Nachzahlungsrisiken		
u.a. durch Betriebsprüfung USt-Sonderprüfung USt-Nachschau Zollprüfung BaFin	**18**	**14%**
Dokumentations- u. Financial-Accounting-Risiken		
u.a. Buchhalterische Fehler, Rechnungslegung Dokumentation USt-IdNr. Buch- u. Belegnachweise Liefernachweise (z.B. Gelangensbestätigung)	**14**	**11%**
Administrative Risiken / Managementrisiken		
u.a. USt-Organisation im Rechnungswesen u. operativen Abteilungen Managementfehler u. menschliches Versagen USt-Registrierungen Wissenslücken VA-Korrekturen Erkennen u. Einordnung des Sachverhalts	**10**	**8%**
Haftungsrisiken		
u.a. Zinszahlungen, Bußgelder	**5**	**4%**
Informationsrisiken		
u.a. fehlende Informationen über Sachverhalte, Geschäftsvorfälle in untersch. Unternehmensbereichen, Auslandsgesellschaften	**4**	**3%**

Untersuchungsergebnisse Rangfolge von USt-Risiken in Unternehmen	Relevanz (inkl. Mehrfachnennungen)	In Prozent (gerundet)
Karussellrisiken	**4**	**3%**
Transaktionsrisiken	**3**	**2%**
Nennungen gesamt	**127**	

Tabelle 7: Rangfolge von USt-Risiken in Unternehmen
Quelle: Eigene Darstellung.

Etwa ein Drittel der Interviewten konnte USt-Risiken im eigenen Unternehmen nicht unmittelbar identifizieren und präzise benennen. Rückfragen ergaben, dass aufgrund fehlender Ressourcen der Steuerabteilung oder mangelnder Nachfrage seitens der Geschäftsführung eine konkrete Identifizierung über den umsatzsteuerlichen Geschäftsalltag hinaus nicht für erforderlich gehalten wird. Eine Erläuterung der im Gesprächsleitfaden beispielhaft aufgelisteten Risiken half zunächst bei der Risiko-Identifizierung und -Klassifizierung. Im Durchschnitt nannten die Interviewpartner etwa 4 unterschiedliche USt-Risiken.

Die Gruppe der Compliance-Risiken wird mit Abstand von VoSt-Risiken dominiert (33%), gefolgt von Risiken in Zusammenhang mit Drittländern (19%) und innergemeinschaftlichen Lieferungen (14%). Die zweite große Risikogruppe sind Betriebsprüfungs- und Nachzahlungsrisiken (14%), gefolgt von Dokumentations- und Financial-Accouting-Risiken (11%).

Alle anderen Arten umsatzsteuerlicher Risiken wurden seltener genannt und belegen zusammen das hintere Drittel in der Häufigkeitsverteilung. Die Untersuchungsergebnisse verdeutlichen, dass die UO in ihrer Geschäftsausübung vielen USt-Risiken mit großer betriebswirtschaftlicher Relevanz ausgesetzt sind. Bei den UO existieren keine intern festgelegten Risikorangfolgen. Die Interviewpartner beschreiben die Risiken folgendermaßen (ausgewählte Zitate):

- USt-Risiken sind für uns ein großes Thema. Wir bekommen regelmäßig Besuch von der Steuerfahndung. Vor diesem Hintergrund spielen VoSt-Abzugsrisiken bei uns eine große Rolle, da uns der Abzug bei Unregelmäßigkeiten versagt wird (UO 1).

- Die VoSt sind für uns ebenfalls ein risikobehafteter Bereich. Wir sehen uns seit den letzten Jahren mit erhöhten Betriebsprüfungsrisiken konfrontiert (UO 3).
- Nur ein Teil der VoSt werden uns erstattet. Dies ist mit einem irrsinnigen Aufwand für uns verbunden. Damit haben wir große Mühe (UO 6).
- VoSt-Abzugsrisiken machen einen großen Teil unser umsatzsteuerlichen Risiken aus, insbesondere im USt-Vergütungsverfahren kommt es oft zu großen Rückzahlungsproblemen (UO 2).
- Erhebliche Risiken liegen seit neuester Zeit in USt-Prüfungen, insbesondere bei den systemgesteuerten und EDV-gestützten Prüfungen. Hier führt die Finanzverwaltung Plausibilitätsprüfungen bei unseren Debitoren und Kreditoren durch und gleicht die Daten mit unseren Daten ab. Die Finanzverwaltung hat technisch aufgerüstet und kann Fehler schnell ermitteln (UO 10).

Allgemein nehmen USt-Risiken in der Wahrnehmung der befragten Experten einen hohen Stellenwert ein. Der Stellenwert einzelner Arten umsatzsteuerlicher Risiken variiert zwischen den UO. Daher ist zu vermuten, dass der Stellenwert von USt-Risiken erheblich von der Unternehmensstruktur, dem wirtschaftlichen Tätigkeitsbereich und der strategischen Ausrichtung abhängig ist. Wichtigste Treiber für die Bedeutung steuerlicher Risiken scheinen der Kostenfaktor verbunden mit einem Liquiditätsverlust und persönlichen Haftungsrisiken zu sein. Das steuerliche Risikobewusstsein von Steuerverantwortlichen ist vor allem von der Kostenvermeidung getrieben und mit strafrechtlichen Konsequenzen verbunden.[161] Da die monetären Folgen umsatzsteuerlicher Risiken eindeutig zu bewerten sind, nehmen sie im operativen Bewusstsein der Befragten eine zentrale Rolle ein.

Entsprechend den Antworten liegen administrative Risiken insbesondere in der Dokumentation grenzüberschreitender Sachverhalte, Registrierungen, Wissenslücken, Voranmeldungskorrekturen, Identifikation von Sachverhalten und buchhalterischen Fehlern.

Offenkundig liegt der Risikobewertung durch die Unternehmen eine Rangfolge zugrunde. Die Bedeutung umsatzsteuerlicher Risiken kann wie folgt beschrieben werden: Je höher potenzielle monetäre und strafrechtliche Schäden sind, umso höher ist die Relevanz in der eigenen Steuerpolitik.

---

161 Siehe hierzu Ausführungen im V. Kapitel, Abschnitt H. 2, S. 274 ff.

Bei Betrachtung der oben genannten US-Risiken kann aufgrund der geringen Anzahl vorhandener Ergebnisse keine belastbare Aussage zu Größen- oder Branchenunterschieden getroffen werden. Lediglich für exportorientierte Unternehmen der Fertigungsbranche lässt sich ein Mehrbelastungsvergleich ermitteln. Darüber hinaus ist auffällig, dass im Bereich des Kredit- und Finanzwesens USt-Risiken bei der VoSt-Aufteilung in signifikant erhöhtem Maße auftreten.

Auffällig ist, dass Karussellrisiken von Experten der Finanzverwaltung als sehr bedeutend eingestuft werden.[162] Von Unternehmen wird diesen eine sehr geringe Relevanz beigemessen.

4. Risikobehaftete Unternehmensbereiche

Frage 3: In welchen Bereichen Ihres Unternehmens liegen potentielle Quellen bzw. Ursachen für umsatzsteuerliche Risiken und Herausforderungen?

Die Antworten zu dieser Frage, inklusive der drei Unterfragen, nahmen im Hinblick auf den Zeitanteil als auch die inhaltliche Vielfalt der Aussagen bei allen Interviews den größten Umfang.

Gemäß den Expertenangaben zeigt die nachfolgende Aufstellung in Tabelle 8, in welchen Unternehmensbereichen potenzielle Quellen und Ursachen für USt-Risiken liegen. Die Antworten wurden zusammengefasst und kategorisiert. Im Durchschnitt nennen die Experten 3 Bereiche.

[162] Siehe Antworten der Experten aus der Finanzverwaltung zu Frage 1, Wortprotokoll (Anhang 7).

Untersuchungsergebnisse Unternehmensbereiche mit USt-Risiken	Häufigkeit (inkl. Mehrfachnennungen)
Vertrieb *u.a.* Verkaufs- / Handelsabteilung: Reisekosten, Sponsoring, Kommissionszahlungen, Marketing, *commercial teams*, Produktentwicklung	**17**
Rechnungswesen: *u.a.* Ausstellung, Korrektur und Eingang von Rechnungen, Reverse Charge: Servicepackages, Währungsdifferenzen, unentgeltliche Wertabgaben, USt-befreite Umsätze, USt-IdNr. Identifikations- u. Wissensdefizite	**15**
Tochter-/Muttergesellschaften u. Betriebsstätten Konsignationsläger, insb. ausländische Tochtergesellschaften (innergem. Verbringung) Organgesellschaften	**13**
Logistik: *u.a. aufgrund von* Buch- u. Belegnachweisen Liefernachweise (z.B. Gelangensbestätigung)	**7**
Unternehmensexterne Bereiche: *u.a.* Vorgelagerte Lieferantenketten, Reihengeschäfte, externe Dienstleister (u.a. ausgegliederte Bereiche), *shared services*	**7**
Technologieeinsatz[163]: *u.a.* ERP-Systeme, IT-Probleme, Elektronische Rechnungen	**7**
Einkauf u. Beschaffung	**6**
Steuerabteilung: *u.a.* Identifikations- u. Wissensdefizite	**4**
Andere *u.a.* Corporate Finance Rechtsabteilung	**3**

Tabelle 8: Risikobehaftete Unternehmensbereiche
Quelle: Eigene Darstellung.

---

163 Zur Definition von USt-Technologieeinsatz siehe IV. Kapitel, Abschnitt I. 1, S. 173.

Die Häufigkeit der Antworten zu dieser Frage ist breit gestreut. Im Vertrieb (17 Nennungen) können gem. den Expertenaussagen überdurchschnittlich schnell Risiken entstehen, weil Umsätze hier oftmals falsch klassifiziert oder gar nicht erst identifiziert werden. Dies ist auf Wettbewerbsdruck, aber auch auf Unwissenheit zurückzuführen.

- Generell kann man sagen, dass in Projektgeschäften weitaus größere Risiken und Probleme liegen als in standardisierten Geschäften. Dies betrifft insbesondere die Bereiche Vertrieb und Logistik. Die Gelangensbestätigungen machen uns zu schaffen (UO 10).

Neben dem Vertrieb wird als besonders risikobehafteter Unternehmensbereich der Rechnungswesen-Bereich genannt (15 Nennungen). In den Gesprächen äußerten sich Experten dazu wie folgt:

- Risiken liegen auch im Rechnungswesen-Bereich bei den Währungsdifferenzen. Hier kann es oftmals zu einem „Gap" bei der USt kommen. (UO 9).
- Risiken können auch in der Ausstellung von Rechnungen entstehen (Bereich Rechnungswesen), weil immer noch Unterschiede zwischen den verschiedenen EU-Ländern und Drittländern existieren. Dies wurde noch nicht harmonisiert (UO 2).

Den dritten Platz nehmen Tochtergesellschaften und Betriebsstätten ein (13 Nennungen), gefolgt vom Logistikbereich und unternehmensexternen Stellen (jeweils 7 Nennungen). Ein weiterer mehrfachgenannter Unternehmensbereich ist der Technologie- bzw. Systembereich, insbesondere bei Umsätzen außerhalb gewohnter und bekannter Standards:

- Unser hoher Automatisierungsgrad und die elektronische Datenverarbeitung ist eine Risikoquelle, weil abweichende Sachverhalte oftmals nicht standardisiert abgebildet werden können. Daher ist stets eine gewisse Fehleranfälligkeit gegeben (UO 8).

Andere Unternehmensbereiche spielen an dieser Stelle eher eine untergeordnete Rolle. Es sei jedoch noch auf den Sonderfall im Banken- und Versicherungssektor hingewiesen:

- In unserer Branche ist die Steuerfreiheit unseres Kerngeschäfts gleichzeitig auch das größte umsatzsteuerliche Risiko, weil bestimmte Bankdienstleistungen nicht von der USt befreit sind. Eine wesentliche Risikoquelle ist das Erkennen von steuerpflichtigen Leistungen (UO 6).

Insgesamt wird deutlich, dass gemäß den Angaben in den Interviews potentielle Quellen von USt-Risiken, mit Ausnahme des Rechnungswesens und des Vertriebs, nicht auf bestimmte Unternehmensbereiche konzentriert sind. Vielmehr verteilen sie sich sehr unterschiedlich. So kann vermutet werden, dass potenzielle Risikoquellen abhängig vom jeweiligen Geschäftsmodell des UO sind. In Bezug auf die USt bestätigt die Umfrage allerdings den Grundsatz, dass ungewöhnliche und weniger oft auftretende Sachverhalte ein weitaus höheres steuerliches Gefahrenpotenzial beinhalten als häufig auftretende Sachverhalte. Damit ist das inhärente Steuerrisiko bei komplexen und eher ungewöhnlichen Transaktionen tendenziell höher.[164]

Bei dieser Frage können anhand der Antworten keine Größenunterschiede identifiziert werden. Allerdings variieren die genannten USt-Risiken erheblich zwischen den Branchen. Unternehmen ohne Einkaufs- oder Logistikabteilung (z.B. Banken) oder solche ohne privatem Endverbrauchsgeschäft sind zusätzlichen USt-Risiken ausgesetzt als Unternehmen mit B2C-Umsätzen oder solchen mit langen Wertschöpfungsketten.

Frage 3a: Welche Abteilungen bzw. Hierarchieebenen sind am Management dieser Risiken beteiligt?

Als an der Beseitigung umsatzsteuerlicher Risiken beteiligte Abteilungen bzw. Hierarchieebenen wurde von allen Experten zuerst die Steuerabteilung genannt. Als zweithäufigste Abteilung wurden das Rechnungswesen (bzw. Controlling, Accounting) und der Vertrieb (bzw. Verkauf, Sales-Management) angeführt. In 3 teilnehmenden Unternehmen ist die oberste Hierarchieebene (Geschäftsführung bzw. Unternehmens-

---

164 Zu ähnlichen Ergebnissen kommen auch Umfragen zu allgemeinen Steuerrisiken, z.B. PWC (2004), S. 4.

leitung) am Management dieser Risiken beteiligt. Dies ist auffällig und zeigt, dass das USt-Management innerhalb der Unternehmen eher in höheren Hierarchieebenen angesiedelt ist. Dem Bereich der USt wird von Unternehmen unterschiedlicher Branchen und Größen eine hohe Bedeutung für den Geschäftsverkehr eingeräumt. Die Rechtsabteilung wird in diesem Zusammenhang nur zweimal erwähnt. Diese geringe Nennung ist vor dem Hintergrund der strafrechtlichen Relevanz überraschend.

In weiteren Fällen waren zudem der Einkauf, die Logistik-, Finance- und die IT-Abteilung in das Management integriert.

Untersuchungsergebnisse USt-Risikomanagement **beteiligte Abteilungen u. Hierarchieebenen**	**Häufigkeit (inkl. Mehrfachnennungen)**
Steuerabteilung	25
Rechnungswesen, Controlling, Accounting	8
Vertrieb	5
Rechtsabteilung	3
Geschäftsführung, CFO	3
Externe Berater	3
Sonstige IT-Abteilung, Finance, Einkauf/Beschaffung, Logistik, Tochtergesellschaften	7

Tabelle 9: USt-Risikomanagement: Beteiligte Abteilungen und Hierarchieebenen
Quelle: Eigene Darstellung.

Größen- oder Branchenunterschiede konnten nicht festgestellt werden.

Die Antworten belegen, dass die Steuerabteilungen bei allen Untersuchungsteilnehmern die Verantwortlichkeit für das unternehmensweite USt-Management, inklusive des Risikomanagement, tragen. Dies geschieht unter Beteiligung anderer Abteilungen (siehe Tabelle 9). Geschäftsführung und CFOs sind fast ausschließlich nicht auf die USt fokussiert, sondern auf Unternehmensteuern.

KPMG stellte in früheren quantitativen Online-Umfragen bereits weltweit eine signifikante Verschiebung der USt-Verantwortung vom Rechnungswesen in die Steuerabteilungen fest.[165]

5. Maßnahmen und Prozesse des Umsatzsteuermanagements

Frage 4: Durch welche Maßnahmen und Prozesse wird sichergestellt, dass das Management von USt-Risiken und die USt-Kontrolle in den Geschäftsablauf eingebunden sind?

Tabelle 10 zeigt die Untersuchungsergebnisse:

Untersuchungsergebnisse **Maßnahmen u. Prozesse** zur USt-Kontrolle u. zur Bekämpfung von USt-Risiken	**Häufigkeit** (inkl. Mehrfachnennungen)
Interne Kontrolle u. Eigenprüfung Rechnungskontrolle, Dokumentation von Sachverhalten, interne Prüfungen, internes Frage- u. Berichtwesen (*reviewing*), IKS Überprüfung der USt-IdNr., Aufzeichnungen von Sachverhalten, Stichproben- u. Plausibilitätsprüfungen, permanente Außenprüfungen permanente Prüfung sensibler Geschäftsbeziehungen, Risikofrüherfassung, *monitoring* Kunden-/Lieferantenscreening, Einholung allgemeiner Informationen über Geschäftspartner, Internetrecherche (insb. zu Neukunden)	**20**
Personalmanagement Mitarbeiterqualifikation (Aus-, Fort- u. Weiterbildung), Schulungen u. Einstellungen	**19**
Externe Beratung	**13**
Technologieeinsatz IT-Aufrüstung, systemtechnische Abwicklung, besondere buchhalterische Erfassung, Scan u. elektronische Kontrolle von Rechnungen, statistische Plausibilitätsprüfungen	**13**
Interne u. externe Kommunikation Zusammenarbeit mit: Unternehmensabteilungen, Tochterunternehmen	**7**

[165] Vgl. KPMG (2013), S. 6.

Untersuchungsergebnisse **Maßnahmen u. Prozesse** zur USt-Kontrolle u. zur Bekämpfung von USt-Risiken	**Häufigkeit** (inkl. Mehrfachnennungen)
Niederlassungen, Einteilung fester Zuständigkeiten Kunden, Lieferanten, Unternehmensverbänden	
Klare Zielvorgaben im USt-Bereich **Tax Compliance für den USt-Bereich**	**5**
Externe Kontrolle durch die Finanzverwaltung Selbstanzeige (§ 371 AO) Verbindliche Auskünfte Auswertung der Betriebsprüfungsergebnisse	**3**

Tabelle 10: USt-Management in Geschäftsabläufen – Maßnahmen und Prozesse
Quelle: Eigene Darstellung.

Interne Kontrolle und Eigenprüfung durch die Steuerabteilung sind die beliebtesten und am weitesten verbreiteten Vorkehrungen, um Aufgaben und Prozesse der USt im Geschäftsablauf zu verwalten (20 Nennungen).

Die zweitwichtigsten Maßnahmen zur Bekämpfung von USt-Risiken sind im Personalmanagement angelegt (19 Nennungen). Insbesondere Mitarbeiterschulungen sind präventiv angelegt, um mögliche USt-Risiken schon im Vorwege zu reduzieren.

Die Beschäftigung externer Berater (13 Nennungen) folgt auf dem dritten Platz. Nachfragen ergaben, dass umsatzsteuerliche Risiken zunächst innerhalb der eigenen Steuerabteilung beseitigt werden sollen, bevor externe Berater eingeschaltet werden. Die Hinzuziehung externer Berater ist ein Indiz für die Rechtsunsicherheit von Unternehmen und Experten im Bereich der USt.

Weitere Maßnahme sind der Aufbau und die Weiterentwicklung von Technologien im Bereich der USt. Ständige IT-Verbesserungen und ein (teil-)automatisiertes USt-Controlling dienen der Minimierung von Risiken:

- Im Bereich der USt ist es sehr schwierig bis unmöglich, alles zu 100% korrekt zu machen. Dies weiß auch die Betriebsprüfung und reagiert im Zweifel mit Aberkennungen (UO 7).

- Es kommt immer dann zu Problemen, wenn Umsätze nicht standardisiert in der EDV abgebildet werden können. Die Folge ist eine Verschärfung der Risiken (UO 10).
- Wir versuchen unsere Software immer an neue Begebenheiten anzupassen. Oft holen wir Auskünfte der Finanzverwaltung ein und ziehen Steuerberater hinzu. Unsere Einkaufs- und Verkaufsmitarbeiter werden regelmäßig umsatzsteuerlich geschult (UO 11).
- Wir prüfen die Beziehungen zu unseren Lieferanten und verlangen Nachweise über die Herkunft von Waren. Mit 80% unserer Lieferanten arbeiten wir schon sehr lange zusammen. Diese Unternehmen sind sehr zuverlässig und bestehen teilweise schon seit vielen Jahrzehnten. Bei 20% der Lieferanten gucken wir genauer hin. Mit besonderer Sorgfalt prüfen wir neue Lieferanten. Dazu gehören durchaus auch ausländische Unternehmen (UO 1).

Die Mehrheit der Steuerverantwortlichen gibt an, bezüglich der Bekämpfung von USt-Risiken nur über sehr beschränkte Ressourcen zu verfügen.

Die Antworten der Experten zeigen, dass größere Unternehmen verstärkt auf interne Kontrollen setzen und weniger auf externe Berater, weil die dazugehörige interne Infrastruktur und das Personal bereits vorhanden ist. Dies lässt den Schluss zu, dass größere Unternehmen effizientere interne Kontrollen durchführen können als kleinere. Dieser Schwerpunkt der Beobachtung stimmt mit dem *three lines of defense*-Modell des RMS überein, wonach steuerliche Risiken am effizientesten in der ersten Reihe bei den Prozessverantwortlichen verwaltet werden.[166] Branchenunterschiede sind an dieser Stelle zu vernachlässigen.

6. Struktur und Organisation des USt-Managements in Unternehmen

Frage 5: Welche Abteilung ist für das USt-Management verantwortlich? Wer begleitet USt-Prüfungen der Finanzverwaltung?

Mit dieser Frage werden Struktur und Organisation der USt in den Unternehmen herausgearbeitet.

---

[166] Siehe Ausführungen im V. Kapitel, Abschnitt H, S. 272 ff.

Die folgende Aufführung zeigt die für das USt-Management verantwortlichen Unternehmenseinheiten.

Untersuchungsergebnisse **Verantwortlichkeit** für USt-Management u. **Begleitung** von USt-Prüfungen	**Häufigkeit** (inkl. Mehrfachnennungen)
Steuerabteilung	**23**
Rechnungswesen Controlling Rechnungsbearbeitung, Rechnungslegung Finance & Accounting, Finanzbuchhaltung	**6**
Andere Externe Berater Rechtsabteilung	**4**

Tabelle 11: USt-Management – Verantwortlichkeit und Begleitung
Quelle: Eigene Darstellung.

Im Vergleich zu quantitativen Umfragen zeigt sich auch in dieser qualitativen Untersuchung die in den letzten Jahren zu beobachtende Verschiebung der **Verantwortlichkeit des USt-Managements** vom Rechnungswesen (*finance & accounting*) in die Steuerabteilungen (*tax department*).[167] Dieser Trend ist auch in dieser Umfrage erkennbar. Die Steuerabteilung ist mehrheitlich für den USt-Bereich alleinverantwortlich (23 Nennungen). Zusätzlich zur Steuerabteilung erklärten 6 Experten zudem das Rechnungswesen als mitverantwortlich. Nur ein Befragter gab das Rechnungswesen als alleinverantwortlich an. 4 Steuerverantwortliche sprachen auch anderen Abteilungen die Verantwortlichkeit für die USt zu. Alle Befragten benannten hingegen die Steuerabteilung als die allein verantwortliche Unternehmenseinheit in der Begleitung von USt-Prüfungen der Finanzverwaltung. Dies erfolgt regelmäßig mit Unterstützung durch externe Berater.

Hinsichtlich der steuerabteilungsinternen Verantwortlichkeiten wird die USt mehrheitlich konzern- bzw. betriebsintern unter Einsatz einer länderbezogenen USt-Voranmeldungsdiversifizierung in den Tochtergesellschaften abgewickelt, aber ohne Unterstützung von *outsourcing partnerships.* Das USt-Voranmeldewesen ist derzeit

167 Vgl. KPMG (2013), S. 17.

mehrheitlich nicht in der Konzernsteuerabteilung zentralisiert. Die USt-Organisation ausländischer Tochtergesellschaften wird oftmals an externe Beratungsgesellschaften in den jeweiligen Ländern übertragen. Als Gründe wurden teilweise die umsatzsteuerlichen Besonderheiten von Ländern, die nicht ausreichende Größe von Tochtergesellschaften zur Unterhaltung eigener Steuerabteilungen und Sprachbarrieren aufgeführt. Einige Interviewpartner gaben aber an, dass Kompetenzen der Voranmeldung verstärkt aus den Tochtergesellschaften in die Konzernsteuerabteilung verlagert werden. Gründe für diesen Trend sind der Abbau von steuerlichem Fachpersonal in Tochtergesellschaften und ein verbessertes Cash Management.

Andere Interviewpartner organisieren die Abwicklung der USt weiterhin dezentral.

- Einige Aufgaben sind in den Tochtergesellschaften, die zum Organkreis gehören, dezentral organisiert. In unserem Unternehmen sind wir der Meinung, dass einige Probleme und die Abwicklung der USt vor Ort geregelt werden sollen (UO 22).

Mehrfachnennungen waren möglich, Branchenunterschiede wurden vernachlässigt.

7. Umsatzsteuer-Strategien und umsatzsteuerliche Risikomanagementsysteme

Frage 6: Existiert in Ihrem Unternehmen eine festgelegte USt-Strategie bzw. gibt es ein umsatzsteuerliches Risikomanagementsystem?

Hierzu die Steuerverantwortlichen:

- Unser Unternehmen verfügt über eine Risikominimierungsstrategie im Einkauf und in der Logistik. Hier haben wir einen Maßnahmenkatalog, mit Checklisten, entwickelt. Zu unserer USt-Strategie gehört auch, dass wir keine USt-Organschaft im Konzern geschaffen haben. USt-Registrierungen versuchen wir zu vermeiden und werden nur in Ländern mit sehr viel Geschäftstätigkeit vorgenommen (UO 1).
- Bei uns kommen feste organisatorische Abläufe zur umsatzsteuerlichen Risikominimierung zur Anwendung. Dazu gehört die rechtzeitige Identifikation, Aufhellung von Sachverhalten, eindeutige Zuordnung, wiederkehrende Behandlung gleicher bzw. ähnlicher Sachverhalte, die regelmäßige Stichprobenprüfung von Rechnungen und die Prüfung der USt-IdNr. Wir können unseren Geschäftsbetrieb aber nicht vollständig überprüfen (UO 3).

- Wichtigste Aspekte einer USt-Strategie sind Fachwissen, lückenlose Informationen über interne Vorgänge und eine übersichtliche Datenzusammenstellung. Das Geschäftsmodell „Kauf auf Probe“ schafft umsatzsteuerlich einen Liquiditätsvorteil von 25 Millionen Euro jährlich, da die USt erst 2 Wochen später entsteht. Des Weiteren haben wir einen Organkreis mit 14 Unternehmen. Allerdings wollen wir das nicht weiter ausbauen, sondern den Organkreis eher verringern. Ein RMS im Bereich der USt ist kein Bestandteil unserer USt-Strategie. Wir vertreten nämlich die Meinung, dass ein RMS im Steuerbereich Meldepflichten auslösen würde (UO 8).
- Allein der Begriff USt-Strategie kann heutzutage schon den Anfangsverdacht einer Straftat erwecken (UO 6).
- Wir setzen auf monatliche VoSt-Erstattungen für eine bessere Liquidität (UO 2).
- Wir verfolgen eine Risiko-Vorbeuge-Strategie. Umsatzsteuerlich registrieren wir uns nur dort, wohin wir auch regelmäßig unsere Produkte liefern. Außerdem sind wir stets um eine Vernetzung und Miteinbeziehung der Steuerabteilung in unternehmensinterne Prozesse bemüht. Dies dient der Risikominimierung. Das Motto *business before tax* kann steuerlich nämlich zu erheblichen Schäden führen (UO 11).
- Wir versuchen USt-günstige Betriebsstrukturen zu schaffen. Hierzu gehört die Ausnutzung des Dreiecksgeschäfts. Dies geschieht bei uns im Supply Chain Management. Wir gestalten Lieferketten so, dass eine Liquidität geschont wird und keine USt-Nachteile eintreten (UO 22).

Die folgende Übersicht zeigt Bestandteile von USt-Strategien der teilnehmenden Unternehmen:

Untersuchungsergebnisse Übersicht zu Bestandteilen von USt-Strategien	Häufigkeit (inkl. Mehrfachnennungen)
Risikominimierung: *u.a.* Vernetzung der Unternehmensabteilungen feste organisatorische Abläufe unternehmensinterne Schulungen Prüfung von Neukunden (USt-IdNr.)	**13**
USt-Controlling *u.a.* Plausibilitätsprüfungen Interne Revision Prüfung durch Wirtschaftsprüfer permanente Überwachung u. Kontrolle regelmäßige Prüfung von Rechnungen/Controlling	**11**
Liquiditätsüberlegungen *u.a.* monatliche VoSt-Erstattungen Kauf auf Probe Dauerfristverlängerungen Optierung bei Grundstücksleistungen (§ 4 Nr. 9 UStG) Optierung bei Finanzgeschäften (§ 4 Nr. 8 UStG)	**8**
Schaffung einer USt-Organschaft	**8**
Reduzierung von USt-Registrierungen Bevorzugung des USt-Vergütungsverfahrens	**6**
Vermeidung einer USt-Organschaft	**3**
Lobbyarbeit in Verbänden	**3**
Formulierung von USt-Zielvorgaben	**3**
Sonstige *u.a.* Ausweitung der USt-Registrierungen Datenverarbeitung/-aufbereitung/-archivierung VoSt-Verzicht	**4**

Tabelle 12: Übersicht zu Bestandteilen von USt-Strategien
Quelle: Eigene Darstellung.

Wesentliche USt-Strategie ist bei den meisten UO die Risikominimierung. Ausschließlich betriebswirtschaftliche Ziele stehen bei den meisten Unternehmen nicht im Vordergrund. Auffällig ist, dass einige Unternehmen an möglichst vielen USt-Registrierungen interessiert sind, während andere dies eher vermeiden. Liquiditätsüberlegungen sind nur in 6 Fällen ein Bestandteil von USt-Strategien. Die Organschaft spielt in Bezug auf USt-Strategien eher eine untergeordnete Rolle. Die Organschaft kann allerdings auch zu den Liquiditätsüberlegungen i.w.S. zugeordnet werden, weil innerorganschaftliche Konzernumsätze grds. nicht steuerbar sind.

Einige Unternehmen stellen im USt-Management wenig bis keine strategischen Überlegungen an. Andere Unternehmen agieren hingegen bei gleichen umsatzsteuerlichen Herausforderungen und Risiken wesentlich strategischer. Dies könnte Indiz für eine unterschiedlich gewählte Steuerpolitik und unterschiedliche externe Beratung sein.

Ein Experte gab an, aufgrund des hohen administrativen Aufwands verbunden mit hohen Befolgungskosten regelmäßig auf die VoSt-Erstattung in bestimmten Ländern zu verzichten. In der Untersuchung bildet diese konkrete Maßnahme innerhalb der USt-Strategie eine Ausnahme.

Das allgemein formulierte Ziel „alles richtig machen zu wollen" kann nicht einer professionellen Erfolgsmessung unterzogen werden. Hierfür bedarf es konkreter und effektiver Maßnahmen im USt-Bereich. Nur 5 Unternehmen geben bei dieser Frage an, über ein fest formuliertes Tax-Compliance-Managementsystem mit USt-Bestandteil zu verfügen. Größenunterschiede sind nicht zu erkennen. Es ist festzuhalten, dass Unternehmen im USt-Bereich die Risikominimierung vor Steueroptimierung bevorzugen und nur wenige umsatzsteuerliche Zielvorgaben definieren. Branchen- und Größenunterschiede werden nicht festgestellt.

Frage 6a: Hat sich ihr Unternehmen diesbezüglich fachlich beraten lassen?

10 Experten gaben an, sich in Bezug auf USt-Strategien fachlich beraten zu lassen.

Vor dem Hintergrund dieses Ergebnisses besteht bei der Mehrheit der UO gegebenenfalls ein hohes Optimierungspotenzial.

8. Steuerplanung im USt-Bereich

Frage 7: Inwieweit kann Ihr Unternehmen im USt-Bereich planerisch tätig werden?

In Tabelle 13 sind die Untersuchungsergebnisse aufgeführt:

Untersuchungsergebnisse Übersicht über planerische Maßnahmen	Häufigkeit (inkl. Mehrfachnennungen)
USt-Organschaft	8
USt-Option bei Darlehen u. Krediten VoSt-Aufteilung	4
Liquiditätsschonung *u.a.* Gestaltung von Lieferwegen Dreiecksgeschäfte Sorgfalt hinsichtlich § 14c UStG Aufrechnungen	4
Betriebsstätten anstatt Auslandsgesellschaften	3
Sonstige Verlagerung von Geschäftsaktivitäten Gestaltung von Einfuhr-/Ausfuhrumsätzen	4

Tabelle 13: Übersicht zu planerischen Maßnahmen im USt-Bereich
Quelle: Eigene Darstellung.

- Leider nutzen wir die USt z.B. hinsichtlich der Liquiditätsfaktoren nicht steuerplanerisch. Das ist in die „Köpfe" der Geschäftsführung leider noch nicht vorgedrungen (UO 11).
- Die USt spielt bei uns keine Rolle in der betrieblichen Steuerplanung (UO 5).
- Die Nutzung des Hamburger Freihafens war wichtig für uns. Hier haben wir viele Geschäfte abgewickelt. Dies ist nun ein Problem für uns (UO 3).
- Aufgrund des § 14c UStG werden Rechnungen an Endverbraucher grds. von uns nur auf Anfrage ordnungsgemäß ausgestellt. Wir verzichten aus haftungsrechtlichen Gründen auf den USt-Ausweis. Anderweitig sind wir im Bereich der USt steuerplanerisch nicht aktiv (UO 8).
- Wir versuchen uns bei innergemeinschaftlichen Lieferungen stets einen Liquiditätsvorteil zu schaffen. Dies betrifft insbesondere den Bereich der VoSt (UO 10).

- Wir machen monatliche USt-Meldungen und haben keine Dauerfristverlängerung mehr. So bekommen wir schneller unsere EUSt zurück. Dies mindert unsere Zinsrisiken und verbessert unsere Liquidität (UO 4).

Die Mehrheit der Experten gibt an, im USt-Bereich keinen planerischen Aktivitäten nachzugehen (17 von 27 UO).

Wichtigstes USt-Gestaltungsinstrument ist die Schaffung und Pflege von Organkreisen. Andere planerische Aktivitäten sind die Korrektheit der Rechnungstellung (§ 14c UStG), die Gestaltung von innergemeinschaftlichen Lieferungen durch den Rückgriff auf Dreiecksgeschäfte oder die Gestaltung von Reihengeschäften, insbesondere durch Transportverantwortlichkeiten. Überlegungen zur Liquiditätsschonung nehmen innerhalb des betrieblichen USt-Managements insgesamt nur eine untergeordnete Rolle ein.

Als weiteres Gestaltungsinstrument wird die Anwendung von USt-Optionen genannt, insbesondere bei Kreditumsätzen. Für Unternehmen der Kredit- und Finanzierungsbranche ist die VoSt-Aufteilung bzw. Zuordnung und die damit zusammenhängende Reduzierung von USt-Ausgaben ein wichtiger Bestandteil unternehmerischer Steuerplanung.

2 Experten benennen die Freihafennutzung als planerische Maßnahme. Durch die Auflösung der meisten deutschen Freihäfen kann dieser Aspekt aber nicht mehr in der USt-Planung abgebildet werden. Als Maßnahme für die Gestaltung von Einfuhr- und Ausfuhrumsätzen wurde zudem die Exportabwicklung über schweizerische Vertriebsgesellschaften genannt. Größenunterschiede wurden jedoch nicht festgestellt.

9. Betriebsorganisatorische Herausforderungen der Umsatzsteuer und des Umsatzsteuermanagements

Frage 8a: Welche betriebsorganisatorischen Herausforderungen stellt die USt für Ihr Unternehmen dar?

Hierzu die Steuerverantwortlichen:

- Unsere Steuerabteilung hat insgesamt 10 Mitarbeiter, davon sind 5 Mitarbeiter im Bereich der USt beschäftigt. Das entspricht 50% unserer Arbeitskraft (UO 5).

- Ein großer Teil unserer Arbeitszeit wird für das USt-Management aufgewendet (UO 10).
- USt-Prüfungen sind betriebsorganisatorisch immer eine besondere Herausforderung, weil immer Fehler gefunden werden. Dies wird angesichts der Komplexität des UStG wohl auch immer so bleiben, egal wie gut wir arbeiten (UO 11).
- Eine weitere betriebswirtschaftliche Herausforderung drückt sich im Verhältnis zwischen unserer Wertschöpfung (ca. 8%) und der USt (19%) aus (UO 1).
- Die innere Vernetzung aller für die USt relevanten Abteilungen ist betriebsorganisatorisch eine sehr wichtige Aufgabe. Wir können nur erfolgreich handeln, wenn Sachverhalte rechtzeitig erkannt und eingeordnet werden (UO 3).
- Für uns ist die Datenarchivierung ein Riesenproblem, weil wir über 10 Jahre hinweg ständig den Datenzugriff gewährleisten müssen. Alle betriebsorganisatorischen Herausforderungen drehen sich um den Zeitbezug. Wir haben es nicht mit Rechtsfragen-, sondern mit Dokumentationsfragen zu tun (UO 13).

In der Wahrnehmung der Experten stellt die USt ohne Ausnahme Unternehmen vor sehr umfangreiche betriebsorganisatorische Herausforderungen.

Frage 8b: Wie viele Mitarbeiter hat die Steuerabteilung ihres Unternehmens und wie viele davon sind ausschließlich im USt-Bereich beschäftigt?

Zunächst soll auf das Problem der Messbarkeit von Kosten des USt-Managements hingewiesen werden. Keiner der interviewten Experten kann die Kosten des betrieblichen USt-Managements beziffern. In keinem Unternehmen liegen zu dieser Frage Zahlen vor. Mitarbeitereinsatz verursacht Personalkosten, die traditionell zu den größten Kostenpositionen im Unternehmen und auch in der Steuerabteilung gehören. Angesichts dessen wurde in der Umfrage gezielt nach dem quantitativen Mitarbeitereinsatz (Personalstunden) im Bereich der USt gefragt, um anhand dieser Angaben Rückschlüsse auf die Höhe der betrieblichen USt-Befolgungskosten zu ziehen. Der Mitarbeitereinsatz lässt nicht nur Informationen zum Zeitaufwand reiner USt-Compliance-Aufgaben zu, sondern auch zum Zeitaufwand für das Wissensmanagement, die VoSt-Planung und die Begleitung von USt-Prüfungen. Pro Mitarbeiter wird von einer wöchentlichen Arbeitszeit von 40 Stunden ausgegangen.

Tabelle 14 gibt Auskunft über die Größe der Steuerabteilungen in den UO und die Anzahl der Mitarbeiter, die ausschließlich im USt-Management beschäftigt sind. Nichtberücksichtigt sind Mitarbeiter anderer Abteilungen, beispielsweise. im Vertrieb, Rechnungswesen, in der Logistik oder in ausgegliederten Unternehmensbereichen.

Untersuchungsobjekte	**Mitarbeiter** in der Steuerabteilung (insg.) / davon beschäftigt im USt-Management	**USt-Mitarbeiter** in der Steuerabteilung (in %, gerundet)
UO 1	6/2	33%
UO 2	8/2	25%
UO 3	8/3	38%
UO 4	4/1	25%
UO 5	10/5	50%
UO 6	8/2	25%
UO 7	15/3	20%
UO 8	10/3	30%
UO 9	8/6	75%
UO 10	8/3	38%
UO 11	6/3	50%
UO 12	8/1	12%
UO 13	5/1,5	30%
UO 14	6/1	17%
UO 15	7/2	29%
UO 16	18/4	22%
UO 17	k.A.	k.A.
UO 18	6/1,5	25%
UO 19	10/4	40%
UO 20	k.A.	k.A.
UO 21	k.A.	k.A.
UO 22	35/10	29%
UO 23	2/0,5	25%
UO 24	40/9	23%

Untersuchungsobjekte	Mitarbeiter in der Steuerabteilung (insg.) / davon beschäftigt im USt-Management	USt-Mitarbeiter in der Steuerabteilung (in %, gerundet)
UO 25	55/8	15%
UO 26	30/5	17%
UO 27	52/10	19%
Durchschnitt		**30%**

Tabelle 14: Mitarbeiter im USt-Management
Quelle: Eigene Darstellung.

Alle UO beschäftigen spezialisierte Vollzeitfachkräfte für den USt-Bereich unabhängig von der Unternehmensgröße. Je größer ein Unternehmen ist, desto mehr USt-Fachleute sind in der Steuerabteilung beschäftigt (absolute Zahlen). Daraus folgt, dass sich das USt-Management mit steigendem Unternehmensumsatz von einer eher monatlich geprägten organisatorischen Herausforderung bei KMU zu einer täglichen Aufgabe für die Steuerverantwortlichen entwickelt.

Alle Steuerverantwortlichen gaben an, bei umsatzsteuerlichen Problemstellungen mit erhöhten Anforderungen selbst in das Management involviert zu sein, gegebenenfalls mit Unterstützung von externen Beratern.

Zusätzlich zu den mit der USt beschäftigten Mitarbeitern der Steuerabteilung verstärken bei den meisten UO Mitarbeiter des Rechnungswesens das USt-Management. Sie sind bezüglich umsatzsteuerlicher Themen sensibilisiert und geschult, um Sachverhalte erkennen und buchhalterisch verarbeiten zu können.

Im Verhältnis zum Steuerpersonal verursacht die USt einen Arbeitsaufwand zwischen 15% (niedrigster Wert) und 75% (höchster Wert). Den niedrigsten Anteil an USt-Personal haben die UO 12, 14, 25, 26 und 27. In diesen Unternehmen scheint das USt-Management bislang einen geringen Stellenwert einzunehmen. Den höchsten Anteil an USt-Personal haben die UO 5, 9, 11, 19. Das USt-Management hat in diesen Unternehmen mit entsprechender Ressourcenausstattung eine hohe Priorität. Deutlich wird dies an der personellen Ausstattung. Mit einem USt-Mitarbeiteranteil von 75% belegt UO 9 den Spitzenplatz. Bei diesem UO ist dies auf sehr hohe Im- und Exportanteile am Gesamtumsatz zurückzuführen. Der Durchschnittswert beträgt ca.

30%. Damit dürften die Befolgungskosten der USt im Vergleich zu allen anderen Einzelsteuerarten in den meisten Fällen den größten Anteil einnehmen.

Ein Outsourcing zentraler USt-Aufgaben konnte nicht festgestellt werden. Dieses Phänomen findet aber in bestimmten Bereichen des Rechnungswesens statt, z.B. in der Buchhaltung oder Dokumentation.

Vorstehende Zahlen liegen deutlich über Werten aus dem Jahre 2008, wonach laut PWC-Umfrage ca. 20% der Steuerabteilungsmitarbeiter im USt-Bereich beschäftigt waren.[168] Der Zeitvergleich kann als Indiz für die wachsende Bedeutung der USt herangezogen werden.

Andere Umfragen ergeben, dass das USt-Management in Unternehmen einen erheblichen Ressourcenmangel aufweist, insbesondere fehlendes Fachpersonal. Zudem tendieren Unternehmen in Nord- und Südamerika dazu, mehr finanzielle Ressourcen für das VAT-Management bereitzustellen als in Europa.[169] Diese Beobachtung kann durch die Expertenbefragung bestätigt werden. Viele Steuerverantwortliche geben an, für den USt-Bereich personell und finanziell nicht ausreichend ausgestattet zu sein.

Die Mehrheit der Experten gibt an, innerhalb des USt-Managements die überwiegende Zeit für Compliance-Aufgaben aufzuwenden. Der Arbeitszeitanteil ist in diesem Bereich am höchsten, somit auch der Kostenanteil. Weitaus weniger Zeit wird in wertbildende Maßnahmen der USt-Planung investiert. Da die **Lohntarife** der vorliegenden Unternehmen wie gewöhnlich erheblich abweichen, ist aus den vorliegenden Untersuchungsergebnissen keine Berechnung zu nominalen Absolutwerten des Personaleinsatzes als Teil umsatzsteuerlicher Befolgungskosten möglich. Der Mitarbeitereinsatz im USt-Management und damit verbundene Personalkosten liefern nur für einen Teil der USt-Befolgungskosten verwertbare Erkenntnisse. Weitere USt-Befolgungskosten wie z.B. Kosten des Technologieeinsatzes, der externen Beratung oder Sachmittel- und Raumkosten fallen zusätzlich an.

Die Antworten der USt-Experten widersprechen in der Gesamtheit deutlich der in der IW Consult Studie 2008 aufgestellten Faustregel[170] eines durchschnittlichen Mitarbei-

---

168 Vgl. PWC (2010B), S. 39.

169 Vgl. hierzu die Umfrage von KPMG (2013), S. 13.

170 Vgl. IW CONSULT (2008), S. 38.

tereinsatzes von „einer guten Stunde" pro Woche für bürokratische Lasten im Rahmen der USt.

10. Veränderungen im Umsatzsteuermanagement

Frage 9: In welchen Bereichen gab es in den letzten Jahren konkrete Veränderungen im USt-Management? Sind aus Effizienzgründen weitere Änderungen geplant?

Alle Experten geben an, Veränderungen in der umsatzsteuerlichen Betriebsorganisation durchgeführt zu haben und diesen Weg auch weiterhin zu verfolgen. Die Übersicht zeigt betriebsorganisatorische Maßnahmen im Bereich der USt:

Untersuchungsergebnisse **Betriebsorganisatorische Maßnahmen**	**Häufigkeit** (inkl. Mehrfachnennungen)
Personal	
mehr Fachpersonal	13
Ausweitung u. Intensivierung interner Schulungen	3
verstärkte externe Beratung	5
Prozesse	
Zentralisierung der USt-Verarbeitung	12
allgemeine interne Umstrukturierungen	1
Outsourcing / externe Dienstleister	3
Sonstige verstärkte interne Prüfungen Intensivierung des USt-Controlling Implementierung eines USt-RMS	4
Technologie	
IT-Verbesserungen, Softwaresysteme Neue Buchungssysteme	12
Umstellung auf elektronische Rechnungsverfahren	4

Tabelle 15: Betriebsorganisatorische Maßnahmen im USt-Management
Quelle: Eigene Darstellung.

Hierzu die Steuerverantwortlichen:

- Eine wesentliche Veränderung ist das *European Business Modell* von SAP. Seit dem letzten Upgrade kann kein Anwender mehr Konten selbst anlegen oder schließen (UO 5).
- Wir mussten im Bereich der USt mehr Mitarbeiter einstellen. Zudem brauchen wir verstärkt externe Beratung im Bereich der USt, mehr als im Bereich der Ertragsteuern (UO 9).
- Wir haben uns in den letzten Jahren stark umstellen müssen. Dies lässt sich nun an unserer internen Organisation in diesem Bereich ablesen. Früher befassten sich mit der USt qualifizierte Sachbearbeiter, jetzt sind es der Leiter der Steuerabteilung, seine Mitarbeiter und externe Berater. Wir mussten in den letzten Jahren intern einen sehr aufwendigen betriebsorganisatorischen Apparat aufbauen, um entsprechende Maßnahmen zum USt-Management zu planen, zu steuern und zu kontrollieren (UO 3).
- Wir kümmern uns seit einiger Zeit nicht mehr um die Abwicklung der USt-Vergütungsverfahren. Dies haben wir an einen Dienstleister vergeben. Intern haben die Antragstellungen in den EU-Staaten einen zu großen Verwaltungsaufwand ausgelöst. Wir planen im Bereich der USt weiteres Fachpersonal einzustellen (UO 8).
- Wir haben im Accounting jetzt einen IT-Experten eingestellt, der sich speziell mit der USt beschäftigt (UO 2).

In fast allen teilnehmenden Unternehmen wurden die Steuerabteilungen mit Fachpersonal verstärkt und IT-Verbesserungen durchgeführt, um das USt-Management zu verbessern. Einige Unternehmen gaben an, verstärkt externe Beratung einzukaufen und aufgrund ERP-Systemerneuerungen z.B. auf elektronische Rechnungen umzustellen.

Hinsichtlich von USt-Prozessen lassen die Antworten der Experten umfangreiche Zentralisierungstendenzen im USt-Management erkennen (12 Unternehmen). Steuerabteilungen stellen zunehmend den Service der USt-Voranmeldung für Tochtergesellschaften im In- und Ausland bereit und übernehmen vormals dezentral organisierte USt-Strukturen. Diese Maßnahmen finden auf Basis von modernen IT- und Automationsprozessen statt. Außerdem wurden im Rahmen eines Steuercontrollings interne Prüfungen im USt-Bereich intensiviert und Unternehmensaufgaben an Spezialisten ausgegliedert.

Fast alle Befragten gaben an, soweit ausreichend Mittel zur Verfügung gestellt werden, mittelfristig in Maßnahmen für Effizienzsteigerungen zu investieren.

11. Umsatzsteuerprüfungen der Finanzverwaltung

Frage 10: Wie und wie häufig prüft die Finanzverwaltung umsatzsteuerliche Sachverhalte Ihres Unternehmens?

Aufgrund ihrer Größe unterliegen sämtliche UO einer ständigen Betriebsprüfung. In diesem Rahmen werden umsatzsteuerliche Sachverhalte fast immer geprüft.

Die Steuerverantwortlichen äußerten sich wie folgt:

- Unser Organkreis unterliegt einer ständigen Betriebsprüfung, in deren Rahmen umsatzsteuerliche Sachverhalte immer thematisiert werden (UO 13).
- Eine solche Prüfung beginnt in der Regel mit der Aufforderung, Übersichten sämtlicher Transaktionen mit umsatzsteuerlicher Relevanz zur Verfügung zu stellen. Auf Basis dieser Daten werden Stichproben für genauere Untersuchungen ausgewählt (UO 2).
- Es finden regelmäßige USt-Sonderprüfungen und USt-Prüfungen im Rahmen der Betriebsprüfungen sowie durch Nachfragen seitens der Veranlagungsstellen im Finanzamt statt (UO 1).
- Wir werden lückenlos geprüft. Leider auch 5 bis 7 Jahre später. Die deutsche Finanzverwaltung lässt uns nie in Ruhe und lässt nie nach. Anders ist es in Großbritannien oder in den Niederlanden. Hier wird selten und zeitnah geprüft. Wir werden in Ruhe gelassen und müssen keine Mitarbeiter abstellen, die nur die Prüfungen begleiten. Deutschland muss die eigene Prüfungspraxis dringend überdenken, andere Länder sind fortschrittlicher und innovativer. Betriebsprüfer widmen sich den wirklichen Problemen (UO 27).

Vor dem Hintergrund der Ergebnisse ist festzustellen, dass die Finanzverwaltung umsatzsteuerliche Sachverhalte regelmäßig und intensiv prüft. Die USt ist bei den UO ein Hauptprüfungsfeld jeder Betriebsprüfung.

G. Diskussion

1. Schlussfolgerungen

Die USt ist für Unternehmen eine administrative Herausforderung verbunden mit sehr hohen **Befolgungskosten und Risiken**. Die Ursachen hierfür liegen insbesondere in Rechtsunsicherheiten und der Vielzahl unterschiedlicher gesetzlicher Regelungen, in komplizierten innergemeinschaftlichen Verfahren, intensiver Technologie und dem dazugehörigen hohen Personaleinsatz zur Bewältigung.

Viele **USt-Risiken** liegen in den Unternehmensbereichen Rechnungswesen, Vertrieb und Tochtergesellschaften. Hinsichtlich hoher Compliance-Anforderungen bei operativen Geschäftsaktivitäten sind Unternehmen durch zunehmend eingesetzte digitale Kontrollmethoden und internationalen Datenaustausch der Finanzverwaltungen steigenden Betriebsprüfungs- und Nachzahlungsrisiken ausgesetzt. Leiter der Steuerabteilungen sind sich aber der hohen USt-Risiken bewusst. Ausreichende Ressourcen für ein effektives USt-Management fehlen aber überwiegend. Die Operationalisierung von USt-Risiken ist in der unternehmerischen Praxis eine Herausforderung. Die Einordnung und Abgrenzung ist aufgrund sich überschneidender und zusammenhängender USt-Risiken oftmals nicht eindeutig möglich. Gleiches betrifft die Unterscheidung zwischen internen und externen USt-Risiken.

Steuerverantwortliche mit einem Bewusstsein für ein effektives USt-Management sind in der Minderheit.[171] **USt-Zielvorgaben oder eindeutige USt-Strategien** werden mehrheitlich nicht definiert oder entwickelt. Dieses Defizit unterstreicht die Annahme, dass Unternehmen im Bereich der USt reagieren und weniger agieren bzw. aktive Gestaltungen anstrengen. Nur eine Minderheit der Experten gibt an, sich bezüglich USt-Strategien fachlich beraten zu lassen. In Anbetracht der erheblichen Cashflows und allgegenwärtigen Risiken erscheint dieses Vorgehen fahrlässig. Fehlende Zielvorgaben für das USt-Management erschweren zudem Erfolgsmessungen.

Die Aussagen der Steuerverantwortlichen offenbaren hingegen eine implizierte, eher unbewusst praktizierte USt-Strategie, die auf Minimierung von USt-Risiken ausgerichtet ist. Viele Steuerverantwortliche haben den Wunsch nach mehr gestalterischen Überlegungen im USt-Bereich, fehlt es jedoch an personellen und materiellen Res-

171 Vgl. ähnliches Ergebnis KPMG (2012A), S. 6; KPMG (2011), S. 8.

sourcen. Das USt-Management folgt auf diese Weise mehr dem Credo der Reaktion als aktiven gestalterischen Überlegungen.

Steuerabteilungen sind mehrheitlich **verantwortlich** für das Management der USt, insbesondere unterstützt durch das Rechnungswesen und den Technologieeinsatz. Geschäftsführung und CFO sind jedoch mehrheitlich einseitig auf direkte Steuern fokussiert. CFO und Geschäftsführer verzichten derzeit auf einen dezidierten Überblick über VoSt-Erstattungen und damit auf den in der Summe drittgrößten Cashflow ihres Unternehmens. In Bezug auf die wachsende Bedeutung und der zunehmenden Konzentration von Staaten auf USt bzw. VAT/GST ist ein Umdenken der Geschäftsführung unumgänglich.

Ca. 30% der Steuerverantwortlichen konnten **USt-Risiken nicht präzise klassifizieren** und auf Anhieb keine Aussagen zu risikoanfälligen Unternehmensbereichen bzw. -abläufen tätigen. Insgesamt wird deutlich, dass die Mehrheit der Steuerabteilungen umsatzsteuerlichem Risikopotenzial ohne eine USt-strategische Grundlage begegnet. Vielmehr werden Risiken erst bei Eintritt bekannt und mithilfe externer Beratung verwaltet. Das Risikomanagement wird bei den meisten UO von Reaktions- anstelle einer Präventionsfunktion bestimmt.

Grenzüberschreitende Umsätze verursachen trotz des harmonisierten Gemeinschaftsgebiets im Gegensatz zu inländischen oder Drittlandsumsätzen hohe Befolgungskosten. Dieses Untersuchungsergebnis ist vor dem Hintergrund der europäischen Warenverkehrsfreiheit als besonders kritisch zu beurteilen.

Außenprüfungen seitens der Finanzverwaltung wurden im Bereich der USt erheblich verschärft und sind regelmäßig vorrangig USt-bezogen. Die Mehrheit der Unternehmen empfindet diese Kontrollen als hoch belastend, da große administrative Aufwendungen verursacht werden.

Im Rahmen von **Jahresabschlussprüfungen** durch Wirtschaftsprüfer wird nur in einigen Unternehmen gezielt nach umsatzsteuerlichen Aspekten gefragt. Etwaige Maßnahmen beschränken sich auf Stichproben.

Die Untersuchungsergebnisse zeigen, dass viele Unternehmen die Möglichkeiten und Innovationen regelmäßig unterschätzen, um USt-Risiken effizienter und effektiver zu verwalten, Befolgungskosten zu senken und die Liquidität zu verbessern. Angesichts dieser Defizite besteht für die Mehrheit der Untersuchungsobjekte ein erhebliches

Verbesserungspotenzial. Aufgrund des weltweiten Bedeutungsanstiegs der USt werden die Herausforderungen um das USt-Management weiter zunehmen. Wesentliches Tätigkeitsfeld von Steuerabteilungen ist die USt-Compliance[172], die einen hohen Personaleinsatz erfordert.

Abschließend ist zu erwähnen, dass durch die in dieser Arbeit angewandte qualitative Befragungsmethode anhand **halbstandardisierter, leitfadengestützter Experteninterviews** eine schnelle Datenexploration erreicht wurde. Dies ermöglichte einen praxisbasierten und problemorientierten Einstieg in das USt-Thema und eine Evaluation der betriebswirtschaftlichen Auswirkungen auf die Unternehmen. Im Vergleich zu anderen Befragungen im Bereich der USt[173] greift die Auswertung auf direkte Antworten von Steuerexperten zurück, die im persönlichen Gespräch geäußert wurden.

2. Nicht teilnehmende Unternehmen und Experten

Absagen können in Einzelfällen immer gerechtfertigt sein. Die Beweggründe dürften sehr unterschiedlich sein, z.B. saisonal bedingtes Arbeitsaufkommen, personelle Engpässe oder terminliche Überschneidungen. Für den Steuerbereich von Unternehmen kann als Absagegrund eine Anfragenflut empirischer Arbeiten sicherlich nicht angeführt werden. Dies dürfte eher Bereiche wie das Personalwesen oder den Vertriebs- und Marketingbereich betreffen. Gleiches trifft auch auf die angefragten Bereiche der Finanzverwaltung zu.

Wie bereits beschrieben, erfolgten alle Anfragen nicht anonym oder beiläufig, sondern offiziell, schriftlich und mithilfe eines digitalen Briefbogens des universitären Lehrstuhls unter Beilage des Gesprächsleitfadens. Daher ist es eher verwunderlich, dass konkrete Absagen die Ausnahme blieben. Die meisten angeschriebenen Steuerverantwortlichen der nicht teilnehmenden Unternehmen verweigerten jegliche Antwort oder Eingangsbestätigung, so auch die USt-Referate der Bundesländer. Dieses Verhalten erschwert qualitativ empirische Forschungsarbeiten erheblich und widerspricht zudem den im gewöhnlichen Geschäftsverkehr üblichen Gepflogenheiten. Über Beweggründe können wiederum nur Vermutungen angestrengt werden.

In Zeiten aktueller Steuerdiskussionen in Deutschland, eines steigenden öffentlichen Interesses an der Steuerpolitik von Unternehmen und steigenden steuerlichen Repu-

---

172 Zu einem ähnlichen Ergebnis kommt PWC (2010A), S. 2, 6.

173 Siehe Tabelle zu empirischen Untersuchungen im Bereich der USt, S.31 ff.

tationsrisiken erscheint das beschriebene Verhalten befremdlich. Insbesondere für Unternehmen mit hohem regionalem oder nationalem Bekanntheitsgrad ist es vorteilhaft und werbewirksam, offen auf externe Anfragen von Universitäten zu steuerlichen Sachverhalten zu reagieren. Hierunter fallen auch höfliche Absagen, in denen kurz auf die Gründe hingewiesen wird. Dies nimmt keine Zeit in Anspruch und gehört zu den Standardaufgaben jedes Sekretariats.

Überraschend ist zudem, dass die relative Absagenquote seitens der Länderfinanzbehörden wesentlich höher ist als bei Unternehmen. Dies kann nicht allein auf Gründe des Steuergeheimnisses zurückgeführt werden. Von 7 angefragten Länderfinanzbehörden gab es weder ein Antwortschreiben noch eine Bestätigung, dass die Anfrage behandelt wird.

Insgesamt bleibt die Erkenntnis, dass die Gesprächsbereitschaft und Kooperation gegenüber Forschungsarbeiten im Bereich der USt bei Unternehmen, Experten und Finanzverwaltung sehr zurückhaltend ist.

3. Limitationen und zukünftiger Forschungsbedarf

Im Mittelpunkt dieser empirischen Arbeit stehen mehrheitlich deutsche Unternehmen. Dies könnte die internationale Aussagekraft der Antworten eingrenzen. Die in den Interviews getätigten Antworten stammen ausschließlich von Leitern der Steuerabteilungen. Diese tragen zwar für alle steuerlichen Sachverhalte ihres Unternehmens die Verantwortung und stehen in direktem Kontakt zur Finanzverwaltung, sind darüber hinaus aber dem CFO oder der Geschäftsführung unterstellt. Daher ist nicht auszuschließen, dass die Bedeutung der USt von anderen Personen oder Abteilungen des Unternehmens, wie z.B. des Rechnungswesens, der Rechtsabteilung, Mitgliedern der Geschäftsführung oder Muttergesellschaften anders eingeschätzt oder beurteilt werden. Es besteht keine uneingeschränkte Sicherheit, dass die Interviewpartner ihre tatsächlichen Meinungen wiedergegeben haben. Es wird aber vermutet, dass durch die Zusicherung der Anonymität die Einschätzungen der Interviewpartner bezüglich der Herausforderungen und des Managements der USt wahrheitsgetreu sind.

Sozial vorgegebenes Antwortverhalten der Experten kann nicht ausgeschlossen werden. Das Problem des Mitteilens von beschönigenden Versionen oder Wahrheitsverkürzungen ist begrenzt, weil alle interviewten Experten davon ausgehen müssen, dass auch Kollegen anderer Unternehmen interviewt werden. Hierin wird ein immanenter

Zwang zur Wahrheit gesehen.[174] Zudem können die entgegengebrachte Neugier und der Wille zum Gedankenaustausch als Motive für eine wohl hohe Akzeptanz der Experten angeführt werden.

Eine große Limitation dieser empirischen Arbeit liegt schließlich bei den nicht teilnehmenden Unternehmen. Ob vermutet werden kann, dass diese Unternehmen konflikt- und risikofreudiger im Bereich der USt agieren als die befragten UO oder im Gegensatz zu diesen über hohe USt-Risiken verfügen, bleibt offen, auch wenn für derartige Mutmaßungen keine Anhaltspunkte bestehen. An dieser Stelle liegt die Grenze der Realisierbarkeit wissenschaftlicher Erkenntnisse im Rahmen dieser Arbeit.

Im Rahmen der Untersuchung bleiben wichtige Fragen offen. Beispielsweise haben einige Interviewpartner keine genauen Kenntnisse darüber, wieviel Aufwand das USt-Management außerhalb der Steuerabteilung, z.B. im Rechnungswesen oder der Logistik, auslöst. Der Bedeutungsanstieg der USt impliziert zukünftige Kostensteigerung des USt-Managements. Die Steuerexperten konnten die Kostensteigerungen des USt-Bereichs für die vergangenen Jahre jedoch nur anhand des stetig steigenden Personaleinsatzes identifizieren. In den Unternehmen fehlt es an strategischen Kosten- und Aufwandsüberlegungen über die zu erwartenden Steigerungen. In diesem Bereich besteht ein erheblicher Forschungsbedarf.

Weiterhin ist offen, inwieweit bei den UO zwar keine festgelegte, wohl aber eine gelebte USt-Strategie vorhanden ist. Diese Situation begründet ein eigenes Untersuchungsfeld. Untersuchungsbedarf besteht auch hinsichtlich der strukturellen Trennung von Steuerabteilungen in die Bereiche direkte und indirekte Steuern. Bei einigen UO existieren bereits eigene USt-Abteilungen, die der Steuerabteilung betriebsintern und organisatorisch gleichgestellt sind. Interessant wäre die weitergehende Analyse, inwieweit eine Trennung des Steuerbereichs das unternehmerische Steuermanagement insgesamt unterstützen würde.

Forschungsbedarf besteht zudem in der normativen Steuerlehre, aufseiten des Gesetzgebers, z.B. inwieweit es Überlegungen des Gesetzgebers gibt, die stets steigenden administrativen Belastungen für Unternehmen einzudämmen. Die Marktteilnahme und der Markteintritt von KMU wird zunehmend aufgrund der steigenden admi-

174 Vgl. MEUSER/NAGEL (1991), S. 466.

nistrativen Hürden bei gleichzeitig weitaus geringeren Verwaltungsbudgets beschränkt.

IV. Kapitel: Die Umsatzsteuerorganisation unter betriebswirtschaftlichen Gesichtspunkten

A. Begriffsabgrenzung und Problemaufriss

Ziel des USt-Managements ist die Senkung von Risikopotenzialen und Befolgungskosten sowie die permanente Untersuchung und Implementierung von Optimierungsmöglichkeiten. Dies geschieht durch eine effektive USt-Organisation, -Planung und -Kontrolle, wobei betriebsinterne Kontrollfunktionen im USt-Bereich nicht isoliert betrachtet werden, sondern, soweit einzelfallbezogen, innerhalb der USt-Organisation stattfinden.[175] Dieses Kapitel handelt ausschließlich von den Bereichen betrieblicher USt-Organisation. Grundlage dieser bilden alle allgemeinen Rechtsquellen der UStGe im Gemeinschaftsgebiet, Richtlinien, Durchführungsverordnungen sowie das übergeordnete europäische Gemeinschaftsrecht in Form der MwStSystRL.

Die **USt-Organisation** ist auf die massenhafte Abwicklung umsatzsteuerlicher Vorgänge im Unternehmen ausgerichtet. Ziel ist die betriebsorganisatorische Optimierung und Steuerung betrieblicher USt-Aufgaben, die Befolgung aller umsatzsteuerlich relevanten Gesetzes- oder gesetzesähnlichen Pflichten (USt-Compliance) und die Implementierung, Anwendung, Koordination und Verbesserung von USt-Prozessen.

Die wichtigsten **Aufgaben und Funktionen** betrieblicher USt-Organisation werden an dieser Stelle noch einmal gesondert dargestellt:

USt-Organisation Aufgaben u. Funktionen	Umfang u. Ausprägung Bsp.
USt-Compliance	Gesetzesbefolgung Identifikation, Ermittlung u. Organisation von USt-Sachverhalten (länderbezogen) Mitwirkungs- u. Informationspflichten[176] Deklaration: Vorbereitung, Ermittlung, BMG, Steuersatz, Abgabe der USt-Voranmeldung, ZM USt-Zahlung: Überwachung, Überblick, Fristenkontrolle Berichts-/Aufzeichnungspflichten: Dokumentation von Buchungs-/Belegnachweisen, Archivierung Anpassungen bei Gesetzesänderungen

175 Siehe Ausführungen im II. Kapitel, Abschnitt C. 2, Aufgaben des USt-Managements, S. 21 ff.

176 Siehe Aufführung der Informationspflichten des UStG in Anhang 8.

USt-Organisation Aufgaben u. Funktionen	Umfang u. Ausprägung Bsp.
	Bekämpfung von USt-Betrug
VoSt-Management	Vorbereitung, Anmeldung, Überwachung, Aufteilung (länderbezogen)
USt-Prozesse	Integration der USt in Unternehmens- u. Geschäftsabläufe Koordination, Überwachung abteilungsübergreifender Schnittstellen Verfahren für Informationsweitergaben (*wall crossing*) Koordination abteilungsübergreifender Kommunikation über USt-Sachverhalte Aufbau, Integration, Koordination, Pflege von USt-Inhalten im Intranet Überwachung ausgegliederte Prozesse (externer Dienstleister) Anpassungen bei Gesetzesänderungen Anpassung bei veränderten Geschäftsaktivitäten, neuer Unternehmenspolitik
Technologie-Management	Entwicklung, Implementierung, Überwachung, Kontrolle, Wartung, Pflege von Systemen, Infrastruktur u. Tools, Einsatz von Spezial-Software Stichprobenauswertungen, Plausibilitätskontrollen Koordination, abteilungsübergreifende Begleitung von Softwarelösungen Durchführung von Anpassungen
USt-Beratung	Adressaten: eigene Geschäftsführung, Entscheidungsträger
Zusammenarbeit mit externen Beratern	Beauftragung, Koordination, Zuarbeit, betriebliche Umsetzung
Zusammenarbeit mit Finanzverwaltung	Kontakt, Koordination, verbindliche Auskünfte, Abfrage von USt-IdNr., MOSS
Begleitung von USt-Prüfungen	Zuarbeit, Aufbereitung vergangener USt-Sachverhalte
Mitarbeit in Verbänden	Interessensgruppen, USt-Arbeitsgruppen in Unternehmensverbänden

Tabelle 16: USt-Organisation: Aufgaben und Funktionen
Quelle: Eigene Darstellung.

Die in diesem Kapitel vorgenommene thematische Auswahl orientiert sich an der betriebswirtschaftlichen Relevanz für Unternehmen und dem steuerlichen Risikopotenzial. Grundlage der problemorientierten Auswahl bilden die Antworten der Steuerexperten in der Untersuchung und daraus abgeleitete Untersuchungsergebnisse.[177] Zusätzliche Kriterien der Auswahl sind der weltweite Bedeutungsanstieg der USt[178] und sich daraus ergebene Herausforderungen, Aktualität, Optimierungsmöglichkeiten und der internationale Bezug.

Ob die betriebliche USt-Organisation **unternehmensintern oder unternehmensextern** angesiedelt ist, hängt von der Unternehmensgröße ab. Je höher der Umsatz eines Unternehmens ist, desto wahrscheinlicher ist die Vorhaltung einer eigenen Steuerabteilung mit entsprechender Fachkompetenz und organisatorischer Infrastruktur. Im Gegensatz dazu übertragen KMU die USt-Organisation in großen Teilen regelmäßig an externe Berater, die entsprechende Dienstleistungen vorhalten.

Entsprechend der Umfrageergebnisse ist das USt-Management **abteilungsübergreifend** im Unternehmen verteilt. Die neben der Steuerabteilung und operativen Geschäftseinheiten am häufigsten beteiligte Abteilung ist das Rechnungswesen, gefolgt von der Rechtsabteilung.[179] Diese Feststellung begründet daher die ständige Einbeziehung aller USt-relevanten Unternehmensbereiche in betriebliche USt-Aufgaben und -Funktionen der USt-Organisation.

Die Untersuchungsergebnisse zeigen, dass mit der Größe des Unternehmens die Anzahl der mit der USt-beschäftigten **Mitarbeiter**[180] und die Verdichtung umsatzsteuerlicher Zeitvorgaben und Fristen steigt. Je nach Unternehmensart und -größe stehen die Aufgabenbereiche der USt-Organisation verstärkt unter zeitlichen Vorgaben. Folgender Grundsatz ist daher anzunehmen: Je größer das Unternehmen ist, desto alltäglicher sind die umsatzsteuerlichen Herausforderungen und desto häufiger ist die Hinzuziehung externer Berater. Eine weitere Erkenntnis aus der Befragung ist, dass Aufgaben der USt-Organisation in **ausländischen Tochtergesellschaften** oder Be-

177 Siehe Umfrage im Rahmen dieser Arbeit, S. 51 ff; Wortprotokolle der Steuerexperten aus Unternehmen, Beratung und Finanzverwaltung, Anhänge 6 und 7.

178 Siehe Ergebnisse empirischer Untersuchungen, S. 31 ff. sowie Untersuchungsergebnisse zu Frage 1, Bedeutung der USt, S. 64 ff.

179 Siehe Untersuchungsergebnisse zu Frage 5, USt-Management, S. 81 f.

180 Siehe Untersuchungsergebnisse zu Frage 8, Betriebsorganisatorische Herausforderungen, S. 87 ff.

triebsstätten sehr häufig an lokale Beratungsgesellschaften in den jeweiligen Ländern übertragen werden. Diese Zusammenarbeit findet trotz einer eigenen Steuerabteilung statt. Diese steht jedoch in engem Austausch mit den örtlichen Beratern.[181]

B. Optimierung umsatzsteuerlicher Befolgungskosten und administrativer Anforderungen von Unternehmen

1. Begriffserklärung und Problemaufriss

Ein unternehmerisches USt-Management verursacht Kosten. Durch Gesetzesbefolgung und die sich daraus ergebenden umsatzsteuerlichen Mitwirkungs- und Informationspflichten entsteht für Unternehmen ein administrativer Aufwand bzw. Erfüllungsaufwand, der in Unternehmen umsatzsteuerlich bedingte **Befolgungskosten** (USt-Befolgungskosten) auslöst. Handels- und steuerrechtlich gehören diese zu den allgemeinen Kosten der Verwaltung.[182] Das Statistische Bundesamt ordnet diese Kosten den allgemeinen Bürokratiekosten von Unternehmen zu.[183] Im internationalen Vergleich sind die durchschnittlichen USt-Befolgungskosten deutlich höher als diejenigen der Unternehmensteuern.[184] Sie sind daher eines der größten Hindernisse für die Optimierung des innergemeinschaftlichen Handels[185].

---

181 Siehe Untersuchungsergebnisse zu Frage 5, USt-Managements, S. 80 f.

182 § 255 Abs. 3 Satz 3 HGB i.V.m. § 5 Abs. 1 Satz 1 1. HS EStG.

183 Vgl. Angaben DESTATIS (2014), TOP 100 der kostenintensivsten Informationspflichten aller Rechtsgebiete. 8 USt-Informationspflichten werden aufgeführt, darunter 4 unter den TOP 10. Siehe Auflistung der USt-Informationspflichten in Anhang 8.

184 Vgl. PWC (2010), S. 6.

185 Vgl. BUNDESRECHNUNGSHOF (2012B), S. 8.

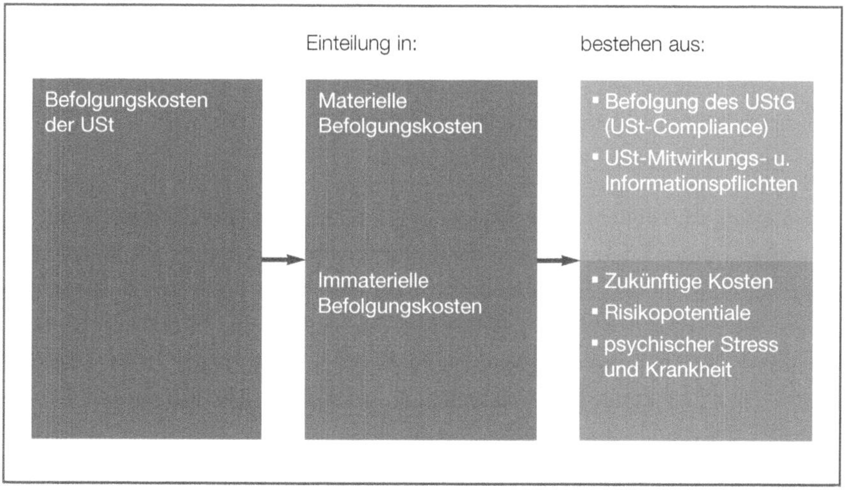

Abbildung 3: Umsatzsteuer-Befolgungskosten
Quelle: Eigene Darstellung.

Materielle USt-Befolgungskosten aus einer globalen Perspektive, variieren weltweit erheblich zwischen **verschiedenen Ländern und Regionen**, auch innerhalb der EU. USt-Befolgungskosten, die aus vorsätzlichem Steuerbetrug resultieren, dadurch ausgelöste USt-Risiken, damit im Zusammenhang stehende Aufdeckungswahrscheinlichkeiten und andere Straftaten, die auf das bewusste Verschweigen relevanter USt–Sachverhalte abzielen, werden in dieser Arbeit nicht untersucht. Nicht zugebilligte VoSt-Erstattungen, Strafzahlungen und finanzielle Sanktionen aufgrund von Fehlverhalten bzw. Gesetzesverstößen werden ebenfalls nicht zu den USt-Befolgungskosten gezählt.

In einer **IW-Studie** wurde ein Teil der internen und externen USt-Befolgungskosten für die USt-Ermittlung, die -Voranmeldung und die -Abführung ermittelt.[186] Diese Kosten fallen unter den Begriff der USt-Befolgungskosten, der in dieser Arbeit verwendet wird. Weitere USt-Befolgungskosten wie z.B. notwendige Investitionen in USt-Softwaretechnologie bleiben in der IW-Studie unberücksichtigt. Nach IW-Angaben

186 Siehe IW Consult (2008), S. 6.

tragen Unternehmen in Relation zu den eigenen Umsätzen folgende USt-Befolgungskosten (nur USt-Ermittlung, Abführung und Voranmeldung):

- kleine Unternehmen (bis 1,19% des Umsatzes)
- mittelgroße Unternehmen (bis 0,21% des Umsatzes)
- große Unternehmen (bis 0,02% des Umsatzes)

Die Einteilung der Größenklassen erfolgt nach der üblichen Mittelstandsdefinition.[187] Einbezogen wurden interne und externe Kosten. Zur Bearbeitung der USt setzen Unternehmen 0,37% ihres gesamten Personals ein. Der Anteil der internen Kosten an den gesamten umsatzsteuerlichen Befolgungskosten (intern und extern) liegt bei Unternehmen aller Umsatzgrößenklassen etwa zwischen 66 und 75%.[188] Das Untersuchungsergebnis der dieser Arbeit zugrunde liegenden Umfrage beläuft sich auf durchschnittlich 30% des Personals der Steuerabteilung.

Abbildung 4 veranschaulicht, dass KMU relativ stärker belastet sind als große Unternehmen. Den Ausführungen einer Publikation von Deloitte kann daher nicht gefolgt werden, nach der größere Unternehmen prozentual höhere jährliche Mehrbelastung haben als kleinere.[189] Aufgrund fehlender Ressourcen sind KMU sogar zurückhaltender bei innergemeinschaftlichen Geschäftsaktivitäten.[190]

Insgesamt liegen die **umsatzsteuerlichen Befolgungskosten** in Deutschland jährlich bei 8,616 Mrd. Euro in 2008. Diese Summe entspricht ca. 5% des deutschen USt-Aufkommens. Hiervon sind große, mittlere und kleine Unternehmen unterschiedlich betroffen: Kleine Unternehmen mit 5,429 Mrd. Euro, mittlere mit 2,762 Mrd. Euro und große mit 425 Mio. Euro.[191] In Abbildung 4 sind die Ergebnisse der IW-Umfrage grafisch wiedergegeben.

---

187 U.a. KFW (2012), S. 1.
188 Siehe IW CONSULT (2008), S. 7, 35, 37, 41.
189 Vgl. Ausführungen von DELOITTE (2011), S. 22 f., 30.
190 BUNDESRECHNUNGSHOF (2012B), S. 8.
191 Siehe IW CONSULT (2008), S. 6 f., 35, 37, 41.

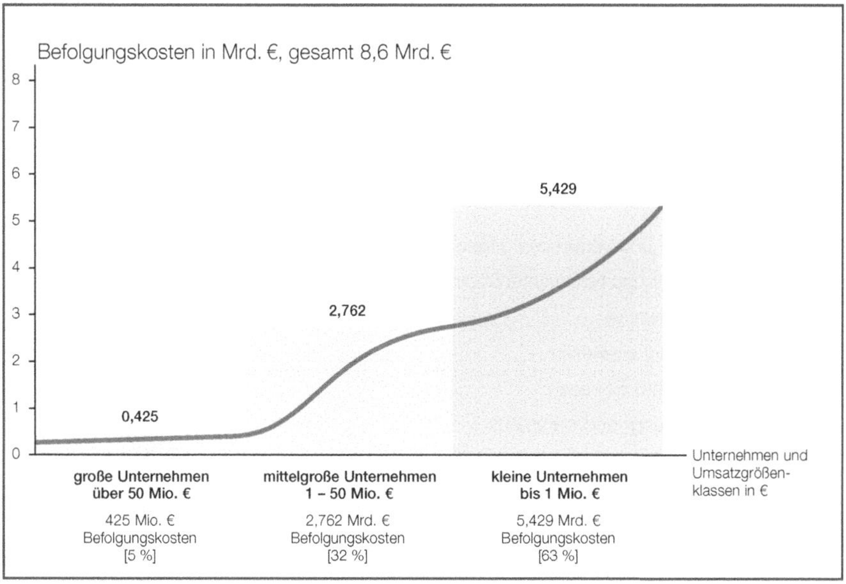

Abbildung 4: Befolgungskosten für Unternehmen: Größenabhängige Verteilung
Quelle: Eigene Darstellung anhand des Zahlenwerks von IW CONSULT (2008), S. 7, 35-37.

Insgesamt tragen kleine Unternehmen ca. 63% der gesamten USt-Befolgungskosten, große Unternehmen jedoch nur 5%. Auch unter diesen Gesichtspunkten kann den Ausführungen von Deloitte nicht gefolgt werden, wonach größere Unternehmen stärker belastet seien als mittlere oder kleine.[192]

Zur Veranschaulichung des Zahlenmaterials der IW-Studie zur branchenabhängigen Verteilung von USt-Befolgungskosten[193] wird ein **Thermometer** verwendet. Hellrot steht für sehr hohe und blau für niedrigere USt-Befolgungskosten.

---

[192] Vgl. Ausführungen von DELOITTE (2011), S. 22 f., 30.

[193] Siehe IW CONSULT (2008), S. 43.

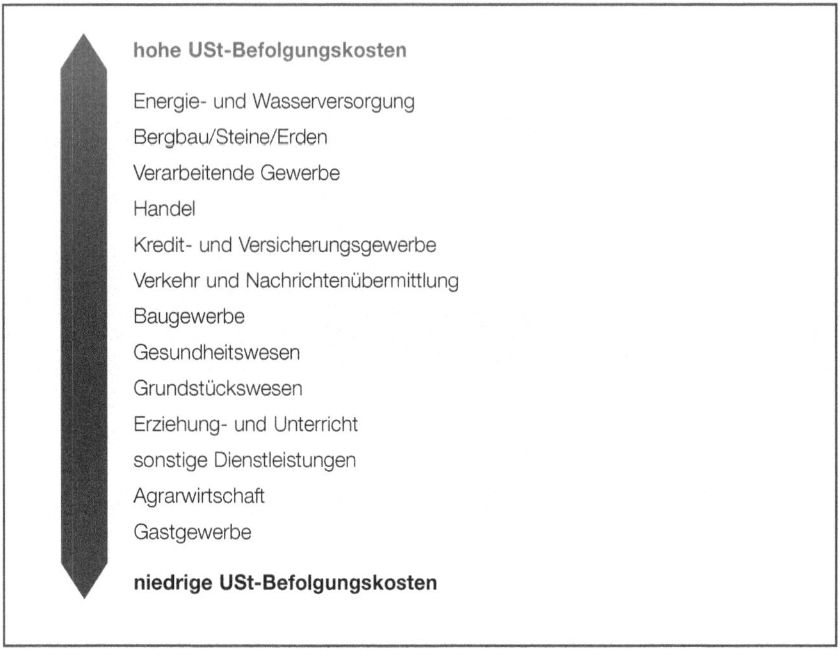

Abbildung 5: Befolgungskosten für Unternehmen – branchenabhängige Verteilung
Quelle: Eigene Darstellung.

Betrachtet wurden die **Kosten pro Unternehmen**. Versorger, das verarbeitende Gewerbe sowie Unternehmen aus Bergbau, Steine und Erden haben jeweils deutlich höhere Kosten als Unternehmen aus den Bereichen Gastgewerbe, Agrarwirtschaft und Dienstleistungen. Energie- und Wasserversorger haben fast dreimal so hohe Kosten wie Unternehmen des Gastgewerbes.[194]

Festzuhalten ist, dass durch den Gesetzesvollzug und sich daraus ergebene umsatzsteuerlichen Mitwirkungs- und Informationspflichten ein hoher administrativer Aufwand ausgelöst wird, der in Unternehmen in Abhängigkeit von Größe und Branche sehr hohe USt-Befolgungskosten hervorruft. Da die IW-Studie aus dem Jahre 2008 stammt, dürften die gesamten USt-Befolgungskosten in Deutschland derzeit auf über 10 Mrd. Euro angestiegen sein. Aufgrund nicht ausreichender Ressourcen im USt-

---

194 Siehe IW Consult (2008), S. 43.

Management im Vergleich zur innerbetrieblichen Ressourcenausstattung anderer Abteilungen steigt auf diese Weise der Druck auf USt-Fachkräfte.[195]

2. Differenzierung der umsatzsteuerlichen Befolgungskosten in Kostenstellen und Kostenträger

a) Kostenstellen von Umsatzsteuer-Befolgungskosten

Aus Gründen der Übersichtlichkeit und der genauen Kostenzuteilung orientiert sich die Zerlegung und Operationalisierung der USt-Befolgungskosten an der Kostenartenrechnung (Welche Kosten sind angefallen?), wobei Kostenarten in **Kostenstellen und Kostenträger** aufgegliedert wereden.[196] Kostenstellen sind dabei Orte der Kostenentstehung („Wo"), während durch Kostenträger bestimmte Dienstleistungen (hier steuerliche) ausgedrückt werden („Wodurch"). Kostenträger können daher Kostenstellen zugeordnet werden. Im Folgenden werden Kostenstellen anhand von funktional-räumlichen Aspekten abgegrenzt, die durch konkrete buchhalterische Positionen (Kontierungsobjekte) festgelegt sind.[197] Ziel ist es, USt-relevante Kostenpositionen im Unternehmen auf der Bereichs- und Unternehmensebene aufzuteilen.

Tabelle 17 gibt einen Überblick über wesentliche Kostenstellen des USt-Managements, unterteilt in **permanent und temporär** sowie **unternehmensintern und -extern**.

---

195 Vgl. KPMG (2012A), S. 3.

196 Vgl. Eisele (2002), S. 647 f.; Eisele/Leypoldt, S. 279 f.

197 Vgl. Heyd/Meffle (2008), S. 124 ff.

USt-Befolgungskosten Kostenstellen („Wo?“)	Unternehmensinterne	Unternehmensexterne
Permanent	**Personalkosten** Mitarbeitereinsatz für USt-Aufgaben/-Funktionen[198] Mitarbeiterqualifikation, Trainings Teilnahme in Arbeitsgruppen **Sachmittel- u. Raumkosten** **USt-Prozesskosten** Einrichtungskosten für interne Systeme **Softwaretechnologie** Wartung u. Unterhalt in Eigenleistung	**Externe Beratung** Beratungspauschalen Berichtwesen **Kosten externer Dienstleistung** ausgegliederte Bereiche (*shared services)* z.B. Archivierungen, USt-Bereiche des Rechnungswesens **Softwaretechnologie** Unterhaltungs- u. Wartungsverträge
Temporär	**Softwaretechnologie** Anpassungen, Aktualisierungen u. Software-Schulungen in Eigenleistung	**Externe Beratung** *z.B. bei* Gesetzesänderungen außerordentlichen Geschäftsvorfällen Änderung des politischen Umfeldes (regional, national, global) Anpassung der USt-Compliance USt-Prüfungen Aspekte der USt-Planung (z.B. Entwicklung USt-Strategie) **Kosten externer Dienstleistung** temporäre Leistungserbringung ausgegliederter Bereiche saisonal bedingter Einkauf von Zeitarbeit Werkverträgen für USt-Spezialbereiche **Softwaretechnologie** Einkauf, Implementierung Anpassungen u. Aktualisierungen Implementierung neuer Tools Software-Schulungen für MA

Tabelle 17: USt-Befolgungskosten: Kostenstellen
Quelle: Eigene Darstellung.

198 Siehe Auflistung der Aufgaben und Funktionen des USt-Managements, S. 18 ff.

Externe Kostenstellen umsatzsteuerlicher Befolgungskosten entstehen dadurch, dass Herausforderungen und Probleme nicht mit eigenen betrieblichen Ressourcen, sondern unter Hinzunahme externer Beratungsangebote bearbeitet werden. Kosten werden auch von dem Bedürfnis ausgelöst, umsatzsteuerliche Risikopotenziale des eigenen Geschäftsbetriebs zu verlagern, indem unternehmerische USt-Vorgänge und Arbeitsprozesse von unabhängigen externen Beratern geprüft, bewertet und übernommen werden. Die externe Beratung wird so zur Kostenstelle umsatzsteuerlicher Befolgungskosten, die temporär oder permanent ausgerichtet sein kann.

Die externe Beratung ist permanent, wenn z.B. aus Gründen der Kosteneffizienz und aus kalkulatorischen Kostenplanungsüberlegungen heraus fixe Pauschalen festgelegt werden. Auch die regelmäßige Beratungsinanspruchnahme kann abgedeckt werden. Anhand dieses Instruments erhalten Unternehmen hinsichtlich dieser Kostenstelle Planungssicherheit. Die Kostenstelle ist nicht permanent, wenn die externe Beratung temporär und nur bei bestimmten Fragen in Anspruch genommen wird, z.B., indem nur eine Begleitung zur USt-Prüfung begleitet wird.

Weitere externe Kostenstellen entstehen durch die Verlagerung USt-relevanter Arbeitsprozesse an externe Dienstleister. Diese können Fremdfirmen oder Unternehmen desselben Konzerns sein. Ausgelagert werden unterstützende Leistungen der USt-Organisation wie z.B. Aufzeichnungs-, Dokumentationsvorgänge, Archivierungen oder der Rechnungsversand von Zentralstellen. Nicht selten begründen externe Dienstleister ihren Geschäftssitz im Ausland. Mithilfe dieser Praxis sollen Praktikabilitäts- und Kostenvorteile erzielt werden. Einige Unternehmen beabsichtigen, auf diese Weise einer steuerorganisatorischen Überforderung entgegenzuwirken. Diese externe Kostenstelle kann temporär oder permanent sein.

Es ist anzunehmen, dass die größte **interne Kostenstelle** umsatzsteuerlicher Befolgungskosten in den meisten Unternehmen regelmäßig die Position Personalkosten ist.

b) Kostenträger von Umsatzsteuer-Befolgungskosten

Kostenträger sind hier interne Dienstleistungen des USt-Fachpersonals für das USt-Management. Die Bildung von Kostenträgern erfolgt anhand der einzelnen Aufgaben und Funktionen des USt-Managements, die materielle und immaterielle USt-Befolgungskosten durch **Zeitaufwand** auslösen. **Immaterielle** Kosten werden als eventuelle zukünftige Kosten oder Risikopotenziale, **materielle** Kosten hingegen als bereits in der unternehmerischen Finanzplanung abgebildete Aufwendungen eingeordnet. Dieser Abschnitt skizziert ausschließlich die im Unternehmen entstehenden materiellen Befolgungskosten.

Tabelle 18 gibt einen Überblick über wesentliche Kostenträger des USt-Managements anhand operationalisierter Gliederungsebenen. Die Kostenträger fungieren als Sammelstellen umsatzsteuerlicher Aufgaben und -Funktionen (in der Tabelle fett markiert). Umfang und Ausprägung können global erheblich variieren.[199]

USt-Befolgungskosten: Kostenträger („Wodurch?“)	Unternehmensintern (Zeitaufwand d. MA für Aufgaben u. Funktionen)	Unternehmens-extern
Permanent	**USt-Compliance** alltägliches Management, Gesetzesbefolgung, Informationspflichten **VoSt-Management** Alltägliches Management, Liquiditätsmanagement **USt-Prozesse** abteilungsübergreifende Koordination Überwachung von Schnittstellen Auswirkungen veränderter Geschäftsaktivitäten **USt-Beratung** alltägliche Standard-Fragen des operativen Geschäftsbetriebs **USt-Risikomanagement** Überwachung, Pflege **Kommunikation u. Berichtwesen** Versorgung von Entscheidungsträger mit USt-relevanten Informationen **Wissensmanagement** Personalentwicklung, Durchführung von Schulungen zur Aus- und Fortbildung von MA **Zusammenarbeit mit externen Beratern** **Mitarbeit in Verbänden**	-

199 Siehe Auflistung der Aufgaben und Funktionen des USt-Managements, S. 18 ff.

USt-Befolgungskosten: Kostenträger („Wodurch?")	Unternehmensintern (Zeitaufwand d. MA für Aufgaben u. Funktionen)	Unternehmens-extern
Temporär	**USt-Compliance** Anpassungen bei Gesetzesänderungen **Einsatz von Softwaretechnologie** Implementierung neuer Systeme, Anpassungen, Wartung, Pflege **USt-Beratung** nicht alltägliche USt-Fragen zu Spezialgebieten (z.B. Transaktionen, Standortfragen) **USt-Prozesse und Erfolgskontrollen** Stichproben-Kontrollen **Zusammenarbeit mit der Finanzverwaltung** Verbindliche Auskünfte, USt-IdNr.-Abfragen **Begleitung von USt-Prüfungen** gesonderter Personaleinsatz erforderlich **Auswertung von USt-Prüfungen**	**USt-Prüfungen** **Gesetzesänderungen** **Verändertes politisches und ökonomisches Umfeld** regional, national, global z.B. neue Regierungen

Tabelle 18: USt-Befolgungskosten: Kostenträger
Quelle: Eigene Darstellung.

Temporäre externe Kostenträger verursachen Befolgungskosten, die in unregelmäßigen Abständen entstehen, z.B. aufgrund von USt-Prüfungen, häufigen Gesetzesänderungen oder einem veränderten politischen Umfeld. In einigen Ländern sehen sich Unternehmen oftmals mit monatlichen Gesetzesänderungen konfrontiert.[200] Unternehmen müssen ständig den Anwendungsbereich von Gesetzesänderungen prüfen und diese gegebenenfalls in das Rechnungswesen implementieren. Dies verursacht einen zusätzlichen Arbeitsaufwand, indem Verträge neu aufgesetzt, Rechnungen nachträglich überprüft, Arbeitsprozesse angepasst, USt-Funktionen verändert und

200 Vgl. EY (2014A), S. 10.

Personal fortgebildet werden muss. Externe Kostenträger verursachen sehr hohe Befolgungskosten, die vom Unternehmen nicht beeinflussbar sind, aber die internen Kostenträger je nach Bereich erhöhen. Externe Kostenträger werden daher im Folgenden vernachlässigt.

Innerhalb der USt-Compliance verursachen **umsatzsteuerliche Informationspflichten** für Unternehmen ein hohes Kostenpotenzial. Dies zeigt eine Erhebung des Statistischen Bundesamts zu den 100 wichtigsten Informationspflichten für Unternehmen, u.a. aus Steuer-, Zivil-, Verbraucherschutz-, Arzneimittel-, Wertpapierhandelsrecht und damit verbundenen Bürokratiekosten. Zur Ermittlung der Höhe dieser Kosten greift das Statistische Bundesamt auf allgemeine Parameter der Bürokratiekostenmessung zurück: Arbeitszeit (Zeitaufwand), Lohnkosten (Tarif), Zusatzkosten und Fallzahl. Zum Stand 13.10.2014 fielen insgesamt vier USt-Normen unter die TOP 10 der kostenintensivsten Informationspflichten. Weitere vier USt-Normen gehörten zu den hundert kostenintensivsten Informationspflichten. Die Aufbewahrung von Rechnungen nahm den dritten Platz ein (Kosten 3,2 Mrd. Euro), gefolgt von der Abgabe der Steuererklärung auf Platz 4 (2,7 Mrd. Euro), der Ausstellung von Rechnungen auf Platz 5 (2,5 Mrd. Euro) und die gesonderte Erklärung innergemeinschaftlicher Lieferungen im Besteuerungsverfahren[201] auf Platz 10.[202]

3. Kostentreiber von Befolgungskosten und Möglichkeiten zur Reduzierung

Die im Folgenden vorgestellten Kostentreiber beziehen sich allein auf Kostenträger, die wiederum bestimmten Kostenstellen zugeordnet werden können.

Der **Zeitaufwand**, der mit der Erfüllung eines umsatzsteuerlichen Aufgabenbereichs verbunden ist, eignet sich besonders für die Identifizierung der Kostentreiber. Er kann mit den zugehörigen Lohnkosten nach dem länderspezifischen **Lohntarif** multipliziert werden. Dies ergibt aussagefähige Angaben zu entstandenen USt-Befolgungskosten im Unternehmen. Größen-, Branchen- und Länderunterschiede fallen hierbei ins Gewicht. Der Zeitaufwand bestimmt auch die benötigte Anzahl von geschulten Mitarbeitern im USt-Bereich und die damit im Zusammenhang stehende Bereitstellung und Unterhaltung von notwendigen Räumen.

---

201 § 18b UStG.

202 Vgl. DESTATIS (2014): Tabelle und E-Mailantwort zu Hintergründen, Methoden und Verfahren der Erhebung.

KPMG veröffentlichte 2012 und 2013 eine Übersicht zum Zeitaufwand für das weltweite USt-Management. Der überwiegende Verbrauch der Ressource Zeit wird verwendet für die Vorbereitung der VoSt-Erstattungen (28%) und für interne und externe Beratungsleistungen (23%). Im Mittelfeld liegen die Organisation der Softwaretechnologie und USt-Prozesse (14%) und die Begleitung von Außenprüfungen (13%). Im unteren Bereich liegen Maßnahmen der USt-Planung und Maßnahmen der Mitarbeiterqualifikation (9%).[203] Aufgrund fehlender signifikanter Abweichungen, können Größenunterschiede vernachlässigt werden. Zwischen 2012 und 2013 gibt es einen erheblichen Anstieg bei der Vorbereitung von VoSt-Erstattungen in Bezug auf die interne und externe USt-Beratung sowie bei Maßnahmen der USt-Planung. Bezüglich betriebsinterner USt-Prozesse, Einsatz von Softwaretechnologie, betrieblicher Systemumstellungen, Begleitung von USt-Prüfungen oder Mitarbeiterqualifikation gab es keinen signifikanten Anstieg des Zeitaufwandes.[204] Diese Übersicht gibt allerdings nur Auskunft über den verwendeten Zeitaufwand gegebener Ressourcen, nicht jedoch über eine gegebenenfalls notwendige Verteilung der Ressourcen.

Auf Basis der Untersuchungsergebnisse dieser Arbeit (Häufigkeitsnennungen)[205] erfolgt nun ein Überblick zum Zeitaufwand der einzelnen Kostenträger[206]. So sollen die Kostentreiber unter den unternehmensinternen Kostenträgern identifiziert und anhand eines **Thermometers** grafisch aufgearbeitet werden. Die Farbauswahl gibt dabei Auskunft über den ermittelten Zeitaufwand, wobei hellrot für sehr hoch und dunkelblau für sehr niedrig steht.

---

203 Vgl. KPMG (2011), S. 15.

204 KPMG (2013), S. 16; KPMG (2012), S. 18.

205 Siehe Untersuchungsergebnisse zu Frage 8b, S. 87 ff.

206 Siehe Auflistung und Operationalisierung der Kostenträger von USt-Befolgungskosten, S. 111 ff.

Abbildung 6: USt-Befolgungskosten: Kostentreiber des USt-Managements
Quelle: Eigene Darstellung.

Den höchsten Zeitaufwand innerhalb des USt-Managements deutscher Unternehmen fällt für den roten Bereich an, insbesondere für die **USt-Compliance und das VoSt-Management**. Der blaue Bereich steht für den geringsten Zeitaufwand, wie z.B. die Zusammenarbeit mit externen Beratern oder die USt-Planung. Zu ähnlichen Ergebnissen gelangt KPMG, allerdings wurden nur fünf Funktionen abgefragt und in die Untersuchung einbezogen.[207]

Die aufgeführten Kostentreiber können **unternehmensspezifisch** je nach Unternehmensgröße, -struktur, -aktivität, Branche und Land unterschiedlich ausgeprägt sein. Der teilweise erhebliche Zeitaufwand für die USt-Compliance variiert weltweit. Der

207 KPMG (2013), S. 16; KPMG (2012), S. 18.

Zeitaufwand ist insbesondere in Lateinamerika, Afrika, Osteuropa und Zentralasien am höchsten.[208]

Aufgrund nicht ausreichender Ressourcen im USt-Management - entgegen der innerbetrieblichen Ressourcenausstattung anderer Abteilungen - steigt der allgemeine Druck auf die USt-Fachkräfte.[209] Viele USt-Verantwortliche können mit den eigenen Mitarbeitern nur notwendigste Arbeiten des laufenden Geschäftsverkehrs erledigen.[210] Nur so kann erklärt werden, dass zentrale Funktionen wie die USt-Planung, das Management von Softwarelösungen sowie das Kommunikations- und Berichtwesen zu wenig im Mittelpunkt der Unternehmen liegen und innerhalb des USt-Managements weitaus unterrepräsentiert sind.

4. Zwischenfazit

Festzuhalten bleibt, dass in Bezug auf Kostenstellen und Kostenträger des USt-Managements die **unternehmensinternen** die unternehmensexternen Kosten regelmäßig um ein Vielfaches übersteigen. Abweichungen hiervon können entstehen, wenn z.B. ein unvorhergesehener Beratungsaufwand entsteht oder wesentliche Funktionen des USt-Managements an externe Dienstleister ausgegliedert werden. Das IW (interne und externe USt-Bürokratiekosten)[211], das Statistische Bundesamt (Erfüllungsaufwand)[212] und KPMG (*percentage of time allocated to VAT/GST tasks*)[213] gelangen zu ähnlichen Schlussfolgerungen, auch wenn andere Herleitungen, Begriffe und Kostenzusammensetzungen verwendet werden.

Die Kostenstelle „Personaleinsatz im USt-Bereich der Steuerabteilung" bietet ein unternehmensspezifisches Indiz für die Höhe von Befolgungskosten. Werden die Kosten des Personaleinsatzes nun als wesentliches Indiz betrachtet, dann ist der **prozentuale Anteil an USt-Mitarbeitern** der unternehmerischen Steuerabteilung der wesentliche **Verteilungsschlüssel** für die Befolgungskosten. Durchschnittlich betrifft dies ca. 30% der Steuerabteilungsmitarbeiter.[214] Anhand dieses Verteilungsschlüssels werden nun

208 Vgl. PWC (2010), S. 7 f.

209 Vgl. hierzu die KPMG-Umfrage (2013), S. 13; KPMG (2012A), S. 3.

210 Siehe Angaben der Steuerverantwortlichen zu den Fragen 1, 3, 4, Wortprotokoll (Anhang 6).

211 IW Consult (2008), S. 7, 35, 37, 41 zu „interne und externe Bürokratiekosten".

212 Destatis (2014): Tabelle und E-Mail-Antwort zu Hintergründen, Methoden und Verfahren der Erhebung zu „Erfüllungsaufwand".

213 KPMG (2013), S. 16.

214 Siehe Untersuchungsergebnisse zu Frage 8b, S. 87 ff.

auch die Kostenstellen Sachmittel, Räume- und Softwareeinsatz dem USt-Bereich zugewiesen. Auf diese Weise können die gesamten unternehmensinternen Befolgungskosten ermittelt werden. Addiert mit den gesamten externen Kostenstellen lassen sich die gesamten USt-Befolgungskosten des Unternehmens ermitteln.

5. Empfehlungen an Unternehmen zur Reduzierung von USt-Befolgungskosten

An dieser Stelle sollen drei Maßnahmen für Unternehmen vorgeschlagen werden, um die eigenen USt-Befolgungskosten zu reduzieren.

Die erste Maßnahme ist ein dezidiertes abteilungsübergreifendes **Kosten-Controlling** im USt-Management durch die Steuerabteilung. Denn Kosten können erst verwaltet werden, wenn Quellen und Ursachen bekannt sind. Um einen Überblick über alle USt-Befolgungskosten zu erlangen, sind unternehmensspezifische Kostenstellen und Kostenträger zu identifizieren, einander zuzuweisen und Kostenhöhen zu ermitteln. Ziel ist es, ein etabliertes Kostenmanagement innerhalb des globalen USt-Managements aufzustellen, indem USt-Verantwortliche jederzeit über den Stand interner Kosten informiert sind und diese gegebenenfalls weiter an übergeordnete Abteilungen berichten können. Einzubeziehende Unternehmensbereiche sind operative Abteilungen, das Rechnungswesen, der IT-Bereich und die Geschäftsführung. Die Koordination erfolgt durch den USt-Verantwortlichen.

Die zweite Maßnahme ist die ständige **Ausbildung und Schulung** von eigenem USt-Fachpersonal im Rechnungswesen und der Steuerabteilung sowie der **Einsatz** eines globalen USt-Verantwortlichen. Dies erfolgt unter Abwägung der jeweiligen unternehmensspezifischen Größenordnungen. Nach Erkenntnissen von KPMG verfügen nur 34% der großen Unternehmen über einen USt-Verantwortlichen.[215] Angesichts enormer Herausforderungen und Risiken des USt-Bereichs erscheint der Einsatz dringend geboten. Es ist zu beachten, dass der USt-Verantwortliche über ein hohes Maß an Erfahrung im USt-Bereich verfügt. Umfragen ergeben zudem, dass das USt-Management in Unternehmen weltweit einen erheblichen **Ressourcenmangel** aufweist, insbesondere fehlt es an geeignetem Fachpersonal.[216] Unternehmen in Nord- und Südamerika stellen derweil mehr finanzielle Ressourcen für das VAT-

---

[215] Vgl. KPMG (2013), S. 11.
[216] Vgl. KPMG-Umfrage (2013), S. 13.

Management in Aussicht als ihre europäischen Wettbewerber.[217] Der internationale Trend einer Bedeutungsverlagerung von direkten zu indirekten Steuern[218] sollte deutsche Unternehmen dazu veranlassen, das USt-Management unternehmensintern aufzuwerten und entsprechend auszustatten. Eine Investition in Fachpersonal wird USt-Befolgungskosten langfristig reduzieren können, weil eher unbeachtete Bereiche wie die USt-Planung erhebliche Möglichkeiten für Unternehmen bieten.

Der Mitarbeiter-Einsatz erfordert auch, das eigene USt-Fachpersonal zur Einflussnahme und Mitarbeit in **Berufs-, Unternehmens- und Fachverbänden** zu motivieren. Über diese Form übergeordneter Interessensvertretungen können nationale und internationale Missstände, Probleme und Herausforderungen mit höherem Nachdruck an Entscheidungsträger in der Finanzverwaltung und Steuerpolitik herangetragen werden.

Die dritte Maßnahme zur Kostenreduzierung ist die bedeutende **Ausweitung der USt-Planung** mit allen dazugehörigen Aufgaben und Funktionen[219] unter Einbezug externer Berater. Bei der Ermittlung des Zeitaufwands und der Bildung interner Kostentreiber im vorherigen Abschnitt zeigt sich die Unterpräsenz dieser Aufgabe im USt-Management. Generell ist ein unternehmerisches USt-Management ohne externe Beratung fast nicht mehr möglich, zumal Finanzverwaltungen weltweit mit hohen Strafzahlungen bereits bei geringstem Fehlverhalten drohen. Zum Ausbau der USt-Planung gehört auch die sorgfältige Analyse der Ergebnisse von USt-Prüfungen, um zukünftige Fehler- und Risikopotenziale zu reduzieren, indem mit einer unternehmensinternen Kommunikation entsprechende Erkenntnisse an verantwortliche Entscheidungsträger USt-relevanter Schlüsselpositionen (z.B. Logistik- oder Finanzierungsabteilung) weitergegeben. Diese variieren in Abhängigkeit vom jeweiligen Geschäftsfeld. Durch derartige unternehmerische Lernprozesse können auch zukünftige Kosten der externen Beratung gesenkt werden.

Beratungskosten können in **Beratungspauschalen** integriert werden und eine kosteneffiziente Wirkungen haben, wenn sich Unternehmen z.B. regelmäßig mit intensiven USt-Prüfungen konfrontiert sehen, z.B. weil ihr Geschäftsfeld betrugsanfällige Bereiche umfasst oder Geschäftsaktivitäten aus steuerlicher Sicht in komplizierten Ländern

---

217 Ebenda.

218 Siehe Ergebnisse empirischer Untersuchungen, S. 31 ff. sowie Untersuchungsergebnisse zu Frage 1, S. 64 ff.

219 Siehe Aufführung von Aufgaben und Funktionen der USt-Planung S. 23.

liegen. Das Aushandeln von Pauschalen für eine externe USt-Beratung beinhaltet für die meisten KMU Kostenvorteile.

6. Befolgungskosten aus der Perspektive des Neutralitätsgrundsatzes der Umsatzsteuer

Durch die globale Tendenz einer Verlagerung des Steueraufkommens von direkten zu indirekten Steuern[220] wurden einerseits die nationalen Steueraufkommen ausgebaut, andererseits aber die **Belastungen für Unternehmen** als unbezahlter „Steuereintreiber" maximiert[221]. Was früher unter dem Begriff sogenannter Hand- und Spanndienste[222] für Einzelpersonen und Betriebe als offizieller Steuerbeitrag galt, wird heute von der Finanzverwaltung eher inoffiziell auf Unternehmen zur Unterstützung der Finanzverwaltung verlagert.[223] Für die Erhebung der USt als Veranlagungsteuer (Selbstveranlagung) sind Unternehmen als Steuerschuldner verpflichtet, für den Fiskus anstelle des steuerpflichtigen privaten Endverbrauchers (Steuerdestinatar) unentgeltlich administrative bzw. organisatorische Dienstleistungen sowie Beihilfen zu erbringen. Im Vergleich zur Veranlagung direkter Steuern werden bei indirekten Steuern steuerliche **Erhebungskosten** aus der Finanzverwaltung in die Unternehmen verlagert. Unternehmen dienen dem Fiskus hier als sogenannte Abgabekollektoren.

Aufgrund des administrativen Verwaltungs- und Bürokratieaufwandes und der organisatorischen Belastung entstehen bei allen Unternehmen USt-Befolgungskosten mit begründeten Ausnahmen gem. § 4 UStG. In diesem Zusammenhang wird oft das Beispiel der **Kirchensteuer-Erhebungskosten** genannt, wonach der Fiskus je nach Bundesland zwischen 2 und 4,5% der erhobenen Kirchensteuern für entstandenen Verwaltungsaufwand einbehält. Im **Mini-One-Stop-Shop-Verfahren** berechnen die Finanzverwaltungen der EU-Mitgliedstaaten untereinander einen festgelegten Betrag für Erhebung, Veranlagung und Weiterleitung der von den Unternehmen abgeführten USt für elektronische Dienstleistungen.

---

220 Siehe Ergebnisse empirischer Untersuchungen, S. 31 ff. sowie Untersuchungsergebnisse zu Frage 1, S. 64 ff.

221 PWC (2013), S. 8.

222 Hand- und Spanndienste waren einst der Inbegriff bestimmter physischer Arbeitsleistungen bzw. Frondienste für staatliche Autoriäten.

223 Vgl. IW Consult (2008), S. 10.

Einzige Entschädigung für im USt-Bereich entstandene Befolgungskosten ist die Minderung der einkommen-, körperschaftsteuerlichen bzw. gewerbesteuerlichen Bemessungsgrundlage aufgrund anzuerkennender Betriebsausgaben.[224] Indem umsatzsteuerliche Befolgungskosten den Unternehmensgewinn (EBIT) aber mindern, wird der Neutralitätsgrundsatz der USt indirekt berührt. Dies wiederum könnte eine Einschränkung des übergeordneten Grundsatzes der Gleichmäßigkeit der Besteuerung[225] sein, es sei denn, das Prinzip der Leistungsfähigkeit aufgrund des Betriebsausgabenabzugs bleibt gewahrt.

7. Empfehlungen an den Gesetzgeber

Der Gesetzgeber steht in der Verantwortung die Befolgungskosten der USt zu senken, um deutschen Unternehmen innerhalb der EU zu mehr **Wettbewerbsfähigkeit** zu verhelfen. Daher wurden in den vergangenen Jahren immer wieder Initiativen angestrengt, Bürokratiekosten für Unternehmen zu senken. Zwischen 2006 und 2014 wurden zahlreiche Maßnahmen angestrebt, um dieses Ziel zu erreichen. Zu erwähnen sind an dieser Stelle z.B. Erleichterungen bei der Ausstellung elektronischer Rechnungen, die verpflichtende USt-Jahreserklärung in elektronischer Form, die Anhebung von Beitragsgrenzen für monatliche bzw. quartalsweise USt-Vorauszahlungen[226] oder die Gewährung des VoSt-Abzugs bei unentgeltlichen Leistungen und den damit verbundenen Wegfall gesonderter Berechnungen[227]. Allerdings bleibt zu vermuten, dass KMU nicht von den vorgenommenen Erleichterungen profitieren. Insbesondere die Umstellung auf elektronische Systeme verursachte teilweise erhebliche Einrichtungskosten oder zwingende Auslagerungen (z.B. bei kleinen Unternehmen). Die Einführung von größenabhängigen Erleichterungen erscheint an verschiedenen Stellen des UStG geeignet, die Befolgungskosten für KMU zu reduzieren, zumal Steuerabteilungen großer Unternehmen regelmäßig mit einem höheren Budget im Bereich der USt

---

224 § 4 Abs. 4 EStG.

225 Der Grundsatz der steuerlichen Neutralität der USt ist ein Grundprinzip des EU-weiten MwSt-Systems und als solcher Ausdruck des Grundsatzes der Gleichbehandlung, siehe EuGH v. 19.12.2012, C-310/11 – Grattan, UR 2013, S. 271. In der Wissenschaft und Literatur ist die Frage umstritten, ob der Neutralitätsgrundsatz aus dem europäischen Primär- oder Sekundärrecht abzuleiten ist. Die Beantwortung dieser Frage hätte große Auswirkungen auf die Zuständigkeiten innerhalb der EU.

226 §§ 18 Abs. 2 Sätze 2-3, § 18 Abs. 2a UStG durch das SteuBAG.

227 Wegfall des § 15 Abs. 2 Satz 1 Nr. 3 UStG, Modifizierung des § 15 Abs. 3 Nr. 2 UStG, geändert durch das JStG 2007.

ausgestattet sind.[228] Dieses Ziel kann z.B. mit folgenden Maßnahmen erreicht werden: Durch die **Ausweitung der Ist-Besteuerung** auf 1 Mio. Euro Jahresumsatz würden KMU entlastet und gegenüber der Soll-Versteuerung konkret Liquiditätsvorteile entstehen. Die USt fällt bei der Ist-Besteuerung erst für den Zeitraum der Vereinnahmung des Entgelts an. Gleichzeitig verlangt die Ausweitung der Ist-Besteuerung Steuerehrlichkeit, weil Unternehmen weniger vom Instrument der Rechnungskorrektur und USt-Berichtigung[229] Gebrauch machen würden. Denn Zahlungsziele umfassen im Geschäftsverkehr vieler Branchen bei hohen Beträgen regelmäßig mehr als 30 Tage, teilweise sogar bis zu 120 Tagen. Die Folge ist, dass mit Ausstellung der Rechnung die USt im Voranmeldungszeitraum abzuführen ist. Unternehmen tragen die Last der Vorfinanzierung von teilweise sehr hohen Beträgen, sodass die Gefahr besteht, Rechnungsdaten zu manipulieren. Dieser Schritt in die Steuerunehrlichkeit oder in steuerliche Graubereiche wird durch Liquiditätsengpässe von Unternehmen noch beschleunigt. Die Ist- Besteuerung hingegen verführt nicht zu zweifelhaften Liquiditätsanstrengungen, sondern erleichtert KMU die Liquiditätsplanung. Da beim Leistungsempfänger die VoSt grds. sofort abzugsfähig ist, trägt der Fiskus bei der Ist-Besteuerung in den meisten Fällen die Finanzierungslast der USt. Eine Ausweitung der Ist-Besteuerung wäre eine indirekte Subvention für KMUs, unterstützt aber, wie aufgezeigt, die USt-Betrugsbekämpfung und die Sicherung des Steueraufkommens.

Der permanente **Zeitversatz** zwischen Sachverhaltsverwirklichung und Betriebsprüfung und die damit verbundene Aufbereitung historischer Sachverhaltsinformationen verursacht erhebliche Kosten, die durch Softwareumstellungen, technischen Fortschritt, Rekonstruktion von altem Datenmaterial, Umstrukturierungen etc. ausgelöst werden. Trotz Anweisung einer zeitnahen Betriebsprüfung[230] erstrecken sich Prüfungszeiträume meistens auf Zeiträume, die 3 bis 5 Jahre zurückliegen. Da es gleichermaßen im Interesse von Finanzverwaltung und Unternehmen liegt, den Zeitversatz erheblich zu verkürzen, ist die Finanzverwaltung aufgefordert, Außenprüfungen erheblich zu beschleunigen. Einzelne Staaten wie z.B. Singapur oder Portugal entlasten Unternehmen durch hohe Investitionen in neueste Technologien wie z.B. SAF-T-Software, mit denen z.B. Echtzeitkontrollen stattfinden können.[231]

---

228 Vgl. KPMG (2012A), S. 2.
229 § 17 Abs. 1 UStG.
230 § 4 BpO.
231 Vgl. EY (2014A), S. 14.

Aufgrund der Einführung des flächendeckenden **Mindestlohns** zum 1.1.2015 kann ein Ein-Mann-Unternehmen gegebenenfalls aus der USt-Kleinunternehmer-Regelung herausfallen.

Folgendes **Beispiel** dient der Veranschaulichung:

Nach dem **Shop-in-Shop-Prinzip** wird ein Friseurstuhl an einen selbständig tätigen Friseur vermietet. Der durchschnittliche Stundenverdienst beträgt 8,50 Euro. Folgende Rechnung wird herangezogen:

> 173 Arbeitsstunden im Kalendermonat * 12 Kalendermonate * 8,50 Euro / Std.
> = **17.646 Euro Jahresumsatz**
> Aus dem Jahresumsatz müssen nun 2.817 Euro (19% USt) herausgerechnet werden (= 17.646 Euro / 119*19).
> Dem Friseur bleibt ein Jahresnettoverdienst von **14.829 Euro**. MIetkosten und sonstige Kosten bleiben in diesem Beispiel. unberücksichtigt.

Dem Friseur aus dem Beispiel bleibt als selbstständig tätiger Unternehmer ein geringeres Arbeitsentgelt als dem Mindestlohnäquivalent des Gesetzgebers für Arbeitnehmer. Zusätzlich wird die Tätigkeit des Friseurs durch die Überschreitung der USt-Kleinunternehmergrenze (17.500 Euro) erschwert. Dies löst für den betroffenen Unternehmer aufgrund von USt-Voranmeldungen sowie erhöhten Beleg- und Dokumentationspflichten hohe USt-Befolgungskosten aus. Das Beispiel zeigt, dass die Kleinunternehmergrenze von derzeit 17.500 Euro überholt ist. Der Gesetzgeber ist aufgefordert zu reagieren und ähnlich anderer EU-Mitgliedstaaten wie z.B. Österreich oder Italien die **USt-Kleinunternehmergrenze deutlich anzuheben**. Innerhalb der EU ist Großbritannien mit einer Kleinunternehmergrenze von 81.840 Euro Vorreiter. Da sich für den deutschen Fiskus und Unternehmen gleichermaßen erhebliche Vorteile wie z.B. vereinfachte Erhebungsverfahren und ein geringerer administrativer Aufwand ergeben, wird an dieser Stelle eine neue Grenze von 50.000 Euro vorgeschlagen.

Ähnlich wie im EU-Mitgliedstaat Frankreich kann der Gesetzgeber auch in Deutschland bei Unternehmen auf die **Rechnungspflicht** gem. § 14 UStG für Umsätze an private Endverbraucher verzichten oder eine entsprechende abgemilderte Regelung für Umsätze bis zu einem bestimmten Betrag schaffen. Dies würde Unternehmen mit B2C-Umsätzen hinsichtlich der Prozesse im Rechnungswesens sowie Aufbewahrungs-, Beleg- und Dokumentationspflichten erheblich entlasten. Als entsprechende Umsatznachweise können dann Bankauszüge oder Kassenbücher dienen. So würden insbesondere für KMU Wettbewerbsnachteile gegenüber französischen Wettbewerbern beseitigt. Ob und inwieweit zivilrechtliche Ansprüche entstehen oder gegebenenfalls verfallen, z.B. hinsichtlich von Sachmängelgewährleistungen und Verbraucherschutz, ist gesondert unabhängig vom Steuerrecht zu prüfen.

In den vergangenen Jahren wurden immer wieder Initiativen angeregt, die **Aufbewahrungsfrist** auf sechs bis acht Jahre zu verkürzen. Dieses Vorhaben wäre ein wesentlicher Beitrag, Befolgungskosten im USt-Bereich erheblich zu senken. Bei zu erwartenden Widerständen seitens der Finanzverwaltung erweist es sich als zweckmäßig, zumindest verkürzte Aufbewahrungsfristen für KMU anzustreben.

Vorschläge wie der Abbau von Buch-, Beleg- und Nachweispflichten sowie weitere **größenabhängige Erleichterungen** im UStG werden immer wieder seitens der Wirtschaftsverbände angeregt.[232] An dieser Stelle ist unter Wettbewerbsgesichtspunkten auch auf *enhanced relationship* und Modelle der strategischen Adäquanz zahlreicher Staaten und Finanzverwaltungen[233] im Umgang mit Unternehmen hinzuweisen. Ausgangspunkt ist z.B. das Modell einer sogenannten Compliance-Pyramide[234], die für Finanzverwaltungen die strategische Grundlage der Prüfungspraxis und des Umgangs mit Unternehmen abbildet. Der Adäquanzansatz bedeutet, dass Unternehmen abhängig von ihrem Verhalten und den dahinter stehenden Motiven behandelt werden. Unternehmen, die bestimmte nationale Standards erfüllen und sich kooperativ zeigen, werden von der Finanzverwaltung belohnt, indem sie Unterstützung erfahren und nicht im Mittelpunkt von Außenprüfungen stehen. Demgegenüber werden unkooperative Unternehmen oder solche mit Auffälligkeiten bzw. umsatzsteuerlichen Unregelmäßigkeiten sukzessiv mit steigenden Strafen und höherer Prüfungsdichte belegt.[235] Anders ist es in Deutschland, wo die Betriebsprüfungs- und Kontrolldichte für alle Unternehmen gleichermaßen hoch ist. Große Unternehmen unterliegen sogar der permanenten Betriebsprüfung. Der geltende Grundsatz der Gleichmäßigkeit der Besteuerung verbietet die Ungleichbehandlungen in der Prüfungspraxis, unabhängig

232 Siehe IW CONSULT (2008) u. Antworten der Steuerexperten zu Frage 4 u. 6, Wortprotokoll (Anhang 6).
233 Vgl. LANG/MÜLLER et al. (2013), S. 134.
234 Siehe AUSTRALIAN TAX OFFICE (2014), S. 9.
235 Vgl. LANG/MÜLLER et al. (2013), S. 134.

davon, wie bei Unternehmen die USt-Compliance ausgeprägt ist und Steuerehrlichkeit „gelebt" wird. Dies bedeutet für viele deutsche Unternehmen einen strategischen Nachteil im Vergleich zu Unternehmen aus anderen EU-Mitgliedstaaten, Fernost, USA, Kanada oder Australien, wo ein alleiniger Ansatzpunkt der Prüfungspraxis das unternehmensspezifische Compliance-, Steuerrisiko- und Kooperationsschema ist.

Kostenverursachende Mitwirkungspflichten in den Unternehmen sind vor dem Hintergrund der Steuersystematik und dem Grundsatz der Gleichmäßigkeit der Besteuerung auch beim umsatzsteuerlichen Steuerschuldner generell nachzuvollziehen. Allerdings erscheint eine **transparente und nachvollziehbare Kostenverteilung** zwischen Steuergläubiger und Steuerschuldner vor dem Hintergrund des Neutralitätsgrundsatzes der USt unausweichlich. Die Zuständigkeit der Steuerverwaltung ist verfassungsrechtlich eine Aufgabe der Länderfinanzverwaltungen.[236] Hierzu gehören klassische Aufgaben wie die Überprüfung des Unternehmerstatus (gültige USt-IdNr.), klare Regelungen bezüglich des Leistungsortes und die Frage der Steuerschuldnerschaft. Wenn bestimmte Funktionen dieser fiskalischen Aufgaben an Unternehmen übertragen werden, dann muss dies zeitnah unter ständiger Mithilfe des zuständigen Finanzamts geschehen und nicht durch Risikoübertragung, Androhung von Sanktionen und Haftung für die Steuerschulden anderer.

C. Umsatzsteuerliche Organschaft

1. Chancen und Gestaltungsmöglichkeiten der umsatzsteuerlichen Organschaft

Die folgenden Ausführungen setzen sich mit **betriebsorganisatorischen Maßnahmen** zur Einrichtung und Pflege von Organkreisen auseinander. Auf planerische Aspekte wird im V. Kapitel, Abschnitt E, Liquiditätsmanagement, eingegangen.[237]

Ziel eines umsatzsteuerlichen Organkreises ist es, aus steuerlichen Gründen den Vorteil zu nutzen, dass innerkonzernliche Lieferungs- und Leistungsbeziehungen nicht umsatzsteuerbar sind. Dies erfordert betriebsorganisatorische Maßnahmen bei der finanziellen, wirtschaftlichen und organisatorischen Eingliederung von Organgesell-

---

[236] Art. 108 GG.

[237] Siehe S. 226 ff.

schaften (Tochterunternehmen). Alle Umsätze des Organkreises[238] werden ausschließlich dem Organträger zugerechnet.[239] Vorteilhaft ist, dass innerhalb des nationalen Organkreises monatlich nach Übermittlung einer USt-Voranmeldung nur **eine** Zahlungsverpflichtung entsteht. Darüber hinaus ist jährlich nur **eine** USt-Erklärung einzureichen. Bei fehlender Organschaft müssen Konzerngesellschaften angefallene USt einzeln erklären, bei gleichzeitiger Zahlungsverpflichtung.

Neben diesen steuergestalterischen Vorteilen einer umsatzsteuerlichen Organschaft werden betriebsorganisatorische Abläufe des USt-Bereichs erheblich entlastet. So entfällt für Innenumsätze die ansonsten notwendige **Dokumentation** von Berechnungen, Kalkulationen, Transportnachweisen sowie Buch- und Belegnachweisen in den operativen Geschäftseinheiten. Alle 28 EU-Mitgliedstaaten bieten Unternehmen unter bestimmten umsatzsteuerlichen Voraussetzungen Möglichkeiten zur Bildung eines USt-Organkreises (*VAT-Group*) an. Bislang konnten sich die Mitgliedstaaten jedoch nicht auf ein EU-weites und staatenübergreifendes Modell einigen. Dennoch wird durch die innerstaatliche **Zentralisierung** von USt-Zahlungsverpflichtungen durch nationale Organkreise das unternehmensweite Fristenmanagement als Teil des konzernweiten Workflows sowie der internationale Überblick über VoSt-Erstattungen vereinfacht.

Eine weitere Gestaltungsmöglichkeiten ist die **Holdinggesellschaft** als Organträgerin einzusetzen, die dafür die Unternehmereigenschaft[240] begründen muss, wenn die Holding entgeltliche Leistungen[241] an Beteiligungsgesellschaften erbringt, wie z.B. geschäftsführende Dienstleistungen.[242] Dies umfasst ausdrücklich auch die Gewährung verzinslicher Darlehen.[243] Der VoSt-Abzug wird auf diesem Weg auf die Holding als Organträgerin ausgeweitet. Im Übrigen bleibt der Ausgang der hierzu vom BFH beim EuGH vorgelegten Vorabentscheidungsersuchen abzuwarten.[244]

---

238 Siehe § 2 Abs. 2 Nr. 2 Satz 3 UStG.

239 § 2 UStG; vgl. dazu FLÜCKIGER in PLÜCKEBAUM/WIDMANN, Kommentar zum UStG (2010), § 2 Abs. 2, Rz. 259.

240 Siehe § 2 Abs. 1 Satz 1 und 3 UStG.

241 i.S.d. § 3 Abs. 9 Satz 1 UStG.

242 **EuGH v. 12.07.2001,** C-102/00 – Welthgrove BV, **UR 2001 S. 533**.

243 EuGH v. 29.04.2004, C-152/02 – Terra, UR 2004, S. 323.

244 Vgl. BMF v. 05.05.2014, IV D 2 - S 7105/11/10001/IV D 2 - S 7105/13/10003, unter I (Stand Dez. 2014); angenommen vom EuGH unter Larentia + Minerva mbH & Co. KG (C-108/14) und Marenave Schifffahrts AG (C-109/14).

Insgesamt schonen nicht steuerbare Innenumsätze die **Liquidität** von Konzerngesellschaften und Betriebsstätten innerhalb des Organkreises.[245] Besondere Nutznießer sind vor allem Konzerne mit vielen Tochtergesellschaften, die innerhalb eines Staates in einer wirtschaftlichen Beziehung zueinander stehen.

Ein weiterer Vorteil besteht in der **Nichtanwendbarkeit** der Vorschriften zum nicht berechtigten USt-Ausweis[246] innerhalb des Organkreises aufgrund der fehlenden Steuerbarkeit (sogenannte interne Buchungsbelege).[247] Für Innenumsätze fallen deutlich weniger Formalien an und somit weniger Befolgungskosten.

2. Risiken der umsatzsteuerlichen Organschaft und Empfehlungen an Unternehmen und Gesetzgeber

Neben den betriebsorganisatorischen Vorteilen werden durch die USt-Organschaft auch **USt-Risiken** ausgelöst. Bei nicht steuerbaren Innenumsätzen können Risiken z.B. im Bereich **umsatzsteuerlicher Mindestbemessungsgrundlagen**[248] hinsichtlich konzerninterner Verrechnungspreise und VoSt-Abzügen auftreten, wenn sich der Organkreis z.B. verändert. Verrechnungspreise haben eine hohe umsatzsteuerliche Relevanz, deren Höhe ein Konfliktpotenzial und Auseinandersetzungen mit der Finanzverwaltung hervorrufen kann. Außenprüfungen können so USt-Nachzahlungen verursachen und zukünftige bürokratische Hürden aufbauen.

Betriebswirtschaftliche Nachteile entstehen durch die endgültige **Haftung** des Organträgers[249] für ausgelöste USt einer insolventen Organgesellschaft,[250] insbesondere wenn natürliche Personen oder Personengesellschaften Organträger sind, kann die Folge ein weitgehender Durchgriff bis in das Privatvermögen sein.[251] Von dieser haftungsrechtlichen Möglichkeit wird bei der Eröffnung von Insolvenzverfahren einzelner Gesellschaften regelmäßig Gebrauch gemacht, indem die Existenz einer umsatzsteuerlichen Organschaft geprüft wird.[252] Die Bildung einer Organschaft mit wirtschaftlich

---

245 Weitere Ausführungen zu steuerplanersichen Perspektiven der USt-Organschaft siehe S. 229 ff.

246 §§ 14c Abs. 2; 1 Abs. 1 S. 1 Nr. 1 UStG.

247 Siehe hierzu BFH v. 28.10.2010, V R 7/10 (veröffentlicht am 09.02.2011), **BStBl. II 2011, S. 391.**

248 § 10 Abs. 4 UStG.

249 Haftungsvorschrift ist § 73 AO.

250 § 2 UStG; dazu STADIE in RAU/DÜRRWÄCHTER: Umsatzsteuerkommentar (2011), § 2 UStG m. Anm. 824 f.

251 § 2 UStG; dazu RADEISEN, Umsatzsteuerkommentar (2013), § 2 UStG, Rz. 134.

252 Vgl. MÜLLER/STÖCKER (2011), Rz. 1178 f.

angeschlagenen Gesellschaften ist daher zu vermeiden.[253] Das umsatzsteuerliche Haftungsrisiko besteht verstärkt in Zeiten von Wirtschaftskrisen, bei Sanierungsfällen, Umstrukturierungen, Umwandlungen oder Unternehmensübernahmen. Aspekte der Durchgriffshaftung müssen in jedem Fall vor Begründung oder Veränderung eines Organkreises geprüft werden.[254]

Bei Organkreisen mit einheitlichen **ERP-Systemen** können Risiken dadurch entstehen, dass in der Regel jeder Mitarbeiter im Rechnungswesen von Organträger und Organgesellschaften interne Rechnungen in das System einstellen, ändern oder stornieren kann. Der Zugriff auf interne Leistungsabrechnungen begründet eine gewisse Fehleranfälligkeit mit Auswirkungen auf den internen Zahlungsverkehr. Nach Aufdeckung können diese Fehler innerhalb des Organkreises allerdings ohne Auswirkungen auf zu entrichtende USt-Beträge korrigiert werden. Auch ein versehentlicher offener USt-Ausweis auf internen Rechnungen löst für den Organträger nicht die Rechtsfolgen gem. § 14c Abs. 1 UStG aus, weil es sich um einen internen Buchungsbeleg handelt.

Auf rechtlicher Seite wurden jüngst die Voraussetzungen der **organisatorischen Eingliederung** infolge der BFH-Rechtsprechung geändert.[255] Bei fehlender personeller Verflechtung bezüglich der Beherrschung von Organgesellschaften wird zukünftig auf das **persönliche Abhängigkeitsverhältnis** von leitenden Mitarbeitern der Organgesellschaft zum Organträger abgestellt. Dies soll nur dann sichergestellt sein, wenn die Geschäftsführung der Organgesellschaft zukünftig in einem direkten Anstellungsverhältnis zum Organträger steht und diese bei weisungswidrigem Verhalten vom Organträger unmittelbar abberufen werden kann.[256]

Vor dem Hintergrund dieser Ausführungen sind Unternehmen mit USt-Organschaft aufgefordert, den Ist-Zustand und die Ausgestaltung des Organkreises angesichts einer optimierten USt-Organisation zu durchleuchten. Aufgrund von Änderungen in der Rechtsprechung müssen die **Anstellungsverhältnisse** der Geschäftsführung von Organgesellschaften hinsichtlich persönlicher Abhängigkeit und Weisungsgebundenheit überprüft werden. Auf diese Weise kann verhindert werden, dass Außenprüfungen

---

253 Vgl. GRUNE/MÖNCKEDIECK (2012), S. 549.

254 Vgl. GRUNE/MÖNCKEDIECK (2012), S. 549.

255 Siehe Neufassung des Abschnitts 2.8 Abs. 9, Abs. 10 und Abs. 10a UStAE (2014).

256 Siehe BMF v. 5.5.2014, IV D 2 - S 7105/11/10001/IV D 2 - S 7105/13/10003 unter III. und BFH v. 7.7.2011, V R 53/10, BStBl. II 2013, S. 218; **20.8.2009, V R 30/06, BStBl. II 2010, S. 863**.

Mängel aufdecken, die die Anerkennung des Organkreises aufgrund fehlender organisatorischer Eingliederung nicht gestatten.

Es wäre zweckmäßig, wenn die EU-Kommission und der deutsche Gesetzgeber darauf hinwirken, die umsatzsteuerliche Organschaft europaweit zu harmonisieren, indem z.B. die Möglichkeit eines **europäischen Organkreises** geschaffen wird. Die fehlende Harmonisierung in der länderübergreifenden Gestaltung von umsatzsteuerlichen Organkreisen ist bislang ein erheblicher Nachteil für Unternehmen.[257]

D. Europaweite Einführung des Mini-One-Stop-Shop für elektronische Dienstleistungen

1. Problemaufriss über die Behandlung elektronischer Dienstleistungen an Endverbraucher seit dem 1.1.2015

Durch das hohe Wachstum und die Ausbreitung von Angeboten im Internet, wie z.B. Apps, Broadcasts, virtuellen Plattformen, Produkten, Dienstleistungen etc., steht das europaweit harmonisierte UStG vor großen Herausforderungen. Der Onlinehandel nimmt einen immer höheren Marktanteil ein. Innerhalb weniger Jahre haben ganze Branchen ihr operatives Geschäft in das Internet verlegt. Die Wachstumsraten des Online-Handels betrugen in den Jahren 2011 bis 2013 zwischen 12 und 24% p.a. Bis 2017 werden jährliche Zuwächse i.H.v. 6 bis 9% erwartet.[258] Dieses Wachstum betrifft insbesondere den Versandhandel, den IT-Sektor, die Multimediabranche, das Musik- und Filmgeschäft, Tourismus- und Reisedienstleister.

Die Möglichkeit für Nichtunternehmer oder private Endverbraucher, **elektronische Dienstleistungen** in Luxemburg oder Irland zu einem ermäßigten USt-Satz i.H.v. 3 bzw. 0% zu erwerben, endete zum 31.12.2014. Zum 1.1.2015 traten wesentliche Änderungen bezüglich des Leistungsaustauschs von elektronischen Dienstleistungen (E-Services) mit Endverbrauchern in Kraft. Ausgangspunkt dieser Veränderung ist Art. 58

---

257 So auch PWC (2013), S. 21.

258 Siehe DESTATIS (2014) zur jährlichen Wachstumsrate des B2C-E-Commerce-Umsatzes in Deutschland, online verfügbar unter http://de.statista.com/statistik/daten/studie/324949/umfrage/wachstumsraten-des-b2c-e-commerce-umsatzes-in-deutschland/ (Stand Juni 2015).

Buchst. c i. V. m. Anhang II Nr. 4 MwStSystRL.[259] Als Vereinfachung soll dabei zukünftig der sogenannte Mini-One-Stop-Shop (MOSS) bzw. die „kleine einzige Anlaufstelle" (KEA) dienen. Die EU-Kommission bezeichnet die Einführung als Revolution in der europäischen Steuererhebung.[260]

Bis jetzt lag der Leistungsort für elektronische Leistungen beim privaten Endverbraucher im Ansässigkeitsstaat des leistenden Unternehmers.[261] Viele Onlineplattformen siedelten sich daraufhin in Luxemburg und Irland an, wo der USt-Satz für solche Leistungen bei grds. 3% lag. Da Staaten mit der bisherigen Regelung und vor dem Hintergrund des starken Anstiegs von Onlineumsätzen Steuerausfälle bzw. die Verlagerung von Steueraufkommen auf wenige Staaten befürchten, verschiebt sich der Leistungsort nun in den Ansässigkeitsstaat (Wohnsitz und gewöhnlicher Aufenthalt) des privaten Endverbrauchers. Infolgedessen erfolgt die Umsatzbesteuerung im Land des Verbrauchs (Verbrauchslandprinzip).

Ob die vom Unternehmen angebotenen Leistungen zukünftig unter die Leistungsortbestimmung nach §§ 3 Abs. 11a, 3a Abs. 5, 13 Abs. 1 Buchst. e UStG fallen, hängt von der Leistungsart (elektronische Dienstleistung) ab. Hierunter fallen ausschließlich nur 3 Arten von Dienstleistungen, die zukünftig in einem EU-weit standardisierten Besteuerungsverfahren, dem sogenannten Mini-One-Stop Shop-Verfahren, erfasst werden. Nicht erfasst werden USt-freie Umsätze. Für diese Leistungen verschiebt sich zukünftig der Leistungsort in den Ansässigkeitsstaat des Endverbrauchers. Unternehmen erwarten komplizierte Anpassungsprozesse verbunden mit einem hohen administrativen Aufwand und Befolgungskosten.

Die folgende Tabelle gewährt einen Überblick über die Definition elektronischer Dienstleistungen[262] und führt zugehörige Beispiele auf:

---

259 Die in diesem Kapitel beschriebenen Veränderungen werden durch folgende EU-Vorschriften geregelt:
EU-DVO 967/2012, 815/2012, 1042/2013 zur Änderung der MwStDVO.

260 Siehe Antworten der EU-Kommission im Wortprotokoll (Anhang 7).

261 gem. § 3a Abs. 1 UStG bzw. § 3 Abs. 6 Satz 1 UStG.

262 Gem. Art. 7 MwStDVO i.V.m. § 3a Abs. 5 UStG.

Elektronische Dienstleistungen (*E-Services*)		
Telekommunikationsleistungen (*telecommunication*)	**Rundfunk- u. Fernsehdienst-leistungen** (*broadcasting*)	**Auf elektronischem Wege erbrachte sonstige Leistungen** (*electronic*)
Art. 24 Abs. 2 MwStSystRL Art. 6a Abs. 1 MwStDVO **Bsp.:** Festnetz-, Mobiltelefondienste Daten- u. Videoübertragung Telefondienstleistungen Voice over Internet Protocol Sprachspeicherung (Voicemail) Anklopfen, Rufumleitung Anruferkennung Personenrufdienste (Paging) Audiotextdienste Fax, Telegrafie Internetzugänge private Netzanschlüsse	Art. 6b Abs. 1 u. 2 MwStDVO **Bsp.:** Rundfunk- u. Fernsehsendungen (u.a. Streaming)	Art 7 Abs. 1 MwStDVO **Bsp.:** Überlassung von Software Upgrades Dienste zu Websites, Webpages Onlinemarktplätze Dateninputs Internet-Service-Pakete Chatlines Webhostings Spielforen

Tabelle 19: Elektronische Dienstleistungen
Quelle: Eigene Darstellung.

Der klassische Versandhandel, der die Lieferung von Gegenständen umfasst, die im Internet bestellt werden, fällt nicht unter die Neuregelung.

Größte Herausforderung für betroffene Unternehmen ist zukünftig, die Ansässigkeit des privaten Endverbrauchers zu ermitteln, um den jeweiligen Umsatz dem zutreffenden USt-Satz des Herkunftslandes zu unterwerfen. Um die Reichweite dieses Problems zu veranschaulichen, sei auf folgendes **Beispiel** hingewiesen:

Beispiel:
Ein deutscher privater Endverbraucher lädt mit seinem Smartphone (deutsche SIM-Karte) während eines Urlaubsaufenthalts in Italien eine kostenpflichtige App eines Onlineportals herunter.
Das Onlineportal hat seinen Geschäftssitz in Luxemburg. Die vorliegende App fällt unter die Definition einer elektronischen Dienstleistung.
Das Onlineportal benötigt nun Informationen über den Kunden, insbesondere darüber, dass dieser seinen Wohnsitz und gewöhnlichen Aufenthalt in Deutschland hat und nur vorübergehend in Italien verweilt.
Der Leistungsort des vorliegenden Umsatzes liegt gem. § 3 Abs. 11a i.V.m. Abs. 9 Satz 1 UStG in Deutschland und unterliegt dem deutschen USt-Satz i.H.v. 19% (§ 12 Abs. 1 UStG).

Das Beispiel kann beliebig erweitert werden. Verlegt der Urlauber nun seinen Wohnsitz nach Italien, der gewöhnliche Aufenthalt bleibt hingegen in Deutschland, würde sich vorliegend nichts verändern. Verlegt der Urlauber hingegen Wohnsitz und gewöhnlichen Aufenthalt nach Italien unter Beibehaltung der deutschen SIM-Karte, verschiebt sich der Leistungsort nach Italien. Der USt-Satz beträgt dann 22%.

Kauft sich der deutsche Urlauber während seines Italienaufenthaltes eine italienische SIM-Karte, um beispielsweise Telefonkosten zu sparen, ist es fraglich, ob der Anbieter der elektronischen Dienstleistung die eigentliche Ansässigkeit des privaten Endabnehmers feststellen kann.

Das Onlineportal muss über eine entsprechende IT-Infrastruktur verfügen, die beschriebenen Abwandlungen zu verarbeiten, um die USt ordnungsgemäß im MOSS-Verfahren zu erklären. Hierfür sind erhebliche Datenmengen, Softwarelösungen und Fachwissen notwendig, um die ordnungsgemäße Abführung in Außenprüfungen nachzuweisen.

Die Einführung des MOSS erfolgte auch aus Wettbewerbsgesichtspunkten. So können Unternehmen aus allen EU-Mitgliedstaaten elektronische Dienstleistungen europaweit USt-neutral anbieten, womit Unternehmen mit Sitz in Luxemburg und Irland nicht mehr länger über einen Vorteil verfügen. Dies geschieht vor dem Hintergrund eines USt-Satzgefälles zwischen 3 (Luxemburg) und 27% (Ungarn) innerhalb der EU-Mitgliedstaaten.

Mit dem MOSS-Verfahren wird das Bestimmungslandprinzip im Bereich des privaten Endverbrauchs ausgeweitet. Ähnlich den umsatzsteuerlichen Bestimmungen des Versandhandels (§ 3c UStG) werden die nationalen USt-Sätze der Ansässigkeitsstaaten auf den privaten Konsum angewendet und das USt-Aufkommen in das Herkunftsland der Endverbraucher verschoben.

2. Ausprägung und Durchführung des MOSS-Verfahrens innerhalb der EU

Betroffene Unternehmen müssen sich ab 1.1.2015 in dem EU-Mitgliedstaat des Geschäftssitzes für das MOSS-Verfahren registrieren. Unternehmen aus Nicht-EU-Staaten müssen sich in einem der EU-Mitgliedstaaten registrieren, indem sie über eine feste Geschäftseinrichtung verfügen. Unternehmen mit mehreren festen Geschäftseinheiten dürfen sich grds. für ein MOSS-Portal eines EU-Mitgliedstaates entscheiden.

Das MOSS-Verfahren dient der **Standardisierung der Abgabe** von USt-Erklärungen und der USt-Bezahlung im Gemeinschaftsgebiet. Der Unternehmer gibt pro Quartal nur bei **einem** EU-Mitgliedstaat eine nach Ländern aufgeschlüsselte USt-Deklaration ab und überweist der betreffenden Finanzverwaltung den angegeben USt-Betrag. Innerhalb der EU sind insgesamt 28 Anlaufstellen eingerichtet, eine je EU-Mitgliedstaat. In Deutschland übernimmt das Bundeszentralamt für Steuern (BZSt) die zentrale Anlaufstelle.[263] Das BZSt leitet die abgeführte USt an den jeweiligen EU-Mitgliedstaat in dem der Endverbraucher ansässig ist weiter. Dies erfolgt nach dem prozentualen Aufteilungsschlüssel der Umsätze je Quartal. Berichtigungen können innerhalb von 3 Jahren erfolgen. Die beteiligten Finanzverwaltungen tauschen untereinander die Informationen über die eingereichte USt-Erklärung ab und veranlassen gegebenenfalls weitere Maßnahmen.

Für alle steuerlichen Pflichten gilt das nationale Steuerrecht des jeweiligen EU-Mitgliedstaates der Anlaufstelle. Dies betrifft insbesondere Außenprüfungen, Dokumentations-, Mitwirkungs- und Rechnungspflichten. Daher werden Unternehmen weiterhin auf die Expertise externer Berater in den EU-Mitgliedstaaten zurückgreifen müssen.

Unternehmen haben zukünftig ein **Wahlrecht**, entweder das MOSS-Verfahren anzuwenden oder eine umsatzsteuerliche Registrierung in **allen** EU-Ansässigkeitsstaaten der eigenen Kunden, die private Endverbraucher sind, vorzunehmen. Im Extremfall ist eine Registrierung in allen 28 EU-Mitgliedstaaten notwendig. Da umsatzsteuerliche

263 Vgl. § 5 Nr. 40-41 FVG n.F. (Stand 2015).

Registrierungen mit hohem administrativem Aufwand verbunden sind und externe Berater in dem jeweiligen EU-Mitgliedstaat regelmäßig beteiligt werden müssen, soll das MOSS-Verfahren eine Erleichterung für die betroffenen Unternehmen bewirken. Daher empfiehlt sich die Teilnahme am MOSS, um USt-Registrierungen zu vermeiden. Große internationale Konzerne, die umsatzsteuerlich aus anderen Gründen bereits in 28 EU-Mitgliedstaaten registriert sind, haben die Möglichkeit, eine Teilnahme am MOSS sorgfältig abzuwägen. Sie können elektronische Dienstleistungen im Registrierverfahren erfassen. Diese Unternehmen sollten deshalb genau prüfen, ob die Teilnahme am MOSS-Verfahren unter Umständen nicht zusätzliche Befolgungskosten auslöst.

Unternehmen können hingegen für Umsätze in einigen EU-Mitgliedstaaten nicht das MOSS-Verfahren und zugleich für Umsätze in anderen EU-Mitgliedstaaten das Registrierverfahren anwenden. Wenn ein Unternehmen das MOSS-Verfahren wählt, gilt dies für alle im Gemeinschaftsgebiet getätigten Umsätze elektronischer Dienstleistungen.

Es bleibt festzuhalten, dass das MOSS ausschließlich ein technisches Verfahren zur Vereinfachung bezüglich der Einreichung von USt-Erklärungen ist. Das nationale UStG des jeweiligen EU-Mitgliedstaats ist weiterhin anzuwenden. In Zukunft ist die Ausweitung des MOSS-Verfahrens auf zusätzliche Umsätze außerhalb elektronischer Dienstleistungen möglich.

3. Umsetzung des MOSS-Verfahrens bei Anbietern von elektronischen Dienstleistungen

Die vom Unternehmen angebotenen Dienstleistungen müssen zunächst bezüglich der Anwendung des MOSS-Verfahrens dahingehend überprüft werden, ob es sich um elektronische Dienstleistungen gem. § 3a Abs. 5 UStG handelt. Im nächsten Schritt folgen Feststellung des Status und des Aufenthalts des Kunden. Unter Umständen sind Unternehmen aufgefordert, die **Festlegung der Produktpreise** (*pricing*) in Anlehnung an die USt-Sätze der EU-Mitgliedstaaten anzupassen. Hierbei sind mindestens 28 USt-Sätze zu beachten. Es ist zu beachten, die aktuellen Steuersätze regelmäßig vor Abgabe der MOSS-Erklärung zu recherchieren. Kurzfristige Änderungen von USt-Sätzen sind in einigen EU-Mitgliedstaaten möglich.

Die folgende Tabelle skizziert eine mögliche Vorgehensweise für Unternehmen bei der Abwicklung von elektronischen Dienstleistungen:

Vorgehensweise	Ausgestaltung
1. Klassifikation der Leistung	Ist die bereitgestellte Leistung eine elektronische Dienstleistung? Wurde die Definition ausgeweitet? Wurde das MOSS-Verfahren auf weitere Dienstleistungen ausgeweitet?
2. Identifikation des Leistungsempfängers	**Feststellung, Status der Person:** Privatperson oder Unternehmen? Einbindung in Wertschöpfungskette? An welcher Position? Verfügt der Kunde über eine Steuernummer? Ist die Steuernummer gültig? Ausgangspunkt ist die USt-IdNr.
3. Feststellung der Ansässigkeit	**Aufenthaltsbestimmung** In welchem EU-Mitgliedstaat ist der Leistungsempfänger ansässig? **Findungslogik u. Vermutungsregel**[264] Vermutung bzw. Widerlegung erfolgt anhand mind. 3 sich nicht widersprechender Beweismittel für den Leistungsort: IP-Adresse Zeitstempel Sprache u. verwendete Währung Rechnungsanschrift, Adressen Bankverbindungen Mobilfunk Ländercodes (SIM, MCC, GPRS, IMSI) Festnetzanschluss WLAN-Hot-Spot Telefonzelle, Internetcafé Decoder sonstige relevante Informationen
4. Rechnungspflichten u. Datenmanagement	Länderspezifische Rechnungspflichten 10-jährige Aufbewahrung der Kundendaten u. USt-relevanter Dokumente (§ 147 Abs. 3 AO)

Tabelle 20: Vorgehensweise bei MOSS-Dienstleistungen
Quelle: Eigene Darstellung.

264 Siehe hierzu Art. 24f MwStDVO n.F. (Stand 2015).

Abbildung 7 veranschaulicht für betroffene Unternehmen die Bestimmung des Leistungsortes:

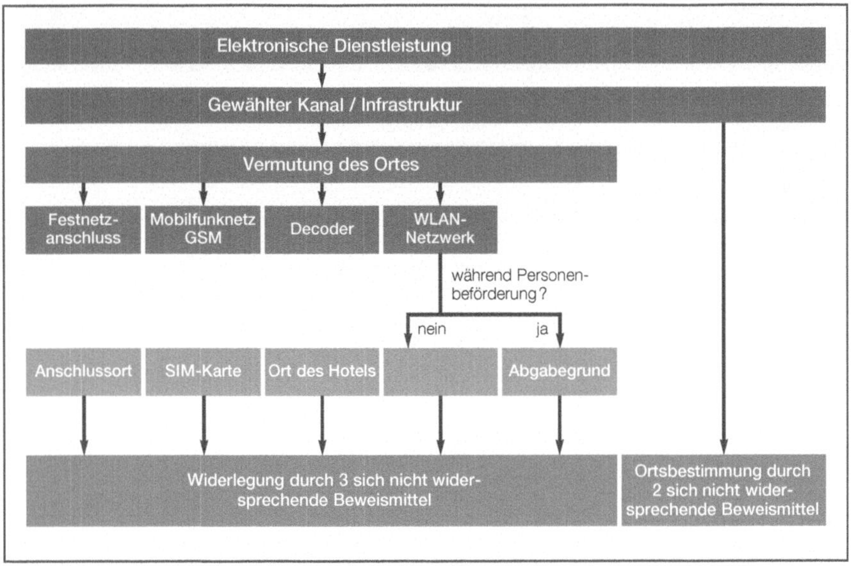

Abbildung 7: Leistungsort im Mini-One-Stop-Shop-Verfahren
Quelle: Eigene Darstellung.

Die **Identifikation** des Leistungsempfängers ist dahingehend problembehaftet, dass beim Kunden nicht grds. von privaten Endverbrauchern ausgegangen werden kann. Innerhalb der Internetbranche sind in die Wertschöpfungsketten elektronischer Dienstleistungen nicht selten 10 bis 15 Unternehmen involviert. Beteiligte Parteien sind z.B. *Content-Owner, Portals, Aggregators, App Stores, Mobile Carrier, Internet-Provider, Payment-Processors* und Verbraucher. Oftmals ist es nicht einfach, eindeutig zu identifizieren, ob der leistende Unternehmer selbst in eine Wertschöpfungskette eingebunden ist. Darüber hinaus sind beispielsweise auf Plattformen für Onlinespiele nicht selten professionelle Nutzer anzutreffen. Diese können Unternehmer sein, die bislang keine USt-IdNr. ausgewiesen haben. Daher muss aus Gründen der Haftung in Zweifelsfällen grds. von einem privaten Endverbrauch ausgegangen werden und der Umsatz im MOSS-Verfahren besteuert werden. Da der Leistungsort bei einem Unternehmen als Leistungsempfänger als an dem Ort ausgeführt gilt, von dem aus dieser sein Unternehmen betreibt, läge in diesem Fall eine Doppelbesteuerung vor. Bei einer Nachmeldung der USt-IdNr. und weiteren Angaben zum unternehmerischen Status des Kunden kann in diesem Fall die MOSS-Meldung korrigiert werden. Die qualitative Abfrage der USt-IdNr. gewährt dem Unternehmen einen **Vertrauensschutz**.[265]

Die **Aufenthaltsbestimmung** folgt einer Findungslogik. Als Nachweise für Vermutung und Widerlegung des Leistungsorts dürfen nur die in Abbildung 7 aufgeführten Beweismittel für eine Geolokalisierung verwendet werden.[266]

Rechnungspflichten hinsichtlich der Ausstellung von Zahlungsbelegen an private Endverbraucher variieren zwischen den EU-Mitgliedstaaten. Das MOSS-Verfahren sieht hierzu keine einheitlichen Regelungen vor. Eine generelle Rechnungspflicht besteht derzeit nur in 9 EU-Mitgliedstaaten, in 3 Mitgliedstaaten besteht die Pflicht nur bei ausdrücklichem Kundenwunsch. In der betrieblichen Praxis dürften die genauen Rechnungsangaben zu Name, Adresse und Steuernummer des Kunden nicht immer zu ermitteln sein. Fehlerhafte Rechnungen führen in einigen Mitgliedstaaten zum Teil zu erheblichen Strafen, weswegen Unternehmen angehalten sind, dieses Risiko einzukalkulieren. Nicht selten sind es die unzufriedenen Kunden selbst, die der Finanzverwaltung entsprechende Hinweise zukommen lassen. Innerhalb eines **Organkreises** bietet es sich an, dass der Organträger sich für das MOSS-Verfahren registriert.

4. Problembereiche und betriebswirtschaftliche Bewertung

Durch die Schaffung des MOSS-Verfahrens werden Registrierpflichten für Unternehmen erheblich reduziert. Es ist derzeit fraglich, ob dadurch auch die **Befolgungskosten** sinken. Umsatzsteuerliche Registrierungen lösen hohe Kosten für externe Berater in den jeweiligen EU-Mitgliedstaaten aus. Diese Kosten fallen zukünftig weg. Trotz der MOSS-Anlaufstelle ist immer noch das jeweilige nationale UStG zu beachten. Die Registrierungspflichten fallen zwar weg, die externe Beratung aufgrund nationaler Besonderheiten bleibt jedoch weiterhin notwendig. Daher können Unternehmen zunächst nicht geringere Befolgungskosten erwarten, zumal das MOSS-Verfahren für die zentrale Steuerabteilung des Unternehmens zunächst einen höheren Verwaltungsaufwand auslösen dürfte.

---

265 Siehe hierzu 55, 21, 28 MwStSystRL (Stand 2015).

266 Siehe hierzu Art. 24f MwStDVO n.F. (Stand 2015).

Für die EU-Kommission steht im Hinblick auf das MOSS-Verfahren fest, dass das Steuerrecht den **Datenschutz** dominiert. Der sogenannte. gläserne Kunde wird im Zuge der Umsetzung des MOSS-Verfahrens verwirklicht. Unternehmen dürfen unter ausdrücklicher Legitimation der Finanzverwaltung in großem Umfang Kundendaten sammeln,

Betroffene Unternehmen sind bei einer entsprechenden Legitimation der Umsatzsteuergesetze und der Finanzverwaltung ausdrücklich verpflichtet, zukünftig **erhebliche Mengen aller verfügbaren Daten** ihrer Kunden zum Nachweis des Bestimmungsortes zu sammeln, zu speichern und entgegen Datenschutzrichtlinien 10 Jahre lang aufzubewahren.[267] Gleichzeitig haben Unternehmen europaweit sehr strenge Datenschutzgesetze zu befolgen. Diesen Widerspruch haben Daten- und Verbraucherschützer bislang nicht aufgedeckt und verfolgt, obwohl der erhebliche Wert von Kundendaten, insbesondere bei elektronischen Dienstleistungen, bekannt ist.[268] Es ist nicht anzunehmen, dass die erheblichen Mengen an Kundendaten innerhalb des Unternehmens in der Steuerabteilung abgeschirmt werden und ausschließlich dort verbleiben. Die einfachen Zugriffsmöglichkeiten zur wirtschaftlichen Verwertung lassen Missbrauchsrisiken in besonderem Maße ansteigen. Vor diesem Hintergrund erscheint es notwendig, die Auswirkungen des MOSS-Verfahrens auf Datenschutzgesetze zu überprüfen. Jüngste Diskussionen um Datensicherheit, Hackerangriffe, Staatsspionage oder unternehmerischen „Datenhunger" zeigen die Missbrauchsanfälligkeit von umfangreichen Datenmengen. Die EU-Kommission verweist bezüglich des Datenschutzes auf die jeweiligen Datenschutzbestimmungen der EU-Mitgliedstaaten.[269] Dieser Ansatz kann allerdings nicht zur Lösung des Problems beitragen, weil Unternehmen innerhalb des MOSS-Verfahrens ansonsten bis zu 28 Bestimmungen und Umsetzungsverordnungen der EU-Mitgliedstaaten beachten müssen.

Ein weiterer Problembereich ist die **Datensicherheit**. Die Regelungen des MOSS-Verfahrens betreffen fast ausschließlich sensible Daten wie z.B. Internetverbindungen, Adressen, Bankverbindungen, Telefonnummern etc. Die mangelhafte Datensicherheit bei Unternehmen und Staat ist jedoch immer wieder Gegenstand medialer

---

267 Siehe § 147 Abs. 3 AO.

268 Vgl. SÜDDEUTSCHE ZEITUNG v. 11.02.2014, „Daten sind das neue Öl".

269 Siehe Antworten der EU-Kommission im Wortprotokoll (Anhang 7).

Berichterstattung.[270] Jüngste Vorkommnisse zeigen, dass Unternehmen und Staat hinsichtlich Datensicherheit keinen absoluten Schutz gewährleisten können. Der Käufer elektronischer Dienstleistungen wird so zum gläsernen Kunden, während Staat und Unternehmen einen vollständigen Daten- und Verbraucherschutz nicht sicherstellen können. Angesichts dessen sind Überlegungen hinsichtlich Datensicherheit und erheblich verkürzter Aufbewahrungsfristen geboten.

Die deutsche Finanzverwaltung erwartet bei Außenprüfungen von Unternehmen die **Bereitstellung aller relevanten Daten**. Nicht alle Daten sind aber USt-relevant. Unternehmen dürfen aus Datenschutzgründen nicht dazu aufgefordert werden, erhebliche Datenmengen von Kunden abzufragen und für die Finanzverwaltung bereitzuhalten.

Deutschland beteiligt sich als eines von wenigen EU-Mitgliedstaaten nicht an den vielen verabschiedeten **Vereinfachungen** (z.B. zur erleichterten Rechnungstellung im B2C-Bereich). Dies verkompliziert die Anwendung der USt erheblich und führt für deutsche Unternehmen im europäischen Vergleich zu erheblichen Wettbewerbsverzerrungen. Deutsche Unternehmen werden somit stärker belastet als Unternehmen aus anderen Ländern. Damit die Befolgungskosten für deutsche Unternehmen sinken, wäre es aus europäischer Sicht sinnvoll, wenn sich die deutsche Finanzverwaltung der Mehrheit der EU-Länder anschließt.

Nach Aussagen der EU-Kommission soll die **Vermutungsregel** bezüglich der Ansässigkeit des privaten Endverbrauchers ab 2 sich nicht widersprechenden Beweismitteln greifen.[271] Fraglich ist allerdings, ob dem alle 28 EU-Mitgliedstaaten bei Außenprüfungen folgen werden. Es ist zu erwarten, dass die EU-Mitgliedstaaten die Vermutungsregel sehr unterschiedlich auslegen werden und unabhängig voneinander festlegen, welche Daten als Beweismittel gelten. Die Wahrscheinlichkeit ist sehr hoch, dass die europäischen Finanzverwaltungen in Außenprüfungen Unternehmen dazu anhalten, jeweils unterschiedliche Kundendaten als Leistungsnachweise vorzuhalten.

---

270 Siehe hierzu die Berichterstattung zu jünsten „Hackerangriffen" auf Unternehmen und Behörden, z.B. Apple, die Deutsche Telekom, der Deutschen Bundestag, Facebook, Sony, uvm., online verfügbar unter http://www.spiegel.de/wirtschaft/unternehmen/hackerangriff-auf-sony-firma-entschaedigt-mitarbeiter-a-1058809.html (Juni 2015).

271 Siehe hierzu Art. 24f MwStDVO n.F. (Stand 2015).

Fraglich ist auch, inwieweit **KMU** im Bereich elektronischer Dienstleistungen vor dem Hintergrund der Datenabfrage, des Datenmanagements und der Anwendung des jeweiligen nationalen UStG erheblichen Befolgungskosten ausgesetzt sind und somit Wettbewerbsnachteile erleiden. Insbesondere die große Mehrheit der KMU, die über keine eigene Steuerabteilung verfügt, ist aufgefordert, die Datenfindung und das Datenmanagement der Ansässigkeit an externe Dienstleister auszulagern. Gerade die weiter bestehende Anwendung nationaler USt-Vorschriften nach der MOSS-Erklärung verursacht einen erheblichen Verwaltungsaufwand. Kleine Onlineunternehmen sind zukünftig Außenprüfungen in diversen EU-Mitgliedstaaten ausgesetzt und müssen mögliche Gesetzesänderungen in bis zu 28 EU-Mitgliedstaaten verfolgen. Ohne Hinzuziehung externer Beratung erscheint diese Aufgabe nicht lösbar. An dieser Stelle sind Nachbesserungen und Erleichterungen erforderlich, damit der administrative Aufwand für KMU überschaubar bleibt und keine Wettbewerbsnachteile entstehen.

Fraglich ist bislang auch, ob alle EU-Mitgliedstaaten elektronische Dienstleistungen **einheitlich definieren**. Diesbezüglich ist mit kurzfristigen nationalen Änderungen zu rechnen.

In der betrieblichen Praxis würden **einheitliche Regelungen zu Rechnungspflichten** für elektronische Dienstleistungen im MOSS-Verfahren eine erhebliche Vereinfachung darstellen. Es wäre wünschenswert, dies zeitnah im MwSt-Ausschuss der EU-Kommission umzusetzen.

Die MOSS-Umsätze unterliegen den nationalen Vorschriften im Rahmen von Außenprüfungen der europäischen Finanzverwaltungen. Hierzu existieren keine Erfahrungswerte. Bis jetzt ist unklar, in welchen **Sprachen** und an welchen Orten Außenprüfungen durchgeführt werden. Bei USt-Prüfungen in anderen Sprachen als Deutsch oder Englisch müssten deutsche Unternehmen ausländische externe Berater und Übersetzer hinzuziehen. Da viele Anbieter elektronischer Dienstleistungen oftmals nur in einem EU-Mitgliedstaat über eine feste Geschäftseinrichtung verfügen, wäre eine Betriebsprüfung nur hier möglich. Dazu müssten ausländische Betriebsprüfer gegebenenfalls in das Inland anreisen, um bestimmte Prüfungshandlungen durchzuführen. Inwieweit dies möglich ist, bleibt offen, zumal die Zuständigkeit der örtlichen deutschen Finanzverwaltung für entsprechende MOSS-Umsätze nicht immer unmittelbar gegeben ist. Offen ist auch, welche **Aufzeichnungen** von der jeweiligen Finanzverwaltung als USt-relevant verlangt bzw. abgefragt werden dürfen und welche dieser Aufzeichnungen zur Verfügung gestellt werden müssen. Es gibt keine EU-weite Regelung darüber, ob z.B. die slowakische Finanzverwaltung Aufzeichnungen über MOSS-Umsätze in Portugal anfordern bzw. einsehen darf. Daher ist nicht geklärt, in welchem Umfang und welcher Dichte bei Außenprüfungen die Aufzeichnungen überprüft und nachvollzogen werden dürfen. Es sind dringend EU-einheitliche Regelungen hinsichtlich der vielen offenen Fragen zu treffen, um für betroffene Unternehmen mehr Rechtssicherheit zu schaffen. Erfolgt dies nicht zeitnah, sind insbesondere KMU erheblichen Befolgungskosten ausgesetzt.

Insgesamt werden Unternehmen mit Geschäftsaktivitäten im E-Commerce durch das MOSS-Verfahren zukünftig erheblichen Mehrbelastungen ausgesetzt sein. USt-Verantwortliche sind aufgefordert, auf Anwendungserlasse und Übergangsregelungen zu warten, im Zweifel verbindliche Auskünfte einzuholen, Risikopotenziale abzuschätzen und zukünftige Befolgungskosten zu kalkulieren.

5. Betrugsanfälligkeit des MOSS-Verfahrens

Das Internet bietet nahezu unbegrenzte Anonymisierungsmöglichkeiten, um Gesetze und Mechanismen zu umgehen. Einerseits ist zu vermuten, dass private Endverbraucher weiterhin versuchen werden, von günstigen irischen und luxemburgischen USt-Sätzen für elektronische Dienstleistungen Gebrauch zu machen. Andererseits dürfte es bei Verwendung bestimmter Internetverbindungen nahezu unmöglich sein, Ansässigkeit und Standort des privaten Endverbrauchers zu bestimmen.

Im Internet besteht die Möglichkeit, über entsprechende Anschlüsse und IP-Adressen **virtuelle Briefkästen** zu erstellen. Dies ist z.B. über die Anmietung von sogenannten Root-Servern möglich. Hierzu erfolgt die Installation einer VPN bei einem luxemburgischen Provider, der eine luxemburgische IP-Adresse bereitstellt. Der Anbieter der elektronischen Dienstleistung kann so anhand der IP-Adresse die Herkunft des Käufers nicht ermitteln. Virtuelle Onlinewährungen erschweren die Identifikation. Zudem wird Anonymisierungssoftware auf vielen Plattformen kostenfrei bereitgestellt. Die Verwendung von IP-Adressen aus Nicht-EU-Ländern verkompliziert die Identifikation von privaten Endverbrauchern zusätzlich.

Es ist zu erwarten, dass der Gesetzgeber auf Internetmissbrauch reagieren wird. Innerhalb der EU erscheint diese Aufgabe nahezu unrealisierbar. Die Vergangenheit hat gezeigt, dass sich durch Regulierungsversuche Missbrauchsaktivitäten auf Nicht-EU-Länder verschoben haben.

Die Verwendung der **jeweiligen Internetverbindung** entscheidet im MOSS-Verfahren über die Ansässigkeit des privaten Endverbrauchers. An dieser Stelle wird auf folgendes Beispiel verwiesen:

Beispiel:
In einem dänischen Parkhaus kann ein Parkticket via kostenpflichtiger SMS-Nachricht gelöst werden. Wo allerdings die SMS ausgelöst wurde, ist nicht erkennbar, wenn dies nicht über das GSM-Mobilfunknetz geschieht, sondern via Internet z.B. über ein iPad, indem sogenannte. *unified messaging services* (UMS) verwendet werden. Angebote sogenannter *webmail interfaces* gehören heute für Tablet-PCs zur Standardanwendung. Anbieter sind z.B. 1&1, Strato etc.

Es ist möglich, sich mit Smartphones oder Tablets weltweit in das Internet einzuloggen und unabhängig vom Telekommunikationsunternehmen des Mobiltelefons SMS-Funktionen anzuwenden.
Fraglich ist, ob z.B. ein chinesisches *webmailinterface* verpflichtet werden kann, an den dänischen Parkhausbetreiber bzw. das Telekommunikationsunternehmen Informationen zur Ansässigkeit des Nutzers der kostenpfllichtigen elektronischen SMS-Dienstleistung weiterzugeben.
Dieses Beispiel kann auch auf Musikdownloads oder E-Gambling-Plattformen übertragen werden.

Anhand der dargestellten Problembereiche und Betrugsanfälligkeit des MOSS-Verfahren wird die praktische Umsetzung der Neuerung in den kommenden Jahren immer wieder verändert und ergänzt werden müssen. Die Einführung des MOSS-Verfahrens und die zu erwartenden Änderungen werden bei betroffenen Unternehmen einen hohen administrativen und technischen Aufwand verursachen und mit erheblichen Befolgungskosten verbunden sind. Vor diesem Hintergrund ist es zweifelhaft, ob das MOSS-Verfahren die geeignete Möglichkeit für die Besteuerung elektronischer Dienstleistungen darstellt. Alternativ hätte die USt, eventuell unter Anpassung des USt-Satzes, weiterhin in den jetzigen EU-Mitgliedstaaten erhoben werden können und mithilfe eines besonderen Verteilungsschlüssels zwischen den 28 EU-Mitgliedstaaten aufgeteilt werden können. Dieses Verfahren hätte weniger Befolgungskosten für betroffene Unternehmen ausgelöst. Gemäß den Auskünften der

EU-Kommission[272] sind derartige Vorschläge am politischen Widerstand einzelner EU-Mitgliedstaaten gescheitert. Dieser Grund verhindert auch bei anderen Reformvorhaben und Erleichterungen im USt-Bereich immer wieder praktikable Verfahren.

E. Innergemeinschaftliche Lieferungen: Verbesserte Organisation der Dokumentation von Liefernachweisen

1. Problemaufriss und Ziel der Umsatzsteuerorganisation

Gemäß den Aussagen der Steuerverantwortlichen in der USt-Befragung sind mit steuerbefreiten innergemeinschaftlichen Lieferungen[273] nicht zuletzt aufgrund neuerer Liefernachweise erhebliche **Probleme und Risiken verbunden.**[274] Innergemeinschaftliche Lieferungen unterliegen strengen Dokumentationsanforderungen. Sind formale Anforderungen nicht erfüllt, darf die Lieferung (nachträglich) nicht mehr als steuerfrei ausgewiesen und USt muss nacherhoben werden. Jede innergemeinschaftliche Lieferung impliziert daher Nachzahlungs- und Haftungsrisiken. Seit dem 1.10.2013 sind innergemeinschaftliche Lieferungen grds. nur noch dann USt-befreit, wenn sogenannte Abnehmernachweise[275] vorgehalten werden, die belegen, dass Waren tatsächlich ins EU-Ausland gelangt sind. Dies erschwert die ohnehin schon komplizierten Nachweis- und Mitwirkungspflichten und löst Befolgungskosten aus. Schwierigkeiten liegen oftmals auch in der Rekonstruktion der viele Jahre zurückliegenden Geschäftsvorfälle im Rahmen von Außenprüfungen, insbesondere, wenn frühere Geschäftsbeziehungen nicht mehr bestehen, Insolvenzen vorliegen, Unternehmenszusammenschlüsse erfolgten oder Sprachbarrieren gegeben sind.

Der Kern des Problems innergemeinschaftlicher Lieferungen liegt daher in der **Erfüllung** aller notwendigen Erklärungs- sowie Dokumentationsanforderungen. Je nach Anzahl von EU-Abnehmern, Menge, Umfang von EU-Exporten und Beförderungsgestaltung sind Unternehmen in unterschiedlicher Form von der Neuregelung betrof-

---

[272] Vgl. Angaben des BMF und der EU-Kommission zu Frage 1 und 5, Wortprotokoll (Anhang 7).

[273] § 4 Nr. 1 Buchst. b UStG.

[274] Siehe Untersuchungsergebnisse zu den Fragen 2 und 3, S. 68 ff. sowie S. 73 ff.

[275] Gelangensbestätigung §§ 17a, 10 UStDV. Bislang genügte die Vorlage vollständiger Frachtbriefe.

fen. Besonders die betriebsexterne Gelangensbestätigung[276] erfordert einen hohen administrativen Aufwand.

Ziel der Organisation von innergemeinschaftlichen Lieferungen ist die Sicherstellung der Steuerbefreiung und die Vermeidung von Nachbesteuerungen unter Minimierung von Befolgungskosten und umsatzsteuerlicher Nachzahlungs- bzw. Haftungsrisiken. Zur Erreichung dieser Ziele sollen für den besonders risikobehafteten Bereich der innergemeinschaftlichen Lieferungen im Weiteren **Dokumentations- und Sorgfaltsstrategien** mit den dazugehörigen betriebsorganisatorischen Maßnahmen analysiert werden.

2. Maßnahmen zur Optimierung der Umsatzsteuerorganisation

Der EuGH führt in der Rechtssache VSTR[277] aus, dass einem Lieferer, der alle ihm zumutbaren Maßnahmen zur Nachweisführung erbracht hat, die USt-Befreiung bezüglich innergemeinschaftlicher Lieferungen[278] zusteht. Belege über die Besteuerung des innergemeinschaftlichen Erwerbs im Zielland werden im besagten Urteil nicht verlangt.

Eine der notwendigen Maßnahmen ist für jedes betroffene Unternehmen der Nachweis gültiger USt-IdNr. aller beteiligten Unternehmen zum Zeitpunkt der Leistungsausführung[279] sowie deren Dokumentation.[280] Unterbleibt die Aufzeichnung der USt-IdNr., darf die Steuerbefreiung nicht verweigert werden, wenn der Lieferer objektive Angaben macht, die hinreichend belegen, dass der Umsatz steuerbefreit ist.[281]

Zu diesen objektiven Angaben können Liefernachweise wie z.B. **Gelangensbestätigungen** oder Zweckbestimmungen für die unternehmerische Tätigkeit des abnehmenden Unternehmens zählen. Betroffene Unternehmen müssen den Einsatz dieser vom EuGH zugesprochenen Erleichterung sorgfältig prüfen. Im Falle von Dokumentationsfehlern würde eine korrekt erbrachte Gelangensbestätigung als Voraussetzung zur Steuerbefreiung ausreichend sein. Im Einzelfall ist auch zu prüfen, ob bei ständiger Erbringung gültiger Lieferbestätigungen innerhalb eines festen Kunden- bzw. Lie-

---

276 §§ 17a, 10 UStDV.

277 EuGH v. 27.09.2012, C-587/10 – VSTR, UR 2012, S. 832.

278 §§ 4 Nr. 1 Buchst. b, 6a UStG.

279 BFH v. 14.12.2011, XI R 32/09, BFH/NV 2012, S. 1004, BFH-Veröffentlichung am 02.05.2012.

280 Vgl. WELLISCH (2000), S. 173, die dazugehörende Rechtsnorm ist § 17c UStDV.

281 EuGH v. 27.09.2012, C-587/10 – VSTR, UR 2012, S. 832 m. Anm. BURGMAIER.

ferantenkreises die regelmäßige Überprüfung der USt-IdNr. beteiligter Unternehmen auf ein Mindestmaß reduziert werden kann. Trifft diese Situation auf das Unternehmen zu, können Befolgungskosten reduziert werden.

Die sorgfältige **Dokumentation** aller relevanten Daten sowie deren jederzeitige **Nachverfolgbarkeit** ist sicherzustellen, um Nachzahlungs- und Haftungsrisiken zu reduzieren. Bei Außenprüfungen müssen entsprechende Nachweise jederzeit vorgelegt werden können.

Um das Ziel der Minimierung von Befolgungskosten bei innergemeinschaftlichen Lieferungen zu erreichen und Risiken abzumildern, wird im Folgenden die **Differenzierung** zwischen Versandarten und Versandgruppe als Maßnahme vorgestellt. Zunächst werden die vom Unternehmen angebotenen Versandarten ermittelt und Kunden bzw. Abnehmer diesen zugeteilt. Dieser Schritt ist notwendig, weil sich für verschiedene Versandarten unterschiedliche Rechtsfolgen und Dokumentationserfordernisse ergeben. Die Abnehmer, die derselben Versandart zugeteilt wurden, ergeben nun eine Versandgruppe. Den unterschiedlichen Versandgruppen werden in Abhängigkeit von den jeweiligen Dokumentationserfordernissen Aufgaben zugewiesen, die von den operativen Bereichen wie z.B. Logistik oder Vertrieb zu beachten sind. Ändert sich die Versandart bei einem Abnehmer, wird dieser einer anderen Gruppe zugeteilt.

Die folgende Tabelle zeigt, welche Versandart welchen Nachweis erfordert, um die Voraussetzung grenzüberschreitender USt-Befreiung im Gemeinschaftsgebiet zu erfüllen. Das Ampelschema (grün, gelb, rot) gibt in Anlehnung an die Befragungsergebnisse[282] und die strengen gesetzlichen Vorschriften Hinweise für die Risikoeinschätzung der einzelnen Liefernachweise. In Anlehnung daran können dann Risikoeinstufungen für die ermittelten Versandgruppen durchgeführt werden.

282 Siehe Angaben der Steuerverantwortlichen zu Frage 2, Wortprotokoll (Anhang 6), insb. Antworten zu innergemeinschaftlichen Lieferungen.

Versandart	Liefernachweis
Versand vom Abnehmer veranlasst	Versendungsbeleg (handelsrechtlicher Frachtbrief), unterschrieben vom Auftraggeber des Frachtführers Überprüfung der Identität zwischen Debitor u. tatsächlichem Abnehmer der Ware Überprüfung des Bestimmungsorts
Abholung durch den Abnehmer	Betriebsexterne Gelangensbestätigung (§§ 17a, 10 UStDV)
Versand vom Lieferanten veranlasst	Verwendung der Spediteurbescheinigung
Eigenbeförderung durch Lieferer	Betriebsinterne Gelangensbestätigung
Versand durch Kurierdienstleister	Protokoll der Sendungsverfolgung einholen (*tracking and tracing*)
Versand durch Postdienstleister	Zustellungsbestätigung einholen (online abrufbar)

Tabelle 21: Risikobasierte Kategorisierung von Versandarten
Quelle: Eigene Darstellung.

Legende:
- Grün: kein Risiko der Nichtanerkennung von Liefernachweisen
- Gelb: geringes Risiko der Nichtanerkennung von Liefernachweisen
- Rot: hohes Risiko der Nichtanerkennung von Liefernachweisen.

Generell gilt: Je stärker das liefernde Unternehmen die Verantwortung für den Transport auf andere Unternehmen abwälzt, desto größer sind die Risiken bei der Erbringung der notwendigen Liefernachweise für die USt-Befreiung und desto höher ist der administrative Aufwand. Diese Aussage gilt auch im Hinblick auf die Verhinderung der unwissentlichen Mitwirkung an USt-Karussellen.[283]

---

[283] Zum USt-Betrug siehe S. 157 ff.

Das größte Risiko und damit verbunden der größte administrative Aufwand liegt daher bei Abholungen von Abnehmern, gefolgt vom Abnehmer-Versand (rote Kategorie). Es ist zu beachten, an dieser Stelle eine sorgfältige Dokumentation vorzunehmen und die Lieferung erst nach umfänglicher Prüfung der Liefernachweise durchzuführen. In risikobehafteten Fällen wie z.B. bei der Abwicklung von Exportgeschäften mit neuen Geschäftspartnern sind besondere Sorgfaltsvorkehrungen und Vorsichtsmaßnahmen zu beachten.[284]

Das Ausstellen betriebsinterner Gelangensbestätigungen (Eigenbeförderung) dürfte keinen zusätzlichen Aufwand auslösen. Dies gilt ebenso wenig für das Einholen standardisierter Protokolle der Sendungsverfolgung oder Zustellungsbestätigungen (grüne Kategorie), weil Kurier- oder Postdienstleister in der Regel die entsprechenden Services gewährleisten und Haftungsverpflichtungen bestehen.

3. Empfehlungen

Für die Vermeidung von Nacherhebungen, sind Unternehmen angehalten, nicht auf die **Zuverlässigkeit** ihrer Geschäftspartner bezüglich der Vorhaltung relevanter Daten für eigene Befreiungssachverhalte zu vertrauen, sondern eigenständig Vorsorge zu treffen. Angesichts von USt-Prüfungen ist die jederzeitige Nachverfolgbarkeit der eigenen Belegnachweise sicherzustellen. Erleichterungen für eine sorgfältige Dokumentation und Archivierung können durch Software-Anwendungen[285] erzielt werden. Aus Kostengesichtspunkten ist gegebenenfalls eine Auslagerung der Dokumentations- und Archivierungsfunktion auf spezialisierte (ausländische) Dienstleister zu prüfen.

Die Einrichtung von Versandgruppen kann die USt-Organisation von Unternehmen bei innergemeinschaftlichen Lieferungen erheblich entlasten und USt-Befolgungskosten reduzieren. Operative Abteilungen werden entlastet, weil nur für bestimmte Versandgruppen eine erhöhte Sensibilisierung erforderlich ist und nicht von allen Abnehmern gleichermaßen strenge Liefernachweise eingeholt werden müssen. Durch Erbringung der jeweiligen Liefernachweise erfolgt dann die Steuerbefreiung, die jederzeit objektiv nachzuweisen ist. Es erweist sich als zweckmäßig, wenn Unternehmen daher anhand ihres Geschäftsmodells und Umsatzgrößen prüfen, welcher Ver-

[284] Bei der Bekämpfung von USt-Betrug werden neue Geschäftsbeziehungen einer höheren Risikokategorie zugeteilt. Ausführungen folgen im IV. Kapitel, Abschnitt H, S. 157 ff.

[285] Siehe Definition von USt-Technologieeinsatz im IV. Kapitel, Abschnitt I. 1, S. 173.

sandart eine erhöhte **Priorität** eingeräumt und auf welche Versandart unter Umständen **verzichtet werden kann**.

Je mehr Versandarten im Exportgeschäft zum Einsatz kommen, desto größer sind die betriebsorganisatorischen Herausforderungen und Dokumentationsrisiken. Daher wird empfohlen, höchstens drei Versandarten für Abnehmer im EU-Ausland anzubieten. Von gelegentlichen Wechseln zwischen den Versandarten ist abzuraten. Die Erleichterung durch eine monatliche Sammel-Gelangensbestätigung sollte nur für einen beschränkten Abnehmerkreis vorgehalten werden, z.B. bei sehr bekannten und seriösen Abnehmern. Hinsichtlich der Ausstellung einer Gelangensbestätigung sind zeitliche Verschiebungen im Hinblick auf den Zeitpunkt der Lieferung möglichst zu vermeiden, damit die Voraussetzungen für eine Befreiung der innergemeinschaftlichen Lieferung nicht gefährdet werden.

Für Unternehmen, die in größerem Ausmaß innergemeinschaftliche Eigenlieferungen durchführen, bietet der Status des **Zugelassenen Wirtschaftsbeteiligten** (ZWB) und der Erhalt des europaweit einheitlichen AEO-Zertifikats (*Authorized Economic Operator*) Vereinfachungen. Dieser Status kann unter Erfüllung bestimmter Voraussetzungen, Sicherheitsstandards und des Nachweises finanzieller Sicherheiten beantragt werden.[286] Die Teilnahme am vereinfachten Verfahren ermöglicht Unternehmen erhebliche Erleichterungen bei Grenzübertritten im Gemeinschaftsgebiet, wie z.B. verkürzte Wartezeiten bei der Warenabfertigung oder Begünstigungen bei sicherheitsrelevanten Kontrollen[287]. Der Zertifikatinhaber signalisiert dem Finanzamt durch Beibringung der Voraussetzungen Gesetzestreue und Gewissenhaftigkeit.[288] Somit begründet das AEO-Zertifikat auch Vorteile für den unternehmerischen Warenfluss in der europäischen Lieferkette aus umsatzsteuerlichen Gesichtspunkten.

---

286 Artikel 5a Zollkodex VO (EWG) Nr. 2913/92, dt. Abkürzung: ZWB, engl.: Authorized Economic Operator (AEO). Zu finden im Art. 14a Abs. 1 ZK-DVO, Voraussetzungen Art. 14h bis 14k ZK-DVO.

287 Art. 5a Zollkodex, dazu WITTE Zollkodex Kommentar (2013), Art. 5a RdNr. 60, 63, 64.

288 Vgl. THOMA (2006), S. 49.

F. Mehrwertsteuerregistrierung für Unternehmen im Europäischen Gemeinschaftsgebiet

1. Problemaufriss und grundsätzliche Fragen

Erbringt ein Unternehmen steuerpflichtige oder steuerbefreite Umsätze in einem Mitgliedstaat, in dem es nicht ansässig ist, und wird dabei kein Steuervertreter eingesetzt, sind die **Voraussetzungen** für eine MwSt-Registrierung in diesem Land erfüllt. Die länderspezifischen Verfahren zur MwSt-Registrierung weichen europaweit zwischen den EU-Mitgliedstaaten teilweise erheblich voneinander ab. Zusätzlich zu den reinen monetären Abführungspflichten geben die nationalen UStG strenge Melde-, Erklärungs-, Dokumentations- und Aufbewahrungspflichten vor.[289] Trotz Harmonisierung unterscheiden sich die gesetzlichen Regelungen zu Liefer- und Erwerbsschwellen, Kleinunternehmerregelungen, Bestellung von Steuervertretern, Periodisierung der USt-Voranmeldungen und Form der elektronischen Übermittlung, Fristen, Vorschriften zur Rechnungserteilung und Aufbewahrung von Rechnungen. Daneben gibt es zusätzliche Pflichten zur Einreichung zusammenfassender Meldungen bei bestimmten grenzüberschreitenden Umsätzen.[290] Erschwert wird dies zusätzlich durch länderspezifische Regelungen über die zu verwendenden Sprachen. Im Fokus stehen Fragen zur MwSt-Registrierung im Gemeinschaftsgebiet.

MwSt-Registrierungen bedeuten für Unternehmen einen hohen administrativen Aufwand[291], der zu USt-Befolgungskosten führt. Aufgrund des hohen administrativen Aufwands und der hohen Kosten versuchen Unternehmen mehrheitlich Registrierungen in EU-Mitgliedstaaten zu vermeiden:[292]

- USt-Registrierungen können einen erheblichen Aufwand verursachen. Diesbezüglich haben wir schon Tochtergesellschaften geschlossen (schweizerische *duty free*-Vertriebsgesellschaft), weil die Registrierung in keinem **Kosten-Nutzen-Verhältnis** mehr war.
- Zudem vermeiden wir USt-Registrierungen im Ausland, die hohe Kosten verursachen. Wir bevorzugen das Vergütungsverfahren. Erst ab einem Umsatz von 1

289 Im deutschen UStG geregelt in §§ 16-22 UStG.

290 Siehe § 18a UStG.

291 Vgl. KORF (2011A), S. 1077.

292 Siehe Untersuchungsergebnisse zu Frage 6, S. 82 ff. sowie Antworten der Steuerexperten zu Frage 6, Wortprotokoll (Anhang 6).

Mio. Euro und einer VoSt von mehr als 100.000 Euro kommt diese Möglichkeit für uns in Frage.

- USt-Registrierungen versuchen wir so lange zu vermeiden, bis wir in den Ländern einen bestimmten **Grad an Geschäftstätigkeit** erreicht haben.
- Wir vermeiden zudem USt-Registrierungen, weil dies für uns Kosten bedeutet. Dies machen wir nur, wenn sich dies betriebswirtschaftlich rechnet (...).
- Die USt Registrierung in der EU ist darüber hinaus ist oft mit hohen Kosten verbunden, 20.000 € + jährliche Voranmeldungskosten i.H.v. ca. 10.000 € + Steuerberatungskosten. Die **Gewinnmarge** unserer Produkte muss diese Kosten abdecken, damit bestimmte Kunden für uns interessant bleiben.

Ziel der folgenden Ausführungen ist es, Unternehmen Wege für einen restriktiven Umgang mit MwSt-Registrierungen aufzuzeigen, um USt-Befolgungskosten senken zu können.

2. Möglichkeiten und Erwägungen zur Reduktion von Mehrwertsteuer-Registrierungen

Registrierungen im Rahmen innergemeinschaftlicher Lieferungen sind **keine Wahlrechte**, sondern für Unternehmen bei Erfüllung bestimmter Voraussetzungen verpflichtend. Import- und Exportentscheidungen sind unternehmensstrategische Fragen, bei denen gewinnorientierte Überlegungen im Vordergrund stehen. Steuerverantwortliche bringen es bei der Frage zu MwSt-Registrierungen mit der einfachen Antwort *business before tax* auf den Punkt. Dennoch ist die Frage nach USt-Registrierungen in den EU-Mitgliedstaaten aus betriebswirtschaftlichen und betriebsorganisatorischen Gründen bei bestimmten Fallkonstellationen oder marktbezogenen Entscheidungen zu stellen.

Das UStG hält einige Regelungen bereit, die MwSt-Registrierung zunächst abzuwehren. Hierzu gehören die Bestimmungen zum innergemeinschaftlichen Dreiecksgeschäft, einer Sonderform des Reihengeschäfts:

Beispiel:
Drei Unternehmen aus drei unterschiedlichen EU-Mitgliedstaaten schließen einen Kaufvertrag über denselben Gegenstand ab, der unmittelbar vom ersten an den letzten Unternehmer gelangt. Alle drei Unternehmen treten dabei unter der USt-IdNr. ihres Heimatlandes auf, alle Buch- und Belegnachweise sind erbracht.

In diesem Beispiel muss sich keines der beteiligten Unternehmen in einem EU-Mitgliedstaat umsatzsteuerlich registrieren lassen, weil alle Unternehmen mit der USt-IdNr. ihres **Heimatlandes** auftreten und die Lieferung nachweislich ins **Gemeinschaftsgebiet** erfolgt. Dies ist der Fall mit den geringsten Befolgungskosten, da die Abgabe einer USt-Voranmeldungen und einer USt-Erklärung im Ausland für die beteiligten Unternehmen nicht erforderlich ist. Würde die Lieferung nicht sofort weitergeliefert werden oder ein Unternehmen mit der USt-IdNr. eines Landes auftreten, die nicht der des eigenen Geschäftssitzes entspricht, müsste gegebenenfalls eine Registrierung der beteiligten Unternehmen erfolgen, um für entstandene USt die VoSt-Erstattung zu erhalten.

Der Unterhalt einer MwSt-Registrierung muss in einem eindeutigen **Kosten-Nutzen-Verhältnis** stehen. Da allein schon für die Bewältigung der Administration Kosten zwischen 10.000 und 15.000 Euro p.a. anfallen, müssen vor allem KMU die Folgen vorher abschätzen. Erst ab einem bestimmten Geschäftsumfang rechnet sich die USt-Registrierung. Bis zu diesem Zeitpunkt ist zu prüfen, ob z.B. zunächst auf einen externen Handelsvertreter zurückzugreifen ist. Bei großen Unternehmen lassen sich Registrierungen gegebenenfalls vermeiden, indem zur Durchführung der betreffenden Umsätze ein lokales Tochterunternehmen eingeschaltet wird.

3. Sonderfall: Konsignationslager

Konsignationslager dienen verbesserten Produktions- und Transportabläufen, indem Lieferanten bestimmte Waren und Produkte vor Ort beim Abnehmer einlagern.[293] Bei grenzüberschreitenden Warenbewegungen innerhalb des Gemeinschaftsgebiets gelten die Regelungen zum innergemeinschaftlichen Verbringen.[294] Die Einlagerung des Gegenstands löst eine USt-befreite innergemeinschaftliche Lieferung aus, die Entnahme und Verwendung vor Ort einen innergemeinschaftlichen Erwerb (USt-Entstehung). Dies erfolgt durch Angabe der USt-IdNr. des Landes, in dem sich das Konsignationslager befindet. Dieser Vorgang begründet regelmäßig die Voraussetzungen für eine MwSt-Registrierung im jeweiligen EU-Mitgliedstaat. Zur Reduzierung unternehmerischer Befolgungskosten sehen einige EU-Mitgliedstaaten diverse Erleichterungen vor. Zu diesen Staaten zählen die Benelux-Staaten, Finnland, Polen,

[293] Vgl. OFD Frankfurt, 17.3.2010, Az. S 7100a A-4-St 110.
[294] § 3 Abs. 1a UStG.

Irland, Slowakei, Tschechien, Ungarn und Slowenien.[295] Deutschland bietet diese Vergünstigungen jedoch nicht an.

USt-Verantwortliche sind daher aufgefordert, gesetzliche Erleichterungen zu prüfen und im USt-Management entsprechend einzusetzen.

4. Chancen und Risiken von Mehrwertsteuer-Registrierungen im Gemeinschaftsgebiet

Chancen bestehen für Unternehmen im Bereich der VoSt-Erstattungen. Ohne Registrierung ist eine Rückerstattung nur im Rahmen des **VoSt-Vergütungsverfahren** unter hohen administrativen Voraussetzungen des jeweiligen EU-Mitgliedstaats möglich.[296] Aufgrund zeitlicher Verzögerungen und langen Bearbeitungsdauern sind Unternehmen in diesem Verfahren Liquiditätsverlusten ausgesetzt. Zusätzlich sind die **Fristen** für die Einreichung notwendiger Buch- und Belegnachweise für VoSt-Erstattungen im Format des jeweiligen EU-Mitgliedstaats weitaus kürzer als bei Registrierungen. Weitere Vorteile der Registrierung bestehen in der Abgabe **periodischer USt-Abrechnungen**, die auch bei VoSt-Überhängen eingereicht werden können und der Cashflow-Optimierung dienen. Durch die Erteilung einer USt-IdNr. bei der Registrierung besteht zudem die Möglichkeit zum USt-befreiten Einkauf im jeweiligen EU-Mitgliedstaat und zur Abwicklung **innergemeinschaftlicher Dreiecksgeschäfte**. Zu beachten ist, dass der Besitz einer ordnungsgemäßen Rechnung nach wie vor die wichtigste Voraussetzung für einen VoSt-Erstattungsanspruchs darstellt.[297]

MwSt-Registrierungen erlauben nationalen Finanzverwaltungen die Durchführung von Außenprüfungen nach den nationalen Bestimmungen. Unternehmen müssen daher externe Berater im EU-Ausland vorhalten, um **Nachzahlungs- und Haftungsrisiken** zu reduzieren. Zusätzlicher Verwaltungsaufwand entsteht durch die ständige Abgabe von Voranmeldungen, Jahreserklärungen und zusammenfassende Meldungen. Für ausländische Unternehmen mit Geschäftssitz im übrigen Gemeinschaftsgebiet bestehen in einigen EU-Mitgliedstaaten zusätzliche Anforderungen an die Aufzeichnung und Archivierung von Buch- und Belegnachweisen.

295 OFD FRANKFURT vom 17.03.2010, Az. S 7100a A-4-St 110.
296 Für Deutschland siehe § 59 UStDV.
297 EuGH v. 29.04.2004, C-152/02 – Terra, UR 2004, S. 323; 05.02.1996, C-85/95 – Reisdorf, UR 2004, S. 323.

G. Implementierung und Organisation von Umsatzsteuerprozessen

1. Innerbetriebliche Einrichtung und Überwachung von Umsatzsteuerprozessen

Ziel der Einrichtung von USt-Prozessen im Unternehmen ist die Erfüllung der Compliance und die Überwachung der Ergebnisse der USt-Organisation (z.B. VoSt-Erstattungen). Dies wird durch eine **Integrationsstrategie** erreicht, indem alle USt-relevanten Abläufe, Systeme und Mechanismen in die Unternehmens- und Geschäftsabläufe implementiert werden. Zur Umsetzung sind **Maßnahmen** der Kommunikation, gezielte Informationsweitergaben an Entscheidungsträger, Kontrollen und Risikofrüherkennung notwendig. Weltweite UStG-Änderungen müssen kurzfristig weitergegeben und in betriebliche Systeme implementiert werden, um innerbetriebliche Informationsdefizite zu vermeiden.

Das **Interne Kontrollsystem** (IKS) umfasst die Summe aller in einem Unternehmen implementierten, allgemeinen und strategischen Kontrollen und ist nach h.M. Bestandteil des unternehmensweiten Risikomanagementsystems[298] (RMS).[299] Es soll zur Sicherung des Unternehmensvermögens beitragen, vor Vermögensverlusten schützen und gewonnene Informationen auswerten um Entscheidungshilfen für die Geschäftsführung zu liefern.[300] Festgelegte USt-Prozesse zur internen Prüfung des USt-Managements gehören bei größeren Unternehmen daher zum IKS.

Bezogen auf das USt-Management sind im IKS risikogefährdete Unternehmensbereiche, Schwachstellen, abteilungsübergreifende Schnittpunkte, Konfliktszenarien, die Überwachung des Softwaretechnologieeinsatzes und die Durchführung von Plausibilitätsprüfungen festgelegt und installiert. So sollen die korrekte Identifikation von USt-relevanten Sachverhalten, die USt-Veranlagung und Abführung sichergestellt sein. Dabei fällt ein Augenmerk auf die Koordination der länder- und abteilungsübergreifenden Zusammenarbeit zwischen operativen Geschäftseinheiten, lokalen Entscheidungsträgern, Geschäftsführung, Finanz- und Steuerabteilung sowie dem Rechnungswesen. Diesbezüglich muss den USt-Verantwortlichen die Möglichkeit eingeräumt werden, in USt-relevante Geschäftsvorgänge involviert zu sein.[301] Erfolgsindikatoren sind an dieser Stelle die pünktliche und korrekte Abgabe von USt-

[298] § 91 Abs. 2 AktG.
[299] Vgl. FREIDANK (2012), S. 51 f.
[300] Vgl. IDW (1996), S. 1312; NEUBERT (1959), S. 9; FREIDANK (2012), S. 51.
[301] So auch DELOITTE (2014), S. 7.

Voranmeldungen, ein aktueller weltweiter Überblick über Zahllasten und VoSt-Erstattungen.

Infolge des weltweiten Trends zur Verlagerung von direkten zu indirekten Steuern[302] müssen sich Unternehmen der Herausforderung für eine unternehmensweite Implementierung leistungsfähiger USt-Prozesse stellen. Hierbei muss auf die Dienstleistung externer Berater zurückgegriffen werden, um gegebenenfalls innovative Lösungsansätze zu erhalten und Gefahren der Betriebsblindheit auszuschließen.

2. Outsourcing umsatzsteuerlich relevanter Prozesse und Dienstleistungen

Das Outsourcing bestimmter USt-Aufgaben und Funktionen[303] bietet Unternehmen Möglichkeiten für **wirtschaftliche und strategische Vorteilen** im USt-Management. Konkret geht es um Strategieüberlegungen und um die Kosten- und Risikominimierung. Outsourcing im USt-Management bedeutet die teilweise oder vollständige Verlagerung bestimmter USt-Aufgaben und Funktionen an unternehmensexterne Dienstleister wie z.B. fremde oder dem Konzern zugehörige Unternehmen.

Für das Outsourcing im USt-Management bieten sich **unternehmensspezifisch** je nach Unternehmensgröße und nach länderspezifischen Herausforderungen z.B. die folgenden Bereiche an: Dokumentation und Archivierung von Buchungs- und Belegnachweisen (digital, analog), Rechnungsversand von Zentralstellen (elekronisch, Papierform), Funktionen der Buchhaltung (Rechnungswesen), die länderbezogene USt-Deklaration (Voranmeldung, VoSt, Vergütungsverfahren), das Datenmanagement zur Identifikation des Leistungsortes (MOSS-Verfahren), Bereiche des USt-Technologieeinsatzes (Server, IT-Infrastruktur, Systeme, Tools), Bereiche des Wissensmanagements (Mitarbeiterschulungen, *eLearnings* etc.) oder Teile des USt-Berichtswesens. Ein wesentlicher Servicebereich besteht zudem in bestimmten Übersetzungsfunktionen, weil in den meisten EU-Mitgliedstaaten und Nicht-EU Staaten die USt-Deklaration und -Dokumentation in der Landessprache verfasst sein muss.

Besondere Anforderungen bestehen für die Steuerabteilung im Bereich der USt-Prozesse trotz der Abgabe von USt-Aufgaben in der ständigen Überwachung und Kontrolle von USt-Risiken. Verträge (Rahmenverträge) mit Fremdunternehmen haben nur

---

302 Siehe Ergebnisse empirischer Untersuchungen, S. 31 ff. u. Untersuchungsergebnisse, Frage 1, S. 64 ff.

303 Siehe Aufführung der Aufgaben und Funktionen des USt-Managements, S. 23.

Wirkungen im Innenverhältnis, nicht aber im Außenverhältnis zur Finanzverwaltung. Zu beachten sind entsprechende Vorschriften in der AO.[304] Das auslagernde Unternehmen ist angehalten, die Vertragsbestimmungen daher genau zu regeln und die Überwachung ausgelagerter USt-Aufgaben und Funktionen innerhalb eigener USt-Prozesse zu integrieren. Weiter muss für einen geregelten und genau geplanten Übergang der USt-Aufgaben und -Funktionen gesorgt werden, weil nicht abgestimmte Auswahlprozesse nachträgliche Befolgungskosten auslösen können.

Strategische Vorteile des Outsourcings im USt-Management bestehen zunächst in klaren Verantwortungsstrukturen, da feste Vereinbarungen und eindeutige Abgrenzungen mit externen Dienstleistern für die zu übernehmenden USt-Aufgaben und -Funktionen getroffen werden können. Innerhalb eines Unternehmens ist dieser Aufgabenbereich häufig schwieriger zu bewältigen. Dies schafft Planungssicherheit für das USt-Management. Steuerabteilungen sind in den meisten Unternehmen klassische Stabsabteilungen, die der Hauptverwaltung zugeordnet sind. Durch Verlagerung kann daher unternehmensintern eine stärkere **Konzentration** auf unternehmerische Kernbereiche ermöglicht werden.

Externe Dienstleister bieten mit spezialisierten Fachkräften oftmals größte **technische Innovationen**, erhebliche Datenmobilität sowie unternehmensübergreifende und weltweite Erfahrung bei USt-Aufgaben und -Funktionen. Steuern vom Umsatz werden zurzeit in 160 Ländern erhoben.[305] Für Unternehmen ist es schwierig, ständig über länderspezifische Veränderungen von Gesetzen oder Finanzverwaltungspraktiken informiert zu sein und entsprechend zu reagieren, zumal dies in vielen unterschiedlichen Sprachen geschieht. Die Kernkompetenz externer Dienstleister ist es daher, den Überblick zu bewahren, Lösungen anzubieten und Sprachbarrieren zu überwinden. So können schnelle Reaktionen auf ein verändertes Geschäftsumfeld und schnelle Informationen für betroffene Unternehmen bereitgestellt werden. Gleichzeitig werden USt-Risiken und Risikopotenziale auf externe Dienstleister übertragen, indem bestimmte USt-Prozesse wie z.B. das Eingeben umsatzsteuerlich relevanter Daten ins Rechnungswesen oder die Aufbewahrung von Buch- und Belegnachweisen ausgela-

---

[304] Gem. **§ 146 Abs. 2a Satz 1 AO** dürfen elektronische Bücher nur bei Erfüllung bestimmter Voraussetzungen und nach Zustimmung der Finanzverwaltung im Ausland aufbewahrt werden.

[305] Vgl. RMCD (2015), online verfügbar unter http://gst.customs.gov.my/en/gst/Pages/gst_ci.aspx (Juni 2015).

gert werden. Angesichts erheblicher USt-Risiken[306], die unternehmensbezogen unterschiedlich ausgeprägt sein können, bietet diese Möglichkeit strategische Vorteile über ein bloße Kostenreduzierung hinaus.

Angesichts des weltweiten Bedeutungsanstiegs indirekter Steuern[307] sind KMU in besonderem Maße angehalten, Outsourcing-Überlegungen im Bereich des USt-Managements in die strategische Planung einzubeziehen. Denn je kleiner das Unternehmen ist, desto zweckmmäßiger ist es, mehr USt-Funktionen an externe Dienstleister zu übertragen, damit die Kernaktivitäten im Mittelpunkt des Managements stehen.

Wirtschaftliche Vorteile einer Verlagerung sind die zu erzielenden Kostenreduzierungen. Beim Outsourcing findet eine Verlagerung unternehmensinterner zu -externen Kostenstellen statt.[308] Zunächst geht es um die Ausnutzung des innerdeutschen, innereuropäischen oder sogar weltweiten **Lohngefälles**, einem wesentlichen Standortvorteil vieler externer Dienstleister. **Einsparungen** werden vor allem bei der in jedem Unternehmen regelmäßig größten USt-Kostenstelle des USt-Personals erzielt. Gleichzeitig sinken die Kosten für das ansonsten notwendige Wissensmanagement. Weitere Kostensenkungen können bei der USt-Softwaretechnologie anfallen, z.B. indem die eigene Datensicherung wegfällt, teure Anpassungs- und Folgeinvestitionen in die IT-Infrastruktur vermieden werden und keine Raum- und Wartungskosten für Server anfallen. Diese Maßnahmen gewährleisten eine feste Budgetierung und limitieren die Gesamtkosten mit der Folge von Planungssicherheit.

Neben den genannten Vorteilen beinhaltet die Verlagerung von USt-Aufgaben und -Funktionen auch **Nachteile.** Jede Auslagerung führt in ein Abhängigkeitsverhältnis. Dies ist besonders dann problematisch, wenn während der Vertragslaufzeiten die **Qualitätserwartungen an die** ausgelagerten USt-Aufgaben teilweise nicht erreicht werden können. Oftmals gelingt dem auslagernden Unternehmen nicht die Beseitigung von offenkundigen Qualitätsmängeln beim externen Dienstleister während der Laufzeit. Kulturunterschiede können entsprechende Entwicklungen verschärfen und Kosten nachträglich wieder erhöhen.

---

306 Siehe Aufführung der USt-Risiken, S. 30 ff. sowie Aufführung möglicher Folgen, S. 276 ff.

307 Siehe Ergebnisse empirischer Untersuchungen, S. 31 ff. sowie Untersuchungsergebnisse zu Frage 1, S. 64 ff.

308 Siehe Darstellung der Kostenstellen, S. 110.

Weiterhin kann durch die Abgabe von USt-Funktionen wertvolles internes USt-Wissen verloren gehen. Ein Wiederaufbau dieses Wissens, z.B. im Rahmen späterer Insourcing-Anstrengungen ist oftmals aufwendig und kostenintensiv.

Das weitaus größte Risiko dürfte allerdings in der **Datensicherheit** und somit im Steuergeheimnis begründet sein. Externe Dienstleister, die in Ländern mit weitaus niedrigeren Datenschutzstandards ansässig sind, aber über große Datenmengen internationaler Unternehmen verfügen, sind naturgemäß ein Risikofaktor in Bezug auf Geheimhaltungsbedürfnisse. Gelangen z.B. schutzbedürftige Informationen zu Umsätzen, Investitionen, Marktanalysen etc. durch unberechtigte Datenweitergabe an Wettbewerber, könnten erhebliche Schäden entstehen.

H. Umsatzsteuerbetrug: Verhinderung der unwissentlichen Mitwirkung und unternehmerische Maßnahmen zur Betrugsbekämpfung

1. Begriffserklärung und Problemaufriss

USt-Betrug ist die Verkürzung von USt bzw. die ungerechtfertigte Erlangung von Steuervorteilen gem. § 370 AO. Dies wird durch die unrechtmäßige Nichtanmeldung bzw. Nichtabführung entstandener USt im Rahmen eines Leistungsaustauschs begründet, soweit der Umsatz nicht aufgrund § 4 UStG von der USt befreit ist oder von einem Kleinunternehmer ausgeführt wurde. In Deutschland findet USt-Betrug sowohl im B2C- als auch im B2B-Bereich statt. Schätzungen der EU-Kommission beziffern die jährlichen Mindereinnahmen bei der USt europaweit auf über 170 Mrd. Euro.[309] Auf Deutschland entfallen schätzungsweise 20 Mrd. Euro (Schätzung). Der mit Abstand größte Anteil wird durch **Schwarzarbeit** verursacht. Der Gesetzgeber versucht hier z.B. durch Abzugsmöglichkeiten für haushaltsnahe Dienstleistungen[310] gegenzusteuern.[311]

Besonders auffällig für Betrugsdelikte ist der Handel mit Kupfer, Kupferkathoden, Edelmetallen (insbesondere Silber und Platin), Erdöl, Tablet-PCs, Spielkonsolen sowie

---

309 EU-KOMMISSION (2014), Pressemitteilung v. 23.10.2014 zur sog. Mehrwertsteuer-Lücke, online verfügbar unter http://europa.eu/rapid/press-release_IP-14-1187_de.htm (Juni 2015).

310 § 35a EStG.

311 Aus einer internen Erhebung für die Länderfinanzbehörden, IFO-INSTITUT (2013).

Umwelt- und Emissionszertifikaten.[312] Einige Geschäftsbereiche und Branchen sind somit relativ stärker betroffen als andere. Allgemeine Erfahrungen der Finanzverwaltung zeigen allerdings, dass gefährdete Bereiche einer schnellen Veränderung unterliegen können oder neue Bereiche hinzukommen. Der jährliche Schaden durch Karussellbetrug beträgt für den deutschen Fiskus bis zu 5 Mrd. Euro jährlich.[313]

Im Mittelpunkt der folgenden Analyse steht der **Karussellbetrug**, der auf einer unrechtmäßigen Inanspruchnahme von Steuerbefreiungen für innergemeinschaftliche Lieferungen gründet. Steuerbefreite innergemeinschaftliche Lieferungen werden vorgetäuscht oder künstlich konstruiert, obwohl tatsächlich eine inländische oder keine Lieferung vorliegt. Ein Leistungsaustausch kann zwischen unterschiedlichen Unternehmen oder Scheinfirmen (*missing trader*)[314] auch virtuell vorhanden sein und in das Internet verlagert werden. Gehandelte Wirtschaftsgüter verlassen ihren physischen Ort oftmals nicht, während sich das Karussell der zivilrechtlichen Eigentümer dreht und Grenzüberschreitungen nur fiktiv vorliegen.

Abbildung 8 skizziert den typischen Aufbau eines USt-Karussells. Aus Vereinfachungsgründen wird ein Karussell mit nur 4 Akteuren analysiert. In der Realität können entsprechende Betrugskarusselle aus vielen *buffer* bzw. Händlern bestehen und sich dabei beliebig schnell drehen.

---

[312] Schiftliche Antwort des SENATES DER FREIEN U. HANSESTADT HAMBURG (2015), S. 1 und (2014, S. 2. Eine Aufschlüsselung nach Betrugsfallgruppen wurde von der Finanzbehörde versagt.

[313] Aus einer internen Erhebung für die Länderfinanzbehörden, IFO-INSTITUT (2013).

[314] BUNDESRECHNUNGSHOF (2012B), S. 5.

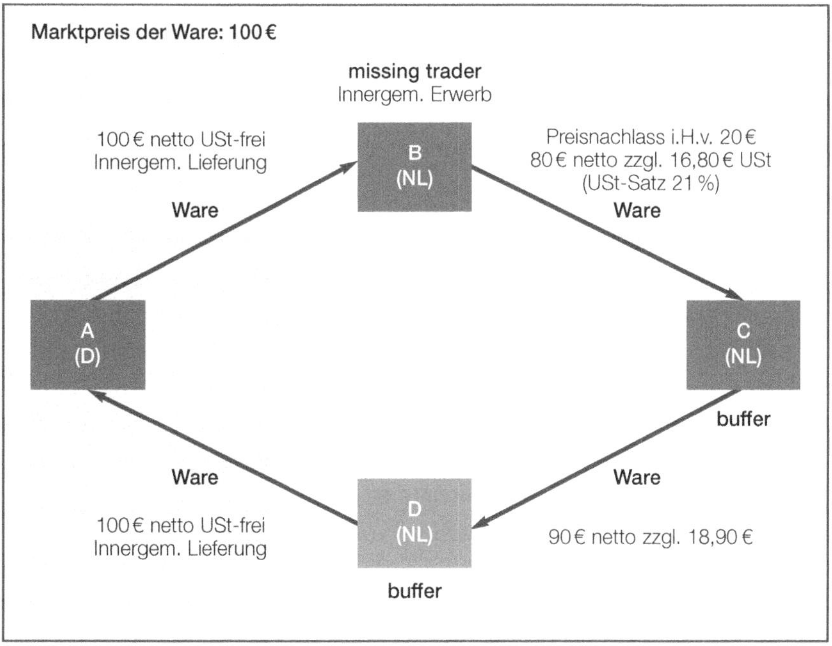

Abbildung 8: Beispiel für ein USt-Karussell
Quelle: Eigene Darstellung.

B kauft die Ware von A für 100 Euro zum Nettopreis. Die Voraussetzungen eines innergemeinschaftlichen Erwerbs[315] sind erfüllt. B müsste 21% von 100 Euro als EUSt beim niederländischen Finanzamt anmelden. B verkauft die Ware unter Verwendung ordnungsgemäßer Rechnungen und korrektem USt-Ausweis (USt-Satz Niederlande 21%) weiter an C, ohne jedoch die aufgrund des Leistungsaustauschs entstandene und durch die Kaufpreiszahlung vereinnahmte USt (16,80 Euro) bei der niederländischen Finanzverwaltung anzumelden und abzuführen.

Um die von A gekauften Waren schnell weiterzuveräußern, bietet B die Waren auf dem Markt mit hohem Preisnachlass an (hier -20%). C ist vom günstigen Verkaufspreis überrascht und nimmt die Ware sofort ab. C hat nun 2 Möglichkeiten: Er kann entweder die Konkurrenz unterbieten, indem er zu günstigeren Konditionen anbietet

315 § 1a UStG.

(hier 90 Euro anstatt Marktpreis 100 Euro) oder er bietet zum Marktpreis an und generiert so eine höhere Verkaufsmarge (diese Variante ist in der Abbildung nicht dargestellt). Beim zuständigen niederländischen Finanzamt meldet C sowohl die gezahlte VoSt (16,80 Euro) als auch die vereinnahmte USt (18,90 Euro) ordnungsgemäß an und führt die USt in voller Höhe pünktlich ab.

Hat B genügend Ware verkauft ohne USt abzuführen oder droht die Entdeckung durch die Steuerfahndung, erfolgt der Marktaustritt. Dies erfolgt regelmäßig durch Insolvenzantrag oder durch Untertauchen der Geschäftsführung. Der Erfolg dieses Betrugsmodells basiert auf dem **Faktor Zeit**. Je mehr B bis zur Entdeckung durch die Finanzverwaltung verkaufen kann, desto höher ist der USt-Ausfall für die niederländische Finanzverwaltung. Im Geschäftsverkehr können die Preisnachlässe zu verschiedenen Zeitpunkten gar nicht gewährt werden oder unterschiedlich hoch sein, um nicht sofort einen Verdachtsmoment auszulösen und auf Seiten der Scheinfirma (*missing trader*) Zeit zu gewinnen. Der **monetäre Gewinn** aus nicht abgeführter USt beträgt für B 16,80 Euro zzgl. bereits gewährter VoSt-Erstattungen auf Eingangsumsätze.

D wiederum kauft die Ware zum Kaufpreis von 90 Euro zzgl. USt und verkauft die Ware zurück an A zum Marktpreis von 100 Euro netto ohne USt[316]. Beim zuständigen niederländischen Finanzamt meldet er die gezahlte VoSt und die USt-befreite innergemeinschaftliche Lieferung ordnungsgemäß an[317] und führt die USt pünktlich ab. Im aufgeführten Beispiel verhalten sich alle Unternehmen außer B gesetzeskonform. Daher ist die Verfolgung und Aufdeckung von USt-Betrug für die Finanzverwaltung regelmäßig mit sehr hohem Aufwand verbunden. A, C und D unterstützen jedoch den USt-Betrug von B indirekt und gegebenenfalls wissentlich. Sie erfüllen somit den Straftatbestand des bandenmäßigen USt-Betrugs gem. § 25d UStG.

Gutgläubige Unternehmer können in bestimmten Tätigkeitsfeldern erhöhten **Karussellrisiken** ausgesetzt sein, indem z.B. sie **unwissentlich** zu einem *buffer* werden. Die dadurch ausgelösten Haftungsrisiken[318] sind sehr hoch. Gefahrenpotenziale müssen daher schnell identifiziert werden, um entsprechende Gegenmaßnahmen einleiten zu

316 Nettoverkauf ohne USt-Ausweis da innergemeinschaftliche Lieferung gem. §§ 4 Nr. 1 b, 6a UStG.

317 §§ 18a Abs. 1, 6, 7, 18b UStG.

318 Z.B. Bandemäßiger USt-Betrug, § 25d UStG.

können. Karussellrisiken werden den temporär-externen USt-Risiken zugeordnet.[319] Diese Tätigkeitsfelder gelten daher als besonders risikobehaftet. Diese Aussage bestätigen auch die in den Interviews befragten Steuerexperten.[320]

Ziel dieses Abschnitts ist es, für Unternehmen in gefährdeten Bereichen Maßnahmen aufzuzeigen, wie sich Karussellrisiken und zugehörige Portfoliorisiken[321] (Haftungs-, Nachzahlungs- und Zinsrisiken) reduzieren. Im Mittelpunkt der Analyse steht die Vermeidung von Fahrlässigkeit bei der Einholung und Überprüfung unternehmensspezifischer Daten von Geschäftspartnern oder Kontaktpersonen und gleichzeitig der Aufbau sorgfältiger Überprüfungsstrukturen. Diese Gesichtspunkte sind elementar, um einen vollen VoSt-Abzug trotz gutgläubiger Teilnahme an Karussellgeschäften zu erreichen.

2. Rechtliche Einordnung

Hinsichtlich der Bereiche VoSt-Abzug, steuerfreie innergemeinschaftliche Lieferungen und steuerfreie Ausfuhrlieferungen sind Unternehmen auf die Angaben Dritter angewiesen, wenn der Unternehmer auf die Angaben eines Abnehmers vertraut, die sich in der Folge aber als fehlerhaft erweisen. Es geht dabei um die Frage des Vertrauensschutzes. Bei steuerfreien innergemeinschaftlichen Lieferungen sieht § 6a Abs. 4 UStG im Gegensatz zu steuerfreien Ausfuhrlieferungen eine Regelung zum Gutglaubensschutz vor. Eine Lieferung ist auch dann steuerfrei, wenn die Inanspruchnahme der Steuerbefreiung auf unrichtigen Angaben des Abnehmers beruht und der Lieferer die Unrichtigkeit auch bei Beachtung der **Sorgfalt** eines ordentlichen Kaufmanns nicht erkennen konnte. In diesem Fall schuldet der Abnehmer die entgangene Steuer.

In der ersten grundlegenden Entscheidung zum Gutglaubensschutz beim VoSt-Abzug folgert der EuGH im Axel-Kittel-Urteil, dass Wirtschaftsteilnehmer, die alle vernünftigerweise von ihnen **zu verlangenden Maßnahmen** getroffen haben, auf die Rechtmäßigkeit dieser Umsätze vertrauen können müssen, ohne dass der VoSt-Abzug verwehrt wird.[322] Daran anknüpfend führt der EuGH im Mahagèben-Urteil aus, dass dem

---

319 Siehe Aufführung der Karussellrisiken in der Übersicht zu USt-Risiken, S. 30.

320 Siehe Antworten der Steuerexperten zu Frage 1 und 3, Wortprotokoll (Anhang 6).

321 Siehe Ausführungen zu Portfoliorisiken, S. 30.

322 EuGH v. 06.07.2006, C-439/04 und C-440/04 – Axel Kittel u. Recolta Recycling, EuGHE 2006, I-6161 = UR 2006, S. 594, Rz. 49 f. m. Anm. WÄGER, UR 2006, S. 599.

Steuerpflichtigen das Recht auf VoSt-Abzug nur unter bestimmten Voraussetzungen versagt werden darf und die objektiven Umstände dies zulassen. Dieser Fall liegt vor, wenn der Steuerpflichtige, dem die Gegenstände geliefert oder für den die Dienstleistungen erbracht wurden, **wusste oder hätte wissen müssen**, dass dieser Umsatz in eine vom Liefernden oder vom Leistenden oder einem anderen Wirtschaftsteilnehmer auf einer bei einem vorangegangenen Umsatz begangene Steuerhinterziehung einbezogen war.[323]

Der EuGH beurteilt das Recht auf VoSt-Abzug für den gutgläubigen Unternehmer (Gutglaubensschutz) als **fundamentalen Grundsatz** des europäischen USt-Rechts und als integralen Bestandteil des durch das Unionsrecht geschaffenen gemeinsamen MwSt-Systems.[324] Er statuiert das Recht auf den VoSt-Abzug unabhängig von Karussellbetrug und stellt stattdessen einen allgemeinen Grundsatz auf. Gleichzeitig stärkt er den Grundsatz der Neutralität der MwSt, nachdem das Unternehmen vollständig und unabhängig vom Zweck oder Ergebnis seiner steuerbaren wirtschaftlichen Aktivität von der geschuldeten bzw. entrichteten USt entlastet wird. Diese Entscheidungen des EuGH gewähren den deutschen Unternehmen mehr **Rechtssicherheit**, die sich in Bezug auf die Zuverlässigkeit von Angaben auf den Schutz des guten Glaubens berufen. So sieht der Gerichtshof die Darlegungs- und Feststellungslast nun bei der Finanzverwaltung. Demnach hätte der Unternehmer wissen müssen oder wissen können, dass der strittige Umsatz in eine USt-Hinterziehung involviert war. Deutsche Gerichte entschieden in vorangegangenen Jahren dagegen im Sinne der Finanzverwaltung.[325]

Mit Urteil des EuGH vom 12.1.2006[326] wird auf die Einzelfallbeurteilung für jeden Umsatz abgestellt. Auch dies brachte Rechtssicherheit für unwissentlich in USt-

---

323 Siehe hierzu EuGH v. 18.12.2014, C-131/13, C-163/13, C-164/13 – Italmoda, Haufe-Index 7539707; 21.6.2012, C-80/11 u. C-142/11 – Mahagében u. Péter Dávid, UR 2012, S. 591.

324 Siehe STAPPERFEND (2013), S. 321 f. sowie EuGH v. 06.07.2006, C-439/04 und C-440/04 – Axel Kittel u. Recolta Recycling, EuGHE 2006, I-6161, UR 2006, S. 594, Rz. 49 f. m. Anm. WÄGER, UR 2006, S. 599; EuGH v. 21.06.2012, C-80/11 u. C-142/11 – Mahagében u. Péter Dávid, UR 2012, S. 591, Rz. 37 f.; EuGH v. 06.09.2012, C-324/11 – Gabor Tóth, UR 2012, S. 851, Rz. 23 f.

325 U.a. FG Saarland v. 13.05.2003, 1 V 22/03, EFG 2003 S. 1049 rkr; FG Saarland v. 30.06.2010, 1 K 1319/07, EFG 2010, S. 1740; Urteil vom BFH aufgehoben, 17.02.11, V R 30/10, BStBl II 2011, S. 769.

326 EuGH v. 12.01.2006, C-354/03, C-355/03 und C-484/03 – Fulcrum, IStR 2006, S. 132.

Karusselle verwickelte Unternehmen. Mit dem Mahagèben-Urteil begründet der EuGH drei entscheidende Aussagen zum VoSt-Abzug:[327]

1. **Grundsatz der Neutralität ist Kern des harmonisierten MwSt-Systems**
   ⇨ Vollständige Entlastung des Unternehmens von der USt.

2. **Erbringung aller erforderlichen Maßnahmen durch den Steuerpflichtigen**
   ⇨ Ein Rechts VoSt-Abzug besteht ohne Einschränkung.
   ⇨ Es besteht keine Abhängigkeit von gesetzlich normierten VoSt-Voraussetzungen.

3. **Existenz allgemeiner Grundsätze für VoSt-Abzug**
   ⇨ Es besteht keine Sonderregelung für USt-Betrug.

Die Rechtsgrundlage für die Ausführungen im Urteil zum Grundsatz des Vertrauensschutzes vom 18.12.2014 wird unmittelbar aus dem europäischen Primärrecht als Bestandteil der Gemeinschaftsrechtsordnung abgeleitet.[328] Der BFH hält bislang an seiner bisherigen Rechtsprechung fest, indem er einen Schutz des guten Glaubens im Rahmen der Festsetzung weiterhin verwehrt. Der BFH begründet diese Einschätzung damit, dass die Rechtsprechung des EuGH das Recht auf VoSt-Abzug nicht erweitere, sondern begrenze, weil eine betrügerische oder missbräuchliche Berufung auf das Gemeinschaftsrecht nicht erlaubt sei.[329] In seinem Urteil vom 30.4.2009 führt der BFH aus, dass der Vertrauensschutz nur im Rahmen einer Billigkeitsmaßnahme[330] beachtet werden kann.

Diese Auffassung wird in der Literatur teilweise heftig kritisiert. Da der VoSt-Abzug laut EuGH nicht eingeschränkt werden darf und der Unternehmer vollständig von der USt entlastet werden muss, ist die Festsetzung der Finanzverwaltung bei Verweigerung des VoSt-Abzugs bereits rechtswidrig.[331] Der Weg in ein Billigkeitsverfahren ist folglich schon dem Grunde nach nicht möglich. Unter den aufgeführten Bedingungen

---

327 Vgl. STAPPERFEND (2013), S. 323.
328 Vgl. DRÜEN (2010), S. 1847 f., dem zustimmend STAPPERFEND (2013), S. 324.
329 BFH v. 30.04.2009, V R 15/07, BStBl. II 2009, S. 744, dem folgend auch BFH v. 08.07.2009, XI R 51/07, BFH/NV 2010, S. 256.
330 §§ 163, 227 AO.
331 Hierzu u.a. STAPPERFEND (2013), S. 326.

dürfte es für den Unternehmer schwer oder unausführbar sein, einen auf gutem Glauben basierenden VoSt-Abzug durchzusetzen. Eine Berücksichtigung des Vertrauensschutzes bei Entstehung der VoSt würde den sorgfältigen und ordentlichen Wirtschaftsteilnehmer erheblich entlasten. Diesbezüglich besteht Handlungsbedarf für den Gesetzgeber. Der BFH wird aller Voraussicht nach zukünftig seine Auffassung zum VoSt-Abzug ändern und die neue Rechtsprechung des EuGH umsetzen müssen.

Neu ist auch die Umkehr der Darlegungs- und Festsetzungslast hinsichtlich des guten Glaubens. Der Unternehmer ist weiterhin dazu verpflichtet, **alle vernünftigerweise zu erwartenden Maßnahmen** zu ergreifen um sicherzustellen, dass der von ihm getätigte Umsatz nicht zu einer Beteiligung an einer Steuerhinterziehung führt. Die Beurteilung der Vernünftigkeit hängt vom Einzelfall ab. Allerdings scheidet eine generelle Überprüfung der Rechnungsaussteller durch den Unternehmer aus. Die Vorlage entsprechender Unterlagen darf die Finanzverwaltung weder beim VoSt-Abzug noch bei der steuerbefreiten innergemeinschaftlichen Lieferung verlangen.[332] Die Erkundigungspflicht des Steuerpflichtigen greift zudem **nur bei Zweifeln** bzw. Anhaltspunkten für umsatzsteuerliche Unregelmäßigkeiten oder Steuerhinterziehung bei der Rechnungserstellung.[333] Die nachträgliche Kenntniserlangung einer unwissentlichen Einbindung in ein USt-Karussell nach Leistungsbezug begründet noch keine Steuerhinterziehung.[334] Die Beweislast in einem möglichen FG-Verfahren zum VoSt-Abzug liegt bei der Finanzverwaltung. Maßstab für die Gutgläubigkeit des Steuerpflichtigen ist die Beachtung **der Sorgfalt eines ordentlichen Kaufmanns** während der Abwicklung des Geschäfts.[335]

Bei bestehenden Karussellrisiken kann die Gefährdungslage beseitigt werden, indem vor der USt-Voranmeldung die Scheinrechnungen umgehend storniert werden. Bei bereits erfolgter USt-Voranmeldung wird die Gefahr dadurch abgewehrt, dass die in

---

[332] Alles entnommen aus EuGH, Urt. v. 21.06.2012, C-80/11 u. C-142/11 – Mahagében u. Péter Dávid, UR 2012, S. 591, Rz. 54, 59, 61 u. ebenso EuGH v. 06.09.2012, C-273/11 – Mecsek-Gabona, UR 2012, S. 796, Rz. 47 zur innergem. Lieferung u. Rz. 41; m. Anm. MAUNZ, UR 2012, S. 802.

[333] So der EuGH v. 21.06.2012, C-80/11 u. C-142/11 – Mahagében u. Péter Dávid, UR 2012, S. 591, Rz. 66; 06.09.2012, C-324/11 – Gabor Tóth, UR 2012, S. 851, Rz. 43 u. 45.

[334] BGH v. 01.10.2013 – 1 StR 312/13 (LG Dresden 01.02.2013).

[335] EuGH v. 06.09.2012, C-324/11 – Gabor Tóth, UR 2012, S. 851, Rz. 52 unter Bezugnahme auf die Ausführungen im EuGH Urt. v. 21.02.2008, C-271/06 – Netto Supermarkt, EuGHE 2008, I-771 = UR 2008, S. 508, Rz. 27, 29.

der Scheinrechnung ausgewiesene USt abgeführt wurde. Eine USt-Berichtigung[336] scheidet regelmäßig aus, weil an dieser alle Beteiligten des Scheinrechnungsverhältnisses teilnehmen müssten. Wegen des Kompensationsverbots entfiele allerdings die Straffreiheit. Für entstandene Zinsschäden ist aufzukommen, nicht aber für verkürzte Steuern.[337]

Zusammenfassend ist festzuhalten, dass alle aufgeführten EuGH-Urteile aus unternehmerischer Sicht vorteilhaft sind, weil die Möglichkeit des VoSt-Abzugs bei der unwissentlichen Betrugsmitwirkung erhalten bleibt und diesbezüglich eine hohe Rechtssicherheit besteht. Gleichzeitig werden Unternehmen aber nicht von der Haftung gem. § 25d UStG entbunden, wenn der Unternehmer von betrügerischen Absichten der anderen Beteiligten Kenntnis hatte oder nach der Sorgfalt eines ordentlichen Kaufmanns hätte haben müssen. **Im Umkehrschluss** darf das Unternehmen nicht durch grobe Fahrlässigkeit oder Leichtfertigkeit im Umgang mit den Angaben von Geschäftspartnern einen USt-Betrug ermöglichen. Unternehmen mit Geschäftsaktivitäten in betrugsanfälligen Bereichen sind angehalten, durch die Integration von Präventivmaßnahmen in ein übergeordnetes USt-Risikomanagementsystem (USt-RMS) jedweder Fahrlässigkeit entgegenzuwirken. Besondere Profiteure der EuGH-Rechtsprechung sind import- und exportorientierte deutsche Unternehmen.

3. Betriebsorganisatorische Konsequenzen für Unternehmen und Maßnahmenkatalog

Nahezu alle Karussellgeschäfte bedienen sich dem Instrument einer Scheinfirma, die den Markt nach der Gründung kurz- oder mittelfristig wieder verlässt (*missing trader*), entweder abrupt durch Verschwinden der Verantwortungsträger oder durch eröffnete Insolvenzverfahren. Daher treten Karussellrisiken verstärkt bei **neuen Geschäftsbeziehungen** auf (z.B. bei Neukunden). Die Aussagen von Steuerexperten bestätigen, dass das Verdachtsmoment von Karussellrisiken bei älteren Geschäftsbeziehungen nahezu gegen null tendiert.[338]

---

336 § 17 Abs. 1 UStG.

337 BFH v. 08.03.2001, V R 61/97, BStBl. II 2004, S. 373; BGH v. 11.07.2002, 5 StR 516/01, wistra 2002, S. 384 sowie EuGH v. 19.09.2000, C-454/98 – Strobel, UR 2000, S. 470.

338 Siehe Antworten der Steuerexperten zu Frage 6, Wortprotokoll (Anhang 6).

In Tabelle 22 werden mögliche Maßnahmen vorgestellt, die verhindern sollen, dass gutgläubige Unternehmen unwissentlich in ein USt-Karussell geraten. Unterschieden wird zwischen neuen und bestehenden Geschäftsbeziehungen.

In Anlehnung an die vorgenommene rechtliche Einordnung von USt-Betrug besteht das unternehmerische **Ziel** darin, alle notwendigen Maßnahmen zu treffen, die vernünftigerweise verlangt werden können, um sicherzustellen, dass die Umsätze nicht in Karussellgeschäfte einbezogen werden und die Rechtmäßigkeit dieser Umsätze vertrauenswürdig ist. Nur dann bleibt das Recht auf VoSt-Abzug bei gleichzeitiger Reduzierung von Haftungsrisiken erhalten. Dieses Ziel steht im Mittelpunkt des nachfolgenden Maßnahmenkatalogs. Hierin werden Präventivmaßnahmen zur Einschätzung und Bekämpfung von Karussellrisiken in fester Reihenfolge vorgestellt. Unterschieden wird dabei zwischen **neuen und bestehenden Geschäftsbeziehungen**:

Präventivmaßnahmen Karussellrisiken	Ausgestaltung Bsp.
Neue Geschäftsbeziehungen	
Nr. 1 **Generierung interner Informationen über den Geschäftspartner**	*u.a.* **Fachkenntnisse des Geschäftspartners bzw. der Kontaktpersonen** • Verfügt der Geschäftspartner über ein branchenkundiges Fachpersonal? • Welchen gewerblichen Werdegang hat das Unternehmen? **Unternehmensstruktur** • Liegt eine Neugründung vor? Gab es kurzfristige Anteilskäufe? • Welche Rechtsform besitzt das Unternehmen? • Wo befindet sich der Geschäftssitz? („Briefkastenfirma") • Gibt es eine feste Büroinfrastruktur? Festnetz- oder nur Mobilfunknummern? • Wer sind die Anteilseigner? Wo ist deren Wohn-/Geschäftssitz? • Wer ist verantwortlich für den Entscheidungsprozess? **Überprüfung der Gegenstände des Leistungsaustauschs** • Woher stammt das Material? Wo wurde es gefertigt? • Woher stammen Komponenten? Wo lagern diese? **Informationsverhalten** • Wie auskunftsfreudig ist der Geschäftspartner? • Wie schnell werden Anfragen beantwortet? • Werden Informationen unaufgefordert zur Verfügung gestellt? **Herkunftsland** • Gibt es im Herkunftsland ein erhöhtes Aufkommen an Wirtschafts- bzw. Steuerkriminalität? • Gibt es steuerspezifische EU-Normen, die noch nicht umgesetzt

Präventivmaßnahmen Karussellrisiken	Ausgestaltung Bsp.
	wurden? **Sonstiges** • Gibt es Sprachbarrieren? Wer führt die Verhandlung u. für wen? • Wer ist verantwortlich für den Transport?
Nr. 2 **Preiskontrollen**	*u.a.* Aufmerksamkeit in Preisverhandlungen Abgleich mit marktüblichen Konditionen Überprüfung des Preisgefüges bei Preisen unter Marktpreis
Nr. 3 **Überwachung u. Prüfung von Formalia**	*u.a.* **Überwachung u. Kontrolle** Lieferwege u. Lieferer bzw. Transportverantwortlicher **Plausibilitätsprüfungen** Rechnung , Lieferkonditionen, Transportwege **Untersuchung des Zahlungsverkehrs** • Erfolgen Zahlungen an Dritte? (Provisionen) • Welche Banken werden herangezogen? • Übereinstimmung von Geschäftspartnern u. Kontoinhabern?
Nr. 4 **Generierung externer Informationen über den Geschäftspartner**	*u.a.* **Einholung von Handelsregisterauszügen** • Wo liegen Wohn-/Geschäftssitze? • Wer sind die Geschäftsführer? • Was ist der Haftungsumfang? • Ggf. Rechtstypenvergleich bei ausländischen Gesellschaftsformen **Sonstige Maßnahmen** Einholung von Bonitätsauskünften Überprüfung der USt-IdNr. beim BZSt oder der EU-KOM[339] Anforderung von Unbedenklichkeitsbescheinigungen des zuständigen FA
Nr. 5 **Organisatorische u. administrative Maßnahmen**	*u.a.* **Dokumentation der Lieferbeziehungen** • Sind Organisation u. Durchführung der Lieferung branchenüblich? • Anlegen einer Lieferantenakte

339 Möglichkeit des § 18e UStG, die EU-Kommission bietet eine Online-Plausibilitätsprüfung mit Antworten in Echtzeit an: http://ec.europa.eu/taxation_customs/vies/vieshome.do?selected Language=de (Stand Februar 2015).

Präventivmaßnahmen Karussellrisiken	Ausgestaltung Bsp.
	Sonstige Maßnahmen Vermeidung von Abholungen durch den Abnehmer Keine Buchung auf Sammelkonten, sondern Verwendung von Kreditoren/Debitorenkonten Stichprobenartige Überprüfungen von Rechnungen auf Pflichtangaben[340]
Nr. 6 **Schulung von Mitarbeitern**	*u.a.* Durchführung von Schulungen Nachverfolgung u. Aktualisierung betrugsanfälliger Geschäftsbereiche
Bestehende Geschäftsbeziehungen	
Nr. 1 **Preiskontrollen**	*u.a.* Überprüfung von Veränderungen im Preisgefüge von Lieferanten, insb. bei Angeboten unter Marktpreis
Nr. 2 **Überwachung der Lieferwege**	*u.a.* **Dokumentation u. Kontrolle der Gelangensbestätigung** **Dokumentation u. Überwachung der beauftragten Abholer** • Wer ist der Spediteur? • Wo liegen Wohn-/Geschäftssitz? • Wer sind die Geschäftsführer Aufmerksamkeit u. Auskunftsersuchen bei Änderung üblicher Lieferwege
Nr. 3 **Gestaltung der Lieferwege**	*u.a.* Vermeidung von Abholungen durch den Abnehmer
Nr. 4 **Organisatorische u. administrative Maßnahmen**	*u.a.* **Überprüfung des Charakters von Lieferungen** • Handelt es sich um „echte" Lieferungen u. Umsätze? **Dokumentation der Lieferbeziehungen** • Sind die Lieferungen „branchenüblich"? • Ggf. Anlage einer Lieferantenakte **Sonstige Maßnahmen** Kunden-Lieferanten-Screenings bei konkreten Verdachtsmomenten Stichprobenprüfung von USt-IdNr. von Lieferanten u. Kunden Intensive Überprüfungen der ersten Rechnungen auf Pflichtangaben u.

340 Die Pflichtangaben einer ordnungsgemäßen Rechnung sind in §§ 14, 14a UStG geregelt.

Präventivmaßnahmen Karussellrisiken	Ausgestaltung Bsp.
	Unstimmigkeiten[341]
Nr. 5 **Leitlinien u. Schulung von Mitarbeitern**	*u.a.* **Klare Handlungsanweisungen für operative Geschäftsbereiche** • Wann sind welche Nachweise zu erbringen? (z.B. Zulassungen, Handelsregisterauszüge, Gelangensbestätigungen, Vollmachtsketten etc.) **Durchführung von Schulungen, insb. im Beschaffungsbereich** • Sensibilisierung von Mitarbeitern bzgl. Karussellrisiken • Nachverfolgung u. Aktualisierung betrugsanfälliger Geschäftsbereiche

Tabelle 22: Präventivmaßnahmen: Bekämpfung von USt-Karussellrisiken
Quelle: Eigene Darstellung unter Einbezug von Beispielen aus Checklisten.[342]

Es erweist sich als zweckmäßig, die Präventivmaßnahmen in der vorgeschlagenen Reihenfolge durchzuführen. Diese orientiert sich an der **Aufdeckungswahrscheinlichkeit** von Karussellrisiken in Relation zu den zu erwartenden **Befolgungskosten**, dem organisatorischen **Aufwand** und der **Durchführungsgeschwindigkeit**. Die Maßnahmen unter Ziffer 1 bieten jeweils die günstigsten und schnellsten Möglichkeiten, Geschäftsbeziehungen bezüglich betrügerischer USt-Karussellrisiken einzuschätzen. Die Ausgestaltung einzelner Präventivmaßnahmen kann unternehmensspezifisch zwischen unterschiedlichen Tätigkeitsfeldern und Geschäftsaktivitäten erheblich abweichen.

Eine lückenlose Abarbeitung des aufgeführten Maßnahmenkatalogs kann allein schon aus Kostengründen nicht für sämtliche Lieferbeziehungen durchgeführt werden. Daher kommen ausschließlich **einzelfallbezogene Plausibilitätsprüfungen** bei Unregelmäßigkeiten im Maßnahmenbereich Nr. 1 bis Nr. 4 zum Einsatz. Für Unternehmen bietet es sich daher an, Schwerpunkte zu setzen. Nur auftretende Unregelmäßigkeiten oder Abweichungen von markúblichen Konstellationen bzw. Konditionen werden von der zuständigen operativen Abteilung unter Hinzuziehung der Steuerabteilung

341 Die Pflichtangaben einer ordnungsgemäßen Rechnung sind in §§ 14, 14a UStG geregelt.
342 Einige Beispiele entstammen Checklisten, die Unternehmen mit Geschäftsaktivitäten in gefährdeten Bereichen zur Verfügung gestellt haben.

umgehend analysiert. Werden z.B. Markenartikel von etablierten und branchenbekannten Geschäftspartnern bezogen, scheiden eine Überprüfung und Dokumentation der Geschäftsbeziehung aus.

Die oben aufgeführten Präventivmaßnahmen richten sich nicht nur an karussellgefährdete Unternehmen, sondern können auch auf Betrugsrisiken im Zusammenhang mit steuerbefreiten innergemeinschaftlichen Lieferungen übertragen werden.

4. Einordnung von Geschäftsbeziehungen und Maßnahmenanwendung zur Prävention

Nachdem umsatzsteuerliche Karussellrisiken bei Geschäftsbeziehungen anhand des obigen Maßnahmenkatalogs überprüft wurden, empfiehlt sich eine Einordnung in ein **risikoorientiertes Ampelschema**. Die Einordnung sollte nicht statisch erfolgen, sondern auf Veränderung angelegt sein. Im Zeitverlauf wird die Entwicklung von Geschäftsbeziehungen risikoorientiert beobachtet, um Einordnungen anzupassen bzw. Veränderungen in Bezug auf die Einschätzung von Karussellrisiken vorzunehmen. Gleichzeitig sind die Erkenntnisse zu Geschäftsbeziehungen in das unternehmerische USt-RMS zu integrieren.

Einordnung von Geschäftsbeziehungen	
Kategorie 1	**stark karussellgefährdet** Geschäftsbeziehungen, in denen mindestens 3 von 5 Präventivmaßnahmen Unregelmäßigkeiten ergaben
Kategorie 2	**karussellgefährdet** Geschäftsbeziehungen, in denen mind. eine Präventivmaßnahme Unregelmäßigkeiten ergab
Kategorie 3	**keine Karussellrisiken** Geschäftsbeziehungen ohne Unregelmäßigkeiten

Tabelle 23: Einordnung von Geschäftsbeziehungen
Quelle: Eigene Darstellung.

Der weiter oben aufgeführte Maßnahmenkatalog[343] wird von der Steuerabteilung geplant, koordiniert sowie gegebenenfalls länder- und abteilungsübergreifend umgesetzt, unterstützt durch die Rechtsabteilung und durch Einsatz von Softwaretechnologie[344]. Hinsichtlich der IT-Unterstützung kann eine risikoorientierte Einordnung von Geschäftsbeziehungen innerhalb des ERP-Systems bei der Eröffnung von Kunden- bzw. Lieferantenkonten vorgenommen werden[345] bei gleichzeitiger **Abbildung des Ampelschemas** im Steuer-RMS. Da die Eröffnung von Kunden- oder Lieferantenkonten in der Regel in den operativen Abteilungen erfolgt, sind Schulungen von Mitarbeiter abteilungsübergreifend notwendig. Darüber hinaus werden Mitarbeiter in Schulungen bezüglich der möglichen Karussellrisiken sensibilisiert.

Beim Auftreten von **Unregelmäßigkeiten** in Angaben von Geschäftspartnern bzw. besonderen Verhaltensauffälligkeiten ist die Steuerabteilung umgehend hinzuzuziehen. Dabei sind Folgeentscheidungen und weitere risikovorbeugende Maßnahmen fallspezifisch abzuwägen. Es ist zu beachten, dass die Maßnahmen nur bei Geschäftsbeziehungen mit konkretem Verdachtsmoment konsequent zur Anwendung kommen, damit Geschäftspartner nicht verschreckt und wertvolle Geschäftsbeziehungen nicht unnötig belastet werden.

Je nachdem, wie die Umsetzung rechtlicher EU-Normen in EU-Mitgliedstaaten vorangeschritten ist, bestehen teilweise noch erhebliche Unterschiede hinsichtlich der Bekämpfung von Wirtschafts- und Steuerkriminalität. Karussellbetrüger versuchen die unterschiedliche Ausgestaltung nationaler Umsatzsteuergesetze, den unterschiedlichen Fortschrittsgrad technischer Fähigkeiten von Finanzverwaltungen und Ausprägungen des innereuropäischen Informationsaustauschs auszunutzen und gegeneinander auszuspielen. Steuerverantwortliche gefährdeter Unternehmen nehmen daher Risikoeinstufungen nach bestimmten Herkunftsländern vor. Unternehmen, die ihren Sitz in EU-Mitgliedstaaten mit erhöhter Wirtschafts- bzw. Steuerkriminalität begründen, unterliegen einer besonderen unternehmensinternen Kontrolle.[346] Betroffene Unternehmen sind daher aufgefordert, betriebsintern **länderspezifische Risikoabstufungen** vorzunehmen und aus Gründen einer transparenten Steuerstrate-

---

343 Siehe Tabelle 22, Präventivmaßnahmen: Bekämpfung von USt-Karussellrisiken, S. 169.
344 Siehe Definition von USt-Technologieeinsatz im IV. Kapitel, Abschnitt I. 1, S. 173.
345 Siehe Ausführungen zu Karusselrisiken im IV. Kapitel, Abschnitt I, Technologieeinsatz, S. 173 ff.
346 Siehe Antworten der Steuerexperten zu Frage 6, Wortprotokoll (Anhang 6).

gie gegenüber Stakeholdern in der Tax Compliance[347] zu Karussellrisiken und Gegenmaßnahmen Stellung zu nehmen.

Zur **Beschaffung und Bewertung von Daten und Informationen** über Geschäftspartner greifen Unternehmen vor allem auf herkömmliche Methoden der Internetrecherche zurück.[348] Als soziale Netzwerke, Plattformen bzw. Suchmaschinen bieten sich z.B. Google, Google Maps, Xing und Facebook an. Zusätzlich können Handelsregisterauszüge online abgefragt werden. Alle Maßnahmen müssen innerhalb eines USt-RMS als Instrument der Einzelfallprüfung abgebildet sein.

Da USt-Karusselle seitens der Finanzverwaltung im Zeitverlauf fast immer aufgedeckt werden, ist die Gewinnung von Zeit substantieller Bestandteil jedes Betrugsmodells. Daher ist das **Informationsverhalten** neuer Geschäftspartner ein wichtiger Indikator in betrugsanfälligen Geschäftsfeldern. Der öffentliche (Internet-)Auftritt und die freiwillige Bereitstellung von Informationen sind wichtig für Unternehmen, die Geschäftsaktivitäten in betrugsanfälligen Bereichen nachgehen. Das Informationsverhalten von Geschäftspartnern ist daher zentral für die risikoorientierte Einstufung in das obige Ampelschema innerhalb des USt-RMS.

Bei der **Gestaltung der Lieferwege** ist es vorteilhaft, wenn der liefernde Unternehmer die Transportwege ohne administrativen Aufwand genau verfolgen kann. Dieser Fall liegt vor, wenn der Transport durch ihn oder durch einen von ihm beauftragten Dritten durchgeführt wird und nicht durch den Abnehmer.[349]

Werden Unregelmäßigkeiten nicht beachtet und trotz Verdachtsmomente für eine Beteiligung von Scheinfirmen oder bei anderen Betrugsversuchen von dem Unternehmen keine Anstrengungen unternommen, den USt-Betrug zu verhindern, wird

---

347 Siehe hierzu Ausführungen im V. Kapitel, Abschnitt G, S. 261 ff.

348 Siehe Untersuchungsergebnisse zu Frage 4, S. 78 ff.

349 Zur Gestaltung von Lieferbeziehungen siehe Ausführungen im IV. Kapitel, Abschnitt E, S. 143 ff.

fahrlässiges Handeln oder zumindest billigende Inkaufnahme der Teilnahme an Karussellbetrug vorliegen. Unter diesen Voraussetzungen würde der Vertrauensschutz nicht zur Anwendung kommen und Haftungs-, Nachzahlungs- und Zinsrisiken ausgelöst werden. In betrugsanfälligen Geschäftsfeldern darf zusätzlicher administrativer Aufwand verbunden mit zusätzlichen Befolgungskosten nicht gescheut werden.

I. Technologieeinsatz im Bereich der Umsatzsteuer

1. Problemaufriss und Eingrenzung

Technologie ist die systematische Anwendung von Erkenntnissen für praktische Aufgabenstellungen im Betrieb.[350] Dabei sollen Erkenntnisse für bestimmte Anwendungsbereiche die passenden Handlungsmöglichkeiten liefern.[351] Der **Technologieeinsatz im Bereich der USt** wird in dieser Arbeit definiert als die intelligente Anwendung von Software, elektronischer Einstellungen und Werkzeuge zur Standardisierung, Automatisierung, Koordination und digitalen Vernetzung von Aufgaben und Funktionen des USt-Managements[352].

Steuerrelevante Informationen und Daten müssen zeitnah, pünktlich und vollständig verarbeitet werden, so verlangen es die Geschäftsführung und die Finanzverwaltung. Unbegrenzte Datenmengen grenzüberschreitend tätiger Unternehmen, der Kostendruck durch personelle Verstärkung, komplizierte USt-Gesetze und eine steigende internationale Regulierung begründen den Bedarf an Technologieunterstützung. Der Technologieeinsatz im Bereich der USt gehört bereits heute in den meisten Unternehmen zum betriebsorganisatorischen Standard und die Weiterentwicklung zu den wichtigsten unternehmerischen USt-Zielen[353]. Aufgrund des internationalen Bedeutungsanstiegs der USt[354], des weltweiten Trends der Erhöhung von USt-Sätzen[355] und der Zunahme grenzüberschreitender Umsätze werden fehlerhafte USt-

---

350 ACHATZ/HEGER (2010), S. 34.

351 CHMIELEWICZ (1979), S. 14 f.; BROCKHOFF (1999), S. 23; GÄFGEN (1968), S. 82.

352 Siehe Aufführung von Aufgaben und Funktionen des USt-Managements auf S. 23.

353 Vgl. die Angaben von USt-Verantwortlichen in Umfragen KPMG (2012A), S. 27; KPMG (2013), S. 26.

354 Siehe Ergebnisse empirischer Untersuchungen, S. 31 ff. sowie Untersuchungsergebnisse zu Frage 1, S. 64 ff.

355 Siehe KPMG (2013), S. 6.

Veranlagungen mittelfristig kostenintensiver. Softwaretechnologie ermöglicht heute erhebliche Vereinfachungen im Bereich unübersichtlicher und komplizierter USt-Aufgaben, weshalb manuelle und personalintensive Datenverarbeitung zunehmend den elektronischen Möglichkeiten weicht.

Ziel des Technologieeinsatzes im USt-Bereich ist die gesetzestreue Verarbeitung aller USt-relevanten Geschäftshandlungen des Unternehmens zur Ermittlung des korrekten USt-Entgelts unter größtmöglicher Effizienz, bestehend aus optimierten Qualitäts-, Zeit-, Kosten- und Arbeitsgrößen. Dazu gehört die Integration der aktuellen Umsatzsteuergesetze, der Informationspflichten und der Rechtsprechung (USt-Compliance) der relevanten Nationalstaaten, optimierte USt-Prozesse sowie die Risiko- und Fehlerminimierung, Überblick über Liquiditätsvorgänge und interne Abstimmungsprozesse, optimierte Überwachungs- und Kontrollfunktionen, Datenmobilität, Archivierung, jederzeitige Lesbarmachungen und die Datenmobilität. Gleichzeitig sollen USt-Befolgungskosten und USt-Risiken reduziert werden. Die Konfiguration von ERP-Systemen ist jedoch gleichzeitig auch eine Quelle für USt-Risiken.[356]

Struktur, Aufbau und Ergebnisse des Technologieeinsatzes müssen jederzeit für nicht USt-fachspezialisierte Compliance-Verantwortliche und Mitarbeiter der Internen Revision nachvollziehbar und kontrollierbar sein.[357] Zur Vermeidung von Prüfungsrisiken müssen auch innerhalb von Außenprüfungen sachverhaltsrelevante Informationen jederzeit zur Verfügung gestellt werden können. Ansonsten drohen Nachzahlungen.

Diese Ziele werden erreicht, indem der Steuerabteilung durch eine intelligente Software ein zentraler Überblick über alle USt-relevanten Geschäftsabläufe des Unternehmens gewährt wird. Hierzu gehören Überwachungsmöglichkeiten sowie die ununterbrochene und zeitnahe Verfügbarkeit von Sachverhaltsinformationen. Alle USt-Prozesse des operativen Geschäftsverkehrs müssen transparent abgebildet sein. Eine Bedingung ist die Dokumentation der USt-Risiken. Diese Maßnahmen bedeutet zudem eine Erleichterungen für die Interne Revision[358] und die Abschlussprüfung.

---

356 Siehe Antworten externer Berater zu Frage 3, Wortprotokoll (Anhang 6).

357 So KROMER/PUMPLER/HENSCHEL (2013), S. 803; siehe auch §§ 238, 239 HGB sowie §§ 140 ff. AO.

358 Die Interne Revision ist eine **unternehmensinterne** Abteilung, in der unabhängige objektive Prüfungsund Beratungsdienstleistungen für das Unternehmen erbracht werden. Eine Ausführliche Definition und eine USt-bezogene Erklärung erfolgen im V. Kapitel, Abschnitt H. 8, S. 304 f.

In diesem Abschnitt geht es um Softwaretechnologien, die von Softwareherstellern bereitgestellt werden, deren Chancen und Risiken für den Einsatz in der USt-Organisation sowie um Möglichkeiten der Weiterentwicklung.

2. Umsatzsteuer-Technologie: Softwarelösungen für Unternehmen

Im USt-Bereich von Unternehmen kommen unterschiedliche Gattungen für technische Lösungen zum Einsatz. Die Tabelle gewährt einen Überblick über derzeit verfügbare Softwarelösungen und deren zugeteilte Aufgaben und Funktionen innerhalb der unternehmerischen USt-Organisation.

Technologie im Bereich der USt - Softwarelösungen	Funktionen u. Aufgaben Bsp.
USt-Funktionen in ERP-Systemen	**Automatische u. proaktive Diagnose** Identifizierung aller USt-relevanten Sachverhalte im Rechnungswesen Untersuchung der Steuerbarkeit **Abgeschirmte Buchungskreise** USt der Eingangs- u. Ausgangsseite, USt-/VoSt-Ausweise **USt-Compliance** Integration u. Überwachung länderspezifischer Regelungen Aktualisierung bei Gesetzes- u. Rechtsprechungsänderungen Zuweisung von USt-Sätzen, USt-Entstehung, Steuerschuldnerschaft, Verbringungsnachweisen etc. **Überwachung von Mitwirkungs- u. Informationspflichten** länderspezifische elektronische Checklisten **Tools für Archivierung** Dokumentation USt-relevanter Sachverhalte u. Transaktionen Aufbewahrung von Eingangs- u. Ausgangsrechnungen
USt-Automatisierungssoftware *(VAT/GST tax engine)*	**USt-Veranlagung** individualisierte Spezial-Software mit technischen Verfahren zur Automatisierung der Steuerberechnung Organschaftstool für USt-Voranmeldungen **USt-Prozesse** elektronische Rechnungsverfahren: Erstellung u. Ablage Lieferantendatenbanken, u.a. Rechnungsuploads maschinelle Rechnungsprüfung bei Kreditoren

Technologie im Bereich der USt - Softwarelösungen	Funktionen u. Aufgaben Bsp.
USt-Spezial-Software	**VoSt-Erstattungssoftware** frühzeitige Berechnung u. Einbindung in den unternehmensweiten *Cashflow* **Verfügbare Tools:** Voranmeldungen bei Organkreisen Länderbezogene Übersicht zu VoSt-Erstattungen u. USt-Zahlungen
USt-Workflow Technology	**USt-Ablauforganisation** länderübergreifende Übersicht über USt-Voranmeldungen, Dokumentation von Buch- u. Belegnachweisen, globale VoSt-Erstattungen **USt-Fristenmanagement** länderübergreifende Übersicht zu Abgabeterminen von USt-Voranmeldungen, Abgabe ZMs, USt-Erklärungen, Einreichung von Buch- u. Belegnachweisen, USt-Prüfungen etc. Globale Übersicht über mögliche Berichtigungstermine
USt-Wissensmanagement	**Vernetzung** abteilungsübergreifende Kommunikation von Mitarbeitern transparente Rückfrage- u. Abstimmungsprozesse **Information** elektronische Versendung aktueller Gesetze, Rechtsprechung u. betriebsinterne Handlungsanweisungen **eLearnings** Erstellung von Newsletter, Onlineseminaren
Standard Audit File for Tax (SAF-T)	**OECD-Standard** Ein automatischer Datenaustausch zwischen der betrieblichen Accounting-Software u. nationalen Finanzverwaltungen **SAF-T-Software**[359] Einsatz gleicher Software-Tools in Unternehmen u. Finanzverwaltung

Tabelle 24: Softwaretechnologie im Bereich der USt
Quelle: Eigene Darstellung unter Einbezug von KPMG (2013), S. 26.

[359] Vgl. PWC (2013), S. 9. Die SAF-T-Software umfasst ein Bündel von Maßnahmen für den Datenaustausch zwischen Accounting-Software (ERP-Systeme) und den jeweiligen nationalen Finanzverwaltungen. In der Finanzverwaltung und Unternehmen kommen dieselben Software-Tools zum Einsatz, die gemeinsam mit Softwareherstellern entwickelt werden.

Als die mit Abstand wichtigste Technologiefunktion im USt-Management gelten **USt-Funktionen** innerhalb länderspezifischer ERP-Systeme.[360] Die wichtigste Aufgabe dieser Systeme ist die Identifikation USt-relevanter Sachverhalte durch Verarbeitung von Massendaten[361] sowie die korrekte USt-Berechnung der Eingangs- und Ausgangsseite. Bei Unregelmäßigkeiten ist eine automatische Verschickung von Warnhinweisen an zuvor definierte Stellen möglich. In die USt-Funktionen können zudem Compliance-Vorschriften weiterer Länder eingebunden werden.

Auffällig ist, dass in US-Unternehmen Softwarelösungen in Bezug auf **USt-Automatisierungen** (*VAT/GST tax engines*) eine weitaus höhere Bedeutung haben als in vergleichbaren europäischen Unternehmen.[362] Automatisierungen gelingen naturgemäß insbesondere bei standardisierten Ja-Nein-Entscheidungen. Bei Abwägungsentscheidungen oder erweiterten Sachverhaltsbeurteilungen liegen teilweise erhebliche Schwächen. Individualisierte Automatisierungssoftware gewinnt in den letzten Jahren an Einfluss.[363] Dies ist auf Schwächen von ERP-Systemen hinsichtlich umsatzsteuerlicher Automatisierungsprozesse für komplizierte und volatile Geschäftstätigkeiten zurückzuführen. *Tax Engines* besitzen Echtzeitanwendungen, die angesichts schwieriger Vorhersagbarkeit länderspezifischer Gesetzes- und Steuersatzänderungen erhebliche Vorteile im Vergleich zu statisch programmierten ERP-Anwendungen aufweisen. Das USt-Management verfügt mit dieser Möglichkeit über eine höhere Flexibilität.

Spezial-Software im Bereich von VoSt-Berechnungen gewähren Unternehmen eine höhere Planungssicherheit. Dennoch wird diesen Tools von Unternehmen eher eine geringere Praxisrelevanz beigemessen.[364]

Workflow-Technologien skizzieren einen länderübergreifenden, terminierten Katalog über zu erledigende Aufgaben der USt-Organisation (z.B. Abgabe der USt-Voranmeldung, zusammenfassende Meldung, Einreichung der USt-Erklärungen, VoSt-Erstat-

360 KPMG (2012A), S. 27.
361 Dazu gehören u.a. Pflichtangaben in Rechnungen (§§ 14, 14a UStG) sowie Stammdaten von Debitoren und Kreditoren.
362 KPMG (2012A), S. 29.
363 Siehe hierzu die Ergebnisse der KPMG-Umfrage; KPMG (2013), S. 26.
364 Ebenda.

tungstermine etc.). Im USt-Bereich wird diesen Aufgaben eine wachsende Bedeutung eingeräumt.[365]

Anwendungen rund um das **Wissensmanagement** garantieren die Bereitstellung wichtiger Rückfrage- und Abstimmungsprozesse, Weitergabe von Informationen sowie eine Mitarbeiterfortbildung. Aus Kosten- und Zeitgründen finden länderübergreifende Schulungen und Seminare immer öfter online statt. Software-Anwendungen gewährleisten Unternehmen zudem wichtige Hilfestellungen zur umsatzsteuerlichen Sensibilisierung von Mitarbeitern anderer Abteilungen. Diesem Bereich wird von den Unternehmen ebenfalls ein Bedeutungsanstieg beigemessen.[366]

Um Befolgungskosten für Unternehmen zu senken und den Datenaustausch mit der Finanzverwaltung zu beschleunigen, ist unter Federführung der OECD der **SAF-T-Standard** entwickelt worden. Dieser Standard beschreibt ein Bündel von Maßnahmen für den Datenaustausch zwischen Accounting-Software (ERP-Systeme) von Unternehmen und den jeweiligen nationalen Finanzverwaltungen. Angesichts dessen kommen in Finanzverwaltung und Unternehmen dieselben Software-Tools zum Einsatz, die gemeinsam mit Softwareherstellern entwickelt werden. Die OECD fordert ihre EU-Mitglieder auf, an diesem Standard teilzunehmen, u.a. um Befolgungskosten bei Unternehmen und Finanzverwaltungen zu senken und den internationalen Datenaustausch zu erleichtern. EU-Teilnehmer sind bislang Frankreich, Österreich, Luxemburg und Portugal. Länder wie Frankreich, Brasilien und Singapur gelten dabei weltweit als Vorreiter.[367]

Softwarelösungen für die USt-Organisation von Unternehmen sind bisher nur ausnahmsweise standardisiert und müssen auf die individuellen Bedürfnisse angepasst und erweitert werden. Schwerpunkte bei Technologielösungen sind immer branchen- und unternehmensspezifisch vorzunehmen und stehen in Abhängigkeit mit der Geschäftaktivität, der Unternehmensgröße, der Organisationsstruktur, dem Grad der internationalen Ausrichtung sowie den länderspezifischen Umsatzgrößen bzw. Regelungen. Dabei ist die Einstellung der Software auf unternehmensindividuelle Probleme zu beachten. Neben Implementierungskosten verursacht der Technologieeinsatz auch Unterhaltungs- und Wartungskosten.

365 Ebenda.
366 Siehe hierzu die Ergebnisse der KPMG-Umfrage; KPMG (2013), S. 26.
367 Vgl. PWC (2013), S. 9.

3. Anwendungsbereiche und Anwendungswerkzeuge im Umsatzsteuer-Bereich

Im vorangehenden Abschnitt wurden unterschiedliche Gattungen aktueller USt-Softwaretechnologien und Softwarelösungen vorgestellt. An dieser Stelle sollen ausgewählte Anwendungsbereiche und -werkzeuge genauer beschrieben werden. Anwendungsbereiche sind z.B. allgemeine Aufgaben und Funktionen des USt-Managements[368], Anwendungswerkzeuge (*tools*) beziehen sich auf konkrete Einstellungen oder zur Verfügung gestellte Services innerhalb übergeordneter Aufgabenbereiche. Die ausgewählten Bereiche sind: USt-Compliance, Überwachungsfunktionen, Revisionsschnittstellen, elektronische Rechnungsverfahren und Berichtswesen.

Die **Integration** weltweiter USt-Compliance im ERP-System bei gleichzeitiger Überwachung zugehöriger USt-Prozesse und Abläufe ist heute angesichts hoher internationaler Unternehmensumsätze notwendig.[369] Sie ermöglicht der Steuerabteilung einen zentralen Überblick über weltweite USt-Vorgänge und schafft **Vernetzungen** zwischen Tochtergesellschaften im In- und Ausland. Ohne diese Funktion können Unternehmen die sehr kleinteiligen und verschiedenen Vorschriften zu Buch- und Belegnachweisen nicht einmal innerhalb der EU organisieren und dokumentieren. Gleichzeitig bietet sich eine Plattform für die Überwachung und Einhaltung weltweiter USt-Compliance an. Weiter ist es bedeutsam, neueste umsatzsteuerliche Entwicklungen in Ländern mit Geschäftsaktivitäten in kurzer Reaktionszeit in Softwarelösungen abzubilden.

Weitere Anwendungsbereiche effizienter USt-Software beziehen sich auf **Liquiditätsaspekte.** Durch entsprechende Tools können die Beträge weltweiter VoSt-Erstattungen frühzeitig berechnet, länderspezifisch abgefragt und rechtzeitig in unternehmensweite Cashflowplanungen einbezogen werden. Angesichts des weltweiten Trends steigender USt-Sätze werden globale VoSt-Erstattungen zu einer immer wichtiger werdenden Planungsgröße. Mithilfe von Softwarelösungen kann das VoSt-Erstattungsverhalten der jeweiligen Finanzverwaltung im Zeitverlauf dargestellt und als strategische Entscheidungsgröße zukünftiger Investitionen bereitgehalten werden.[370] Bei Unternehmen mit Organkreisen werden derzeit anstelle manuell geführter

---

368 Siehe Aufführung von Aufgaben und Funktionen des USt-Managements, S. 23.

369 Siehe KROMER/HENSCHEL/SIMSHÄUSER (2013), S. 2905, 2911.

370 Weitere Ausführungen zum Liquiditätsmanagement erfolgen im V. Kapitel, Abschnitt E. 5, S. 248.

Tabellen Tools zur Berechnung und Abgabe von USt-Voranmeldungen in ERP-Systeme integriert.[371]

Für das regelmäßige **Berichtswesen** an die Geschäftsführung müssen Steuerverantwortliche Informationen zu USt-Berechnungen, USt-Risiken und zu aktuellen Entwicklungen zu festgelegten Zeitpunkten bereithalten. Softwarelösungen mit entsprechenden Auswertungstools verschaffen an dieser Stelle erhebliche Erleichterungen und stehen Steuerabteilungen bereits zur Verfügung. Angesichts unbegrenzter Datenmengen zu Eingangs- und Ausgangsumsätzen sowie einer steigenden globalen Bedeutung der USt werden umsatzsteuerliche Auswertungen von der Geschäftsführung offenkundig verstärkt angefordert.

4. Umsatzsteuer-Softwaretechnologie: Möglichkeiten der Weiterentwicklung

Die weltweite Digitalisierung, zunehmende Virtualisierung und intelligente Vernetzung ganzer Industrie- und Wirtschaftszweige wird auch das Steuermanagement von Unternehmen verändern. So sind beispielsweise elektronische Rechnungsverfahren zur globalen Norm aufgestiegen.[372] Unternehmen erwarten mittelfristig höhere Investitionen in Anwendungsbereichen, insbesondere bei Automatisierungs- und VoSt-Erstattungssoftware.[373] Allgemein ist davon auszugehen, dass die Wettbewerbsfähigkeit durch individuelle Softwarelösungen oder kostenintensive Vollautomatisierungsprozesse[374] mittelfristig steigen wird. Daher werden im Folgenden Überlegungen für Weiterentwicklungsmöglichkeiten von Softwarelösungen mit dem Ziel einer verbesserten USt-Organisation vorgestellt.

Anpassungen innerhalb von USt-Softwarelösungen und Möglichkeiten des technischen Fortschritts müssen regelmäßig mit externen Beratern abgestimmt werden, um die Fehleranfälligkeit und systembedingte Verzerrungen zu vermeiden. Im Folgenden wird auf Anwendungsbereiche der USt eingegangen, in denen mittel- bis langfristig mit technischen Weiterentwicklungen zu rechnen ist. Zu diesen Bereichen gehören elektronische Rechnungsverfahren, die Verarbeitung von Debitoren- bzw. Kreditoreninformationen, konzernweite Vernetzungen durch Einbindung von Organ- und Auslandsgesellschaften, Erfüllung von Informationspflichten und Berichtswesen so-

[371] Siehe Antworten der Steuerexperten zu Frage 9, Wortprotokoll (Anhang 6).
[372] Vgl. PWC (2013), S. 9.
[373] Vgl. KPMG (2012A), S. 30 f.
[374] Vgl. KPMG (2012A), S. 27 f.

wie die Überwachung von USt-Risiken. Die ausgewählten Anwendungsbereiche sind nicht abschließend. Für die in dieser Arbeit zugrunde liegenden Untersuchungsergebnisse[375] werden Schwerpunkte gebildet.

Elektronische Rechnungen sind mit steigender Tendenz weltweit bereits von 72 Ländern anerkannt.[376] Immer mehr Unternehmen stellen ihr System daher auf elektronische Rechnungsverfahren[377] um und sind verpflichtet, qualifizierte elektronische Signaturen von elektronisch übermittelten Rechnungen[378] zu dokumentieren.

In den meisten Unternehmen werden Beträge von Eingangsrechnungen über die Buchhaltung manuell eingegeben. Bei großen Unternehmen sind dies Massenvorgänge, die aus statistischer Sicht Fehlerquellen enthalten. Es besteht daher der Bedarf, eine Buchhaltungssoftware über die Möglichkeit der Eingabe einfacher Zahlenwerke hinaus dahingehend weiterzuentwickeln, sodass Umsätze systembedingt **kategorisiert** werden können. Als Kategorien kommen folgende Positionen infrage: steuerbare Umsätze, steuerbefreite Umsätze, innergemeinschaftliche Lieferungen, Ausfuhrlieferungen, USt-Sätze und notwendige Buch- und Belegnachweise für den jeweiligen Umsatz.

Als nächster technologischer Meilenstein ist zu erwarten, dass Systeme mit Selbsterkennungsfähigkeiten ausgerüstet werden, sogenannte **Rechnungsscreenings** vorzunehmen bei gleichzeitigem Wegfall der manuellen Eingabe von Eingangsrechnungen. Das System prüft selbstständig bei Rechnungseingang ob z.B. die Pflichtangaben[379] und weitere Leistungsbeschreibungen vollständig und korrekt sind. Große Unternehmen zwingen Lieferanten bereits jetzt, Rechnungen und die dazugehörigen Pflichtangaben in vorgegebene Onlinemasken einzustellen und hochzuladen. So können Systeme ohne großen Aufwand die vormals fest vorgegebenen Eingabezeilen verarbeiten. Bei elektronischem Rechnungseingang (z.B. per E-Mail) werden Systeme mittel- bis langfristig in der Lage sein, Informationen von Rechnungen automatisch zu verarbeiten und USt-Ausweise nach Identifizierung eigenständig einzubuchen. Fehlen der Screening-Software wichtige USt-Informationen, werden automatische Warnhin-

375 Wortprotoll (Anhang 6) und Vorstellung der Untersuchungsergebnisse, S. 62 ff.
376 Vgl. EY (2014), S. 6.
377 Siehe Untersuchungsergebnisse zu Frage 9, S. 92 sowie Antworten der Steuerexperten zu Frage 9, Wortprotokoll (Anhang 6).
378 § 14 Abs. 3 Nr. 1 UStG.
379 Die Pflichtangaben einer ordnungsgemäßen Rechnung sind in §§ 14, 14a UStG geregelt.

weise an Mitarbeiter des Rechnungswesens oder der Steuerabteilung verschickt. Diese werden sich aufgrund von Automatisierungssoftware mittel- bis langfristig nur noch auf Zweifelsfragen konzentrieren, die technische Systeme nicht allein lösen können.

Die gleiche Vorgehensweise wird mittel- bis langfristig auch für eingehende **Papierrechnungen** möglich sein. Mitarbeiter des Rechnungswesens legen Eingangsrechnungen in entsprechende Scanner. Diese werden schon bald Entwicklungsgrade erreichen, Rechnungen auf die Pflichtangaben automatisch zu überprüfen und bei Unregelmäßigkeiten entsprechende Warnmitteilungen zu verschicken. Es ist zu erwarten, dass insbesondere KMU auch in Zukunft aus Kosten- und Organisationsgründen auf elektronische Rechnungsverfahren verzichten werden. Daher wird der Bedarf von Rechnungsscannern vor allem in größeren Unternehmen mit hoher USt-Softwareinfrastruktur gegeben sein.

Zu den Pflichtangaben gehören wichtige Informationen über die Kreditoren, z.B. vollständige Namen und Anschriften, Ausweis einer USt-IdNr., fortlaufende Rechnungsnummern, handelsübliche Bezeichnungen gelieferter Gegenstände etc. Die meisten dieser Daten sind in der Regel in der ERP-Stammdatenbank hinterlegt. In intelligente USt-Softwarelösungen dürften mittelfristig **Kunden-Lieferanten-Screenings** integriert werden. Diese Screenings verarbeiten die Daten aller Eingangs- und Ausgangsrechnungen, die mit den hinterlegten Stammdaten abgeglichen werden.

Außerdem können **Risikokategorien** eingebunden werden, in die Kunden oder Lieferanten aufgrund vormals definierter Unregelmäßigkeiten klassifiziert werden.

Die Risikokategorisierung basiert allerdings nicht auf der Einordnung ganzer USt-relevanter Sachverhalte, sondern nur auf vorher programmierte Fallvarianten. Zu diesem Zweck bietet sich die Einordnung von Geschäftsbeziehungen[380] an, die Kategorisierung der Versandarten[381] und die Integration der USt-Risiken-Matrix[382].

An dieser Stelle soll auf die automatische, risikoorientierte **Einordnung von Geschäftsbeziehungen** eingegangen werden. Bei der Einrichtung von Geschäftspartner-

---

380 Siehe IV. Kapitel, Abschnitt H, Maßnahmenkatalog zur Bekämpfung von Karussellrisiken, S. 159.

381 Siehe IV. Kapitel, Abschnitt E, risikobasierte Kategorisierung von Versandarten, S. 146.

382 Siehe Ausführungen zur USt-Matrix im V. Kapitel, Abschnitt H. 3, S. 280.

Stammdaten werden weiterentwickelte Systeme in der Lage sein, eine risikoorientierte Klassifizierung der Geschäftsbeziehungen bereits bei Eröffnung von Kunden- bzw. Lieferantenkonten vorzunehmen und diese Information in Form des Ampelschemas gleichzeitig im Steuer-RMS abzubilden. Dieser Schritt erfolgt z.B. durch eine risikobasierte, automatisierte Einordnung nach Eingabe bestimmter Unternehmensangaben in der Eingabemaske. Über weitere Risiko- und Prüfhinweise sowie Verbindungen von verfügbaren Kunden- bzw. Lieferanteninformationen im ERP-Datenstamm können Mitarbeiter operativer Abteilungen dann rechtzeitig und ohne Hinzuziehung der Steuerabteilung auf Unregelmäßigkeiten hingewiesen werden. Diese Möglichkeiten zur Verknüpfung zwischen ERP-System und Steuer-RMS sind insbesondere für Unternehmen mit großen Lieferanten- bzw. Kundendatenbanken vorteilhaft.

In betrugsanfälligen Branchen könnte USt-Softwarelösungen dahingehend weiterentwickelt werden, das schon bei der Einrichtung der Stammdaten ein **Neukunden-Screening** stattfindet mit dem Ziel, Gefährdungen durch Scheinfirmen rechtzeitig zu bekämpfen.[383] Zu prüfen ist, ob bei betrugsgefährdeten Unternehmen weitere Bestandteile des Maßnahmenkatalogs gegen USt-Betrug[384] durch Einsatz von Softwarelösungen abgedeckt werden können.

Ein Entwicklungspotenzial beim Einsatz von USt-Softwaretechnologie besteht ebenfalls in der effizienten **Einbindung ausländischer Unternehmensteile** und ausländischer Berater bzw. USt-Dienstleister. Durch technischen Fortschritt und weitere Investitionen können Unternehmen auf diese Weise Entlastungen erreichen, USt-Befolgungskosten senken bzw. Kostensteigerungen entgegenwirken.

Weiter kann der Einsatz von **Cloud-Computing** Vorteile bewirken. Diese technische Möglichkeit bezeichnet das dynamische, an den unternehmensspezifischen Bedarf angepasste Anbieten und Benutzen von IT-Dienstleistungen über ein virtuelles Netz. Das Angebot und die innerbetriebliche Benutzung erfolgt dabei über definierte technische Schnittstellen und Protokolle. Die Spannbreite dieser Dienstleistungen umfasst u.a. informationstechnische Infrastruktur wie z.B. Speicherplatz und unternehmensweite Software und Plattformen zum Austausch von Informationen und Daten.[385] Der **Einsatz von Cloud-Technik** in ERP-Systemen ist auch für den USt-Bereich vorteilhaft,

---

[383] Siehe Ausführungen im IV. Kapitel, Abschnitt H. 3, S. 165 ff.

[384] Ebenda.

[385] Vgl. BSI (2014); LISSEN et al. (2014), S. 1 f.

da z.B. Informationen zu Gesetzesänderungen und Rechtsprechung, USt-Prüfungen, die Verwendung von Formularen und unternehmensweite Dokumenten-Manager weltweit abrufbar sind. Zusätzliche können USt-Aufgaben wie z.B. die Dokumentation und Ablage von Buch- und Belegnachweisen, ein USt-Newsletter und eLearnings, Terminübersichten oder Ablauforganisationspläne USt-Mitarbeitern länderübergreifend auf einer abteilungsübergreifenden, identischen Plattform verfügbar gemacht werden. Dienstleistungen des Cloud-Computing ermöglichen ein **sicheres Zugriffskonzept** und bieten zudem Datenschutzleistungen, indem für zahreiche Benutzer des Unternehmens innerhalb einer identischen Infrastruktur unterschiedliche Zugriffsmöglichkeiten eingeräumt werden können.

Da die Erfüllung umsatzsteuerlicher **Informationspflichten** regelmäßig hohe Befolgungskosten auslöst[386] und sich Entbürokratisierungsversuche bei der USt regelmäßig ins Gegenteil umkehren, besteht seitens der Unternehmen ein hoher Bedarf an Softwarelösungen. Dies betrifft insbesondere Anwendungen zur Archivierung von Eingangs- bzw. Ausgangsrechnungen[387], die Bereithaltung von Aufzeichnungen und Dokumentationen[388] sowie die Ausstellung von Rechnungen[389] durch die Erfassung von Verkaufsvorgängen im ERP. Die Berichtigung fehlerhafter USt-Voranmeldungen, USt-Erklärungen, zusammenfassender Meldungen oder Verbringungsnachweisen[390] wird weiterhin nur manuell und mit Personaleinsatz zu bewerkstelligen sein. Auch die Abgabe gesonderter Erklärungen innergemeinschaftlicher Lieferungen[391] oder jährlicher USt-Erklärungen[392] wird angesichts hoher Nachzahlungs- und Haftungsrisiken nicht maschinell oder automatisch erfolgen.

Zukünftig müssen Maschinen und Softwaresysteme in der Lage sein, miteinander zu kommunizieren und Probleme aufgrund programmierter Verhaltensweisen selbst zu lösen bzw. weiterzugeben. Neueste Entwicklungen der **industriellen Vernetzung** dürfen nicht vor der Einbindung des USt-Managements Halt machen. Produktionsanlagen, Fertigungstechnik, Transportmittel, Verkaufsstellen etc. können USt-relevante

---

[386] Vgl. Angaben DESTATIS (2014), TOP 100 der kostenintensivsten Informationspflichten aller Rechtsgebiete. 8 USt-Informationspflichten werden aufgeführt, 4 schaffen es unter die TOP 10.

[387] § 14b Abs. 1 UStG.

[388] z.B. Verbringungsnachweise, Reverse Charge, u.a. § 22 Abs. 1 bis 6 UStG.

[389] § 14 Abs. 2 Nr. 2 S. 2 UStG.

[390] z.B. § 18b S. 4 und 5 UStG, § 18b Satz 4 und 5 UStG.

[391] § 18b Satz 1 UStG.

[392] § 18 Abs. 3 UStG.

Informationen direkt an ERP-Systeme weitergeben, in denen die steuerliche Verarbeitung stattfindet. Durch die intelligente Vernetzung operativer Geschäftsaktivitäten, Produktionsprozesse und betrieblicher USt-Organisation wird die Ressourceneffizienz verbessert. Gleichzeitig kann eine Vergleichbarkeit weltweiter USt-Sachverhalte mit Einbindung in das umsatzsteuerliche Kommunikations- und Berichtswesen stattfinden[393].

Da die USt weltweit an Bedeutung gewinnt und eine globale Verschiebung zu indirekten Steuern zu beobachten ist[394], wird ein **umsatzsteuerliches Berichtswesen** (*indirect tax reporting*) mittelfristig in den Mittelpunkt von Geschäftsführung und Investoren rücken. Bislang erfolgt nur bei einer Minderheit der Unternehmen ein USt-Reporting an die Geschäftsführung.[395] Auswertungs- und Analysetools sind regelmäßig Bestandteile eines jeden ERP-Systems. Hier bestehen erhebliche Weiterentwicklungsmöglichkeiten, um z.B. einzelne Bereiche der USt-Organisation aufzurufen oder abzufragen. Als Gliederungsbereiche des USt-Berichtswesens bieten sich USt-Compliance, USt-Risiken und -Chancen an.[396]

5. Umsatzsteuer-Softwaretechnologie: Chancen und Risiken

a) Hohe Investitionen und Personalentwicklungskosten

Zunächst ist innovativer Softwareeinsatz immer mit **hohen Investitionen** verbunden, die allerdings in einem vertretbaren Kosten-Nutzen-Verhältnis stehen müssen. Eine sorgfältige Abwägung muss bei der Implementierung von Spezial-Software bestehen, weil diese Systeme aufgrund ihrer unternehmensspezifischen Sonderanfertigungen besonders kostenintensiv sind. Der Einsatz von Softwarelösungen ist nur dann effizient, wenn Compliance-Belastungen und somit USt-Befolgungskosten spürbar sinken. Da sowohl technische Innovationen und das UStG national und international gleichermaßen einem hohen Grad an Veränderungen ausgesetzt sind, ist beim ROI der Investition eher auf kurz- bis mittelfristige Zeiträume abzustellen.

Trotz des Einsatzes von Softwaresystemen bleibt der Einsatz von Personal notwendig. Investitionen in Softwarelösungen verursachen gleichzeitig auch **Personalentwick-**

---

393 Siehe V. Kapitel, Abschnitt D, S. 218.

394 Siehe Ergebnisse empirischer Untersuchungen, S. 31 ff. sowie Ergebnisse der Umfrage zu Frage 1, S. 64 ff.

395 Siehe Antworten der Steuerexperten zu Frage 3a, Wortprotokoll (Anhang 6).

396 Siehe Ausführungen im V. Kapitel, Abschnitt D, S. 218 ff.

lungskosten. Je höher der Grad technischer Unterstützung im USt-Bereich ist, desto höher wird der notwendige Ausbildungsstand von Mitarbeitern im Rechnungswesen und in der Steuerabteilung. Die Anforderungen an Fachkräfte und deren Ausbildung steigen, weil sie Probleme lösen müssen, die die Möglichkeiten des Softwareeinsatzes übersteigen. Darüber hinaus müssen Identifikations- und Verarbeitungsmängel sowie Konfigurationsfehler durch USt-Softwarelösungen erkannt werden, um geeignete Gegenmaßnahmen und anschließende Verbesserungen einleiten oder begleiten zu können. Für dieses Anforderungsprofil benötigen Mitarbeiter der Steuerabteilung einen entsprechenden Ausbildungsstand, hohes Fachwissen und Erfahrung.

Mit zunehmendem Einsatz von Spezial- und Automatisierungssoftware besteht ebenfalls ein **besonderer Ausbildungsbedarf** bezüglich risikoorientierter Auswertungsmethoden, der durch Schulungen und Fortbildungen erreicht werden muss. Softwareanbieter sind in der Regel in diese Maßnahmen eingebunden. Diese Form der Ausbildung kann aufgrund des branchen- und unternehmensspezifischen Einsatzes technischer Lösungen nur betriebsintern oder in unternehmensübergreifenden Arbeitsgruppen, z.B. innerhalb von Unternehmensverbänden, durchgeführt werden.

Die Mitarbeiterqualifikation, die erforderlich ist, um komplexe Softwaresysteme hinsichtlich der Identifikations-, Verarbeitungsmängel sowie Konfigurationsfehler zu überwachen, werden **nur wenige große Unternehmen** erreichen können. Alle anderen Unternehmen werden aus Kostengründen auf Service- und Wartungsangebote großer Softwarehersteller zurückgreifen müssen. Diese zeitliche Verschiebung kann wiederum USt-Risiken hervorrufen. Angesichts dessen besteht die Notwendigkeit, Mängel möglichst rechtzeitig festzustellen und beseitigen zu lassen.

In den meisten Unternehmen in Deutschland kommen SAP-Lösungen zum Einsatz. Der US-Konkurrent Oracle stattet in Deutschland vorwiegend nur deutsche Tochtergesellschaften US-amerikanischer Konzerne aus. SAP verfügt demnach in Deutschland über eine Quasimonopolstellung.[397] Weiterentwicklungen von USt-Softwarelösungen können daher nur auf Basis des eingeführten ERP-Systems stattfinden. Dies schafft eine große **Abhängigkeit** vom Softwarehersteller und von dessen Fähigkeit, innovative und effiziente Lösungen für die USt-Organisation zu entwickeln.

---

[397] Siehe Antworten der Steuerexperten zu Frage 4, Wortprotokoll (Anhang 6).

Aufgrund der hohen Investitionen, die mit der Implementierung von Softwarelösungen im USt-Bereich verbunden sind, werden die meisten **KMU** aufgrund des Kosten-Nutzen-Verhältnisses auf den Einsatz verzichten müssen. Auch der Einsatz von ERP-Systemen wie SAP bildet für KMU eher eine Ausnahme. Daher werden die Mitarbeiter des Rechnungswesens häufig weiterhin zur manuellen Verarbeitung von USt-Aufgaben gezwungen sein. Rentabel dürften höchstens technische Hilfestellungen externer Dienstleister oder Berater sein.

b) Standardisierungen und Zentralisierungen

Insbesondere durch die Reduzierung von internen Rückfrage- und Abstimmungsprozessen[398] führen konzernweite Standardisierungen der USt-Software zu Zeitersparnissen bei der Erledigung von USt-Aufgaben und -Funktionen[399], weil Informationen und Bearbeitungsvorgaben im System bereitgestellt werden, die für operative Abteilungen beim Auftreten USt-relevanter Geschäftsaktivitäten mit entsprechenden Lizenzen abrufbar sind. Diese Anwendungshilfe senkt die Befolgungskosten.

Aufgrund der Vielzahl von globalen Dokumentationsvorschriften und nationaler Unterschiede zur Erbringung von Buch-, Belegnachweisen und Aufbewahrungsvorschriften[400] stoßen die USt-Softwarelösungen im Hinblick auf Standardisierungen in Bezug auf die Erfassung und Verarbeitung von Umsätzen an Grenzen. Daher scheiden weltweite Systemstandardisierungen und vollständige Zentralisierungen von USt-Funktionen regelmäßig aus. Dies ist wiederum eine mögliche Risikoquelle, die verstärkt bei nicht standardisierten Geschäftsaktivitäten auftritt.[401] Nichtsdestotrotz sind aus Kosten- und Organisationsgründen Zentralisierungstendenzen innerhalb unternehmerischer USt-Organisation zu beobachten[402], die sich unmittelbar auf den Softwaretechnologieeinsatz auswirken.

Der Einsatz von konzernweiter Softwaretechnologie wird allerdings das Erfordernis einer intensiven Kommunikation zu ausländischen Tochtergesellschaften bzw. zu deren externen Dienstleistern nicht ersetzen, die weiterhin lokale USt-Compliance zu befolgen haben. Daher wird es unternehmensintern immer länderspezifische Lösun-

---

398 Vgl. KROMER/PUMPLER/HENSCHEL (2013), S. 802.
399 Siehe Aufführung von Aufgaben und Funktionen des USt-Managements, S. 23.
400 Vgl. EY (2014C), S. 4.
401 Siehe Untersuchungsergebnisse und Antworten der Steuerexperten zu Frage 2, S. 68 f.
402 Siehe Untersuchungsergebnisse, Tabelle und Erläuterungen zu Frage 8, S. 92 f.

gen der USt-Organisation geben, die aufgrund von Systemlösungen aber zentral bewältigt werden können.

c) Technische Weiterentwicklung, Datenmobilität und Vernetzung

Aufgrund des technologischen Wandels zu vollständiger Digitalisierung und intelligenter Vernetzung weiter Unternehmensteile sind auch für den USt-Softwaretechnologieeinsatz ständige Verbesserungen und Verringerungen der Fehleranfälligkeit zu erwarten. Neuerungen müssen von der Steuerabteilung daher ständig verfolgt und gegebenenfalls implementiert werden.

In der Vernetzung von USt-Anwendungen, dem Rechnungswesen und den übergeordneten unternehmensweiten ERP-Funktionen liegen erhebliche Vorteile für das USt-Management. So können z.B. USt-Risiken fördernde Informationsdefizite zu Geschäftsumfeld und -abläufen, zu Managemententscheidungen oder zu Planungsüberlegungen reduziert werden. Die internationale Vernetzung im Konzern verringert zudem umsatzsteuerliche Inkonsistenzrisiken[403] bei länderübergreifenden Konzernumsätzen, die in USt-Voranmeldungen mehrerer Länder zu erklären sind, mit teilweise sehr unterschiedlichen Dokumentationsanforderungen. Die weltweite Vernetzung von USt-Compliance für Softwarelösungen bedeutet zudem, USt-Aufgaben und -Funktionen einzelner Länder besser, schneller sowie kostengünstiger bei gleichzeitigem Überblick über länderspezifische Unterschiede und länderübergreifender USt-Ablauforganisation bewältigen zu können.

Durch den Einsatz von Softwarelösungen kann innerhalb des USt-Managements eine weltweit hohe **Datenmobilität** erzielt werden, die wichtig ist, um in USt-Prüfungen Sachverhalte schnell rekonstruieren und begründen zu können. Im günstigsten Fall lassen sich dadurch globale Betriebsprüfungs- und gegebenenfalls Nachzahlungsrisiken reduzieren.

d) Elektronische Rechnungen und weltweite Umsätze

Elektronische Rechnungsverfahren sind zur globalen Norm geworden[404] und für Unternehmen erhebliches Einsparpotenzial beinhalten können, insbesondere durch eine automatisierte Rechnungsprüfung in der Buchhaltung und Tools für Kreditoren zum Upload von Rechnungen in einer vorgegebenen Maske.

---

[403] Siehe Aufführung und Erklärung von USt-Risiken, S. 30.
[404] Vgl. PWC (2013), S. 9.

Die Speicherung und Dokumentation qualifizierter Signaturen von elektronisch übermittelten Rechnungen[405] vereinfacht innerhalb des ERP-Systems digitale Rechnungsverfahren. Zusätzlich ermöglichen betimmte Tools die Verschickung von Warnmeldungen an das Rechnungswesen- oder die Steuerabteilung, z.B. bei fehlerhaften Rechnungsangaben oder bei risikoeingestuften Lieferanten bzw. Kunden. So können auch Gefahren des USt-Betrugs verringert werden.

Die Einbindung verschiedener Risikokategorien in die USt-Softwaretechnologie[406] ermöglicht es, Kunden oder Lieferanten aufgrund vormals definierter Unregelmäßigkeiten risikogerecht zu beurteilen. Anhand erstellter Risikoprofile und nach der Verarbeitung von Sachverhaltsinformationen innerhalb des ERP-Systems kann eine intelligente Automatisierungssoftware die USt-Abteilung über konkrete fallbezogene USt-Risiken informieren. Mitarbeiter des Rechnungswesens oder operativer Abteilungen können so hinsichtlich risikobehaftete Kategorien sensibilisiert werden und sich angesichts der hohen Datenmengen stärker auf risikogefährdete Umsätze fokussieren. Inwieweit die USt-Risiken-Matrix[407] im ERP-System eingebunden werden kann, unterliegt einer Einzelfalluntersuchung.

e) Überwachung und Kontrolle des Technologieeinsatzes

Da die USt-Organisation hauptsächlich aus der Verarbeitung von Massendaten besteht, kann ohne elektronisch unterstützte Prüfungen eine wirksame, nachvollziehbare und kontrollierbare Überwachung nicht erfolgen. Automatisierte Softwarelösungen haben immer mehr manuelle Aufgaben der Datenverarbeitung des Rechnungswesens übernommen, daher steigt auch der Bedarf moderner, IT-basierter **Plausibilitätsprüfungen** zu den Ergebnissen des Technologieeinsatzes. Es ist das Ziel, umfangreiche Datenmengen in Bezug auf Risikopotenziale zu analysieren.[408] Dazu gehört das Hinterfragen nicht plausibel erscheinender Informationen und Zahlen.[409] Allerdings wird bei sensiblen USt-Sachverhalten auch in Zukunft nicht auf zusätzliche manuelle Prüfungen verzichtet werden können.[410]

---

405 § 14 Abs. 3 Nr. 1 UStG.

406 Siehe Ausführung zu Risikokategorien im vorherigen Abschnitt, S. 180 ff.

407 Siehe Ausführungen im V. Kapitel, Abschnitt H. 3, S. 280.

408 Vgl. EHLERS (2012), S. 1540.

409 Vgl. GROTE/JANSSEN (2011), S. 244.

410 Siehe Antworten von Steuerexperten zu Frage 4, Wortprotokoll (Anhang 6).

Konfigurationsmängel oder fehlerhaft programmierte USt-Funktionen verhindern eine Fehlererkennung durch die Software und können Strafzahlungen verursachen. Angesichts dieses Risikos kann auf die permanente Überwachung technischer Softwareeinstellungen nicht verzichtet werden.[411] Fehlerhafte elektronische Systeme beinhalten Softwaretechnologie- und Accounting-Risiken, die wiederum Betriebsprüfungs- und Nachzahlungsrisiken[412] auslösen.

6. Empfehlungen an den Gesetzgeber

Ohne eine weitere Kooperation zwischen der Finanzverwaltung und Unternehmen in Bezug auf den Technologieausbau im USt-Bereich werden beide Seiten bei den Erhebungs- und Befolgungskosten steigenden Kosten zu verzeichnen haben. Vor dem Hintergrund der teilweise prekären Haushaltslagen sind Finanzverwaltungen weltweit gezwungen, die eigenen Erhebungskosten zu senken. Als alleiniger Profiteur der USt ist die Finanzverwaltung aufgefordert, den Neutralitätsgrundsatz stärker in den Mittelpunkt zu rücken und Erleichterungen für Unternehmen durch den Einsatz innovativer Softwaretechnologien zu forcieren. Die Zukunft wird zeigen, ob Finanzverwaltungen international den Mut haben, Raum für Innovationen und Kooperation mit Unternehmen zu schaffen und den **gemeinsamen Einsatz von effizienter Softwaretechnologie,** wie z.B. den SAF-T-Standard, flächendeckend zuzulassen und weiterzuentwickeln.

Intention gemeinsamer technischer Standards ist es, die Wirtschaftlichkeit der USt-Organisation aufseiten der Unternehmen und der Finanzverwaltung gleichermaßen zu steigern. Dieser Anspruch bezieht sich z.B. auf die Verringerung von Erhebungskosten und Complianceerfordernissen. Ein hoher Bedarf an technologischer Zusammenarbeit besteht vor allem bei der Bereitstellung effizienter und intelligenter Tools, die Echtzeitprüfungen erlauben und Fehlererkennungen beschleunigen und benutzerfreundliche Tools, die z.B. die automatische Abfrage von USt-IdNr. sowie von Steuernummern erlauben. Der Abgleich von USt-IdNr. in Kundendatenbanken verursacht bei vielen Unternehmen einen extremen administrativen Aufwand.[413] Die gemeinsame Nutzung von Softwarelösungen kann den Datenaustausch beschleunigen, Prüfungsrisiken für Unternehmen verringern, VoSt-Erstattungen erleichtern und Befol-

411 Vgl. GRAF KERSSENBROCK/KIRCH (2013), S. 389.
412 Siehe Aufführung von USt-Risiken, S. 30.
413 Siehe Antworten der Steuerexperten zu Frage 3, Wortprotokoll (Anhang 6).

gungskosten senken. Größere supranationale Projekte zur Einrichtung europäischer Softwarelösungen, z.B. zur einheitlichen elektronischen VoSt-Erstattung, müssen daher dringend umgesetzt werden.

Ein konkretes Beispiel für eine gemeinsame technologische Plattform bietet die Abfragemöglichkeit von USt-IdNr. beim Bundeszentralamt für Steuern (BZSt) gem. § 18e UStG. Die technische Realisierbarkeit kooperierender Softwaretools dürfte gegeben sein. Ein Abgleich von USt-IdNr. in Echtzeit innerhalb von ERP-Systemen würde Unternehmen erhebliche Erleichterungen verschaffen und gleichzeitig den USt-Betrug bekämpfen.

J. Zwischenfazit

In der nachfolgenden grafischen Übersicht sind die Handlungsempfehlungen des USt-organisatorischen Bereichs dieser Arbeit zusammengefasst. Die Reihenfolge der Anwendungsbereiche ergibt sich aus der Gliederung der einzelnen Abschnnitt des IV. Kapitels.

Untersuchungsergebnisse USt-Organisation	
Ansatzpunkt / Anwendungsbereich	**Ausprägung**
USt-Befolgungskosten	**Ziel** Optimierung der administrativen Anforderungen zur Reduzierung der Befolgungskosten **Maßnahmen** Kostenanalyse, -operationalisierung der USt-Compliance Bestimmung der Kostenarten: Kostenstellen u. Kostenträger **Ergebnis** Gem. Untersuchungsergebnissen ist die Position der Personalkosten die größte interne Kostenstelle. Größter Kostenträger innerhalb der USt-Compliance sind die Folgen von USt-Informationspflichten. Kostentreiber ist u.a. der Parameter **Zeitaufwand**. Wesentlicher **Verteilungsschlüssel** für USt-Befolgungskosten sind die Kosten des Personaleinsatzes für den administrativen Aufwand. Je intensiver die Bereitstellung von Ressourcen für die USt-Organisation ist,

Untersuchungsergebnisse USt-Organisation	
Ansatzpunkt / Anwendungsbereich	**Ausprägung**
	desto höher ist die Erfolgsquote des USt-Compliance u. desto niedriger die Befolgungskosten u. Risikopotenziale.
USt-Organschaft	**Ziel** Senkung von USt-Befolgungskosten durch Errichtung eines Organkreises **Maßnahme** Erfüllung der Voraussetzungen einer USt-Organschaft **Ergebnis** Innerbetriebliche Leistungsbeziehungen werden durch die Errichtung eines Organkreises eliminiert. Durch die zentrale Dokumentation aller umsatzsteuerlichen Aufgaben u. Funktionen beim Organträger werden die Befolgungskosten gesenkt. Neben den Vorteilen werden auch **USt-Risiken** ausgelöst, insb. Außenprüfungs- u. Nachzahlungsrisiken. Dies betrifft z.B. die umsatzsteuerlichen Mindestbemessungsgrundlagen hinsichtlich konzerninterner Verrechnungspreise u. VoSt-Abzüge.
Mini-One-Stop-Shop	**Ziel** Korrekte Identifizierung elektronischer Dienstleistungen Reduzierung umsatzsteuerlicher Compliance-Risiken u. Befolgungskosten **Maßnahmen** Einschätzung u. Management von Risikopotenzialen u. Befolgungkosten **Ergebnis** Unternehmen mit **Geschäftsaktivitäten im E-Commerce** sind durch das MOSS-Verfahren zukünftig erheblichen Mehrbelastungen u. hohen Risikopotenzialen ausgesetzt. Dies betrifft z.B. den genauen Ablauf von Außenprüfungen, die Datenbereitstellung für Finanzverwaltungen, Datenschutzregelungen, das betriebliche Management unbegrenzter Datenbestände sowie fehlende einheitliche Regelungen zu Rechnungspflichten u. Prüfungssprachen. Ein sich ständig veränderndes Internet u. ständig neue digitale Produktangebote erschweren zudem die **Identifikation** u. **Erfassung** von elektronischen Dienstleistungen. Da das MOSS-Verfahren als rein virtuelles, länderübergreifendes Modell **betrugsanfällig** ist, werden in naher Zukunft gesetzliche Nachbesserungen erfolgen.

Untersuchungsergebnisse USt-Organisation	
Ansatzpunkt / Anwendungsbereich	**Ausprägung**
Innergemeinschaftliche Lieferungen	**Ziel** Reduzierung von Befolgungskosten u. Risikopotenzialen bei innergem. Lieferungen **Maßnahmen** Organisatorische Maßnahmen im Bereich von Lieferkonditionen, -nachweisen u. der Risikoprävention **Ergebnis** Der organisatorische Mehraufwand besteht für Unternehmen in der **Unterscheidung** der unterschiedlichen Versandarten u. den daraus resultierenden benötigten Liefernachweisen. Risikoeinschätzungen u. Handlungsempfehlungen müssen im **ERP-Systemen** u. Intranets hinterlegt sein. Umfangreiche Dokumentationsanforderungen erfordern ein **geschultes Fachpersonal** v.a. im Bereich der Logistik u. des Vertriebs. Zusätzliche Handlungssicherheit gewähren **abgestimmte Prozesse**, wie die Sicherstellung betriebsinterner Kommunikation zwischen betroffenen Unternehmenseinheiten u. der Steuerabteilung bei bestimmten Versandarten bzw. Versandgruppen.
MwSt-Registrierungen	**Ziel** Reduzierung des administrativen Aufwands u. Befolgungskosten Verbesserung des unternehmerischen Cashflows **Maßnahmen** Überprüfung der unternehmensspezifischen Voraussetzungen für MwSt-Registrierungen Abwägung von Chancen u. Risiken **Ergebnis** Vorteile bestehen z.B. bei der Einräumung längerer **Fristen** zur Einreichung notwendiger Buch- u. Belegnachweise für VoSt-Erstattungen u. der Möglichkeit zur Abgabe **periodischer USt-Abrechnungen** bei VoSt-Überhängen. Daneben sind USt-befreite Einkäufe im jeweiligen Mitgliedstaat u. die Abwicklung von **Dreiecksgeschäften** möglich. MwSt-Registrierungen unterstützen somit die Cashflow-Optimierung. **Nachteile** bestehen bzgl. hoher Dokumentations- u. Archivierungsanforderungen in den jeweiligen Mitgliedstaaten sowie Prüfungs-, Nachzahlungs- u. Haftungsrisiken.

Untersuchungsergebnisse USt-Organisation	
Ansatzpunkt / Anwendungsbereich	**Ausprägung**
USt-Prozesse	**Ziel** Erfüllung weltweiter USt-Compliance u. der Überwachung der Ergebnisse der USt-Organisation **Maßnahmen** Entwicklung u. Einrichtung **unternehmensweiter USt-Prozesse** Etablierung von Entscheidungsprozessen zur Einschätzung von USt-Risiken **Ergebnis** USt-relevante Abläufe, Systeme u. Mechanismen müssen in Unternehmens- u. Geschäftsabläufe implementiert werden. Dies erfolgt durch abteilungsübergreifende **Kommunikation**, die gezielte **Informationsweitergabe** an Entscheidungsträger, Kontrollen u. die Risikofrüherkennung. **Weltweite UStG-Änderungen** u. veränderte Geschäftsaktivitäten müssen in betriebliche Systeme implementiert werden, dabei sind risikobehaftete Unternehmensbereiche u. Schwachstellen zu berücksichtigen. Erreicht wird dies u.a. durch die Festlegung **abteilungsübergreifender Schnittpunkte** u. den Einsatz von USt-Softwaretechnologie. Durch gut abgestimmte u. optimal angepasste USt-Prozesse lassen sich **wertsteigernde Effekte** für das Unternehmen erzielen.
USt-Betrug	**Ziel** Reduzierung von Karussellrisiken u. zugehörender Portfoliorisiken Verhinderung der unwissentlichen Mitwirkung **Maßnahme** Vermeidung von Fahrlässigkeit im Umgang mit Geschäftspartnern Implementierung von Überprüfungsstrukturen u. Präventivmaßnahmen **Ergebnis** Karussellrisiken ist insb. derjenige Wirtschaftsteilnehmer ausgesetzt, der nicht alle in seiner Macht stehenden, vernünftigerweise zu ergreifenden Maßnahmen trifft. **Anknüpfungspunkt** zur Risikominimierung sind Geschäftsbeziehungen u. die dazugehörigen Leistungsaustausche. Die risikoorientierte Einordnung von Geschäftsbeziehungen erfolgt anhand **Risikoindikatoren** mithilfe eines Ampelschemas. Rechtsicherheit geben EuGH-Urteile, die bestätigen, dass die Möglichkeit des VoSt-Abzugs bei der unwissentlichen Betrugsmitwirkung grds. erhalten bleibt. Zu beachten ist der Straftatbestand des **bandenmäßigen USt-Betrugs** gem. § 25d UStG.

Untersuchungsergebnisse USt-Organisation	
Ansatzpunkt / Anwendungsbereich	**Ausprägung**
USt-Technologieeinsatz	**Ziel** Zeitnahe, pünktliche, vollständige u. korrekte Verarbeitung u. Dokumentation aller USt-relevanten Daten bzw. Informationen Reduzierung von USt-Befolgungskosten u. -Risiken **Maßnahme** Einsatz von USt-Softwaretechnologie innerhalb u. außerhalb der ERP-Systeme **Ergebnis** USt-Softwarelösungen müssen über Fähigkeiten der **Standardisierung**, **Zentralisierung**, **Automatisierung** u. **Digitalisierung** von Aufgaben u. Funktionen des USt-Managements verfügen. **Potenziale** zur Weiterentwicklung u. Optimierung liegen in der **Vernetzung** weltweiter Unternehmensteile, in der Integration weltweiter USt-Compliance, der Umsatzkategorisierung u. in elektronischen Rechnungsverfahren. Steuerabteilungen müssen einen zentralen Überblick bzgl. weltweiter USt-Vorgänge haben u. auf verbesserte IT-gestützte Plausibilitätsprüfungen sowie auf Auswertungstools zurückgreifen können. **Limitationen** des USt-Technologieeinsatzes liegen in den z.T. erheblichen weltweiten Rechtsunterschieden.

V. Kapitel: Die Umsatzsteuer unter planerischen Gesichtspunkten

A. Begriffsabgrenzung und Problemaufriss

Ziel des USt-Managements ist die Senkung von Risikopotenzialen und Befolgungskosten sowie die permanente Untersuchung und Implementierung von Optimierungsmöglichkeiten. Dies geschieht durch eine effektive USt-Organisation, -Planung und -Kontrolle, wobei unternehmensinterne Kontrollfunktionen im USt-Bereich nicht isoliert voneinander analysiert werden, sondern, soweit die Erfolgskontrolle betreffend, innerhalb der USt-Planung stattfinden.[414] Die **unternehmensexterne** USt-Prüfung wird von der externen Revision sowie der Finanzverwaltung und in Form von Außenprüfungen bzw. USt-Sonderprüfungen durchgeführt. Aufgabe der Steuerabteilung ist es, die Prüfungsergebnisse einer systematischen Auswertung zu unterziehen. Thematisch erfolgte die Zuteilung zum Bereich der USt-Planung. Dieses Kapitel befasst sich mit den Bereichen unternehmerischer USt-Planung, die das Ziel verfolgt, passende Strategien zu entwickeln, um USt-Prozesse zu verbessern, Lernprozesse einzuleiten sowie Befolgungskosten und umsatzsteuerliche Gefahrenpotenziale zu reduzieren. Im Gegensatz zur USt-Planung beschäftigt sich die USt-Organisation auf der massenhaften Abwicklung, Anwendung, Verbesserung und Koordination von USt-Prozessen des Unternehmens zur Erfüllung aller notwendigen USt-Compliance-Anforderungen.[415] **Grundlage** der USt-Planung bildet eine den unternehmensspezifischen Bedürfnissen angepassten **USt-Strategie**, die aus Risiko- und Wertperspektiven heraus entwickelt wird.

Der **gesetzliche Gestaltungsspielraum** des Umsatzsteuerrechts ist weitaus eingeschränkter und komplizierter als auf dem Gebiet direkter Steuern. Dies liegt z.B. an formalistisch geprägten Anwendungsvorschriften des UStG sowie an steuerlichen bzw. strafrechtlichen Sanktionen bei Fehlverhalten. Dennoch bietet der Gesetzgeber innerhalb des UStG Gestaltungsspielraum und Wahlrechte.[416] Möglichkeiten und Wahlrechte des Steuerpflichtigen sind in den Steuergesetzen grds. in Kann-Bestimmungen formuliert. Insgesamt erscheint das Wort „kann" über hundert Mal in insgesamt 73 Vorschriften des UStG (Stand Juni 2014). Weitere Gestaltungsspielräu-

---

[414] Siehe Ausführungen im II. Kapitel, Abschnitt C, S. 18 ff.

[415] Siehe ausführliche Ausführungen zum Unterschied zwischen USt-Organisation und USt-Planung im II. Kapitel, Abschnitt C, S. 18 ff.

[416] Vgl. KORF (2011A), S. 1087.

me ergeben sich aus unterschiedlichen Rechtsfolgen gestaltbarer Tatbestandsmerkmale.[417]

An dieser Stelle sei auf die eindeutige Abgrenzung zwischen der Steuerplanung mithilfe von Gestaltungsmöglichkeiten und Steuermissbrauch bzw. Steuerbetrug hingewiesen. In dieser Diskussion stellt sich die Frage, welches Ausmaß an legaler USt-Gestaltung (*tax/VAT avoidance*) noch legitim bzw. notwendig ist und wann die rote Linie zu illegaler steuerlicher Täuschung bzw. zum Steuerbetrug (*tax/VAT sham*) überschritten wird. Die nachfolgende Abbildung visualisiert allgemein für Steuern anschaulich die Unterscheidung zwischen illegaler Steuerhinterziehung (*tax/VAT evasion*), legal erscheinender aggressiver Steuerplanung bzw. Steuertäuschung (*tax/VAT sham*) und verantwortbarer legaler Steuergestaltung. Eine kongruente Übertragung auf den USt-Bereich ist möglich:

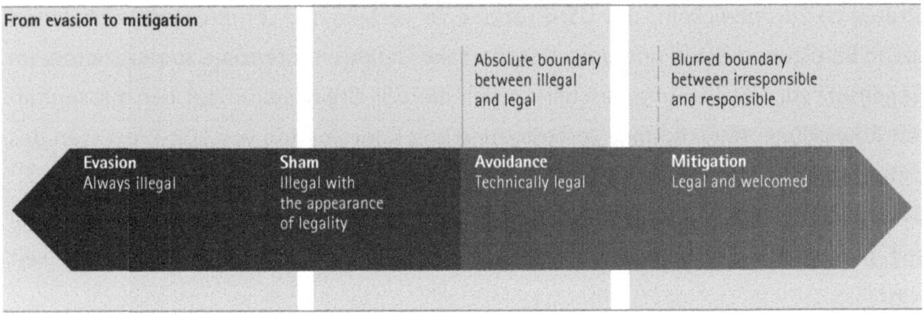

Abbildung 9: From Evasion to Mitigation
Quelle: SUSTAINABILITY LTD. (2006), S. 2

Je stärker die unternehmerische Steuerpolitik von der Intention des Gesetzes (*spirit of the law*) und die verantwortbare legale Steuergestaltung in Richtung links hin zu einer reinen Befolgung des Gesetzeswortlauts (*letter of the law*)[418] verlässt, desto größer ist der Missbrauchsverdacht. Da der Abwehr von Missbrauch und Steuerbetrug im IV. Kapitel ein separater Abschnitt gewidmet ist[419], beschäftigt sich dieses Ka-

417 Vgl. KORF (2011A), S. 1072.
418 Vgl. OECD (2011), S. 70 und OECD (2008), S. 25.
419 Siehe IV. Kapitel, Abschnitt H, S. 157 ff.

pitel ausdrücklich nur mit legaler und somit verantwortbarer Steuergestaltung. Es sei darauf hingewiesen, dass bei Bestehen von Wahlrechten zwischen zwei Umsätzen, die die 6. MwStSystem-Richtlinie nicht vorschreibt, den Umsatz zu wählen, der zu einer höheren USt-Erstattung führt. Der Steuerpflichtige verfügt bezüglich seiner Umsätze über ein Gestaltungswahlrecht, seine Tätigkeit steueroptimal zu gestalten.[420] Dies geschieht im Rahmen USt-günstiger Möglichkeiten, die der Gesetzgeber den Unternehmen einräumt.

Zu beachten ist zudem, dass USt-Gestaltungen **ertragsteuerliche Konsequenzen** haben können, Kosten verursachen oder einen besonderen administrativen Aufwand auslösen, der betriebswirtschaftlich nicht im Verhältnis zu den Steuerervergünstigungen stehen kann. Dies ist im Einzelfall abzuwägen. Als Beispiel sei auf Gestaltungen im unternehmensinternen Bereich hingewiesen, wenn aus Gründen der Reduzierung von Zoll und EUSt bestimmte Kosten nicht eingepreist sind, sondern in eine Kostenumlage verschoben werden. Wenn die Umlagevereinbarung nicht den ertragsteuerlichen Anforderungen entspricht, kann dies andere Steuern auslösen. Ähnlich verhält es sich, wenn innergemeinschaftliche Dreiecksgeschäfte künstlich geschaffen werden und dabei im Vorwege die Marge des mittleren Abnehmers ertragsteuerlich nicht berücksichtigt wurde.[421]

Die wichtigsten **Aufgaben und Funktionen** unternehmerischer USt-Planung werden in Tabelle 25 dargestellt:

USt-Planung: Aufgaben u. Funktionen	Umfang u. Ausprägung Bsp.
USt-Strategie	Strategien zur Erreichung von Zielen u. Handlungsgrundlage der USt-Planung Entwicklung, Implementierung, Kontrolle, Anpassung (länderbezogen)
USt-Planung allgemein	Option zur Steuerpflicht u. Optimierung des VoSt-Abzugs Implementierung von USt-günstigen Betriebsstrukturen, Überwachung
Liquiditätsmanagement	Überblick, Überwachung, Optimierung (länderbezogen) Kontrolle der Steuerzahllast, ggf. Reduzierung, Finanzierungen Optimierung des VoSt-Abzugs, Kostenüberlegungen

420 Vgl. EuGH v. 21.02.2006, C-255/02 – Halifax, IStR 2006, S. 276; 21.02.2008, C-425/06, Part Service Srl, IStR 2008, S. 258 m. Anm. KORF (2008), Rz. 47.

421 Vgl. KORF (2011), S. 1074.

USt-Planung: Aufgaben u. Funktionen	Umfang u. Ausprägung Bsp.
Erfolgskontrolle der USt-Organisation	Überwachung von Erfolgsfaktoren Überprüfung von USt-Prozessen, Betriebsprüfungssimulation Stichprobenkontrollen im Rechnungswesen: z.B. Eingangs-/Ausgangsrechnungen
USt-Risikomanagement	Aufbau, Implementierung, Überwachung, Pflege Management von zutreffenden USt-Risiken Überwachung der USt-Tax-Compliance
Auswertung von USt-Prüfungen	Fehleranalyse, Schlussfolgerungen Entwicklungen, Implementierung von Verbesserungen
Kommunikation u. Berichtwesen	ständige Versorgung von Entscheidungsträgern mit USt-relevanten Informationen Auswahl der Adressaten, Zeitabstände, Inhalte (länderbezogen) Zusammenarbeit mit interner Revision
Wissensmanagement	E-Learning, Trainings, Intranetpflege Mitarbeiterschulungen, Planung u. Durchführung Mitarbeiterqualifikation, Ausbildung, Sensibilisierung

Tabelle 25: Aufgaben der USt-Planung
Quelle: Eigene Darstellung.

Die in diesem Kapitel vorgenommene thematische Auswahl orientiert sich an der betriebswirtschaftlichen Relevanz für Unternehmen und dem steuerlichen Gestaltungspotenzial. Die ausgewählten Bereiche werden dann unter planerischen Überlegungen analysiert und bewertet. Grundlage der problemorientierten Auswahl bildeten die Antworten der Steuerexperten in der Untersuchung und daraus abgeleitete Untersuchungsergebnisse.[422] Zusätzliche Kriterien der Auswahl sind der Bedeutungsanstieg der USt[423] und sich daraus ergebene Herausforderungen, Aktualität, besondere Gestaltungsmöglichkeiten und der internationale Bezug.

Alle Funktionen und Maßnahmen der USt-Planung umfassen eine erhöhte Sorgfalt und Aufmerksamkeit der Steuerverantwortlichen sowie die Sensibilisierung von Mitarbeitern, weil die lückenlose und akribisch nachvollziehbare Erfüllung weltweiter USt-Pflichten im Mittelpunkt der Betrachtungen steht.

---

422 Siehe Umfrage im Rahmen dieser Arbeit, S. 51 ff.; Wortprotokolle der Steuerexperten (Anhang 6 u. 7).

423 Siehe Ergebnisse empirischer Untersuchungen, S. 31 ff. u. Ergebnisse der Umfrage zu Frage 1, S. 64 ff.

B. Umsatzsteuer-Strategie: Handlungsgrundlage für das unternehmerische Umsatzsteuermanagement

1. Begriffserklärung und Problemaufriss

Im betriebswirtschaftlichen Sinne umfasst eine Strategie die langfristigen Verhaltensweisen eines Unternehmens oder seiner Einheiten gegenüber der Umwelt, die sich in Maßnahmenkombinationen ausdrücken und Zielvorgaben priorisieren und verwirklichen. Sie trifft eine eindeutige Aussage hinsichtlich der Positionierung im Wettbewerb, ist darauf ausgerichtet, Wettbewerbsvorteile zu generieren, und beinhaltet Aussagen zur zukünftigen Entwicklung.[424]

Daraus abgeleitet besteht die **Steuerstrategie** aus konkreten Handlungen zur Erreichung steuerlicher Zielvorgaben, die aus einem vorgegebenen Rahmen, z.B. von Unternehmenszielen, der unternehmerischen Steuerpolitik oder der Tax Compliance[425] abgeleitet werden. Eine festgelegte **USt-Strategie** wiederum ist wesentlicher Bestandteil der übergeordneten Steuerstrategie. In dieser Arbeit wird sie definiert als **Handlungsgrundlage, Orientierung und Richtungsvorgabe** für ein effektives und effizientes Management aller Funktionen und Aufgaben[426] im USt-Bereich eines Unternehmens. Aufgrund der Komplexität weltweiter Mehrwertsteuergesetze und dem Fehlen operativer Eigenschaften der Steuerabteilungen kann der Strategiebegriff der Betriebswirtschaftlichen Managementlehre nicht eins zu eins auf den Steuerbereich übertragen werden.

Die Steuerstrategie ist wiederum Bestandteil der Unternehmensstrategie:[427]

---

[424] HAMMER (2015), S. 92, 93, 94; HAMMER (2012), S. 117 f.

[425] Siehe Ausführungen im V. Kapitel, Abschnitt G, S. 261 ff.

[426] Siehe Aufführung von Aufgaben und Funktionen des USt-Managements, S. 23.

[427] Vgl. KROMER/PUMPLER/HENSCHEL (2013), S. 800.

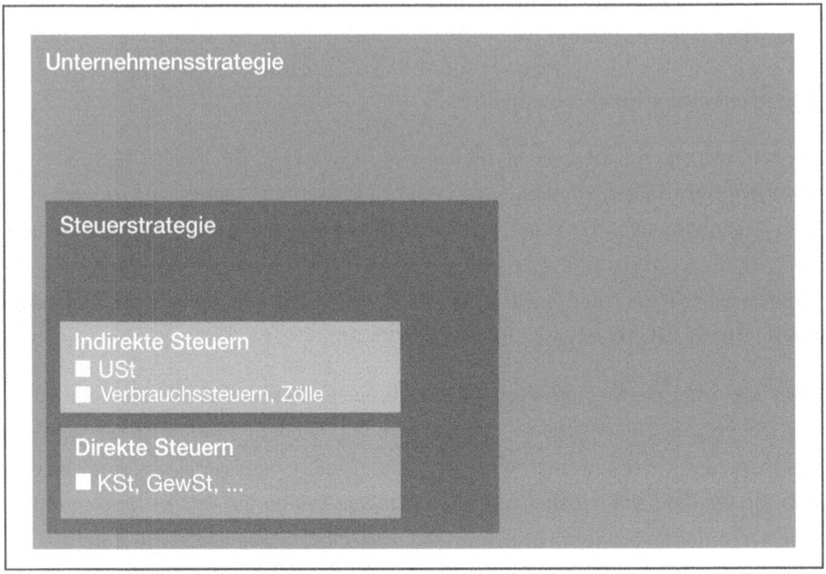

Abbildung 10: USt-Strategie als Bestandteil der Steuer- und Unternehmensstrategie
Quelle: Eigene Darstellung.

Die Erfolgskontrolle der USt-Organisation ist in dieser Arbeit thematisch im Bereich der **USt-Planung** verortet.[428] Ihre Aufgabe ist es, die USt-Organisation hinsichtlich von Erfolgsfaktoren zu überprüfen und weiterzuentwickeln. Als Basis für Erfolgsmessungen dienen eindeutige und im Vorwege formulierte Zielvorgaben, die von der Geschäftsführung wahrgenommen werden und mit denen der Erfolg der Steuerabteilung beurteilt werden kann. Daher bilden umsatzsteuerliche **Zielvorgaben** des Unternehmens die Grundlage für die USt-Strategie, aus der wiederum konkrete wertbildende Maßnahmen zur Umsetzung abgeleitet werden.

[428] Siehe Aufgaben und Funktionen der USt-Planung, S. 200 u. Erläuterungen zur Differenzierung, S. 18 ff.

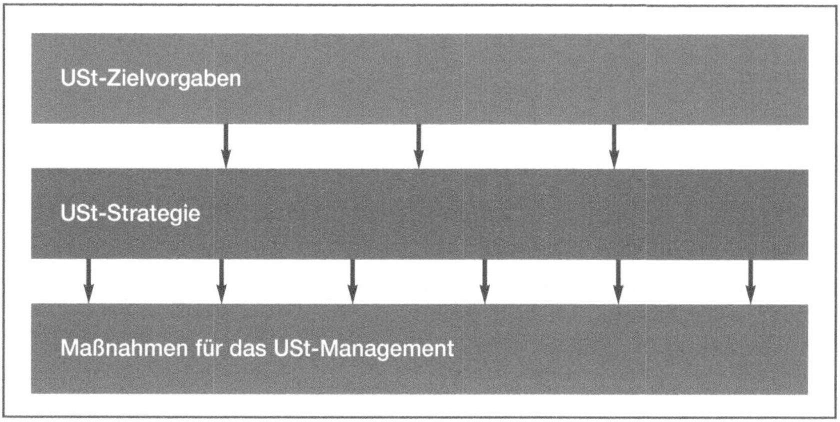

Abbildung 11: USt-Zielvorgaben, USt-Strategie und Maßnahmen
Quelle: Eigene Darstellung.

Es bleibt festzuhalten, dass eine Erfolgskontrolle der USt-Organisation ohne vorher formulierte Zielvorgaben nicht stattfinden kann. Die Mehrheit der Unternehmen dürfte derzeit keine zentralen USt-Zielvorgaben oder USt-Strategien formulieren.[429] In diesen Bereichen ist in den Steuerabteilungen der UO derzeit sehr wenig Wissen vorhanden.[430] Die Entwicklungen der letzten Jahre deuten aber einen Wandel an. So implementieren Unternehmen zunehmend USt-Strategien.[431] Aufgrund des weltweiten Bedeutungsanstiegs der USt[432] ist anzunehmen, dass dieser Trend anhält und zunehmend auch in den Blickfang von Investoren und Ratingagenturen gelangt. Da Strategien grds. darauf ausgerichtet sind, Wettbewerbsvorteile zu erzielen[433], übt die USt-Strategie bei erfolgreicher Umsetzung einen positiven Einfluss auf den Unternehmenswert aus.

2. Umsatzsteuerstrategie: Bestandteile, Entwicklung und Implementierung

Für die Entwicklung und den Aufbau einer USt-Strategie als Richtungsvorgabe des USt-Managements müssen zunächst **Zielvorgaben** formuliert werden, die sich aus

---

429 Siehe Untersuchungsergebnisse zu Frage 6, S. 84 ff.
430 Siehe Antworten externer Berater zu Frage 6, Wortprotokoll (Anhang 6).
431 Vgl. KPMG (2011), S. 8; KPMG (2012A), S. 3.
432 Siehe Ergebnisse empirischer Untersuchungen, S. 31 ff. sowie Ergebnisse der Umfrage zu Frage 1, S. 64 ff.
433 HAMMER (2015), S. 92, 93, 94; HAMMER (2012), S. 117 f.

Zielumfang, Kosten-, Arbeits-, Qualitäts- und Zeitzielen zusammensetzen und sich in unternehmensbezogenen USt-Zahlen sowie USt-organisatorischen Gesichtspunkten ausdrücken sollen.

In Tabelle 26 sind beispielhaft mögliche quantitative und qualitative Zielvorgaben für den unternehmerischen USt-Bereich angegeben, die Effizienzkontrollen[434] ermöglichen und gegebenenfalls der Erfolg des USt-Bereichs für die Geschäftsführung sichtbar wird.

Mögliche Zielvorgaben für das USt-Management Bsp.
Compliance, Prozesse u. Überwachung
Implementierung eines USt-Compliance-Managementsystems
Generierung des maximalen VoSt-Abzugs bei minimalen USt-Zahlungen
Rechtzeitige u. vollständige Einreichung von USt-Voranmeldungen
Minimierung von USt-Nachzahlungsverpflichtungen (weltweit u. länderbezogen)
FG-Verfahren nur bei bestimmten Sachverhalten u. ab dem Überschreiten einer bestimmten Summe
Festlegung von abteilungs- u. länderübergreifenden USt-Verantwortlichkeiten
Festlegung von Anzahl, Zeitraum u. Ort IT-gestützter Plausibilitätskontrollen
Vermeidung steuerlicher Nebenleistungen oder Schätzungen
USt-Risiken
Implementierung eines effektiven u. leistungsfähigen USt-RMS
Frühzeitige Identifizierung u. Erfassung aller unternehmensrelevanten USt-Risiken u. gefährdeten Unternehmensbereiche Bildung von Rangfolgen
Einordnung identifizierter Risiken in die USt-Risiken-Matrix[435]
Risikoorientierte Einordnung von Geschäftsbeziehungen[436]

434 Zur Erläuterung des Effizienzbegriffs siehe S. 21 dieser Arbeit sowie Ungerich (2012), S. 114 f.

435 Siehe hierzu V. Kapitel, Abschnitt H. 3, USt-Matrix-Abbildung, S. 280.

436 Siehe hierzu V. Kapitel, Abschnitt H, Maßnahmenkatalog zur Bekämpfung von Karussellrisiken, S. 159.

Mögliche Zielvorgaben für das USt-Management Bsp.
In risikogefährdeten Unternehmensbereichen werden regelmäßig interne Prüfungen durchgeführt (simulierte Betriebsprüfungstests)
Einschätzung des Risikopotenzials auf Reputationsrisiken
Strafen
Minimierung von Strafzahlungen
Minimierung von Strafzinsen u. steuerlichen Nebenleistungen
Verhinderung der unwissentlichen Mitwirkung am USt-Betrug
USt-Planung u. Liquiditätsmanagement
Unternehmensweiter Überblick über den Verlauf des USt-Cashflows (weltweit u. länderbezogen)
Unternehmensweiter Überblick über exakte Höhe u. Zeitpunkt von VoSt-Erstattungen (weltweit u. länderbezogen)
Jederzeitige Vorlegbarkeit relevanter Belege u. Dokumentationen steuerbefreiter Umsätze (z.B. innergemeinschaftliche Lieferungen, Verbringen)
Minimierung des steuerlichen Cashflows unter Beachtung des Risikoprofils (z.B. Schaffung USt-günstiger Betriebsstrukturen)
Kostenmanagement
Reduzierung von USt-Befolgungskosten um ... %
Senkung der Kosten für externe Beratung um ...%
Personal u. Wissensmanagement
Das Personal wird sorgfältig ausgewählt u. regelmäßig fortgebildet, um USt-Befolgungskosten zu senken
Die Mitarbeiter im Rechnungswesen sind bzgl. bestimmter USt-relevanter Sachverhalte sensibilisiert u. können nach vorgegebenem Muster darauf reagieren
Mitarbeiter operativer Abteilungen kennen USt-Risiken ihres Bereichs u. verfügen über grundlegende USt-Kenntnisse
Lernprozesse u. USt-Kenntnisse werden lokal generiert u. gesammelt, zentral zusammengetragen u. weltweit vernetzt
Reporting
Zu jedem Quartalsende liegt ein Bericht über das betriebliche USt-Management, inklusive USt-Risiken vor

Mögliche Zielvorgaben für das USt-Management Bsp.
Kunden/Lieferanten kann zu USt-relevanten Sachverhalten jederzeit Auskunft erteilt werden
Softwaretechnologie
Ständige Innovation, Weiterentwicklung von USt-Softwarelösungen
Regelung zur Zusammenarbeit mit Softwareherstellern
Sonstiges
Beziehungen zur Finanzverwaltung sind stabil, produktiv u. sachorientiert

Tabelle 26: Zielvorgaben für den USt-Bereich
Quelle: Eigene Darstellung.

Die aufgeführten USt-Zielvorgaben sind bewusst allgemein und ohne Angabe von Umsetzungszeiträumen oder Kosten formuliert. Daher müssen sie **unternehmensspezifisch** an jeweilige Geschäftsaktivitäten, die Unternehmensgröße, die Organisationsstruktur, an den Grad der internationalen Ausrichtung und an länderspezifische Regelungen angepasst werden. Sehr wahrscheinlich müssen innerhalb der Zielvorgaben Differenzierungen für verschiedene Länder oder Geschäftsbereiche vorgenommen werden. In einigen Ländern können, soweit es Steuergesetze zulassen, offensive Zielvorgaben formuliert werden, für andere Regionen eher weniger strikte Ziele. Erfahrungen der Vergangenheit sind hierbei einzubeziehen.

Die Entwicklung von USt-Zielvorgaben und USt-Strategien muss sich am Aufbau der **Unternehmensorganisation** bzw. an der Organisationsstruktur orientieren, die divisional (Aufteilung nach Geschäftsfeldern), regional (Aufteilung nach Ländern, Regionen, zentral bzw. dezentral) oder gemischt sein kann. Die USt-Zielvorgaben sind zudem mit den **externen Beratern** vor Ort abzustimmen, um das Potenzial und die Eintrittswahrscheinlichkeit für USt-Risiken nicht unnötig auszuweiten.

Da in fast allen Unternehmen der Grundsatz *business before tax* gilt, ist eine **Verknüpfung und Integration** der USt-Strategie mit übergeordneten Strategien zu beachten, wie z.B. der Steuerstrategie und der Unternehmensstrategie. Dies geschieht länder- und abteilungsübergreifend und in enger Zusammenarbeit mit der Geschäftsführung. Ohne deren ausdrückliches Bekenntnis zu den formulierten USt-Zielvorgaben und zur USt-Strategie ist eine Implementierung nicht möglich.

Der **Wirkungsgrad** der gewählten USt-Strategie erstreckt sich über die Steuerabteilung hinaus und ist ebenso Handlungsgrundlage für andere Abteilungen, soweit deren Aktivitäten USt-relevante Wirkungen entfalten, insbesondere dann, wenn sie vom weltweiten Bedeutungsanstieg indirekter Steuern unmittelbar betroffen sind. Dies sind vor allem das Rechnungswesen, Vertriebsabteilungen (*commercial teams*), ausländische Tochterunternehmen, zu denen Lieferbeziehungen bestehen, und die Logistik.[437] Im Vorwege der Implementierung sind die notwendigen Absprachen mit beteiligten Abteilungen vorzunehmen und in die Terminplanung einzubeziehen. Im Einzelfall ist die Frage zu prüfen, inwieweit Eckpunkte der festgelegten USt-Strategie in die Tax Compliance eingebunden werden können.

Außerdem ist für eine USt-Strategie ein gewisser Handlungsspielraum erforderlich, damit auf Veränderungen in der Unternehmensumwelt **flexibel reagiert** werden kann. USt-Strategien müssen laufend unter Berücksichtigung von erzielten Erfolgen und Misserfolgen in den jeweiligen Bereichen des USt-Managements an Geschäftsentwicklungen angepasst werden. Außerdem können USt-Strategien teilweise sehr schnelllebig sein, da eine hohe Abhängigkeit zum Geschäftsumfeld besteht.

Der Umsetzungs- und Integrationsprozess von USt-Strategien basiert auf einer zuvor festgelegten **Terminierung** schrittweise über einen bestimmten Zeitraum. Diese Phase kann dazu genutzt werden, um Anpassungen vorzunehmen und regelmäßige Absprachen mit externen Beratern zu treffen. Darüber hinaus ist die Unterstützung durch einen **Technologieeinsatz**[438] zu unterstützen.

Nach Festlegung der USt-Strategie folgt die Ausarbeitung konkreter **Maßnahmen** mithilfe von formulierten Zielvorgaben. Die feste Besetzung bzw. die Neuschaffung der Position des unternehmensweiten **USt-Verantwortlichen** ist ein weiterer wesentlicher Bestandteil einer auf die Praxistauglichkeit ausgerichteten USt-Strategie. Die Aufgabe besteht darin, weltweite USt-Aufgaben und -Funktionen in die USt-Strategie einzubinden und diese abteilungsübergreifend zu koordinieren. Die **Kommunikation** der USt-Strategie nach innen und nach außen folgt eindeutig formulierten USt-Compliance-Vorgaben, die Bestandteil der übergeordneten Tax Compliance sind.[439]

---

437 Siehe Untersuchungsergebnisse zu Frage 3, S. 73 ff.

438 Siehe Ausführungen zum Technologieeinsatz im Bereich der USt, S. 173 ff.

439 Siehe Ausführungen zum USt-Compliance-System, S. 261 ff.

3. Überprüfung und fortlaufende Anpassung der Umsatzsteuerstrategie

Nach einer Anlaufphase wird in regelmäßigen Abständen die USt-Strategie überprüft. Bei der Erfolgsmessung geht es um die Frage, ob mithilfe der implementierten Strategie die formulierten USt-Zielvorgaben erreicht wurden. Als **Bestimmungsgrößen** der betriebswirtschaftlichen Erfolgsmessung können regelmäßig Effizienzkriterien wie z.B. Qualitäts-, Zeit- und Kostenmerkmale herangezogen werden.

Zur praktischen Überprüfung der Zielvorgaben und deren Erfolge bzw. Bearbeitungsstände können als **Auswertungswerkzeuge** Skalen, Übersichten, konkrete Zahlen, Checklisten oder auch externe Gutachten zum Einsatz gelangen.

Tabelle 27 zeigt mögliche Beispiele für Erfolgsmessungen anhand ausgewählter Zielvorgaben sowie Möglichkeiten für Auswertungswerkzeuge.

USt-Strategie Bsp. für die Erfolgsmessung von Zielvorgaben	Mögliche Auswertungswerkzeuge
Korrekte und pünktliche Einreichung der USt-Voranmeldung	Checkliste
Überblick und genaue Kenntnis der Steuerzahlungen bzw. steuerl. Nebenleistungen	Übersicht
USt-Integration in Unternehmensstruktur/-abläufe	Übersicht
Verhältnis zur Finanzverwaltung	Skala
Reduzierung von Befolgungskosten	Kosten-Nutzen-Relationen
Verbesserung der Liquidität	Zahlen
Minimierung von USt-Risiken inkl. Strafzahlungen	USt-Risiken-Matrix[440]

Tabelle 27: USt-Strategie: Erfolgsmessung von Zielvorgaben
Quelle: Eigene Darstellung.

[440] Siehe V. Kapitel, Abschnitt H. 3, USt-Matrix, S. 280.

Die Überwachung der strategischen Zielvorgaben und deren Bestimmungsgrößen (Qualität, Zeit, Kosten und Arbeit) können durch interne Kontrollen der Steuerabteilung (*self assessment*, z.B. IKS) oder die Interne Revision erfolgen.

Limitationen der Erfolgsmessung treten dort auf, wo Erfolge nicht oder nur schwer messbar sind. In vielen Bereichen braucht es zudem Zeit, um USt-Strategien optimal zu entwickeln, bevor formulierte Zielvorgaben erreicht werden können.

Nicht zuletzt ist das **Reporting** über die festgelegte USt-Strategie und über Erfolge zur Erreichung der USt-Zielvorhaben zu erwähnen. Entsprechende Ausführungen hierzu sind Bestandteil des USt-Berichtswesens.[441]

C. Personal- und Wissensmanagement als Bestandteil der Umsatzsteuerplanung

1. Personalwesen und Personalentwicklung

a) Problemaufriss und Vorstellung eines Lösungsansatzes

Steuerverantwortliche verweisen angesichts der immer größer werdenden administrativen Herausforderungen der USt nahezu einheitlich auf die personelle Unterbesetzung ihrer Abteilung.[442] Viele Unternehmen planen zukünftig Investitionen in ihr USt-Personal.[443] Der internationale Bedeutungsanstieg der USt, der globale Trend steigender USt-Sätze[444] und die daraus folgende Verschärfung von USt-Risiken[445] beschleunigen diesen Prozess. Dies kann unternehmensintern oder -extern erfolgen. Anstelle der Beschäftigung von eigenem Personal können auch Serviceangebote externer Dienstleister oder Berater genutzt werden. Diese Entscheidung ist unternehmensspezifisch unter Kostengesichtspunkten zu treffen. Untersuchungsergebnisse zeigen, dass Steuerabteilungen fast aller Unternehmen Personal aufstocken und das Personal abteilungsübergreifend regelmäßig schulen.[446] Es ist anzunehmen, dass der

[441] Siehe Ausführungen im V. Kapitel, Abschnitt D, Kommunikation und Berichtwesen, S. 218 ff.
[442] Siehe Untersuchungsergebnisse zu Frage 8, S. 87 ff.
[443] Vgl. KPMG (2012A), S. 31 und Untersuchungsergebnisse zu Frage 9, S. 92 ff.
[444] Siehe Ergebnisse empirischer Untersuchungen, S. 31 ff. u. Untersuchungsergebnisse, Frage 1, S. 64 ff.
[445] Insbesondere Nachzahlungs-, Haftungs- und Prüfungsrisiken. Siehe Auflistung der USt-Risiken auf S. 30.
[446] Siehe Untersuchungsergebnisse zu Frage 9, S. 92 ff.

Bedarf an umsatzsteuerlichem Fachpersonal weiter steigen wird. Gleichzeitig steigt der Wettbewerb um steuerlich hoch spezialisiertes Fachpersonal.

Die Personalentwicklung wird in dieser Arbeit der USt-Planung[447] zugeteilt, weil es zu Ihrer Aufgabe gehört, strategische Entscheidungen für das zukünftige Personalwesen aus aktuellen Erkenntnissen der USt-Organisation vorzubereiten und innerbetrieblich zu kommunizieren. Da viele USt-Aufgaben und -Funktionen in anderen Abteilungen vorbereitet oder sogar durchgeführt werden, richtet sich dieser Abschnitt nicht nur an das eingesetzte Personal der Steuerabteilung. Beschaffungs- und Einkaufseinheiten können durch entsprechende Fachkenntnisse eine Kostenreduzierung von 1 bis 5% erzielen, eine fehlerhafte USt-Organisation z.B. aufgrund von Wissenslücken oder Kommunikationsdefizite jedoch Kostensteigerungen von 5 bis 20% auslösen.[448]

Der Personaleinsatz im USt-Management ist effizient, wenn möglichst viele USt-Aufgaben unter minimalen Zeit- und Mitarbeitereinsatz fehlerfrei bearbeitet werden. **Ziel** ist es, mithilfe von USt-Personal Sachverhalte operativer Geschäftsaktivitäten mit umsatzsteuerlicher Relevanz innerhalb eindeutiger Aufgabenverteilung und Verantwortungsstrukturen zu erkennen, korrekt zu bearbeiten und dabei USt-Risiken zu erkennen. Ein weiteres Ziel ist es, Mitarbeiter abteilungs- und länderübergreifend für relevante USt-Risiken und USt-Prozesse zu sensibilisieren, um unternehmensweite Synergieeffekte für das USt-Management zu mobilisieren. Dies hat grundlegende Bedeutung für die Abwehr von USt-Risiken in der ersten Abwehrkette (*1st line of defense*).[449]

Viele Unternehmen stellen im USt-Bereich bislang nicht ausreichend **Budget** für Personal zur Verfügung. Gegenwärtig findet jedoch ein Umdenken statt, denn viele verstärken das USt-Personal in der Steuerabteilung und im Rechnungswesen.[450] In Anlehnung an die entstehenden Kosten bei Eintritt von USt-Risiken, insbesondere Betriebsprüfungs- und Nachzahlungsrisiken, wie z.B. bei VoSt-Aberkennung, kann ein erhöhter Personaleinsatz im USt-Bereich jedoch insgesamt zu einer Kostenreduzierung beitragen.

---

447 Siehe Übersicht zu Aufgaben und Funktionen der USt-Planung, S. 23.

448 Siehe Antworten der Steuerexperten zu Frage 3, Wortprotokoll (Anhang 6).

449 Siehe V. Kapitel, Abschnitt H. 8, Abwehrkette für USt-Risiken, S. 297 ff.

450 Siehe Untersuchungsergebnisse zu Frage 9, Veränderungen im USt-Management, S. 92 ff.

In diesem Abschnitt werden **drei Strategien** und die dazugehörigen Maßnahmen vorgestellt. Sie sind **unternehmensspezifisch** zu betrachten und an jeweilige Geschäftsaktivitäten, die Unternehmensgröße, die Organisationsstruktur, den Grad der internationalen Ausrichtung und länderspezifischen Regelungen anzupassen.

b) Vorstellung möglicher Strategien

Durch eine Strategie der **Verantwortlichkeiten** sollen länder- und abteilungsübergreifende Verantwortungsstrukturen für alle USt-Aufgaben und -Funktionen eindeutig abgegrenzt werden. Dies ist der Ausgangspunkt für ein effektives USt-Management.[451] Zudem ist den Strukturen ausreichende Flexibiltät einzuräumen und in Anlehnung an den Geschäftsverlauf die kontinuierliche Weiterentwicklung zu beachten. Eindeutige Kommunikations- und Verantwortungsstrukturen sind daher wesentliche Bausteine eines effizienten Personalwesens.

Nach Schätzungen verfügen ca. zwei Drittel aller mittelgroßen und großen Unternehmen derzeit nicht über einen globalen **USt-Verantwortlichen**, sondern nur über einen Steuerverantwortlichen.[452] Dieser Zustand ist angesichts des zunehmenden Arbeitsaufwands im USt-Management und des weltweiten Bedeutungsanstiegs der USt für Unternehmen einer bestimmten Umsatzgröße nicht länger tragbar. Um alle USt-relevanten Sachverhalte innerhalb eines Unternehmens weltweit begleiten zu können, muss der USt-Verantwortliche mit weitgehenden Entscheidungsbefugnissen und Managementvollmachten ausgestattet sein. Seine Aufgabe ist es, die Erledigung unternehmensweiter und länderübergreifender USt-Aufgaben und -Funktionen zu gewährleisten, diese abteilungsübergreifend zu koordinieren und zu überwachen.

USt-Verantwortungsstrukturen müssen nach Etablierung unternehmensweit gelebt werden und dürfen nicht starr sein. Flexibilität, wie z.B. fließende Übergänge und Überschneidungen sind wünschenswert. So kann die betriebliche USt-Organisation auch bei kurzfristigen Personalausfällen oder -wechseln handlungsfähig bleiben. Dazu gehört auch ein offener und transparenter Umgang mit den von eigenen Mitarbeitern verursachten Fehlern. Das USt-Management soll von einem Klima geprägt sein, dass Mitarbeiter abteilungsübergreifend dazu ermutigt, Fehler zu melden, damit die Steuerabteilung umgehend reagieren und Schäden begrenzen kann.[453] Hierzu gehört auch

---

451 Vgl. KPMG (2013), S. 6.

452 Siehe KPMG (2013), S. 11, 18; KPMG (2012), S. 12; KPMG (2011), S. 2, 10.

453 Vgl. PETSCHE (2010), S. 166.

die Schaffung eines USt-sensibilisierten Klimas in risikobehafteten Unternehmensbereichen.

Weiterhin ist eine **Strategie zur Personalentwicklung** anzulegen, denn der Personaleinsatz muss darauf ausgelegt sein, ständige Verbesserungen durch Lernprozesse zu erzielen. Weiterhin müssen die USt-Kenntnisse von Mitarbeitern ausreichen um ständig auf neue Herausforderungen und wachsende Anforderungen im USt-Umfeld reagieren zu können. Zu Strategien der Personalentwicklung gehören regelmäßige **Schulungen und Seminare**. Je nach USt-Aufgabe und -Funktion sind verantwortliche Mitarbeiter operativer Abteilungen, lokale Verantwortliche für das Rechnungswesen und externe Berater einzubeziehen.

Überall dort, wo die USt zum echten Kostenfaktor werden kann oder hohe Befolgungskosten entstehen können, müssen USt-Prozesse **Bestandteil der Ausbildung** in den jeweiligen Unternehmensbereichen sein. Diese Anforderung betrifft insbesondere den Vertrieb, inländische und ausländische Tochtergesellschaften, Betriebsstätten und die Logistik. Gemäß den Angaben der Steuerverantwortlichen sind dies die Unternehmensbereiche mit den größten USt-Risiken.[454] Die Verantwortlichen dieser Abteilungen benötigen ausreichende USt-Kenntnisse. Hierfür bietet es sich an, in den operativen Abteilungen sogenannte VAT-Officer zu benennen, die als Mitarbeiter außerhalb der Steuerabteilung lokale Aufgaben des USt-Managements übernehmen können und somit die zentrale USt-Abteilung entlasten. Gleichzeitig stehen sie als aktive Ansprechpartner innerhalb ihrer operativen Abteilungen vor Ort zur Verfügung. Diese Maßnahme ist Bestandteil einer langfristigen Personalentwicklungsstrategie der USt-Planung[455], da im betriebwirtschaftlichen Sinne **langfristige Verhaltensweisen** von Unternehmenseinheiten und ihrer Mitarbeiter beeinflusst werden. Diese Strategie ist darauf ausgerichtet Wettbewerbsvorteile zu generieren indem die Einbindung operativer Abteilungen in das unternehmensweite USt-Management optimiert wird.

Tabelle 28 priorisiert Verhaltensvorgaben für VAT-Officer und trifft Aussagen hinsichtlich ihrer umsatzsteuerbezogenen Aufgabenbereiche.

---

[454] Siehe Untersuchungsergebnisse zu Frage 3, Tabelle, S. 73 ff.

[455] Siehe HAMMER (2015), S. 92, 93, 94; HAMMER (2012), S. 117 f. zu den allgemeinen Aufgaben und Funktionen der betriebswirtschaftlichen Planung.

Unternehmensbereich	Wissensstandards für VAT-Officer Inhalte
Rechnungswesen inländisch u. ausländisch	**Rechnungen** Ausstellung, Korrektur, Reverse Charge, fremde Währungen, unentgeltliche Wertabgaben, USt-befreite Umsätze **Pflichtangaben von Rechnungen**[456] u.a. Lieferkonditionen (*incoterms*), Abfrage USt-IdNr.
Vertrieb u. Marketing inländisch u. ausländisch	**Rechnungen** Ausstellung, u.a. Pflichtangaben, Lieferkonditionen Korrektur, Reverse Charge, fremde Währungen, unentgeltliche Wertabgaben, USt-befreite Umsätze **Pflichtangaben von Rechnungen**[457] u.a. Lieferkonditionen (*incoterms*), Abfrage USt-IdNr. **USt-Planung** Beachtung des Liquiditätsmanagements[458], einfache Gestaltung von Lieferwegen[459] **USt-Risikomanagement** Kenntnis risikogefährdeter Geschäftsaktivitäten Kenntnis der USt-Matrix[460] **Betriebsprüfungs- u. Nachzahlungsrisiken** Dokumentation u. Erbringung notwendiger Buch- u. Belegnachweise, u.a. Reisekosten, Sponsoring, Kommissionszahlungen **Karussellrisiken** Neukunden: Aufnahme USt-relevanter Daten, Sensibilisierung bzgl. Karussellrisiken zur Risikominimierung, Einordnung von Geschäftsbeziehungen[461]
Tochtergesellschaften u. Betriebsstätten inländisch u. ausländisch	**USt-Berichtswesen** regelmäßiges Reporting USt-relevanter Sachverhalte u. Kennzahlen.[462] ähnliche USt-Kenntnisse wie Vertrieb u. Marketing unter länderspezifischer Anpassung

456 Siehe Pflichtangaben einer ordnungsgemäßen Rechnung §§ 14, 14a UStG.
457 Ebenda.
458 Siehe Ausführungen im V. Kapitel, Abschnitt E, S. 226 ff.
459 Siehe Ausführungen im V. Kapitel, Abschnitt E. 4, Gestaltung von Transportwegen, S. 242 ff.
460 Siehe V. Kapitel, Abschnitt H. 3, USt-Matrix, S. 280 ff.
461 Siehe IV. Kapitel, Abschnitt H. 3, Maßnahmenkatalog zur Bekämpfung von Karussellrisiken, S. 167.
462 Siehe V. Kapitel, Abschnitt D, S. 220 ff.

Unternehmensbereich	Wissensstandards für VAT-Officer Inhalte
Logistik inländisch u. ausländisch	**Dokumentation** Buch- u. Belegnachweise, u.a. Gelangensbestätigungen, Einfuhr/Ausfuhrbelege, ... ähnliche USt-Kenntnisse wie Vertrieb u. Marketing, unter länderspezifischer Anpassung

Tabelle 28: Personalentwicklung: Wissensstandards für VAT-Officer
Quelle: Eigene Darstellung.

Es ist davon auszugehen, dass USt-Kenntnisse bereits ein wichtiger Baustein im Ausbildungswesen deutscher Rechnungswesen-Abteilungen sind. Zu prüfen ist, ob dies auch zum Standard im Rechnungswesen gehört, welches in anderen Ländern praktiziert wird. Angesichts weltweiter Bedeutung und der Fehleranfälligkeit verbunden mit hohen Außenprüfungs- und Nachzahlungsrisiken muss eine Buchhaltungskraft über fortgeschrittene USt-Kenntnisse verfügen.

Geeignete Maßnahmen einer Erfolg versprechenden Fortbildungsstrategie können zudem unternehmensweite **eLearnigs, USt-Newsletter** und USt-Informationen im **Intranet** sein. Adressaten sind jeweils unternehmensinterne Steuerabteilungen in anderen Ländern und Verantwortliche anderer Abteilungen, die eine umsatzsteuerliche Relevanz haben.

Des Weiteren soll die Etablierung einer **Auswahlstrategie** vorgestellt werden, die auf eine systematische Nachwuchsgewinnung von Steuerfachpersonal und auf die Auswahl geeigneter Mitarbeiter (*recruiting*) für das USt-Management ausgelegt ist. Geeignet sind Mitarbeiter, wenn ein gewisses Grundverständnis und Interesse für den USt-Bereich und seine Probleme vorhanden sind. Die Mitarbeiterauswahl kann sowohl unternehmensintern als auch unternehmensextern erfolgen.

Die **unternehmensinterne** Mitarbeitergewinnung ist regelmäßig nur bei Unternehmen einer gewissen Größenordnungen möglich. Engagierten und fortbildungsinteressierten Buchhaltungskräften des Rechnungswesens können unter Umständen durch personenindividuelle Förderung für den USt-Bereich der Steuerabteilung ausgebildet werden. Vorteilhaft ist regelmäßig ein vorhandenes Grundverständnis für die USt-Organisation.

Maßnahmen **unternehmensexterner** Mitarbeitergewinnung sind z.B. Modelle der Zusammenarbeit mit Hochschulen und Ausbildungsangebote (z.B. Steuerfachangestellte). Eine bevorzugte Praxis der Mitarbeitergewinnung ist es zudem, USt-Wissen einzukaufen, indem USt-Personal externer Beratungsgesellschaften oder anderer externer Dienstleister abgeworben wird.[463]

Die Verantwortlichkeit für anzuwendende Strategien sowie für die dazugehörigen Maßnahmen wie z.B. begleitende Trainings und Förderung von Mitarbeitern obliegen dem USt-Verantwortlichen.

2. Wissensmanagement

Der Begriff des Wissensmanagements umfasst die Verarbeitung von Wissen, das geplant, gesteuert und kontrolliert wird. Grundlage ist eine informationstechnologische Verarbeitung von Wissen, abhängig vom Kontext und von den Individuen zur Gestaltung eines erfolgreichen Wissenstransfers als zentrale Aktivität innovativer Unternehmen.[464]

Ziel des Wissensmanagements im USt-Bereich sind die schnelle Verfügbarkeit und Interpretierbarkeit relevanter Informationen zur Lösung betrieblicher USt-Sachverhalte und die unternehmensweite Sensibilisierung von Mitarbeitern für USt-relevante Sachverhalte und Risiken. So sollen gegenüber Wettbewerbern **verteidigungsfähige Wettbewerbsvorteile**[465] erzielt und **bestehende Erfolgspotenziale** zukunftsorientiert weiterentwickelt werden, die nicht zuletzt zur Steigerung des Unternehmenswerts beitragen. Diese Zielvorgaben sind auf einen beabsichtigten Plan für einen Prozess ausgerichtet, der dazu dient, unternehmerische Ziele zu erreichen und betriebliche Faktoren von vornherein einzukalkulieren.[466] Dies begründet eine eindeutige **Zuordnung** des USt-Wissensmanagements in die USt-Planung[467].

---

[463] Siehe Antworten externer Berater zu Frage 1, Wortprotokoll (Anhang 6).

[464] GRESSE (2010), S. 15 f.

[465] EISENHARDT/SANTOS (2002), S. 139 ff..

[466] So HAMMER (2015), S. 92, 93, 94 und HAMMER (2012), S. 117 f. zum Wesen von Planung und Strategie.

[467] Siehe Aufführung von Aufgaben und Funktionen der USt-Planung, S. 23.

Steuerverantwortliche identifizieren Wissenslücken des eigenen Steuer- und Rechnungswesen-Personals als bedeutende Quelle für USt-Risiken.[468] Im Gegensatz zur Aufstockung von USt-Personal sind Investitionen in die Erweiterung des Wissens vergleichsweise günstig. Unternehmensintern sind Strategien zum Wissensaufbau daher einfacher durchsetzbar, zumal sich Erfolge schon sehr kurzfristig einstellen können. Wissensmanagement im USt-Bereich beinhaltet in dieser Arbeit **den Erwerb, den Transfer, die Entwicklung, Speicherung und Nutzung** des umsatzsteuerlichen Wissens und umsatzsteuerlicher Informationen.

Zur Zielerreichung werden im Folgenden **zwei Strategien** und die dazugehörigen Maßnahmen vertreten. **Unternehmensspezifische** Anpassungen an die jeweilige Geschäftsaktivität, an Unternehmensgröße, die Organisationsstruktur, an den Grad der internationalen Ausrichtung und an länderspezifische Regelungen sind vorzunehmen.

Eine **Wissensaufbau- und -bereitstellungsstrategie** soll die Generierung, Sammlung und Verwahrung von Erfahrungen im Umgang mit Finanzverwaltungen, Informationen zur umsatzsteuerlichen Entwicklung weltweiter Geschäftsaktivitäten und Lehren aus USt-relevanten Geschäftsvorfällen gewährleisten. Maßnahmen dieser Strategie dienen der Etablierung von **Lernprozessen und dem Wissenstransfer** zwischen Mitarbeitern und Abteilungen weltweit. Dabei müssen die Aufbewahrung und Dokumentation erlangter USt-Kenntisse sichergestellt sein. Die Sammlung und Koordination wird gegebenenfalls zunächst lokal an verantwortlichen Stellen nationaler Tochtergesellschaften und dann zentral in der unternehmensweiten Steuerabteilung unter Aufsicht des USt-Verantwortlichen durchgeführt. Für die Generierung und Sammlung wichtiger USt-Informationen und -Kenntnisse sind unternehmensinterne und -externe Maßnahmen heranzuziehen.

Hinsichtlich der unternehmensinternen Maßnahmen basiert die **interne** Wissensgenerierung z.B. auf die systematische Auswertung lokaler USt-Prüfungen, auf die Einholung von Gutachten externer Berater, auf Informationen und Kennzahlen des USt-Berichtswesens[469], auf betriebsinterne Recherchen wie z.B. weltweite Befragungen von Mitarbeitern oder auf Auswertungen der Internen Revision.

---

[468] Siehe Antworten der Steuerexperten zu Frage 3, Wortprotokoll (Anhang 6) sowie Tabelle, S. 74.

[469] Siehe Ausführungen im V. Kapitel, Abschnitt D zum USt-Berichtswesen, S. 220 ff.

Die **unternehmensexterne** Wissensgenerierung gelingt USt-Verantwortlichen durch die Mitarbeit in unternehmensübergreifenden USt-Arbeitskreisen, die z.B. bei nationalen Handelskammern oder Wirtschafts- bzw. Interessenvereinigungen angesiedelt sind. Zusätzlich sind der regelmäßige Besuch unternehmensexterner Fortbildungsveranstaltungen und eine Auswertung der aktuellen Steuerrechtsliteratur unverzichtbar.

Ergänzend zur ordentlichen Ablage wichtigen USt-Wissens bei den Steuerunterlagen sind Unternehmen angehalten, verstärkt die Bereitstellung USt-relevanten Wissens in Managing Clouds zu prüfen. Aufgrund des zu bewahrenden Steuergeheimnisses und unter Wettbewerbsgesichtspunkten ist der IT-Sicherheit von Onlineangeboten eine hohe Priorität einzuräumen.

Als zweite Strategie wird eine unternehmensweite **Vernetzungsstrategie** empfohlen. Im Vordergrund stehen die effiziente Verteilung notwendiger USt-Informationen und der Aufbau effizienter Prozesse aller beteiligten Abteilungen weltweit. Aufgrund hoher Befolgungskosten und der Gefahr von Informationsdefiziten[470] ist die Einbindung von Aspekten des USt-Managements in neueste Entwicklungen der industriellen Vernetzung zu prüfen (Industrie 4.0[471]).[472] Als Basis dienen **betriebliche Informations- und Kommunikationssysteme**, an die Produktionsanlagen, Fertigungstechnik, Transportmittel, Verkaufsstellen etc. angeschlossen sind.

Abteilungsübergreifende **USt-Seminare und -Workshops** gehören in vielen Unternehmen bereits zum Standard des umsatzsteuerlichen Wissensmanagements. Potenzial liegt in der Einbindung von ausländischen Unternehmensteilen und von Tochtergesellschaften unter Hinzunahme externer Berater. Aufgrund hoher USt-Risiken[473] liegt ein Schwerpunkt in der Integration lokaler und nationaler Verantwortlicher für das Rechnungswesen in allen Unternehmensteilen.

Interne Nachrichtendienste wie z.B. ein automatischer Informationsversand per E-Mail, USt-Newsletter oder USt-Informationen im Intranet können als zusätzliche Kommunikationswerkzeuge zur Sensibilisierung von Mitarbeitern eingesetzt werden.

---

470 Siehe Untersuchungsergebnisse zu Frage 2, Tabelle, S. 71.

471 Böhler (2012), online verfügbar unter http://www.produktion.de/automatisierung/industrie-4-0-smarte-produkte-und-fabriken-revolutionieren-die-industrie/ (Juni 2015).

472 Siehe Ausführungen im IV. Kapitel, Abschnitt I. 4, S. 180 ff.

473 Siehe Untersuchungsergebnisse zu Frage 3, Tabelle, S. 74.

Dynamische **Cloud-Systeme** (*cloud computing*) gewinnen im Geschäftsalltag von Unternehmen ein zunehmende Bedeutung.[474] Sie ermöglichen einen zentralen, weltweiten und abteilungsübergreifenden Zugriff auf angesammeltes und dokumentiertes USt-Wissen.

Die Begleitung und Förderung von Mitarbeitern, die an USt-relevanten Schnittstellen oder in der Steuerabteilung beschäftigt sind, ist zu intensivieren. Durch ***supervisings* und *coachings*** erfahrener USt-Mitarbeiter kann wertvolles USt-Wissen innerhalb fester Strukturen an jüngere Kollegen steuerabteilungsintern bzw. -extern weitergegeben werden.

Wichtiger Baustein eines effizienten und auf ständige Verbesserung angelegtes USt-Wissensmanagements ist die unternehmensweite und länderübergreifende Pflege einer offenen **Informationsaustauschkultur** im USt-Bereich, in der Fehler vertraulich offengelegt werden. Eine entgegengesetzt verlaufende Misstrauens- oder Konkurrenzkultur, in der Fehler verschleiert werden, würde die Wissensansammlung behindern und Erfahrungsprozesse erheblich verlangsamen.

In vielen Ländern ist eine partnerschaftliche und auf Erfolg ausgelegte Zusammenarbeit der Finanzverwaltungen mit Unternehmen gesetzlich geregelt. Dies trifft derzeit nicht auf die rechtlichen Rahmenbedingungen und die praktizierte Steuerpolitik in Deutschland zu. In anderen Ländern kommt sogar eine intensivere Vernetzung mit der Finanzverwaltung in Betracht, in die der Wissenstransfer und -austausch miteinbezogen werden kann, gegebenenfalls unter Einbezug von Cloud-Systemen.

D. Kommunikation und Berichtswesen als Bestandteil der Umsatzsteuer-Planung

1. Das Kontakt- und Kommunikationsnetzwerk des Umsatzsteuer-Verantwortlichen

USt-Prozesse[475] sind in vielen Unternehmens- und Geschäftsabläufen vorzufinden und zahlreiche Schnittstelle bestehen zu anderen Abteilungen. Es gilt, diese länder- und abteilungsübergreifende **Kommunikation** zu koordinieren. Dies ist Aufgabe des

---

474 So TU BERLIN, Fakultät Wirtschaft u. Management, Fachbereich Informations- u. Kommunikationsmanagement (2015), online verfügbar unter https://www.ikm.tu-berlin.de/menue/forschung/cloud_computing/ (Juni 2015).

475 Siehe USt-Prozesse als Aufgaben bzw. Funktion des USt-Managements, S. 23.

unternehmensweiten USt-Verantwortlichen. Besondere Herausforderungen sind die ständigen Anpassungen aufgrund weltweiter Gesetzesänderungen und die sich verändernden Geschäftsaktivitäten des Unternehmens (*business before tax*). Weiter müssen USt-Prozesse, an denen unternehmensexterne Akteure beteiligt sind, durch eine ständige Kontakt- und Kommunikationspflege koordiniert und überwacht werden.

Abbildung 12 zeigt beispielhaft das Kontakt- und Kommunikationsnetzwerk, in dessen Mitte der USt-Verantwortliche Kommunikations- und Koordinationsaufgaben wahrzunehmen hat.

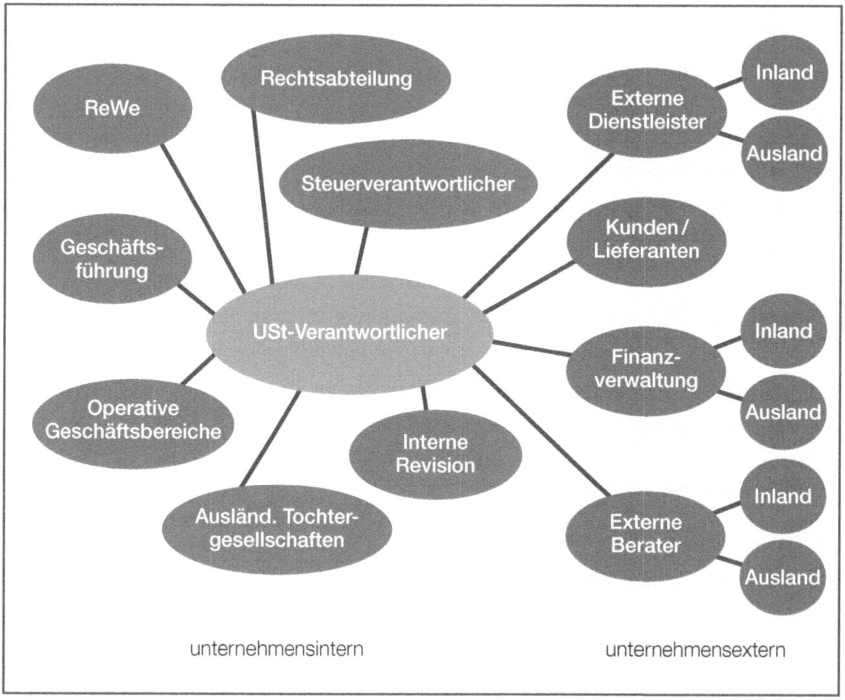

Abbildung 12: USt-Verantwortlicher: Kontakt- und Kommunikationsnetzwerk
Quelle: Eigene Darstellung.

Das Netzwerk bedarf einer branchen- und **unternehmensspezifischen Anpassung, u.a.** an die spezifischen Geschäftsaktivitäten, an die Unternehmensgröße, die Organisationsstruktur, an den Grad der internationalen Ausrichtung sowie an länderspezifische Regelungen. Technologische Unterstützung durch intelligente Vernetzungen von Fertigungstechniken, Produktionsanlagen, Transportmittel etc. ist dabei heranzuziehen.[476] Erhebliche Erleichterungen für das USt-Management wären erreicht, wenn Fertigungsstraßen, Transportbehälter, Transportmittel (z.B. LKWs), Fabriktore, Logistikzentren geographische Orte (Lagerungs- Bereitstellungsorte) sowie umsatzsteuerliche Ursprungs- und Bestimmungsorte (Leistungsorte) austauschen und an die USt-Anwendungen im ERP-System kommunizieren. So können Warenbewegungen und der Warenverbleib jederzeit bestimmt und überwacht sowie mit den Rechnungsangaben abgeglichen und dokumentiert werden. Die Vernetzung von Wertschöpfungsketten und der USt-relevanten Bestimmung von Leistungsorten wäre ein wichtiger Beitrag zur Vereinfachung von USt-Prozessen und zur Reduzierung von USt-Risiken, insbesondere der Betriebsprüfungsrisiken.

Das dargestellte Kontakt- und Kommunikationsnetzwerk zeigt mögliche Adressaten des USt-Berichtswesens. Gleichzeitig dient es als Orientierungshilfe für die inhaltliche Ausrichtung des Reporting, weil bei den Adressaten zwischen unterschiedlichen Informationsbedürfnissen und -befugnissen unterschieden werden muss. Das Kommunikations- und Berichtswesen im USt-Bereich besteht nicht nur aus der bloßen Zusammenstellung und Weitergabe von Zahlengrößen, sondern auch aus Analysen und Interpretationen der Datenerhebung, aus denen zukünftige Verbesserungen abgeleitet und konkrete Gestaltungspotenziale untersucht werden. Aus diesem Grund **wird eine Verortung im Bereich der USt-Planung[477] vorgenommen.**

2. Berichtswesen im Umsatzsteuermanagement

Das USt-Management ist ein wesentliches Aufgabenspektrum der Steuerabteilung und von großer Bedeutung für operative Geschäftsbereiche. Darüber hinaus kann es auch für Stakeholder wie z.B. Lieferanten oder Kunden von Bedeutung sein, über bestimmte USt-Aufgaben und -Funktionen[478] informiert zu sein. Angesichts dessen erfüllt ein umsatzsteuerliches Berichtswesen eine interne und externe **Kommunikations- und Informationsfunktion.** Gleichzeitig schafft es Einblick in aktuelle Herausfor-

[476] Siehe Ausführungen im IV. Kapitel, Abschnitt I, S. 173 ff.
[477] Siehe Aufführung von Aufgaben und Funktionen der USt-Planung, S. 23.
[478] Siehe Aufführung von Aufgaben und Funktionen des USt-Managements, S. 23.

derungen, Erfolgskennzahlen und Risiken und bietet somit Möglichkeiten für Erfolgsmessungen in ausgewählten Bereichen der USt-Organisation.

Das Berichtswesen ist in der Betriebswirtschaft einer der Bezugspunkte von Kontrolle. Es ist dabei eine Kurzbezeichnung für alle systematisch erstellten sowie enthaltenden Berichte in Bezug auf entscheidungs- und führungsrelevante Informationen in schriftlicher oder elektronischer Form. **Ziel** ist es, wichtige Erkenntnisse und Informationen an Entscheidungsträger zu kommunizieren, den Informationsbedarf der Empfänger zu befriedigen und Transparenz zu schaffen, damit die strategische Zielerreichung im Unternehmen sichtbar gemacht wird.[479] Das **USt-Berichtswesen** befasst sich mit der Zusammenstellung und Aufbereitung aller entscheidungs- und führungsrelevanten Informationen des unternehmensweiten USt-Managements für Adressaten außerhalb der Steuerabteilung. Die Adressaten sollen einen direkten Zugang zu USt-Informationen haben, um in regelmäßigen Abständen einen Einblick in das betriebliche USt-Management zu gewinnen. Gleichzeitig werden aus Erkenntnissen der Vergangenheit Verbesserungen für die Gegenwart und Zukunft entwickelt. Daher wird eine Verortung im Bereich der USt-Planung vorgenommen.

Unternehmensinterne **Adressaten** der USt-Berichterstattung sind zunächst die Geschäftsführung bzw. der CFO. Der internationale Bedeutungsanstieg der USt und der globale Trend steigender USt-Sätze[480] wird das Potenzial für USt-Risiken[481] vergrößern. Folglich wird das USt-Berichtswesen innerhalb des Unternehmens an Tragweite gewinnen und gezwungenermaßen in das Blickfeld der Geschäftsführung geraten. Weitere wichtige interne Adressaten sind das Rechnungswesen, die Interne Revision und operative Abteilungen, deren Geschäftsaktivitäten eine USt-Relevanz entfalten. Außerunternehmerische Adressaten sind vorwiegend externe Berater, Abschlussprüfer und gegebenenfalls Stakeholder. Externes Berichtswesen geschieht zudem durch den Konzernlagebericht.[482]

Für den **Aufbau** der USt-Berichtserstattung werden an dieser Stelle Vorschläge unterbreitet, die unternehmensindividuell angepasst werden müssen. Das Grundsche-

---

479 HAMMER (2015), S. 63 f.

480 Siehe Ergebnisse empirischer Untersuchungen, S. 31 ff. u. Untersuchungsergebnisse, Frage 1, S. 64 ff.

481 Gemeint sind damit Nachzahlungs-, Haftungs- und Prüfungsrisiken. Siehe Auflistung der USt-Risiken, S. 30.

482 § 315 HGB.

ma kann zeitorientiert gestaltet sein, z.B. indem Rückblicke, Der Statusquo und Ausblicke des betrieblichen USt-Managements aufgezeigt werden.

Nachfolgend wird beispielhaft ein mögliches **Gliederungsschema** mit dem dazugehörigen **Inhalt** vorgestellt. Aus Praktikabilitätsgründen erfolgt die Beschränkung auf die wesentlichen Informationen und Inhalte des USt-Berichtswesens.

USt-Berichtswesen Gliederungsschema und Inhalt (Bsp.)	
Allgemeine Fakten	**Rückblick, Statusquo, Ausblick** **Bsp.:** **Aufstellung wichtiger Kennzahlen** Überblick u. Entwicklung, z.B. USt-Zahlungen, VoSt-Erstattungen, zu bildende USt-Rückstellungen **Gerichtsprozesse** Stand, Einschätzung, Entwicklung, Kostenkalkulation **USt-Prozesse u. Schnittstellen** Koordination u. Überwachung **Veränderungen** Beobachtung u. Reporting aktueller USt-Veränderungen u. Entwicklungen in zentralen Absatzländern
USt- Compliance	**Rückblick, Statusquo, Ausblick** **Bsp.:** **Gesetzesbefolgung** Organisation von USt-relevanten Sachverhalten Erfüllung von Informationspflichten, Bekämpfung von USt-Betrug Anpassung an Gesetzesänderungen **Veranlagung** Stand eingereichter Erklärungen, USt-Voranmeldung, anstehende Zahlungen Dokumentation, Umsetzungsbedarfe ggf. Aufwandsschätzung **Dokumentation** Umsetzungsbedarf, Schwächen u. Revisionsergebnisse
USt-Risiken	**Rückblick, Statusquo, Ausblick**

USt-Berichtswesen Gliederungsschema und Inhalt (Bsp.)	
	Bsp.: **Stand des USt-Risikomanagements** Identifikation, Kategorisierung, Bewertung und Priorisierung von Risiken Auswirkung auf *Cashflow*, Geschäftsbeziehungen etc. Eintrittswahrscheinlichkeit-Kosten-Relation, Einordnung in die USt-Risiken-Matrix[483] Möglichkeit von strafrechtlichen Konsequenzen und persönlicher Haftung[484] **Eingeleitete Maßnahmen zur Bewältigung bzw. Reduzierung** Erfolgsaussichten, Kosten, Umsetzung, erzielte Verbesserungen **Bildung von Kategorien, Rangfolgen u. Vergleichszeiträumen** Entwicklung, Bewertung, Konsequenzen **Weitere Informationen** Stand von USt-Prüfungen Einfluss von Risiken auf externe Berichterstattung u. den kurzfristigen Cashflow
Chancen	**Statusquo u. Ausblick** **Bsp.:** Übersicht über Möglichkeiten der Optimierung des USt-Managements Verbesserungen der USt-Softwaretechnologie, Kosten-Nutzen-Analysen Personalentwicklung Wissensmanagement

Tabelle 29: Gliederungspunkte USt-Berichtwesen
Quelle: Eigene Darstellung.

Jedes Berichtswesen muss sich am Transparenz-, Informationsbedürfnis und der Informationsbefugnis der Adressaten orientieren. Die Berichterstattung ist daher stets adressatenorientiert vorzunehmen. Weiter muss der jeweilige **Vertraulichkeitsgrad** beachtet werden. Während die Geschäftsführung alle USt-Informationen kennen darf und muss, sind Mitarbeiter operativer Abteilungen oder unternehmensexterner Stellen nur mit den für das eigene Aufgabenfeld erforderlichen steuerlichen Informationen zu versorgen.

---

483 Siehe V. Kapitel, Abschnitt H. 3, USt-Risiken-Matrix, S. 280 ff.
484 Siehe V. Kapitel, Abschnitt H. 3,

Entscheidungsträger verfügen oftmals nur über ein beschränktes Zeitbudget und sind regelmäßig keine Steuerexperten. Daher muss die **Gestaltung** des Reportings so gewählt werden, dass der jeweilige Adressat schnell die für ihn wichtigsten Inhalte zur Kenntnis nehmen kann, um Entscheidungen treffen zu können. Dabei helfen Zusammenstellungen in Stichworten (*bullet points*), farbliche Absetzungen und grafische oder tabellarische Aufbereitungen. Bei der Berichterstattung zu USt-Risiken können z.B. Ampelschemata bei Statusfeststellungen helfen, wobei rot für „besonders akut", gelb für „weitere Beobachtungen/Untersuchungen" und grün für „erledigt" steht.

Die große Mehrheit globaler USt-Verantwortlicher in Unternehmen hat keinen Überblick über die Situation lokaler VoSt-Erstattungen.[485] Innerhalb der Berichtsinhalte sind daher **länderbezogene Berichterstattungen** vorzunehmen, um umsatzsteuerliche Länderunterschiede für den Adressaten hervorzuheben und einen besseren Überblick über lokale bzw. regionale Unterschiede aufzuzeigen. Dies dient auch der Identifizierung potentieller USt-Risiken und der Markierung von Problembereichen. Bei der Darstellung wichtiger Kennzahlen können hier z.B. farblich gestaltete Tortendiagramme angewendet werden.

Einige große Unternehmen verweisen in ihren jährlich erscheinenden Bericht zur globalen Unternehmensverantwortung (Corporate Social Responsibility – **CSR-Bericht**), auf die Erhebungs- und Abführungsfunktion bei indirekten Steuern und bezeichnen diese Aufgabe als unternehmerischen Beitrag zum Allgemeinwohl.[486] Die erheblichen USt-Befolgungskosten, die Unternehmen weltweit zu tragen haben, können in der Tat als ein gesellschaftlicher Beitrag gewertet werden. Im Einzelfall ist zu prüfen, ob dies Vorteile schafft und daher in der unternehmensexternen Kommunikation stärker hervorzuheben bzw. offensiver zu betonen ist. Derartige Hinweise gehören ebenfalls zum USt-Berichtswesen, auch wenn sie häufig nicht von der Steuerabteilung, sondern von der PR-Abteilung formuliert werden. Zahlen, Aufstellungen und Erläuterungen werden aber von der Steuerabteilung vorbereitet.

Steuerrisiken des Unternehmens sind im **Konzernlagebericht**[487] für unternehmensexterne Adressaten unter Beachtung der Wesentlichkeit zu benennen und zu erläu-

---

485 Vgl. KPMG (2012A), S. 20, nur 26% der befragten USt-Verantwortlichen haben einen Überblick über lokale VoSt-Erstattungen.

486 Z.B. Unternehmen wie Intel, AngloAmerican, Diageo, Vodafone, Rio Tinto Group, Glencore Xstrata, GlaxoSmithKline, siehe hierzu Anhang 10.

487 § 315 Abs. 1 Satz 5 HGB.

tern,[488] damit eine notwendige Informationsbereitstellung gewährleistet ist.[489] Hierzu gehört auch die Berichterstattung über USt-Risiken und den zugrunde liegenden Annahmen. Zugleich ist auf das einzurichtende USt-RMS[490] als Bestandteil des unternehmensweiten Risikomanagementsystems[491] einzugehen. Umsatzsteuerliche Haftungsrisiken müssen bei konkreten Gefahrenpotenzialen zur Sicherstellung des systematischen Flusses wichtiger Informationen zudem in das gesamtunternehmerische **Haftungsreporting** als Bestandteil des Haftungsmanagementsystems (HMS) miteinbezogen werden.[492]

Das USt-Berichtswesen liegt im Verantwortungsbereich des USt-Verantwortlichen. Obwohl die Adressaten per Definition außerhalb der Steuerabteilung stehen, bieten anzufertigende Berichte immer auch Möglichkeiten zur Selbstkontrolle. Denn das Berichtswesen weitet Erfahrungen aus und bietet Grundlagen für Anregungen und Ideen für ein verbessertes USt-Management. Da das in- und externe USt-Berichtswesen einen positiven Einfluss auf den Unternehmenswert ausüben kann,[493] muss es Bestandteil des Konzeptes der wertorientierten Berichterstattung (Value Reporting)[494] sein.

Abschließend sollen mögliche **Grenzen** des USt-Berichtswesens aufgezeigt werden. So besteht in jedem Unternehmen die Gefahr, dass über nachteilige Informationen keine konkreten bzw. unvollständige Ausführungen vorgenommen oder diese nicht rechtzeitig benannt werden. Der nicht ausreichend fachkundige Adressat sollte diesbezüglich sensibilisiert sein und gegebenenfalls fachkundigen Rat hinzuziehen.

---

488 Siehe DRS 15.91.

489 Vgl. FREIDANK/MAMMEN (2008), S. 291.

490 Siehe Ausführungen im V. Kapitel, Abschnitt H, S. 272 ff.

491 § 91 Abs. 2 AktG.

492 Vgl. Ausführungen zum Haftungsmanagementsystem DENK/EXNER-MERKELT (2005), S. 125; FREIDANK/ DÜRR/SASSEN (2013), S. 2287, 2288.

493 Vgl. FREIDANK/MAMMEN (2008), S. 292 zum Reporting allgemeinen Steuerrisiken.

494 Vgl. FISCHER/WENZEL (2002), S. 327-335; FREIDANK (2012), S. 63.

E. Liquiditätsmanagement

1. Ausgewählte Bereiche und Vorgehensweise

Bedingt durch hohe USt-Sätze entstehen monatlich hohe USt-Zahllasten und VoSt-Erstattungen, die unternehmensintern erhebliche Auswirkungen auf den **Cashflow** haben. Angesichts dessen erfordert die betriebswirtschaftliche Betrachtungsweise, die Möglichkeiten eines **Liquiditätsmanagements** im USt-Bereich zu prüfen und gegebenenfalls anzuwenden. Entsprechende Möglichkeiten werden in diesem Abschnitt vorgestellt, betriebswirtschaftlich analysiert und erläutert. Ausgewählte Bereiche sind die Option zur Steuerpflicht, die Schaffung USt-günstiger Betriebsstrukturen, der VoSt-Abzug und Kostenüberlegungen sowie verschiedene Besteuerungsverfahren bei der USt. Je höher die **nationalen USt-Sätze** sind, desto relevanter werden Liquiditäts- und Finanzierungsfragen unter Einbezug der USt. Aus betriebswirtschaftlichen Gründen sind daher länderspezifische Analysen und Vorgehensweisen notwendig. Der Einbezug der Geschäftsführung, der Finanzierungsabteilung (*treasury management*) und der operativen Abteilungen ist notwendig, da die Steuerabteilung nur bedingten Einfluss auf unternehmerische Zahlungsströme und Liquiditätsfragen ausüben kann.

Das Liquiditätsmanagement im USt-Bereich besteht nicht nur aus der bloßen Zusammenstellung und Weitergabe von Zahlengrößen. Vielmehr werden **Analysen des bestehenden Zahlenmaterials der USt-Organisation durchgeführt, um zukünftige Verbesserungen** abzuleiten und strategische Entscheidungen vorzubereiten. Daher gehört das Liquiditätsmanagement dem Bereich der USt-Planung an.[495]

Die im Folgenden vorgestellten Möglichkeiten richten sich an **Unternehmen**[496] und **Nichtunternehmen**, die keine privaten Endverbraucher sind. Unterschieden wird zwischen Unternehmen mit Ausgangsumsätzen i.S.d. § 4 UStG, juristischen Personen des öffentlichen Rechts[497] und gemeinnützigen Körperschaften mit unternehmerischen und nichtunternehmerischen Bereichen. Umsatzsteuerliche Auswirkungen auf private Endverbraucher werden nicht berücksichtigt.

---

495 Siehe Aufführung von Aufgaben und Funktion des USt-Managements, S. 23.

496 § 2 Abs. 1 UStG.

497 § 2 Abs. 3 UStG.

2. Unternehmerische Bereiche der aktiven Umsatzsteuer-Gestaltung

a) Finanzierungsvorteile durch die zeitliche Gestaltung von Leistungen

Entscheidendes Kriterium für die Entstehung der USt ist der **Zeitpunkt der Ausführung einer Leistung**. Für Lieferungen[498] ist dies der Beginn der Beförderung oder Versendung (Verschaffung der Verfügungsmacht), für sonstige Leistungen[499] die Vollendung der Leistung. Insbesondere für KMU dürfte es daher entscheidend sein, den Voranmeldungszeitraum, in dem die Lieferung oder sonstige Leistung erbracht wird, aktiv zu bestimmen.

Gem. § 13 UStG **entsteht** die USt bereits bei der Berechnung der Steuer nach vereinbarten Entgelten grds. mit Ablauf des USt-Voranmeldungszeitraums. Der Zeitpunkt der Leistung ist entscheidend, für welchen Voranmeldungszeitraum ein Umsatz zu berücksichtigen ist. Ausgenommen davon ist die Ist-Versteuerung von Anzahlungen.[500] Dies bedeutet, dass ein Unternehmen gegebenenfalls die Ausgangs-USt entrichten muss, obwohl noch kein Geldeingang verbucht werden konnte. In diesem Fall erfolgt eine Vorfinanzierung der USt zulasten des Cashflows. Dieser Fall zeigt, dass die USt für viele Unternehmen ein wesentlicher Liquiditätsfaktor ist. Im günstigsten Fall geben Unternehmen die Rechnung dann aus, wenn sichergestellt ist, dass die USt im selben Voranmeldungszeitraum bezahlt werden kann. Hierfür eignet sich die Aufspaltung der Leistung in Teilleistungen und damit zusammenhängend die Aufspaltung des Rechnungsbetrags in Teilbeträge. Die USt ensteht hier mit Ablauf des Voranmeldungszeitraums, in dem die Teilleistungen ausgeführt worden sind.[501]

Liquiditätsvorteile können auch dadurch geschaffen werden, indem **Teilleistungen** abgegrenzt werden. Für solche Leistungen lohnt es sich, die Leistungssplittung zu prüfen. Vor allem bei VoSt-schädlichen Ausgangsumsätzen, insbesondere im Zusammenhang mit Immobilien, kommt dieser Gestaltungsform Bedeutung zu. Der von der Finanzverwaltung eingeräumte Spielraum ist zu beachten.[502]

498 § 3 Abs. 1 UStG.
499 § 3 Abs. 9 Satz 1 UStG.
500 Vgl. 13.1. Abs. 1 UStAE (2014) i.V.m. BFH v. 13.10.1960, V 294/58 U, BStBl. III, S. 478.
501 § 13 Abs. 1 Buchst. a Satz 1 bis 3 UStG.
502 Z.B. OFD Karlsruhe, 19.09.2005 – USt-Kartei S 7270 Karte 2, UR 2006, S. 302.

b) Finanzierungsvorteile durch spätere Berichtigung des Vorsteuer-Abzugs

Bei Wirtschaftsgütern, die teilunternehmerisch genutzt werden, können Finanzierungsvorteile erreicht werden, indem der VoSt-Abzug zu einem späteren Zeitpunkt berichtigt wird.

Voraussetzung ist, dass ein VoSt-abzugsberechtigter Unternehmer durch objektive Anhaltspunkte seine Absicht belegt, mit den bezogenen Leistungen steuerpflichtige Umsätze zu erzielen. Wird die Absicht später aufgegeben und werden die Leistungen zur Erzielung steuerfreier Umsätze verwendet, bleibt die Eigenschaft als Steuerpflichtiger auch bei unter dem Vorbehalt der Nachprüfung stehenden Steuerbescheiden erhalten und der Vorsteuerabzug kann nicht mehr rückwirkend entzogen werden. Entspricht die tatsächliche Verwendung nicht der behaupteten Absicht, muss der Steuerpflichtige jedenfalls bei zeitlich engem Zusammenhang zwischen Absichtsbekundung und Absichtsverwirklichung diejenigen Umstände darlegen und plausibel machen, die zu der geänderten tatsächlichen Verwendung geführt haben.[503] Abgestellt wird auf die **glaubhaft gemachte Verwendungsabsicht** beim Leistungsbezug und auf den **guten Glauben** des Steuerpflichtigen. Weicht die tatsächliche Verwendung von der ursprünglich erklärten Absicht ab, hat der Unternehmer die VoSt zu korrigieren und sukzessive zurückzuzahlen.[504] Diese Maßnahme führt zu einem enormen Finanzierungsvorteil, der je nach Höhe des USt-Satzes positive Auswirkungen auf den Cashflow entfaltet.

Wenn ein Unternehmer bewusst und unter versteckter Annahme einer USt-freien Verwendungsabsicht (u.a. Eigennutzung) eine USt-pflichtige Verwendungsabsicht vortäuscht und so in den Genuss eines VoSt-Abzugs kommt, liegt eine **Missbrauchsgestaltung** vor. Auf entsprechende Betrugsmodelle wird im Folgenden nicht eingegangen.

Finanzierungsvorteile können sich allerdings bei bestimmten **Unsicherheiten** in Bezug auf die Verwendungsabsicht ergeben. Dieser Fall liegt vor, wenn der Unternehmer eine USt-pflichtige Verwendungsabsicht plant und die damit verbundenen Maßnahmen glaubhaft einleitet. Erfolgt eine VoSt-Korrektur zu einem späteren Zeitpunkt, weil sich sachverhaltsbezogene Umstände anders als geplant entwickeln, handelt der

[503] BFH v. 18.10.2007, V B 36/06 (NV) (veröffentlicht am 12.12.2007), Haufe-Index 1930306; EuGH v. 08.06.2000, C-400/98 – Breitsohl, UR 2000, S. 329.

[504] § 15a Abs. 1, 5 und 6 UStG.

Unternehmer im Rahmen des UStG und profitiert vom Finanzierungsvorteil. Folgendes **Beispiel** aus der Unternehmenspraxis soll diesen Zusammenhang verdeutlichen.

Ein Unternehmer plant die Errichtung eines Einkaufszentrums (Herstellungskosten 5 Mio. EUR zzgl. 950.000 EUR USt). Für **die Hälfte der Nutzfläche werden zum vollen VoSt-Abzug** berechtigte Mieter gesucht, für die andere Hälfte Mieter mit USt-freien Umsätzen (VoSt-Schlüssel 50%). Anders als vom Unternehmer geplant, können nach zweijähriger Bauzeit und darauffolgender einjähriger Suche keine Mietverträge mit USt-pflichtigen Mietern für die Hälfte der Nutzfläche abgeschlossen werden. Nach drei Jahren ist eine VoSt-Korrektur notwendig. Der Unternehmer profitiert vom zuvor festgelegten VoSt-Schlüssel und erlangte für die Bauphase somit erhebliche Liquiditätsvorteile.
Eine **Abwandlung** des Beispiels ergibt folgendes Bild:
Der Unternehmer vermietet wie geplant zur Hälfte an USt-pflichtige Mieter. Nach zehnjährigem Berichtigungszeitraum (§15a Abs. 1 UStG) erfolgt eine Vermietung an Mieter mit USt-freien Umsätzen. Die VoSt-Korrektur entfällt. Trotz veränderter Verwendungsabsicht bleibt der volle VoSt-Abzug erhalten und somit der gesamte Finanzierungsvorteil.

c) Unternehmen innerhalb des umsatzsteuerlichen Organkreises

Eine Form der sogenannten Gruppenbesteuerung bei den indirekten Steuern ist die umsatzsteuerliche Organschaft, die für EU-Mitgliedstaaten in Art. 11 MwStSystRL geregelt ist. Demnach kann jeder EU-Mitgliedstaat in seinem Gebiet ansässige, rechtlich unabhängige natürliche oder juristische Personen vor dem Hintergrund finanzieller, wirtschaftlicher und organisatorischer gegenseitiger Beziehungen **als einen Steuerpflichtigen** behandeln. Durch zusammengefasste Erklärungen werden Liquiditätsvorteile erzielt, weil innerhalb des Organkreises horizontale Liquiditätsausgleiche stattfinden können. Auf diese Weise entsteht eine Art **umsatzsteuerlicher Cashpool**. So können z.B. liquiditätsstärkere Organgesellschaften schwächere Schwestergesellschaften unterstützen. Die Umfrage zeigt, dass viele Konzerne von der Möglichkeit eines umsatzsteuerlichen Organkreises als steuergestalterische Maßnahme Gebrauch machen.[505]

Weitere Liquiditätsvorteile von Organkreisen entstehen dadurch, dass USt-Erstattungen vom Finanzamt fast immer zeitlich versetzt stattfinden, während USt-Zahlungen immer zum 10. des Folgemonats fällig sind. Für den Gesamtkonzern finden weitaus **weniger Zahlungsverschiebungen** statt, weil der gesamte Organkreis als ein Unternehmen behandelt wird. Besonders vorteilhaft ist dies bei intensiven und ho-

---

505 Siehe Untersuchungsergebnisse zu Frage 7, S. 86.

hen Leistungsaustausch zwischen einzelnen Konzerngesellschaften. Innerhalb des Organkreises wird der Leistungsaustausch zu einem nicht steuerbaren Innenumsatz mit der Folge eines permanenten Liquiditätsvorteils i.H.v. 19% der Umsatzerlöse.

Seit Einführung des Mehrwertsteuersystems zum 1.1.1968 hat die Organschaft im Umsatzsteuerrecht in finanzieller Sicht an Bedeutung verloren. Dennoch bleibt sie in Anbetracht eines wachsenden Steuersatzes ein bevorzugtes Instrument der Steuergestaltung innerhalb bestimmter steuerlicher Strukturen.[506] Gegenwärtig stellt sich die Frage, in welche Richtung sich die Organschaft vor dem Hintergrund aktueller Urteile entwickelt und welche Möglichkeiten für Gestaltungen bleiben.

Der wichtigste Grund für eine USt-Organschaft liegt in der **Vermeidung umsatzsteuerlicher Definitivbelastungen**.[507] Die meisten Gestaltungsmodelle haben zum Ziel, Vorteile im Bereich des VoSt-Abzugs oder auch der Unternehmereigenschaft zu erlangen.[508] Daher wird sie gerade auch mit einem wachsenden Steuersatz zu einer bevorzugten steuergestalterischen Maßnahme bei bestimmten steuerlichen Strukturen.[509] Diese Einschätzung trifft beispielsweise zu, wenn steuerfreie Ausgangsumsätze wie z.B. Krankenhäusern, Pflegeheimen und Banken keinen VoSt-Abzug ermöglichen.[510] In betroffenen Unternehmen wirkt sich die nicht abzugsfähige USt nachteilig aus, indem eine zusätzliche Kostenbelastung i.H.v. 19% entsteht. Hier kann durch die Eingliederung z.B. von Serviceeinheiten die steuerliche Situation verbessert werden.[511] Dadurch kommt es teilweise zu VoSt-Erstattungen. Für nicht zum VoSt-Abzug berechtigte Unternehmen bietet sich folgende Gestaltung an:[512]

Ein steuerbefreiter Leistungsempfänger (hier z.B. ein Krankenhaus) gründet zusammen mit einem Dienstleister eine Service-GmbH, an der das Krankenhaus zu 51% beteiligt ist. Diese Service-GmbH wird mit Logistik, Reinigung, Verwaltung etc. beauftragt. Zwischen dem Krankenhaus und der Service-GmbH kommt die umsatzsteuerliche Organschaft zur Anwendung, wenn die Eingliederungsvoraussetzungen (§ 2 Abs. 2 Nr. 2 UStG) erfüllt und hinreichend dokumentiert sind. Kosten- und personalintensive Dienstleistungen werden nun von der Service-GmbH als nicht steuerbare Innenumsätze erbracht. Für das Krankenhaus fällt nur die der Servicegesellschaft von ihren Lieferanten in Rechnung gestellte USt als nicht abziehbare

---

506 Vgl. GRUNE/MÖNCKEDIECK (2012), S. 544.
507 Vgl. FELDGEN (2010), S. 285; SLAPIO (2000), S. 999.
508 Vgl. GRUNE/MÖNCKEDIECK (2012), S. 546.
509 Vgl. LEONARD (2010), S. 721.
510 Vgl. LEONARD (2010), S. 721 f.
511 Vgl. GRUNE/MÖNCKEDIECK (2012), S. 547.
512 Grundlegend entwickelte Gestaltung von SLAPIO (2000), S. 999.

VoSt an.[513] Erreicht wurde, dass die Service-GmbH voll USt-pflichtig und zum vollen VoSt-Abzug berechtigt ist.

In der Praxis birgt das vorgestellte Modell allerdings die Gefahr, dass die Organschaft vom Finanzamt nicht anerkannt wird.[514] Entgegen der finanziellen Eingliederung könnten **Probleme** hinsichtlich der wirtschaftlichen und organisatorischen Eingliederung entstehen.[515] Im Rahmen der organisatorischen Eingliederung ist darauf zu achten, dass eine Personalunion der Geschäftsführungsorgane beider Gesellschaften vorliegt (personelle Verflechtung).[516] Diese Situation wird angenommen, wenn die Mitarbeiter der Geschäftsführung einer Organgesellschaft ein **Anstellungsverhältnis** beim Organträger haben. Bei weisungswidrigem Verhalten muss für den Organträger die uneingeschränkte Möglichkeit bestehen, leitendes Personal der Organgesellschaft abberufen zu können.[517] Im oben angeführten Beispiel wird auch die wirtschaftliche Eingliederung in der Literatur bejaht, weil der Förderungsaspekt durch den Hygienebedarf in Krankenhäusern hinreichend erfüllt wird.[518] Außerdem ist nicht von einem Missbrauch rechtlicher Gestaltungsmöglichkeiten i.S.d. § 42 AO auszugehen.[519]

Eine weitere umsatzsteuerliche Gestaltung mithilfe des Instruments der Organschaft bietet sich bei **Holdingstrukturen** in einem Konzern an. Vorteilhaft könnte dies ähnlich wie im angeführten Krankenhaus- Beispiel sein, wenn die Holding in größerem Maße Empfänger umsatzsteuerpflichtiger Leistungen ist.[520] Erst durch die Bildung einer Organschaft kann der Organträger zum Unternehmer gem. § 2 Abs. 2 UStG werden. Aus dieser Sicht ist die Organschaft ein effektives Gestaltungsinstrument zur Strukturierung weit verzweigter Konzernunternehmen mit einer Holdinggesellschaft.[521] Auf diesem Wege lassen sich durch Ausweitung des VoSt-Schlüssels erhebliche Finanzierungsvorteile erreichen.

Aus umsatzsteuerlicher Sicht ist es wesentlich, wann und unter welchen **Voraussetzungen** eine Holdinggesellschaft zur Unternehmerin im umsatzsteuerlichen Sinne

---

513 Vgl. LEONARD (2010), S. 721 f.
514 Vgl. LEONARD (2010), S. 721, 723.
515 Vgl. GRUNE/MÖNCKEDIECK (2012), S. 548.
516 BFH v. 03.04.2008, V R 76/05, BStBl. II, S. 905; 28. 10. 2010, V R 7/10, BStBl. II 2011, S. 391.
517 BFH v. 07.07.2011, V R 53/10, BStBl. II 2013, S. 218.
518 Vgl. GRUNE/MÖNCKEDIECK (2012), S. 547; SLAPIO (2000), S. 999; HEINTZEN (1999), S. 1799.
519 Vgl. GRUNE/MÖNCKEDIECK (2012), S. 547.
520 Vgl. SLAPIO (2000), S. 999, 1001.
521 Vgl. MÜLLER/STÖCKER (2011), Rz. 1169.

wird. Nur dann kann die Holding zur VoSt-abzugsberechtigten Organträgerin werden, indem ein entgeltlicher Leistungsaustausch über vermögensverwaltende Maßnahmen[522] hinaus zwischen Holding und ihrer Beteiligungsunternehmen stattfindet.[523] Für die Begründung eines Organschaftsverhältnisses innerhalb einer Holdingstruktur kann bei Beachtung der übrigen Voraussetzungen nach § 15 UStG die Möglichkeit des VoSt-Abzugs hergestellt werden.[524]

Ein weiteres Gestaltungspotenzial bietet die umsatzsteuerliche Organschaft, indem innerhalb des Organkreises nicht steuerbare **Vermögensübertragungen** auf Tochter-, Schwester- oder Mutterunternehmen durchgeführt werden können. Die Übertragung von Vermögen zwischen Organträger und Organgesellschaften ist als Innenumsatz nicht steuerbar. Die Eingliederungsvoraussetzungen des § 2 Abs. 2 Nr. 2 UStG müssen aber bereits vorher erfüllt sein. Steuerlich erstrebenswert ist diese Gestaltungsmöglichkeit, wenn die durch die steuerbare Übertragung anfallende USt beim Übernehmer keinen VoSt-Abzug auslösen würde, z.B. aufgrund von Steuerbefreiungen.[525]

Eine Gestaltungsmöglichkeit eröffnet sich für Organgesellschaften, die USt-freie Umsätze erbringen, deren Organträger aber USt-pflichtige Umsätze tätigen. Der VoSt-Schlüssel kann auf diesem Wege ausgeweitet werden, sodass erhebliche Liquiditätsvorteile entstehen können. Folgendes **Beispiel** verdeutlicht den Zusammenhang:

Die V-GmbH ist ein Vermietungsunternehmen gem. § 4 Nr. 12 a) UStG. Organträger ist das Einzelunternehmen des B, der sämtliche Bauleistungen für die V-GmbH erbringt. Der Organkreis genießt den vollen VoSt-Abzug für alle Eingangsleistungen. Umsätze zwischen Vermietungsunternehmen und Bauunternehmen sind nicht steuerbare Innenumsätze.

Die Möglichkeit der USt-Option und des damit verbundenen Anspruchs auf VoSt-Abzug[526] kann durch die Bildung eines Organkreises insgesamt aber auch wegfallen. Dieser Fall liegt z.B. vor, wenn Umsätze nicht mehr an einen anderen Unternehmer für dessen Unternehmen ausgeführt werden.[527] Der Organkreis fällt weg, wenn nicht

522 Nach h.M. ist die reine Vermögensverwaltung keine wirtschaftliche Tätigkeit i.S.d. Art. 9 MwSt-SystRL.

523 Vgl. EuGH v. 27.09.2001, C-16/00 – Cibo Participations, EuGHE 2001, I-6663 = UR 2001, 500 m. Anm. WÄGER; BFH v. 09.10.2002, V R 64/99, BStBl. II 2003, S. 375; MÜLLER/STÖCKER (2011), Rz. 1252.

524 Vgl. SLAPIO (2000), S. 999, 1001.

525 Vgl. GRUNE/MÖNCKEDIECK (2012), S. 548; MÜLLER/STÖCKER (2011), Rz. 1158.

526 § 15 Abs. 2 Nr. 1 UStG.

527 Vgl. MÜLLER/STÖCKER (2011), Rz. 1175.

alle Organgesellschaften Unternehmer i.S.d. § 2 Abs. 1 UStG sind. Unternehmen mit Organkreisen oder entsprechenden Überlegungen zur Einführung von Organschaften müssen daher frühzeitig Szenarien entwickeln, um Fehler zu vermeiden, die unerwünschte Auswirkungen auf die Liquidität verursachen können. Um einen Organkreis zu bilden, zu erhalten und zu verwalten, bedarf es zudem einer gewissen Organisationssteuerung, die erhöhte Befolgungskosten verursacht.

d) Einsatz der Ist-Besteuerung und der Erwerbsbesteuerung

Die folgenden **Gestaltungsmaßnahmen** verbessern ebenfalls den Cashflow von Unternehmen:

Maßnahme	Bemerkung
USt nach vereinnahmten Entgelten (Ist-Besteuerung)	**§ 20 UStG** Vorsicht: Umsatzhöhe ist begrenzt **Vorteil:** Keine Vorfinanzierung der USt durch das Unternehmen Besonders geeignet für KMU u. Freiberufler Möglichkeit der Anwendung für einzelne Bereiche eines Unternehmens u. Zweckbetriebe
Einsatz der Erwerbsbesteuerung[528]	**Voraussetzungen**: Unternehmen muss über USt-Registrierung in anderen EU-Mitgliedstaaten verfügen, z.B. über eine Betriebsstätte in einem anderen EU-Mitgliedstaat **Vorteil**: Für Unternehmen mit Ansässigkeit im grenznahen Bereich

Tabelle 30: Gestaltungsmaßnahmen zur Verbesserung des Cashflows
Quelle: Eigene Darstellung.

Folgendes Beispiel verdeutlicht den Einsatz der Erwerbsbesteuerung:[529]

U mit Sitz in Kehl kauft Waren bei L und lässt sie über die deutsch-französische Grenze direkt nach Straßburg bringen. Er verwendet gegenüber dem L seine französische USt-IdNr.
Die Folge ist: L liefert statt mit 19% deutscher USt steuerfrei als innergemeinschaftliche Lieferung (§§ 4 Nr. 1 b, 6a UStG).

---

528 Vgl. WINTER (1997) .
529 Beispiel entnommen aus KORF (2011), S. 1077, zugrunde liegende Idee von WINTER (1997).

U bewirkt in Frankreich einen innergemeinschaftlichen Erwerb (gem. § 1a UStG entsprechende französische Vorschrift[530]). Möglicherweise ist dieser Erwerb in Frankreich steuerfrei[531], weil die dort erworbenen Waren wiederum zur Bewirkung eines nicht abzugsschädlich steuerfreien Umsatzes verwendet werden.
Ist dies nicht der Fall oder nicht im erforderlichen Umfang bzw. Zeitrahmen nachweisbar, kann U in Frankreich immer noch die dortige USt von 19,6% auf den Erwerb sofort als Vorsteuer abziehen. Benötigt U die Waren später dennoch in Kehl, so verbringt er sie nach Kehl (gleichgestellt mit einer innergemeinschaftlichen Lieferung). Da U auch eine deutsche USt-ID-Nr. hat, ist die Lieferung wiederum in Frankreich steuerfrei. Der steuerpflichtige Erwerb in Kehl kann sofort als VoSt abgezogen werden.

Ergebnis: 1 Lieferung, 1 Verbringen, 2 Erwerbe. Keine USt hätte gezahlt werden müssen.

e) Nutzung des europäischen Umsatzsteuergefälles und des innergemeinschaftlichen Erwerbs

Insbesondere Kleinunternehmer und Nichtunternehmer können durch strategische Nutzung des europäischen USt-Gefälles zwischen 0 und 27% USt-Satz erhebliche Vorteile für die eigene Liquidität erwirken, soweit jährliche Erwerbsschwellen nicht überschritten werden. Gleiches gilt für nicht zum VoSt-Abzug berechtigte Unternehmen und Körperschaften. Hierzu folgendes **Beispiel**[532]:

Eine deutsche Hochschule (nicht zum VoSt-Abzug berechtigt) bestellt Fachbücher bei einem britischen Verlag. Bücher unterliegen in Großbritannien einem Steuersatz von 0%. Die innergemeinschaftliche Lieferung des Verlages ist steuerfrei.Gleichzeitig behält der Verlag sein VoSt-Abzugsrecht. Der USt-Satz auf Bücher beträgt in Deutschland 7% (§ 12 Abs. 2 Nr. 1 UStG). Die Hochschule erwirbt die Bücher in Großbritannien ohne zusätzlichen Liquiditätsabfluss in Höhe von 7%.

Weitere Voraussetzungen sind, dass die deutschen Universitäten umsatzsteuerlich nicht registriert sind, unter der Erwerbsschwelle von 12.500 € bleiben (§ 3c Abs. 2 i.V.m. § 1a Abs. 3 UStG) und auf die Anwendung der Erwerbsschwelle nicht verzichtet haben (§§ 1a Abs. 3 Nr. 2 und Abs. 4 S. 1 UStG). Die Summe der Entgelte für die Lieferungen der Bücher bleibt unter 100.000 € (§ 3c Abs. 3 Nr. 1 UStG).

Ähnlich wie im beschriebenen Beispiel kann es sich bei der Lieferung von **Arzneimitteln** aus Großbritannien an deutsche Abnehmer verhalten, deren Ausgangsumsätze nicht zum VoSt-Abzug berechtigen (§ 15 Abs. 2 Nr. 1 UStG), die unter die Kleinunternehmer-Regelung fallen (§ 19 UStG) oder Nichtunternehmer sind.

530 Vgl. Art. 40 MWStSystRL.
531 Analoge franz. Vorschrift zu §§ 4b Nr. 4 i.V.m. 15 Abs. 3 UStG.
532 Entnommen aus Korf (2011), S. 1079.

Mitunter kann die Verteilung oder Umleitung der beschriebenen Soll-Umsätze auf verschiedene selbstständige Schwester- oder Tochtergesellschaften bei gleichzeitiger Vermeidung von Organschaften zu einer Ausweitung umsatzsteuerrechtlicher Vorteile führen.[533]

Unternehmer, die nur den VoSt-Abzug ausschließende Umsätze ausführen, Kleinunternehmer, Land- und Forstwirte, die die USt nach Durchschnittssätzen ermitteln, und juristische Personen, die nicht Unternehmer sind oder die den Gegenstand nicht für ihr Unternehmen erwerben, können nach § 1a Abs. 4 UStG auf die Anwendung der **Erwerbsschwelle** verzichten. Der Verzicht ist vorteilhaft, wenn die USt im Ursprungsland höher ist als die deutsche Erwerbs-USt. Der Verzicht erfolgt durch eine Erklärung gegenüber der Finanzverwaltung, ist dann aber bindend für mindestens zwei Jahre.

3. Anwendung der Umsatzsteueroption

a) Unternehmer mit Ausgangsumsätzen gemäß § 4 UStG

Sowohl für Endverbraucher als auch für Unternehmer kann die USt aufgrund der fehlenden VoSt-Abzugsberechtigung zum Kostenfaktor werden und sich entsprechend auf die Liquidität auswirken. Betroffen sind insbesondere Unternehmen mit Ausgangsumsätzen i.S.d. § 4 UStG und gemeinnützige Körperschaften mit unternehmerischen und nicht unternehmerischen Bereichen. Das UStG beinhaltet jedoch Wahlrechte, die solchen Unternehmern USt-günstige Möglichkeiten eröffnen. Ziel dieses Instruments ist die **Ausweitung des VoSt-Abzugs** angesichts von Liquiditätsaspekten eines unternehmerischen *tax cash managements*.

Unternehmen, die USt-freie und VoSt-schädliche Umsätze tätigen (§ 4 Nr. 8 bis 28 i.V.m. § 15 Abs. 2 Nr. 1 UStG), können unter bestimmten Voraussetzungen zur USt optieren, wenn dieser Umsatz an einen Unternehmer für dessen Unternehmen ausgeführt wird und dieser Unternehmen keine VoSt-schädlichen Ausgangsumsätze tätigt.[534] Dies umfasst auch die Möglichkeit zur nachträglichen USt-Option. Im Folgenden werden einige Möglichkeiten vorgestellt.

---

[533] Vgl. KORF (2011), S. 1081.

[534] Siehe § 9 UStG.

Bei der **nachträglichen USt-Option** ist zu beachten, dass die neuere Rechtsprechung Wahlrechte zur Behandlung steuerfreier Umsätze als steuerpflichtig nur innerhalb enger zeitlicher Grenzen einräumt.[535] Da das Wahlrecht des § 9 UStG im Wortlaut nicht ausdrücklich mit gesetzlichen Fristen versehen ist, stellen die USt-Senate des BFH in zahlreichen Urteilen[536] nicht auf die materielle Bestandskraft der Jahressteuerfestsetzung ab, sondern auf die für den Steuerpflichtigen eher ungünstigere formelle Bestandskraft auf den 31.5. des Folgejahres.[537] Demgegenüber urteilt der EuGH, dass der Grundsatz der Neutralität der MwSt erfordert, dass der VoSt-Abzug gewährt wird, wenn die **materiellen Anforderungen** erfüllt sind, selbst wenn der Steuerpflichtige bestimmten formellen Anforderungen nicht genügt hat.[538] Aus dieser Einschätzung und aus anderen Urteilen[539] wird ersichtlich, dass der EuGH die wirtschaftliche Betrachtungsweise vor dem reinen Wortlaut von Richtlinienregelungen bevorzugt, wenn diese sich im Ergebnis als systemwidrig herausstellt (Effektivitäts- und Neutralitätsgrundsatz).[540] Diese Urteile sind unternehmensfreundlich und können daher in Zweifelsfällen gegenüber formalistisch orientierten Finanzverwaltungen im Gemeinschaftsgebiet herangezogen werden.

Bei **Vermietungsunternehmern und Grundstücksgesellschaften** kann die Option erhebliche Vorteile mit sich bringen. Wann immer die Voraussetzungen für den Verzicht auf eine USt-Befreiung gegeben sind[541], ist hiervon aus Liquiditätsüberlegungen Gebrauch zu machen. Dies betrifft insbesondere die USt-pflichtige Vermietung an zum VoSt-Abzug berechtigte Unternehmer oder die kurzfristige Vermietung. So können z.B. Anschaffungs-, Herstellungskosten sowie Erhaltungsaufwand direkt zugeordnet werden, um einen VoSt-Abzug für die optierten Nutzflächen zu generieren. Zu beachten ist der VoSt-Korrekturzeitraum gem. § 15a UStG, wenn sich die für den ursprünglichen VoSt-Abzug maßgeblichen Verhältnisse verändern. Dieser Fall liegt z.B. vor, wenn ein zum vollen VoSt-Abzug berechtigter Mieter einen Laden räumt und der

535 Art. 137 MwStSystRL.

536 Vgl. BFH v. 15.12.2011, V R 48/10, BFH/NV 2012, S. 808; 19.07.2011, XI R 29/09, BStBl. II 2012, S. 430 = DB 2011, S. 2528; 18.04.2012, XI R 14/10, BFH/NV 2012, S. 1828; 11.07.2012, XI R 17/09, BFH/NV 2013, S. 266.

537 § 149 AO.

538 EuGH v. 01.03.2012, C-280/10 – Polski Trawertyn, UR 2012, S. 366.

539 Vgl. EuGH v. 8.5.2008, Rs C-95/07, Ecotrade, EuGHE 2008 S. I-3457 = UR 2008, S. 512.

540 Vgl. Prätzler (2013), S. 963 f.

541 §§ 4 Nr. 12 Buchst. a, 9 Abs. 1 und 2 UStG.

neue Mieter VoSt-schädliche Umsätze tätigt. Weiterhin bietet die VoSt-Aufteilung nach Nutzflächen[542] weitere Finanzierungsvorteile.[543]

Für Institutionen wie **Banken und Versicherungen** kann das Optieren zur USt bei grds. steuerfreien Umsätzen erhebliche Vorteile bringen, ohne dass dies mit Nachteilen für Geschäftskunden verbunden ist. Auf diesem Weg wird der VoSt-Schlüssel erhöht, mit positiven Auswirkungen auf die Liquidität des Unternehmens. So kann z.B. durch die Optierung bei steuerpflichtigen Darlehen bzw. deren Zinsen an VoSt-abzugsberechtigte Unternehmer das eigene VoSt-Volumen verbessert werden. Zur Verbesserung ihrer Liquidität machen Banken von diesem steuergestalterischen Mittel zunehmend Gebrauch.[544]

Wenn die Voraussetzungen für die Option gem. § 9 UStG erfüllt sind, können Banken oder andere Unternehmen mit USt-freien Ausgangsumsätzen zudem USt-pflichtige Untervermietungen an Mieter vornehmen, die zu einem vollen VoSt-Abzug berechtigen. Die VoSt-Aufteilung erfolgt unter Beachtung des § 15 Abs. 4 UStG. So können jene Unternehmen den VoSt-Schlüssel steigern und auf diese Weise Vorteile für den Cashflow generieren. Folgendes **Beispiel** soll diesen Zusammenhang verdeutlichen:

Eine Großbank besitzt in Frankfurt ein Hochhaus. Das angestrebte und nachweisbare Nutzungskonzept sieht nur eine Eigennutzung zur Hälfte vor. Die übrige Fläche wird USt-pflichtig fremdvermietet an zum vollen VoSt-Abzug berechtigte Unternehmen.

Bei bestimmten Umsätzen kann der Unternehmer optional auf die USt-Freiheit gem. § 9 UStG verzichten, vorausgesetzt der Leistungsempfänger ist Unternehmer i.S.d. § 2 UStG und notarielle Bestimmungen werden eingehalten (§ 9 Abs. 3 S. 2 UStG). Nachträgliche VoSt-Berichtigungen in Bezug auf die Anschaffung oder Herstellung von Gebäuden sind möglichst zu vermeiden. Nicht zu unterschätzen sind daher gravierende Folgewirkungen in fehleranfälligen Bereichen wie z.B. **Immobilientransaktionen im Rahmen von Geschäftsveräußerungen**. Teilweise gelten diesbezüglich verkürzte Fristen zur Optionsausübung, die von einer nicht einheitlichen Rechtsprechung begleitet werden.[545] Betroffen sind insbesondere Unternehmenseinheiten, die bebaute Grund-

---

542 §15 Abs. 4 Satz 2 UStG.

543 Siehe hierzu nachfolgender Abschnitt.

544 Vgl. Antworten der Steuerexperten zu Frage 7, Wortprotokoll (Anhang 6).

545 BMF v. 01.10.2010, IV D 3 – S 7198/09/10002, BStBl. I 2010, S. 768; Rechtsprechung u.a. BFH v. 28.11.2002, VR 54/00, BStBl. II 2003, S. 175; 25.01.1996, V R 42/95, BStBl. II 1996, S. 338; 02.04.1998, V R 34/97, BStBl. II 1998, S. 695; 23.10.2003, V R 2/02, BStBl. II 2004, S. 39.

stücke im Betriebsvermögen ausweisen. So empfiehlt es sich, Steuerklauseln in derartig gelagerten Geschäftsvorfällen auf entsprechende Formulierungen zu überprüfen,[546] um den VoSt-Abzug nicht zu gefährden.

b) Gemeinnützige Körperschaften mit unternehmerischen und nicht unternehmerischen Bereichen

Gemeinnützige Körperschaften wie z.B. Stiftungen oder Vereine können einen **unternehmerischen und einen nicht unternehmerischen Bereich** haben. Laut BFH sind bei einer solchen Körperschaft in Rechnung gestellte VoSt aus Eingangsleistungen aufzuteilen. Ein VoSt-Abzug wird dabei nur für die auf den unternehmerischen Bereich entfallenden Umsätze gewährt. Dies ist auch bei Erhalt von sogenannten echten Zuschüssen möglich.[547] Ausschlaggebend ist dabei, welcher Teil der Eingangsumsätze dem wirtschaftlichen und dem nichtwirtschaftlichen Bereich zuzurechnen ist.[548]

Einnahmen eines **Zweckbetriebs**[549] einer gemeinnützigen Körperschaft[550] unterliegen grds. dem ermäßigten Steuersatz von 7%.[551] Dies ist eine vom Gesetzgeber bewusst ermöglichte Art der Subventionierung gemeinnütziger Tätigkeiten. Der Zweckbetrieb ist Teil der gemeinnützigen Körperschaft und dazu bestimmt, diesem zu dienen. Sind diese Voraussetzungen erfüllt, kann der Zweckbetrieb die VoSt geltend machen. So kommt die gemeinnützige Körperschaft insgesamt in den Genuss von teilweise erheblichen Liquiditätsvorteilen.

Im Unterschied zu Einnahmen sind **Spenden** Geldzuwendungen für gemeinnützige Tätigkeiten, die ohne Gegenleistung erfolgen und die in Höhe des Nennbetrags anerkannt werden. Wenn sie dem Grundsatz der Gemeinnützigkeit des ideellen Zwecks entsprechen und als Spende gekennzeichnet sind, sind sie kein Leistungsentgelt, weil es an einem Leistungsaustausch gem. § 1 Abs. 1 Nr. 1 Satz 1 UStG fehlt. Nur für solche Zuwendungen werden vom Zuwendungsempfänger Spendenbescheinigungen ausgestellt, verpflichtend ab einem Betrag von 200 Euro.[552] Voraussetzung für die Einrichtung eines Zweckbetriebs ist das Vorhandensein von Einnahmen und Ausgaben. Ein-

---

546 Siehe weiterführend FULL (2013), S. 881 ff.

547 BFH v. 14.04.2008, XI B 171/07 (nv), IWW 082000.

548 Vgl. auch **EuGH v. 13.03.2008, C-437/06** – Securenta, DStR 2008, S. 615, Randnr. 37.

549 § 68 AO.

550 §§ 51-68 AO.

551 § 12 Abs. 2 Nr. 8 Buchst. a UStG.

552 § 50 Abs. 1 EStDV.

nahmen stellen viele gemeinnützige Körperschaften häufig vor Probleme. Fehlende oder zu niedrige Einnahmen können die Finanzverwaltung veranlassen, den VoSt-Abzug nicht zuzulassen, weil dies erhebliche Liquiditätsnachteile bewirken würde. Aus umsatzsteuerplanerischer Sicht ist es daher von erheblicher Bedeutung, die **Einnahmenseite** zu stärken. Vor dem Hintergrund dieser Herausforderung bietet es sich regelmäßig an, Geldzuwendungen nicht als Spenden, sondern als Einnahmen zu verbuchen, sodass die Zuwendungsgeber keine steuermindernde Spendenbescheinigung erhalten würden. Es besteht aber Grund zur Annahme, dass viele Zuwendungsgeber auf die steuermindernde Wirkung ihrer Spende verzichten würden, insbesondere bei Kleinzuwendungen von beispielsweise unter 20 Euro. Diese Möglichkeit gewährt einer gemeinnützigen Körperschaft erhebliche Liquiditätsvorteile, auch bezüglich des USt-Gefälles zwischen USt-Sätzen von 19% bei Eingangs- und 7% bei Ausgangsleistungen. Für die reibungslose Umsetzung sind 2 Buchungskreise anzulegen, die Spenden eindeutig von entgeltlichen 7%-Zuwendungen abgrenzen. Eingangsumsätze sind innerhalb der gemeinnützigen Körperschaft dezidiert auf den unternehmerischen und nicht unternehmerischen Bereich aufzuteilen. Es ist zweckmäßig, wenn dieser Schritt unter Einbindung von externen Beratern und der vorherigen Zustimmung der Finanzverwaltung erfolgt. Erfahrungen in der Praxis zeigen, dass die Finanzverwaltung dieses Modell zulässt. Da der Fiskus 7% USt aus den Einnahmen erhält und der Zuwendungsgeber keine steuermindernde Spendenbescheinigung ansetzen kann, entsteht für den Fiskus kein Schaden, für den eingerichteten Zweckbetrieb hingegen ein erheblicher Liquiditätsvorteil.

Steuerbefreite **gemeinnützige Körperschaften** des öffentlichen oder privaten Rechts könnten in einigen Fällen die Ausgliederung von umsatzsteuerpflichtigen Tätigkeiten angehen, um die Gemeinnützigkeit nicht zu gefährden.[553] Häufig gilt dann der ermäßigte USt-Satz i.H.v. 7%, bei einem VoSt-Satz von in der Regel 19%. Im Ergebnis erhalten diese Unternehmer USt-Erstattungen. Besonderheiten müssen jedoch berücksichtigt werden. Im Ergebnis wird die Liquidität geschont. Für große gemeinnützige Körperschaften bietet es sich daher an, die vielen Bereiche in jeweils eigene Zweckbetriebe aufzuteilen, um Zuwendungen und Eingangsumsätze direkt zuordnen zu können. Nicht zu unterschätzen sind die besonderen Herausforderungen an das interne Rechnungswesen. Folgendes **Beispiel** soll diesen Zusammenhang verdeutlichen:

---

553 Vgl. TÖNNES/WEWEL, S. 274.

Ein gemeinnütziger Verein mietet für den Zweckbetrieb „Durchführung von Aus- und Fortbildungsseminaren für eigene und fremde Mitarbeiter" Räume an und optiert zur USt (19%). Die Seminargebühren werden einem USt-Satz von 7% unterworfen. Der Verein kann für alle Leistungen, die im Zusammenhang mit den steuerpflichtigen Ausgangsleistungen in Form des Seminarangebots stehen, VoSt geltend machen (Grundsatz der Einzelzuordnung). Aufgrund der USt-Satz-Differenz i.H.v. 12% (19 – 7) können monatliche VoSt-Erstattungen entstehen. Die Liquidität des Vereins wird somit erheblich verbessert.

Viele **Profisportvereine** verfügen über einen Gemeinnützigkeitsstatus, aber zugleich über eigene Kapitalgesellschaften, in denen Verwaltungsaufgaben wahrgenommen werden, Rechte vermarktet und Verträge aller Art abgeschlossen werden. Diese Kapitalgesellschaften sind oftmals verantwortlich für den Bau und Betrieb von Stadien, den Ticketverkauf, Vermarktungen und Vermietungen (für die beiden zuletzt genannten Leistungen fällt 19% USt an). Ziel ist es, dass bestimmte Eingangsumsätze aus dem nicht zum VoSt-Abzug berechtigten gemeinnützigen Verein herausgelöst werden sollen, um erhebliche Liquiditätsvorteile zu erzielen. Eigens gegründete Körperschaften und eigene Buchungskreise dienen hierbei der besseren Abgrenzung.

c) Juristische Personen des öffentlichen Rechts mit Betrieben gewerblicher Art

Betriebe gewerblicher Art (BgA) i.S.d. § 2 Abs. 3 UStG können gem. § 2 Abs. 1 UStG Unternehmer sein und somit die Berechtigung zum VoSt-Abzug erlangen, wenn sie nicht von der USt-befreite Ausgangsumsätze tätigen. BgA sind dann zu begründen, wenn jPdöR in bestimmten Bereichen am allgemeinen Wirtschaftsverkehr teilnehmen. Dies betrifft z.B. Versorgungstätigkeiten (u.a. Energie, Wasser, Abwasser), Entsorgungstätigkeiten (u.a. Müll, Recycling), Bäder oder Kantinen. Diese staatlichen oder halbstaatlichen Einrichtungen können bei Ausgangsumsätzen i.S.d. § 4 UStG dieselben Liquiditätsvorteile erlangen wie im vorherigen Abschnitt bei den gemeinnützigen Vereinen dargestellt.

In Deutschland gründen Kommunen, Städte und Gemeinde seit einigen Jahren zunehmend privatrechtliche GmbHs, die bestimmte Lieferungen und sonstige Leistungen für Bürger bereitstellen bzw. übernehmen. Dies betrifft z.B. Landesbetriebe (z.B. Straßenpflege, Gewässer, Waldbewirtschaftung), Freizeiteinrichtungen (z.B. Schwimmbäder, Bücherhallen, Eislaufbahnen, Stadien). Für diese Betriebe eröffnen sich dieselben Liquiditätsüberlegungen wie für die gemeinnützigen Vereine. GmbHs mit der öffentlichen Hand als Gesellschafter genießen bei nicht USt-befreiten Ausgangsumsätzen wie auch das privatwirtschaftliche Pendant regelmäßig den vollen

VoSt-Abzug. Aus steuerlicher Sicht empfiehlt es sich daher, ein umsatzsteuerliches Liquiditätsmanagement in Erwägung zu ziehen.

4. Schaffung umsatzsteuerlich günstiger Betriebsstrukturen

a) Ziel und Vorgehensweise

Aufgrund der zeitlichen Versetzung von USt-Zahlung (in der Regel am 10. des Folgemonats) und VoSt-Erstattung, die aufgrund von Genehmigungsvorbehalten der Sachgebietsleitung zeitlich ungewiss sind, entstehen Unternehmen Liquiditätsnachteile. Während in Deutschland die VoSt-Erstattungen innerhalb eines Jahres abgeschlossen werden, kommt es in einigen Staaten teilweise zu jahrelangen Verzögerungen.[554] Die USt-Planung von Unternehmen muss auf diese unterschiedliche Handhabung reagieren, auch im Hinblick auf die Schaffung umsatzsteuerlich günstiger Betriebsstrukturen.

Planerisches **Ziel** für Unternehmen ist es daher, die betrieblicher Abläufe und Strukuren umsatzsteuerlich zu verbessern um Zahlungsverschiebungen abzuwenden oder abzumildern. Zur Erreichung dieses Ziels kommt eine **Prüfungsstrategie** zur Anwendung, die umsatzsteuerliche Auswirkungen entlang der unternehmerischen Wertschöpfungskette untersucht und das Gestaltungspotenzial herausarbeitet. Zugehörige **Maßnahmen** sind die Aufzeichnung, Visualisierung und Analyse aller USt-relevanten Geschäftsabläufe und Unternehmensprozesse.

b) Unternehmensweite Organisation der monatlichen Umsatzsteuer-Voranmeldungen

Bei der unternehmensinternen Organisation von USt-Voranmeldungen zeigt die Befragung eine klare Tendenz zur **Zentralisierung** in den Steuerabteilungen der Mutterunternehmen.[555] Diese Entwicklung birgt sowohl Chancen als auch Risiken. Die Chancen liegen vor allem in der zentralen Verfügbarkeit sämtlicher Daten und einem direkten Einblick in die aktuelle Liquidität und der zentralen Vorhaltung von USt-Fachpersonal. Risiken liegen hingegen in den teilweise langwierigen Abläufen zwischen Mutter- und Tochtergesellschaften und den damit verbundenen Kommunikationsdefiziten, in den länderspezifischen Besonderheiten der Erklärungs- und Voran-

---

554 Siehe hierzu Abbildung 15: VoSt-Erstattungen – Ländervergleich, S. 253.

555 Siehe Untersuchungsergebnisse zu Frage 5, S. 80 f. und Antworten der Steuerverantwortlichen zu Frage 5, Wortprotokoll (Anhang 6).

meldesystematik sowie in Sprachbarrieren. So ist jedes Unternehmen gefordert, Chancen und Risiken der zentralen oder dezentralen USt-Voranmeldungsprozesse abzuwägen und den Einsatz der jeweiligen Organisationsform an die Unternehmensstruktur, an Marktbegebenheiten und unter Wirtschaftlichkeitsgesichtspunkten anzupassen.

c) Gestaltungen entlang der unternehmerischen Wertschöpfungskette

Die Gestaltung von Lieferketten bzw. Lieferwegen kann innerhalb eines Konzerns liquiditätsschonend verbessert werden, um umsatzsteuerlichen Nachteilen entgegenzuwirken. Hierzu bietet das innergemeinschaftliche Dreiecksgeschäft als **Vereinfachungsregel** eine geeignete Möglichkeit.[556]

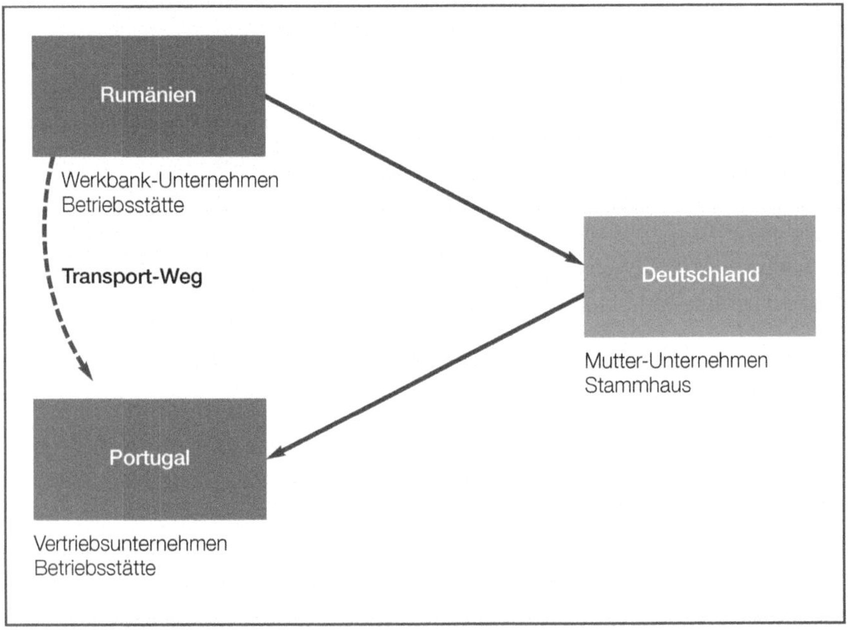

Abbildung 13: Innergemeinschaftliches Dreiecksgeschäft
Quelle: Eigene Darstellung.

556 § 25b UStG.

Das deutsche Unternehmen U fertigt in einer rumänischen Betriebsstätte (BR) Gabelstapler. Nach Fertigstellung erfolgt die Überführung in eine portugiesische Betriebsstätte (BP) zum Vertrieb.

Für einen Gabelstapler, der in BR gefertigt wurde und der für den Import nach BP vorgesehen ist, entsteht die Umsatzsteuer nur in Portugal und ist sofort abziehbar. Der innergemeinschaftliche Erwerb in Deutschland gilt als besteuert und muss nicht erklärt werden.

Das Beispiel veranschaulicht, dass das deutsche Mutterunternehmen im Rahmen der Lieferung von Rumänien nach Portugal **keinen Liquiditätsverlust** erleidet. Darüber hinaus verhindert der mittlere Unternehmer, hier das deutsche Mutterunternehmen, eine **umsatzsteuerliche Registrierung** in Portugal und Rumänien. Zu beachten ist, dass alle Voraussetzungen nach § 25b UStG erfüllt sein müssen. Bei größeren Unternehmen mit länderübergreifenden Produktions- und Geschäftsaktivitäten ist die Gestaltung von Liefer- und Transportwegen fester Bestandteil einer USt-Strategie zur Schonung liquider Mittel.[557] Für die Schaffung von USt-günstigen Betriebsstrukturen müssen Produktions- und Lieferwege sowie Vertriebsstätten innerhalb eines Konzerns sorgfältig untersucht und gegebenenfalls angepasst werden. Diese Maßnahmen bieten sich während des Planungsstadiums von Wertschöpfungsketten an. In vielen Fällen verfügen Unternehmen bereits über ein die nötigen Produktions- und Standortstrukturen. Diese vorhandenen Strukturen haben Unternehmen bislang nur in Ausnahmefällen unter USt-planerischen Optimierungsgesichtspunkten betrachtet.

Die beschriebene Vereinfachungsregelung kann unter bestimmten Voraussetzungen auch durch Herbeiführung eines sogenannten **gebrochenen Reihengeschäfts** genutzt werden, wenn an der Beförderung mehrere am Reihengeschäft beteiligte Unternehmer teilnehmen.
Gemäß den Antworten der Steuerexperten werden logistische Optimierungen z.B. durch Ortsverlagerungen vorgenommen, ohne dass die Steuerabteilung darüber rechtzeitig informiert wird oder steuerliche Konsequenzen einbezogen werden.[558] Die fehlende Information kann hohe Kosten und entsprechend Liquiditätsnachteile verursachen. Andere Untersuchungsteilnehmer gaben an, rechtzeitig an logistischen Überlegungen beteiligt zu werden, um mögliche steuerliche Nachteile zu verhindern. Dies begründet den Einbezug umsatzsteuerlicher Aspekte in Fragen des Supply-Chain-

557 Siehe Antworten einzelner Steuerexperten zu Frage 6, Wortprotokoll (Anhang 6).
558 Siehe Antworten einzelner Steuerexperten zu Frage 2 und 8, Wortprotokoll (Anhang 6).

Managements. Angesichts erheblicher Auswirkungen auf den unternehmerischen Cashflow ist die Schaffung USt-optimaler Betriebsstrukturen notwendig.

d) Umsatzsteuerlich günstige Gestaltung von Reihengeschäften

Der Transport der Waren kann grds. nur einem Liefergeschäft zugeordnet werden (**bewegte Lieferung**).[559] Die andere Lieferung ist dann die unbewegte Lieferung. Während der Ort der warenbewegten Lieferung dort liegt, wo die Warenbewegung beginnt[560], bestimmt sich der Ort der unbewegten Lieferungen in Abhängigkeit davon, ob sie der warenbewegten Lieferung vorangehen oder nachfolgen. Gehen sie voran, liegt der Ort dort, wo die Warenbewegung beginnt[561], folgen sie nach[562], liegt der Ort am Ende der Warenbewegung.[563] Ein **Beispiel** zur Gestaltung eines einfachen Reihengeschäfts verdeutlicht diesen Zusammenhang:

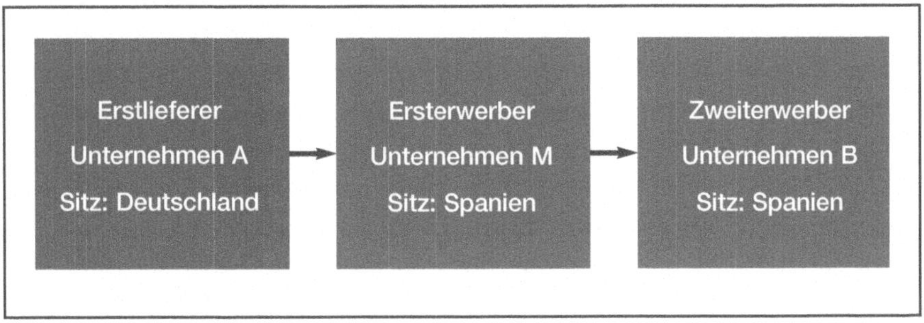

Abbildung 14: Reihengeschäft
Quelle: Eigene Darstellung.

Die Regeln des innergemeinschaftlichen Dreiecksgeschäfts[564] finden in diesem Beispiel keine Anwendung, weil die beteiligten Unternehmer nicht in drei EU-Mitgliedstaaten umsatzsteuerlich registriert sind. A hat keine Kenntnis von einem Weiterverkauf des M an B. M veranlasst und verantwortet den Transport nach Spanien und ist umsatzsteuerlich nicht in Deutschland registriert.

---

559 EuGH v. 6.4.2006, C-245/04 – EMAG, UR 2006, 342; BMF v. 18.4.1997 – IV C 3 – S 7116 – 11/97, UR 1997, 231 ff., dort Tz. 17, nun Abschn. 3.14 Abs. 2 UStAE.
560 § 3 Abs. 6 Satz 1 UStG.
561 § 3 Abs. 7 Satz 2 Nr. 1 UStG.
562 § 3 Abs. 7 Satz 2 Nr. 2 UStG.
563 Vgl. NIESKENS (2012), S. 17.
564 § 25b UStG.

Die **bewegte Lieferung** vollzieht sich zunächst zwischen M und B, weil M in Deutschland einen innergemeinschaftlichen Erwerb[565] bewirkt, aber nicht umsatzsteuerlich in Deutschland registriert ist. Die Beförderung ist dem M zuzuordnen. A muss in der Rechnung an M 19% USt ausweisen. Die **unbewegte Lieferung** zwischen M und A vollzieht sich somit am Anfang des Transports, d.h. in Deutschland.

Wenn Unternehmer A dem M die USt in Rechnung stellen muss (wie in diesem Beispiel), setzt der umsatzsteuerliche Liquiditätsabfluss für M im Voranmeldungszeitraum ein.

Günstiger für A wäre hingegen, wenn M als mittlerer Unternehmer die Warenbewegung seiner Lieferung an den Zweiterwerber B zuordnet (bewegte Lieferung). Für diesen Fall lässt § 3 Abs. 6 Satz 6 2. HS UStG den Nachweis zu, dass M den Gegenstand als Lieferer befördert oder versendet hat. Nach Auffassung der Finanzverwaltung[566] soll der Nachweis dann gelingen, wenn

- M unter der **USt-IdNr.** des EU-Mitgliedstaats (hier Deutschland) auftritt, weil hier die Beförderung beginnt,
- M aufgrund der mit dem Erstlieferanten A und seinem Abnehmer B vereinbarten Lieferkonditionen die **Gefahr und die Kosten** der Versendung oder Beförderung übernommen hat.

M bewirkt nun einen innergemeinschaftlichen Erwerb in Deutschland, der zwar in Deutschland steuerpflichtig ist, aber von A sofort als VoSt abgezogen werden kann.[567] A gewinnt einen **Liquiditätsvorteil** und weder M noch U erleiden einen Liquiditätsverlust.

Soweit ein Wahl- und Gestaltungsrecht[568] anzunehmen ist, kann der Unternehmer die Lieferung an seinen Abnehmer als steuerfreie innergemeinschaftliche (Ausfuhr-) Lieferung klassifizieren und mit dem Ersterwerber – möglichst vor Transportbeginn – vereinbaren, dass dieser den Warentransport als Lieferer übernimmt.[569] Abweichen-

---

565 § 1a UStG.

566 Vgl. Abschn. 3.14 Abs. 9 u. 10 UStAE (2014); BFH v. 11.8.2011, V R 3/10, UR 2011, S. 909; Anm. KRAMER, UR 2011, S. 913; Anm. MAUNZ, UR 2011, S. 914.

567 §§ 1 Abs. 1 Nr. 5 UStG; 3d S. 1 UStG; 15 Abs. 1 Nr. 3 UStG.

568 Vgl. BIRKENFELD (2011), § 64 Rz. 97.

569 § 3 UStG; dazu MARTIN in SÖLCH/RINGLEB, Kommentar zum UStG (2012), § 3, Rz. 482 f.

de umsatzsteuerliche Vereinbarungen haben stets Vorrang vor handelsrechtlichen Lieferkonditionen (*incoterms*), die lediglich als Beweisanzeichen für Kosten- und Gefahrtragungspflichten in Betracht kommen.[570]

Der **Kern** des vorliegenden USt-Gestaltungsinstrument ist: Wenn der Ersterwerber seine Absicht bekundet, die Waren in einen anderen EU-Mitgliedstaat zu befördern, und wenn er mit seiner vom Bestimmungsmitgliedstaat zugewiesenen USt-IdNr. auftritt, soll der erste Unternehmer (Erstlieferer) davon ausgehen können, dass der von ihm getätigte Umsatz die warenbewegte, steuerbefreite innergemeinschaftliche Lieferung ist. Dies erfolgt unter der Voraussetzung qualifizierter Überprüfungen der USt-IdNr.[571]

Etwaige Verletzungen steuerlicher Pflichten durch Leistungsempfänger (Erst- oder Zweiterwerber) fallen nicht in den Verantwortungsbereich des Erstlieferers.[572] Auch wenn der mittlere Unternehmer (Ersterwerber) dem ersten Lieferer noch vor der innergemeinschaftlichen Beförderung mitteilt, dass er den Gegenstand ins übrige Gemeinschaftsgebiet weiterverkauft und ihn um eine neue Rechnung bittet, kann der Erstlieferer immer noch davon ausgehen, dass er nicht warenbewegt an den Ersterwerber geliefert hat.[573] Angesichts dessen ist das Ziel von ins übrige Gemeinschaftsgebiet liefernden Unternehmen (Erst- und Zweitlieferern), Warenlieferungen eindeutig als steuerbefreite innergemeinschaftliche Lieferungen zu gestalten. So fallen echte USt-Zahlungen erst im Bestimmungsland an, die allerdings vom Letzterwerber sofort als VoSt im Mitgliedstaat des Warenziels geltend gemacht werden können, wenn dieser Unternehmer ist. In einem auf diese Weise gestalteten Reihengeschäft würde es nicht zu USt-bedingten Liquiditätsverlusten für die beteiligten Unternehmen kommen.

Im Ergebnis hat der Ersterwerber im Fall eines Weiterverkaufs die Möglichkeit, durch **Mitteilung oder Verschweigen** des Weiterverkaufs die Beförderung oder Versendung der bewegten Lieferung an sich oder der eigenen Lieferung zuzuordnen.[574] Hieraus

---

570 Vgl. Birkenfeld (2011), § 64, Rz. 88.

571 Vgl. Nieskens (2012), S. 19.

572 EuGH v. 16.12.2010, C-430/09 – Euro Tyre Holding BV, UR 2011, S. 176, Rz. 40 f.; Anm. Sterzinger UR 2011, S. 269 f.

573 Ebenda.

574 BFH v. 11.8.2011, V R 3/10, UR 2011, S. 909, Rz. 18; Anm. Kramer, UR 2011, S. 913; Anm. Maunz, UR 2011, S. 914.

folgt, dass für den mittleren Unternehmer (Ersterwerber), der sich für den Transport verantwortlich zeichnet, allein die Verwendung der USt-IdNr. zuordnungsbestimmend ist.[575] Verwendet er eine deutsche USt-IdNr. liegt die warenbewegte Lieferung allein in der Lieferung des Erst- an den Zweiterwerber und damit nicht in Deutschland. Verwendet er dagegen die USt-IdNr. eines anderen EU-Mitgliedstaats, muss die steuerbefreite Warenbewegung der Lieferbeziehung des Erst- an den Zweitlieferers zugeordnet werden. Der am Anfang der Reihe liefernde deutsche Unternehmer benötigt in diesem Fall als Nachweis für die Steuerbefreiung eine **Gelangensbestätigung**[576], dass der Gegenstand der Lieferung in das übrige Gemeinschaftsgebiet gelangt ist, es sei denn, die gesetzliche Steuerbefreiung steht objektiv nachweisbar fest.[577] Eine Aufklärungs- oder Erkundigungspflicht des Erstlieferers scheidet in diesem Fall aber aus.[578]

Die beschriebenen **Zuordnungsprobleme** des Warentransports entstehen nur, wenn der mittlere Unternehmer die Transportverantwortlichkeit übernimmt. Eine einfache Lösung für den Erstlieferer besteht darin, stets auf die vom Ersterwerber angeführte USt-IdNr. abzustellen und die bewegte Lieferung sicherzustellen. Verwendet der Ersterwerber eine deutsche USt-IdNr., ist als Nachweis für die Steuerbefreiung eine Gelangensbestätigung einzuholen. Bei dieser Reihengeschäftsgestaltung ist sich der erste Lieferer als agierender Unternehmer stets darüber im Klaren, wie er seine Lieferung zu bewerten und zu versteuern hat.

Auch wenn ein Reihengeschäft mehr als drei Beteiligte aufweist, kommt es entscheidend darauf an, **wer** den Transport der Ware durchführt. Am günstigsten ist es für die beteiligten Unternehmer, wenn lange Reihengeschäfte in ein innergemeinschaftliches Dreiecksgeschäft (siehe oben) mit anschließender innergemeinschaftlicher Lieferung aufgespalten werden. Bei derartigen Gestaltungen können die Beteiligten USt-Registrierungen außerhalb ihres Heimatstaats umgehen und keiner erleidet Liquiditätsverluste durch USt-Zahlungen.[579] Das **Ziel** von liefernden Unternehmen ist stets, die Zwischenschaltung von Abnehmern möglichst zu vermeiden und direkte grenzüberschreitende Lieferungen durchzuführen.

---

575 Vgl. VOBBE/WINTER (2011), S. 2135, 2137.
576 § 17a Abs. 2 UStDV.
577 Vgl. NIESKENS (2012), S. 23; §§ 4 Nr. 1 Buchst. b, 6a Abs. 1 UStG.
578 Vgl. NIESKENS (2012), S. 22.
579 Vgl. KORF (2011), S. 1078.

Im Falle einer fehlenden **USt-IdNr.** des Erwerbers darf die Steuerbefreiung nicht allein aufgrund der Mitteilungsverpflichtung versagt werden, wenn der Lieferer redlicher Weise und alle ihm zumutbaren Maßnahmen ergreifend seiner Pflicht nachkommt und Angaben macht, die dies hinreichend belegen.[580] Die Rechtsfolge der Steuerbefreiung für innergemeinschaftliche Lieferungen darf nicht allein durch administrative Hürden wie der Angabe von USt-IdNr. von den Finanzverwaltungen im Gemeinschaftsgebiet abgelehnt werden.

5. Vorsteuerabzug und Kostenüberlegungen im Bereich der Umsatzsteuer

a) Problemaufriss und allgemeine Ausführungen

Die USt wird im Unternehmen zu einem **erheblichen Kostenfaktor**, wenn der VoSt-Abzug nicht sorgfältig gewährleistet wird, der VoSt-Abzug per Gesetz untersagt ist oder der VoSt-Abzug im Nachhinein aufgrund von Außenprüfungen aus formellen Gründen zurückgenommen wird. Da diese Perspektiven für Unternehmen im Geschäftsalltag real und allgegenwärtig sind, wirkt sich die USt immer stark auf den unternehmerischen **Cashflow** aus. Die Steuerabteilung muss daher unternehmensintern auf die betriebswirtschaftliche Relevanz hinweisen und Probleme regelmäßig mit der Geschäftsführung und den operativen Geschäftsbereichen erörtern.

Bei Außenprüfungen durch die Finanzverwaltung kommt es immer wieder zur nachträglichen Aberkennung von VoSt-Beträgen, weil erforderliche Belege nicht vorhanden sind, Formalien nicht eingehalten wurden oder Eingangsrechnungen fehlerhaft sind. Ungenauigkeiten in der USt-Organisation lassen die USt zu direkten und **erfolgswirksamen Kosten** werden. Der VoSt-Abzug und damit verbundene Kostenüberlegungen sind fester Bestandteil planerischer Überlegungen im USt-Bereich. Wann und unter welchen Voraussetzungen ein VoSt-Abzug möglich ist, war Gegenstand zahlreicher Rechtsstreitigkeiten in den EU-Mitgliedstaaten, bis sich der EuGH mit diesen Fragen beschäftigte. Zwei unternehmensfreundliche Urteile sind besonders hervorzuheben. Das eine Urteil bezieht sich auf den Abzug der EUSt, das andere auf die Voraussetzungen für einen VoSt-Abzug.

---

[580] EuGH v. 27.09.2012, C-587/10 – VSTR, UR 2012, S. 832, Vorlage des BFH v. 10.11.2010, XI R 11/09, BStBl. II 2011, S. 237 = DStR 2010, S. 2629.

Die **EUSt** ist für Gegenstände, die für das Unternehmen eingeführt werden[581] gem. dem Neutralitätsgrundsatz sofort **bei Entstehung** abzugsfähig.[582] Den Nachweis liefern zollamtliche Belege. Bisher war nur die tatsächlich gezahlte EUSt als VoSt abzugsfähig. Das EuGH-Urteil vom 19.3.2012 verschafft Rechtssicherheit und Erleichterungen für Unternehmen. Der Zeitpunkt des Abzugs wurde auf den Zeitpunkt der Einfuhr vorverlegt. Diese Maßnahme schont die Liquidität und ist daher aus betriebswirtschaftlichen Gründen zu begrüßen.

In einem anderen Urteil vom 18.7.2010 führt der EuGH aus, dass der aufgrund fehlerhafter Angaben in einer Rechnung ursprünglich zu Unrecht geltend gemachte **VoSt-Abzug** erhalten bleibt, wenn die **materiell-rechtlichen Voraussetzungen** erfüllt sind und der Steuerpflichtige der Finanzbehörde vor Erlass der Entscheidung eine berichtigte, ordnungsgemäße Rechnung zugeleitet hat.[583] Nachträgliche Rechnungskorrekturen sind grds. möglich. Nicht eindeutig geregelt ist allerdings die Korrektur von Rechnungen, die im Sinne von § 14c UStG fehlerhaft sind.[584] Zu beachten ist auch, dass eine nicht geschuldete USt, die einem Unternehmen irrtümlich in Rechnung gestellt und an die jeweilige Finanzverwaltung eines EU-Mitgliedstaats gezahlt worden ist, nicht erstattungsfähig ist.[585] USt-Experten verweisen daher immer wieder auf die Notwendigkeit einer sorgfältigen und effektiven betrieblichen USt-Organisation zur Vermeidung erfolgswirksamer Fehler. Beschaffungs- und Einkaufseinheiten können mit entsprechenden Fachkenntnissen eine Kostenersparnisse von 1 bis 5% erzielen. Eine fehlerhafte USt-Organisation sowie Wissenslücken oder Kommunikationsdefizite können hingegen zu Kostensteigerungen von 5 und 20% führen.[586] Die Verbesserung des VoSt-Abzugs kann durch die Kombination dreier Mechanismen erreicht werden: Erstens, die Schaffung aller **formellen Voraussetzungen** für den VoSt-Abzug bei allen Eingangsumsätzen; zweitens, die Implementierung notwendiger USt-Prozesse und Kontrollmechanismen im Rechnungswesen und beim Softwareeinsatz; drittens die Organisation eines effizienten und effektiven Personal- und Wissensmanagements. Diese Mechanismen müssen unternehmensspezifisch geplant und entwickelt werden. Dabei ist es Aufgabe des USt-Verantwortlichen, Vertrieb, Rechnungswesen, IT- und

---

581 § 1 Abs. 1 Nr. 4 UStG.
582 EuGH v. 29.03.2012, C-414/10 – Veleclair, UR 2012, S. 602.
583 EuGH v. 15.07.2010, C-368/09 – Pannon Gép Centrum, UR 2010, S. 693.
584 § 14c UStG; dazu WIDMANN in SCHWARZ/WIDMANN/RADEISEN, Kommentar zum UStG, § 14c, Rz. 60 f.
585 EuGH v. 15.03.2007, C-35/05 – Reemtsma, UR 2007, S. 343.
586 Siehe Antworten der Steuerexperten zu Frage 3, Wortprotokoll (Anhang 6).

Controlling-Abteilungen aufzuklären und zu überwachen. Der Zeitpunkt von VoSt-Erstattungen seitens der Finanzverwaltung muss innerhalb eines angemessenen Zeitraums erfolgen und soll zu keinen finanziellen Risiken für Unternehmen führen.[587]

Zur weiteren Generierung von VoSt-Vorteilen bei gleichzeitiger Abwendung erfolgswirksamer Liquiditätsverluste werden im folgenden Abschnitt weitere ausgewählte Bereiche vorgestellt.

b) Grundsätzliche Aufteilung von Vorsteuerbeträgen gemäß § 15 UStG

Finanzierungsvorteile durch VoSt-Abzug ergeben sich konkret durch **Zuordnungswahlrechte**. Das UStG eröffnet Möglichkeiten hinsichtlich der VoSt-Aufteilung.[588] Wirtschaftsgüter, die zu mehr als 10% betrieblich benutzt werden, können bei Anschaffung dem Unternehmen zugeordnet werden und unterliegen dem VoSt-Abzug. Dies betrifft die VoSt bei Anschaffung und bei der anschließenden Verwendung (z.B. Wartungs-, Reparaturkosten etc.). Eine nachträgliche Zuordnung zum Betriebsvermögen ist umsatzsteuerlich derzeit nicht möglich. Ändern sich in der Zeit nach der Anschaffung die Verhältnisse, muss die VoSt gem. § 15a UStG gegenbenenfalls korrigiert werden. Dies betrifft z.B. die Verwendung des Wirtschaftsgutes für Umsätze, die den VoSt-Abzug ausschließen (§ 15 Abs. 2 Nr. 1, Abs. 4 UStG). Dennoch bleibt dem Unternehmer der anfängliche Finanzierungsvorteil erhalten. Die mindestens 10%ige unternehmerische Nutzung ist für den Unternehmer in der Regel keine große Hürde. Hiervon profitieren insbesondere KMU und selbständig Tätige. Finanzierungs- und Liquiditätsvorteile bieten sich auch bei unentgeltlichen Wertabgaben[589], die nachträglich der USt unterworfen werden können.

Die Aufteilung der VoSt-Beträge gem. § 15 Abs. 4 UStG erfolgt nach dem Prinzip der wirtschaftlichen Zurechnung. Jeder Leistungsbezug und jede Anzahlung ist innerhalb des Unternehmens genau auf die zum VoSt-Abzug berechtigten Bereiche zuzuordnen. Als Zuordnungsmethoden kommen nur die gegenständliche Zuordnung oder die Zuordnung nach Kostenzurechnungsgesichtspunkten in Betracht.[590] Als Alternative bleibt nur die Ermittlung der VoSt-Beträge im Wege der Schätzung (§ 162 AO).

---

587 EuGH v. 12.05.2011, C-107/10 – Enel Maritsa Iztok, UR 2011, S. 507.

588 § 15 Abs. 1 Satz 2 UStG.

589 § 3 Abs. 9a UStG.

590 **BFH v. 16.09.1993, V R 82/91, BStBl. II 1994, S. 271**; **10.4.1997, V R 26/96, BStBl. II, S. 552**; siehe hierzu auch A 15.17 Abs. 2 UStAE (2014).

Für die Umlage der USt kommen gegebenenfalls mehrere Verteilungsschlüssel in Frage. So kann die Umlage der USt nicht nur nach der Quadratmeterzahl oder dem Umsatz, sondern beispielsweise auch nach Aufwand erfolgen.[591] Tabelle 31 zeigt die verschiedenen Zuordnungsmethoden.

Zuordnungsmethode	Umsetzung
Gegenständliche Zuordnung	**Direkte Zurechnung** Zuordnung geschieht nach Verwendungsabsicht von Wirtschaftsgütern
Kostenrechnung[592]	**Betriebliche Kostenrechnung:** *u.a.* Betriebsabrechnungsbogen Kostenträgerrechnung **Aufwands- u. Ertragsrechnung:** **Bsp.:** VoSt-Abzug bei steuerpflichtig vermieteten Gebäuden, Aufteilung nach Umsätzen
Verhältnis der Nutzfläche (nur bei Gebäuden)	**Sachgerechter Aufteilungsmaßstab** Die VoSt-Aufteilung erfolgt entsprechend der Flächennutzung **Bsp.:** VoSt-Abzug bei steuerpflichtig vermieteten Gebäuden, Aufteilung im Verhältnis zur Nutzfläche[593]
Schätzung	Zuordnung der VoSt-Beträge gem. Schätzung durch das Finanzamt (§ 162 AO)

Tabelle 31: Methoden für die Aufteilung von Vorsteuerbeträgen
Quelle: Eigene Darstellung.

591 Vgl. KORF (2011A), S. 1084.
592 A 15.17 Abs. 2 Satz 7 UStAE (2014).
593 **BFH v. 12.03.1992, V R 70/87, BStBl. II, S. 755.**

c) Strategische Absatzmarktanalyse aus dem Blickwinkel von Vorsteuererstattungen

Beim VoSt-Abzug können sich komplizierte Probleme und USt-Risiken aus der teilweisen, vollständigen oder zeitverzögerten Verwehrung entrichteter und korrekt deklarierter USt von Eingangsumsätzen (VoSt-Erstattung) ergeben.[594] Bevor Unternehmen Produkte und Dienstleistungen auf bestimmten Märkten anbieten, Produktionsstätten verlagern oder aufbauen, erfolgt eine sorgfältige strategische Umfeldanalyse des jeweiligen Standorts. Steuerliche Gründe, insbesondere zu den Fragen direkter Steuern, sind für diese Entscheidungen regelmäßig von primärer Bedeutung.[595] Parallel zum Bedeutungsanstieg indirekter Steuern[596] müssen Aspekte des jeweiligen nationalen USt-Systems wie z.B. VoSt-Abzugspraktiken und administrative Anforderungen sorgfältig recherchiert und in strategische Steuerentscheidungen einbezogen werden.

Nicht zugestandene VoSt oder infolge nicht erreichter formaler Anforderungen versagte VoSt-Erstattungen sind unternehmensintern als erfolgswirksame Kosten einzukalkulieren und von der zuständigen operativen Abteilung entsprechend einzupreisen. In Betracht kommen bei einer Anwendung vorwiegend Nicht-EU-Staaten. Die Ausgestaltung der jeweiligen nationalen USt-Systeme rückt damit zu einem Standortfaktor auf. Es obliegt jedem Unternehmen selbst, inwieweit Verluste durch versagte VoSt-Erstattung bei Markteintritt bzw. -austritt in der jeweiligen Unternehmensstrategie abgebildet werden. Entsprechende Kalkulationen gehören in das Aufgabenspektrum des CFOs.

Abbildung 15 zeigt Differenzen zwischen USt-Zahlung und VoSt-Erstattung für 100 ausgewählte Staaten auf. Besonders auffällig sind bei einigen Staaten die Abweichungen zwischen einheimischen (grün) und ausländischen Unternehmen (blau).

---

594 Siehe Untersuchungsergebnis zu VoSt-Risiken, S. 74 sowie Antworten der Steuerexperten zu Frage 1, Wortprotokoll (Anhang 6).

595 Vgl. FREIDANK/MAMMEN (2008), S. 285.

596 Siehe Ergebnisse empirischer Untersuchungen, S. 31 ff. u. Untersuchungsergebnisse, Frage 1, S. 64 ff.

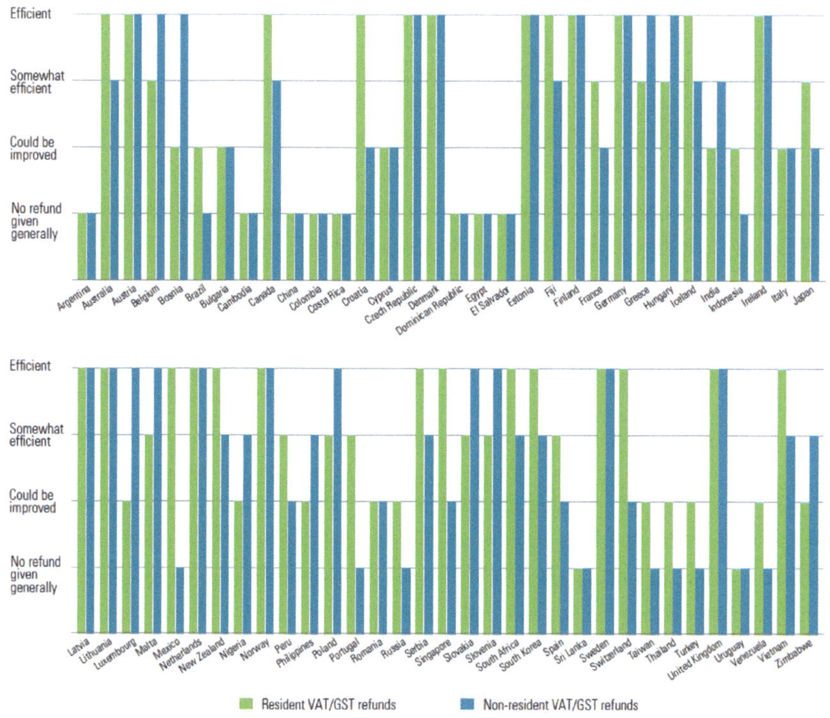

Abbildung 15: VoSt-Erstattungen – Ländervergleich
Quelle: KPMG (2014B), S. 11.

Abbildung 15 zeigt, dass u.a. Deutschland, Österreich, Lettland, Litauen, Irland, Tschechien, die Niederlande, Großbritannien, die Skandinavischen Länder besonders hohe VoSt-Erstattungsquoten aufweisen, nicht zwischen inländischen und auländischen Unternehmen unterscheiden und effiziente Verfahren bereitstellen.[597] Gleichzeit haben EU-Staaten wie Bulgarien, Rumänien, Kroation, Zypern, Frankreich und Luxemburg **weniger oder keine effizienten Verfahren** zur VoSt-Vergütung. Europäi-

[597] Zu ähnlichen Ergebnissen kommt EY (2014A), S. 9 und PWC (2013), S. 8.

sche Schlusslichter sind Spanien, Italien, Griechenland und Portugal mit VoSt-Erstattungsquoten zwischen 30 und 40%.[598]

Einige nicht EU-Staaten mit größerer Volkswirtschaft verzichten besonders häufig auf VoSt-Erstattungen für ausländische Unternehmen, darunter Japan, Australien, Mexiko, die Türkei und Venezuela. Die BRIC-Staaten schneiden insgesamt ebenfalls schlecht ab. Nicht selten hat die finanzielle Verfassung von Staaten einen direkten Einfluss auf VoSt-Erstattungsquoten und Sanktionsmittel.[599]

Diese Angaben sind in Anbetracht eines EU-weit harmonisierten USt-Systems sehr ernüchternd. Auch die im Rahmen dieser Arbeit durchgeführte Befragung zeigt ähnliche Ergebnisse auf mit Ausnahme von der polnischen Finanzverwaltung, der ein schlechtes Zeugnis ausgestellt wird.[600]

Faktisch ist die teilweise oder vollständige VoSt-Versagung für ausländische Unternehmen eine versteckte Subvention einheimischer Unternehmen dar. Als Exportnation dürften deutsche Unternehmen hiervon besonders betroffen sein. Betroffene Unternehmen sind daher aufgefordert, Handelsvertretungen und Unternehmensverbände zu informieren, damit eventuelle Verfahren vor internationalen (Schieds-) Gerichten angestrengt werden.

Es ist anzunehmen, dass neben dem Problem der VoSt-Erstattung in einigen Ländern zudem erhebliche administrative Anforderungen an ausländische Unternehmen gestellt werden. Es sind daher hohe Befolgungskosten zu erwarten. Ein Einbezug in strategische Standort- oder Absatzfragen ist notwendig. Gegebenenfalls muss von der Einrichtung fester Niederlassungen zugunsten externer Handelsvertreter abgesehen werden.

Angesichts der Probleme bei der VoSt-Erstattung und damit verbundenen Befolgungskosten ist der USt-Verantwortliche aufgefordert, für alle Länder mit Geschäftsaktivitäten eine Vergleichsübersicht zu USt-Zahlungen, VoSt-Erstattungen und den damit verbundenen Befolgungskosten zu erstellen sowie an entsprechende Entscheidungsträger in operativen Bereichen und CFO weiterzugeben. Aufgrund der Daten aus der Buchhaltung können VoSt-Erstattungsquoten ermittelt werden, die bei stra-

598 Vgl. EY (2014A), S. 9.
599 Vgl. EY (2014A), S. 11.
600 Siehe Untersuchungsergebnisse zu Frage 1a, S. 64.

tegischen Entscheidungen zur Verfügung stehen. Bei Markteintrittsentscheidungen sind USt-Verantwortliche daher angehalten, rechtzeitig entsprechende Daten, gegebenenfalls unter Einbezug externer Berater einzuholen und betriebsintern an die Entscheidungsträger zu kommunizieren. Bei geringen Absatzmengen oder sich verändernden VoSt-Abzugsregelungen ist zu beachten, dass die Überprüfung von Geschäftsbeziehungen und die Einrichtung anderer Geschäftsstrukturen aus umsatzsteuerlicher Sicht immer eine Option bleibt. Diese Aussage trifft besonders auf KMU zu.

6. Besteuerungsverfahren bei der Umsatzsteuer

Auf Antrag kann Unternehmen für die Abgabe der USt-Voranmeldungen und für die Entrichtung der USt-Zahlung eine Fristverlängerung von einem Monat eingeräumt werden, die sogenannte **Dauerfristverlängerung.**[601] Dieser Antrag hat nach einem amtlich vorgeschriebenen Datensatz zu erfolgen.

Der Gesetzgeber verschafft Unternehmen somit einen **zeitlichen Spielraum**, der sich kurzfristig auch liquiditätsschonend auswirkt. Allerdings verlangt er bei monatlicher Anmeldefrist die Entrichtung einer Sondervorauszahlung von einem Elftel der Vorjahres-USt-Zahllast bis zum Februar eines Jahres. Bei quartalsanmeldenden Unternehmen entfällt diese Möglichkeit. In der Befragung geben die Steuerexperten mehrheitlich an, vom Instrument der Dauerfristverlängerung Gebrauch zu machen.[602] Die Dauerfristverlängerung gilt solange als gewährt, bis der Unternehmer seinen Antrag zurücknimmt oder das Finanzamt die Fristverlängerung widerruft.

F. Auswertung von Umsatzsteuerprüfungen

1. Problemaufriss und allgemeine Ausführungen zu Außenprüfungen

Bei insgesamt ca. 90.000 am Wirtschaftsstandort Hamburg vorhandenen Unternehmen[603], kam es im Zeitraum 2010 bis 2013 neben den regelmäßigen Außenprüfungen

---

601 §§ 46 bis 48 UStDV.

602 Siehe Untersuchungsergebnisse zu Frage 6 und 7, Wortprotokoll (Anhang 6).

603 Siehe Unternehmensregister des Statistischen Amtes für Hamburg und Schleswig-Holstein, online verfügbar unter http://www.statistik-nord.de/fileadmin/Dokumente/Presseinformationen/SI06_021_F.pdf (Juni 2015).

bei 8,22% der Unternehmen zu USt-Sonderprüfungen und bei 8,38% zu USt-Nachschauen gem. § 27b UStG.[604] Dies ist ein vergleichsweise hoher Anteil, da über 90% der Hamburger Unternehmen als Kleinstunternehmen geführt werden[605] und viele umsatzsteuerlich unter die Kleinunternehmerregelung[606] fallen. Die deutsche Finanzverwaltung kann zudem auf einen verbesserten und europaweit vernetzten Softwareeinsatz zurückgreifen, sodass für Unternehmen Betriebsprüfungs- und Nachzahlungsrisiken bei der USt steigen.

Weltweite Außenprüfungen durch Finanzverwaltungen verursachen laut Steuerexperten immer wieder erhebliche Befolgungskosten. Daher stellt sich die Frage, inwieweit diese ausgelösten Kosten unternehmerische Aktivitäten mobilisieren können, um zukünftige Kostenrisiken zu reduzieren. Dabei ist es das **Ziel**, Fehlerquoten zukünftig zu minimieren, indem abteilungsübergreifender Lernprozesse in operativen Abteilungen, im Rechnungswesen und für den USt-Softwareeinsatz eingeleitet werden. Hierzu gehören unternehmensinterne Fehlerbereinigungen und Vereinbarungen mit Finanzverwaltungen zur verbesserten Handhabung von USt-Sachverhalten und die Erzielung von mehr Rechtssicherheit. Prüfungsergebnisse, Schwachstellen im Unternehmen und risikogefährdende Geschäftsaktivitäten müssen daher sorgfältig dokumentiert und aufbereitet werden. Im Anschluss werden diese Maßnahmen unter Hinzuziehung externer Berater unternehmensintern an betroffene Stellen und Entscheidungsträger kommuniziert. Dabei gehören die **praktische Aufbereitung** entsprechender Erkenntnisse, deren **Kommunikation** und der daraus abgeleitete **Erfahrungsgewinn** zum USt-Wissensmanagement.[607]

Aufgrund des **Gestaltungspotenzials**, der dazugehörigen **steuerstrategischen Überlegungen** und der Vorbereitung von Entscheidungsprozessen des unternehmerischen USt-Bereichs ist die Auswertung von USt-Prüfungen ein Bestandteil der unternehmensweiten USt-Planung. Im betriebswirtschaftlichen Kontext dient die Auswertung von Prüfungsergebnissen auch der **Erfolgskontrolle** des länderübergreifenden USt-Bereichs.

---

604 Statistisches Amt für Hamburg und Schleswig-Holstein (2006), Nr. 21/2006, S. 1.
605 Statistischen Amtes für Hamburg und Schleswig-Holstein, a.a.O., S. 238.
606 Siehe § 19 UStG, Umsätze bis 17.500 Euro.
607 Siehe Ausführungen im V. Kapitel, Abschnitt C. 2 zum Wissensmanagement, S. 215 ff.

2. Die Umsatzsteuer-Sonderprüfung als wichtiger Bereich besonderer umsatzsteuerlicher Herausforderungen für Unternehmen

Neben den oben genannten statistischen Werten ist die Wahrscheinlichkeit einer USt-Sonderprüfung bei umsatzstärkeren Unternehmen sehr hoch, weil anzunehmen ist, dass die Finanzverwaltung nach Anhaltspunkten der Plausibilitätsüberprüfung und des Verdachtsmoments vorgeht. So bestätigten viele befragte Steuerexperten eine Ausweitung von USt-Sonderprüfungen.[608] Mehrbelastungen ergeben sich vorwiegend im Bereich der Aufteilung von VoSt-Beträgen bei (teilweise) steuerfreien Ausgangsumsätzen, formaler Richtigkeit von Eingangsrechnungen sowie bei Buch- und Belegnachweisen für innergemeinschaftliche Leistungen.[609]

Im **Mittelpunkt** von USt-Sonderprüfungen steht besonders der Bereich der Eingangsumsätze und des VoSt-Abzugs. Besonders betroffen sind Unternehmen mit hohen VoSt-Überschüssen. Dies trifft auf Unternehmen zu, die einer Exporttätigkeit nachgehen oder die in betrugsanfälligen Bereichen wie z.B. Bauleistungen, Schrott- und Metallhandel sowie Energiegeschäfte tätig sind.

Die Antworten der Steuerexperten aus Unternehmen, Beratung und Finanzverwaltung lassen einige Schlüsse zu, welche **Anlässe** die Wahrscheinlichkeit von USt-Sonderprüfungen ansteigen lässt.[610] Die nachfolgende Tabelle zeigt exemplarisch einige dieser möglichen Anlässe auf:

Anlässe und Kriterien für USt-Sonderprüfungen	Bemerkung
VoSt-Erstattung	*u.a.* hohe Erstattungen oder hohe monatliche Differenzen Differenzen aufgrund von Verprobungen VoSt-Ausschluss/-aufteilung Verdacht auf USt-Betrug Rechnungserteilung durch mögliche Scheinfirmen
VoSt-Berichtigung	*u.a.* hohe nachträgliche Änderungen Nutzungsänderungen bei Grundstücken

608 Siehe Antworten der Steuerexperten zu Frage 1 und Frage 10, Wortprotokoll (Anhang 6).
609 Vgl. DELOITTE (2011), S. 23.
610 Für Unternehmen und externe Berater siehe Antworten zu den Fragen 2 und 10, Wortprotokoll (Anhang 6); für die Finanzverwaltung siehe Antworten zu den Fragen 3 und 4, Wortprotokoll (Anhang 7).

Anlässe und Kriterien für USt-Sonderprüfungen	Bemerkung
	Verdacht auf hohe unentgeltliche Wertabgaben (z.B. Firmenwagen)
Reverse-Charge-Verfahren	*u.a.* hohe sonstige Leistungen i.S.d. § 13b Abs. 1 UStG hohe Leistungen i.S.d. § 13b Abs. 2 UStG Differenzen zwischen ZMs, USt-Voranmeldung u. Jahres-erklärung Verdacht auf unberechtigten Steuerausweis (§ 14c UStG)
Insolvenzen	*u.a.* Verwertung der Insolvenzmasse VoSt-Berichtigungen bei Grundstücken (§ 15a UStG) USt-Haftung (u.a. Geschäftsführer) Verdacht des bandenmäßigen USt-Betrugs (§ 26c UStG)
Tätigkeit in bestimmten Geschäftsfel-dern	*u.a.* Geschäftsaktivitäten im Handel mit Kupfer, Kupferkatho-den, Silber, Platin, Erdöl, Spielekonsolen, Tablets u. Um-weltzertifikaten[611]
Unternehmensneugründung / Firmen-mantelkauf	*u.a.* Überprüfung von (Gesellschafts-)Verträgen Überprüfung der Unternehmereigenschaft hohe VoSt-Überschüsse in der Gründungsphase
Inanspruchnahme von USt-Befreiungen / ermäßigter USt-Satz[612]	*u.a.* hohe Umsätze gem. § 4 Nr. 1-7 UStG innergem. Erwerb (u.a. VoSt-Ausschluss) Innergem. Lieferungen (u.a. Abgleich ZM u. USt-Voranmeldung) hohe steuerfreie Einfuhren (§ 5 Abs. 1 Nr. 3 UStG)
Leistungsort in besonderen Fällen	*u.a.* Versendungsumsätze (§ 3c UStG) E-Commerce, MOSS-Verfahren (seit 1.1.2015) Personenbeförderung (§ 3b UStG)
Zeitgerechte Besteuerung	*u.a.* Abführung der USt bei Teilentgelten (Anzahlungen) Abweichungen zw. berichtigten USt-Voranmeldungen Wechsel zwischen Soll- u. Ist-Besteuerung

Tabelle 32: Anlässe für USt-Sonderprüfungen
Quelle: Eigene Darstellung.

611 Siehe schriftl. Antwort des SENATS DER FREIEN U. HANSESTADT HAMBURG (2015), S. 1; (2014), S. 2.

612 Siehe § 12 Abs. 2 UStG.

Gemäß den Angaben von Beratern und Steuerexperten gibt die Finanzverwaltung VoSt-Erstattungen zunehmend nur im Hinblick auf den Ausgang von USt-Sonderprüfungen frei.[613] Zum Schutz des Steueraufkommens können zudem Sicherheitsleistungen[614] eingefordert werden, die zusätzliche Liquidität der Unternehmen binden.

Ein **Einspruch** gegen den Verwaltungsakt der Prüfungsanordnung ist möglich, entfaltet aber keine aufschiebende Wirkung. Dies kann nur mit einem Antrag auf Aussetzung der Vollziehung[615] erreicht werden. Diesem würde nur stattgegeben, wenn ernstliche Zweifel an der Rechtmäßigkeit der Prüfungsanordnung bestehen. Der Versuch einer Abwendung erscheint auf Unternehmerseite mittelfristig aber kein geeignetes Mittel. Ein verfahrensrechtliches Problem für die Praxis besteht in der Tatsache, dass **Ergebnisse der USt-Sonderprüfung** nicht endgültig sind, sondern im Rahmen turnusmäßiger Außenprüfungen wieder geändert werden können. Trotz der Prüfung des USt-Bereichs und gegebenenfalls getätigten Nachzahlungen bleiben somit Rechtsunsicherheit und Zinsrisiken.

An dieser Stelle erfolgen nun einige **Empfehlungen** für betroffene Unternehmen. Unternehmen mit einem VoSt-Überhang sind angehalten, ein Augenmerk auf die Prüfungsbegleitung zu legen. Es bietet sich an, umsatzsteuerliche Probleme während der Prüfung zu thematisieren und entsprechend zu dokumentieren, um sich gegen eine spätere gegenläufige Beurteilung z.B. im Rahmen von weiteren Außenprüfungen abzusichern. Hierin könnte ein späterer betriebswirtschaftlicher Nutzen bestehen. Mit Ortsbesichtigungen und Inaugenscheinnahmen müssen Unternehmen rechnen, Mitwirkungspflichten sind zu beachten. Angeforderte Belege und Bücher sind offenzulegen und elektronische Daten dem Prüfer auf eigene Kosten zur Verfügung zu stellen.

Nach Beginn der USt-Sonderprüfung wirkt eine Selbstanzeige[616] nicht mehr strafbefreiend. Daher ist zu beachten, Entscheidungen hierüber sorgfältig mit externen Beratern zu erörtern.

---

613 Die Festsetzung erfolgt dann gem. § 168 Satz 2 AO.

614 Siehe § 18f UStG.

615 § 361 AO.

616 Siehe § 371 AO.

3. Die Umsatzsteuer-Nachschau gemäß § 27b UStG

Die Umsatzsteuer-Nachschau[617] ist ein Instrument der Finanzverwaltung zur **Bekämpfung von Steuerbetrug** im USt-Bereich und zur **Sicherung des Steueraufkommens.** Dieses Instrument der Finanzverwaltung dient der eiligen und kurzfristigen Kontrolle umsatzsteuerlicher Sachverhalte. Der steuerehrliche Unternehmer muss diese Maßnahme nicht fürchten.

Die typische USt-Nachschau wird von der Finanzverwaltung insbesondere zur Prüfung von Unternehmensexistenzen und -adressen, zur Kontrolle der Ausübung gewerblicher Tätigkeiten, zur Identifikation der Geschäftstätigkeit und bei der Überprüfung einzelner Kontrollmitteilungen eingesetzt. Die Anlässe für eine konkrete USt-Nachschau und eine USt-Sonderprüfung überschneiden sich regelmäßig. Da die Nachschau **unangekündigt** und in den Geschäftsräumen des jeweiligen Unternehmens durchgeführt wird, kann insbesondere in betrugsanfälligen Geschäftsfeldern jederzeit damit gerechnet werden. Das betroffene Unternehmen hat zwar das Recht, der Finanzverwaltung den Zutritt zu verweigern, muss dann aber mit einer angesetzten regulären Außen- oder sogar Fahndungsprüfung rechnen. Unternehmen sind daher angehalten, sich kooperativ zu verhalten, um mögliche Verdachtsmoment erst gar nicht aufkommen zu lassen. Allerdings kann aus wichtigen Gründen und auf Antrag der Zeitpunkt des Beginns der Nachschau verschoben werden, z.B. aufgrund von Bautätigkeiten, Inventuren, Krankheit von wichtigen Mitarbeitern oder Abwesenheit des verantwortlichen Unternehmers.

Es ist darauf zu achten, dass die USt-Nachschau nur der umsatzsteuerlichen Gegenwartsermittlung dient und keine anderen Steuerarten und keine Vorjahre geprüft werden dürfen. Zudem können Unternehmen die Gelegenheit nutzen, komplizierte Sachverhalte mit den Prüfern zu besprechen, um sich zukünftig hierauf berufen zu können, falls später andere Sachverhaltsbeurteilungen zuungunsten des Steuerpflichtigen getroffen werden. Dies sollte schriftlich festgehalten und bestätigt werden.[618] Es ist zudem zweckdienlich, eine USt-Nachschau nicht ohne Hinzuziehung eines externen Beraters einzugehen. Bei Anmeldung der Prüfer sollte eine rechtliche und steuerberatende Unterstützung umgehend angefordert werden.

---

617 § 27b UStG und Abschnitt 27b.1 UStAE (2014).

618 Siehe § 119 Abs. 2 AO.

G. Tax Compliance im Bereich der Umsatzsteuer: Begriff, Bedeutung und Zielsetzung

1. Begriffserklärung und Problemaufriss

Die Staaten der EU, des EWR und einige OECD-Staaten verpflichten kapitalmarktorientierte und außenwirtschaftliche Unternehmen zur Errichtung eines Tax-Compliance-Systems (Tax Compliance) auf Grundlage des BilMoGs, von Basel II und der MaRisks der EU[619]. In den OECD-Leitsätzen zur Besteuerung multinationaler Unternehmen[620] wird dieser Themenkomplex ebenfalls aufgegriffen. Gleichzeitig hat deren Nichtbeachtung ausdrücklich keinen unmittelbaren Verstoß gegen Steuergesetze zur Folge. Die OECD-Leitsätze besitzen dennoch ein besonderes Gewicht für internationale Unternehmensstandards.[621] Angesichts erhöhter medialer Aufmerksamkeit[622] und aufgrund des internationalen Bedeutungsanstiegs der USt[623] besteht für viele Unternehmen Handlungsbedarf zur **Formulierung fester Standards** im USt-Bereich.

Die Tax Compliance, d.h. die Einhaltung steuerlicher Bestimmungen, ist Bestandteil der Unternehmens-Compliance. In Bezug auf auf den Steuerbereich umfasst sie **festformulierte Grundentscheidungen** zur Einhaltung aller für das Unternehmen geltenden Steuergesetze und die Befolgung von Aufforderungen der Finanzverwaltung.[624] Per **Definition** ist sie die Summe aller organisatorischen Maßnahmen eines Unternehmens zur Gewährleistung eines steuerrechtlich rechtmäßigen Verhaltens von Geschäftsführung und Mitarbeitern.[625] Explizit bedeutet dies die Einhaltung aller geltenden Steuergesetze, Richtlinien und Schreiben der Finanzverwaltung seitens der sich verantwortlich zeichnenden Personen.[626] Die englische Bezeichnung *tax* umfasst dabei sämtliche Steuern, Abgaben, steuerliche Nebenleistungen und zollrechtliche Vorschriften.[627]

---

619 EU-KOMMISSION (2012), S. 14 ff.

620 OECD (2011), S. 70 ff.

621 Vgl. zu den OECD-Leitsätzen HARDECK (2011), S. 933 ff.

622 Siehe Untersuchungsergebnisse zur medialen Berichterstattung, S. 45 und Anhang 9.

623 Siehe Ergebnisse empirischer Untersuchungen, S. 31 ff. u. Untersuchungsergebnisse, Frage 1, S. 64 ff.

624 Vgl. KROMER/PUMPLER/HENSCHEL (2013), S. 792; GRÜTZNER/JAKOB (2010), S. 139.

625 Vgl. VETTER (2009), Fn. 55, S. 33, mit Verweisen auf BÜRKLE (2005), S. 565, 569; KIETHE (2007), S. 393 f.; SCHNEIDER (2003), S. 645 f.

626 Vgl. KROMER/PUMPLER/HENSCHEL (2013), S. 792.

627 Siehe dazu KÜNSTLER/SEIDEL (2009), S. 243.

Über die gesetzlichen Pflichten hinaus ist die Tax Compliance neben der formellen Grundentscheidung materiell auch eine **Wertentscheidung** eines Unternehmens.[628] Gefordert wird nicht die bloße Erfüllung nationaler Steuergesetze, sondern die grds. Entscheidung zur Steuerehrlichkeit. Bildlich gesprochen bedeutet dies neben der Befolgung der Buchstaben des Gesetzes auch die Befolgung des „Geistes" von Steuergesetzen.[629]

Da die Inhalte der Tax Compliance unmittelbare Auswirkungen auf die unternehmerischen Geschäftsaktivitäten und die Wettbewerbsfähigkeit entfalten und über ein problematisches Gestaltungspotenzial verfügen können, ist der Bereich der USt-Compliance nicht zuletzt aufgrund der steuerstrategischen Dimension **im Bereich der USt-Planung zu verorten**.

Inhaltlich umfasst die unternehmerische Tax Compliance drei **Komponenten**: eine gestalterische, eine abwehrende und eine organisatorische. Die gestalterische Komponente umfasst dabei die legale Steuervermeidung und Steueroptimierung. Die abwehrende Komponente verfolgt den Auftrag, steuerliche und strafrechtliche Risiken zu vermeiden, während die organisatorische Komponente die Einrichtung einer leistungsfähigen Steuerorganisation umfasst. Die formelle **Umsetzung** erfolgt durch Implementierung einer Organisationsstruktur, die in komplexen Strukturen auf eine materiell geforderte Gesetzestreue abzielt.[630] **Adressaten** eines festgelegten USt-Compliance-Systems sind insbesondere die eigenen Mitarbeiter, Finanzverwaltungen, Regierungen sowie Kunden und Lieferanten. Die meisten Unternehmen verfügen aber nicht über ein fest etabliertes Tax-Compliance-System.[631]

Obwohl die USt im Vergleich zu den Ertragsteuern einer geringen Beachtung in der betriebswirtschaftlichen Steuerliteratur ausgesetzt, ist sie aufgrund ihrer gesetzlichen und organisatorischen Tragweite sowie erheblicher Sanktionspotenziale wesentlicher Teilbereich der Tax Compliance. Im Folgenden werden allgemeine Erkenntnisse von Tax-Compliance-Systemen speziell auf den USt-Bereich übertragen.

Ziel eines funktionierenden **USt-Compliance-Managementsystems** ist die Etablierung einer Organisationsstruktur, die allen möglichen Sanktionen im In- und Ausland bei

628 Vgl. Kromer/Pumpler/Henschel (2013), S. 791.

629 Siehe hierzu OECD v. 25.05.2011, Kapitel XI, S. 70 ff.

630 Vgl. Kromer/Pumpler/Henschel (2013), S. 791.

631 Siehe Antworten der Steuerexperten zu Frage 4 und 6, Wortprotokoll (Anhang 6).

Verstößen gegen Mehrwertsteuergesetze durch eine auf die Einhaltung aller Vorschriften unter Anwendung legaler Steuergestaltung vorbeugt. Weiter sollen USt-Risiken für das Unternehmen und dessen Organe den verantwortlichen Akteuren bekannt sein, um Schäden abzuwenden. Der Aufbau eines USt-Compliance-Managementsystems ist ein festes Element der unternehmerischen **USt-Strategie**.[632] Die Implementierung effektiver **Maßnahmen** soll die sachgerechte Bearbeitung von Kernprozessen sicherstellen.[633]

Im Folgenden wird auf die Entwicklung und Umsetzung einer festzulegenden USt-Compliance eingegangen.

2. Entwicklung eines Umsatzsteuer-Compliance-Managementsystems

a) Allgemeine Vorgehensweise

Für den Aufbau allgemeiner Tax-Compliance-Systeme existieren sehr unterschiedliche Ansätze. An dieser Stelle sollen daher zunächst die unternehmensspezifischen **Rahmenbedingungen** für ein USt-Compliance-Managementsystem festgelegt werden. Hierbei wird zwischen externen und internen Rahmenbedingungen unterschieden.

Externe Rahmenbedingungen sind nationale und internationale gesetzliche bzw. gesetzesähnliche USt-Vorgaben[634]. Interne Rahmenbedingungen erfassen hingegen branchen- und **unternehmensspezifische Kriterien,** die jeweiligen Geschäftsaktivitäten, die Unternehmensgröße, die Rechtsform, der Unternehmenszweck, die Organisationsstrukturen, der Grad der internationalen Ausrichtung und die Rechtsunterschiede.[635] Je internationaler das Unternehmen aufgestellt ist, desto größer ist das USt-Risikopotenzial und desto höher die Priorität der USt innerhalb der unternehmensweiten Tax Compliance. Innerhalb des individuell festzulegenden Rahmens sollen im Folgenden **vier zentrale Maßnahmen** vorgestellt werden:

1. Formulierung von **Grund- und Wertentscheidungen** zur Befolgung nationaler Mehrwertsteuergesetze und die Beachtung der dazugehörigen Intentionen.

---

632 Siehe Ausführungen im V. Kapitel, Aschnitt B zur USt-Strategie, S. 201 ff.

633 Vgl. KROMER/PUMPLER/HENSCHEL (2013), S. 161.

634 Zu allgemeiner Tax Compliance siehe KROMER/PUMPLER/HENSCHEL (2013), S. 157 f.

635 So auch KINDL/PETSCHE (2013), S. 168.

2. **Information** und Gewährung maximal nötiger **Transparenz** über das USt-Management.
3. Festlegung der unternehmensinternen und -externen **Zusammenarbeit**.
4. Implementierung eines **USt-RMS.**

Es folgen Erläuterungen zu den einzelnen Maßnahmen.

b) Grund- und Wertentscheidungen: Formulierung und gelebte Kultur

Die Formulierung von Grundentscheidungen für das USt-Management geschieht in Anlehnung an Geschäftsaktivitäten, Risikostrukturen[636] und an den Internationalisierungsgrad. Durch festgelegte schriftliche **Standards** wird unternehmensintern und -extern die Bereitschaft des Unternehmens zur Steuerehrlichkeit, zur Gesetzestreue und zur Kooperation mit der Finanzverwaltung manifestiert. Nach der Festlegung in Schriftform müssen die Werte und Prinzipien im Unternehmen „gelebt" werden. Als übergeordneter Bereich benötigen die Standards der USt-Compliance neben konkreten organisatorischen daher eine tatsächlich gelebte **Compliance-Kultur.** Angefangen mit einem Bekenntnis der Geschäftsführung und des Steuerverantwortlichen werden die Standards im Unternehmen kommuniziert.[637] Das Vorleben dieser Werte durch die Unternehmensleitung ist ein wesentlicher Erfolgstreiber eines Compliance-Systems.[638] Ohne ein glaubwürdiges Bekenntnis der Geschäftsführung zur USt-Compliance als wesentlicher Bestandteil der Tax und Unternehmens-Compliance ist die notwendige Sensibilisierung von Mitarbeitern für USt-Risiken kaum möglich.

Ohne ein nötige **Ressourcenzuordnung** werden USt-Standards nicht zum erwünschten Erfolg führen. Sie ist ein wichtiges Signal für den Wert, den das Unternehmen dieser Funktion insgesamt beimisst.[639] Dieser Baustein betrifft das Budget der Steuerabteilung für den USt-Bereich hinsichtlich des Personaleinsatzes, die Hinzuziehung externer Berater, der Ausbildungsstand der Mitarbeiter, den Softwareeinsatz und die Abbildung von Risikoprofilen und USt-Compliance-Sachverhalten.[640] Je höher und effektiver die Bereitstellung interner und externer Ressourcen ist, desto vielverspre-

636 Vgl. Ehnert (2010), S. 66.
637 Vetter (2009), Fn. 55, S. 47, mit weiteren Literaturnennungen.
638 Vgl. Lami (2011), S. 49 ff.
639 Vgl. Vetter (2009), Fn. 55, S. 47.
640 In Anlehnung an Kromer/Pumpler/Henschel (2013), S. 799.

chender ist die Erfolgsquote des USt-Compliance und desto niedriger ist das Potenzial umsatzsteuerlicher Risiken.

Weitere Erfolgsfaktoren für die USt-Compliance ist eine eindeutige Zuweisung von **Verantwortlichkeiten** und Aufgaben, sind eindeutige Regelungen zu Betriebsstrukturen, ist die Integration betrieblicher Kernprozesse sowie deren Anpassung an USt-Risiken und an das Unternehmensumfeld.[641] Diese Aufgaben fallen in den Aufgabenbereich des Steuerverantwortlichen, des USt-Verantwortlichen oder einer sonstigen fachlich qualifizierten Person.[642] Wichtig sind hierbei Abgrenzungen bzw. Begrenzungen von Verantwortlichkeiten, z.B. zwischen operativen Abteilungen, Bereichs- oder Spartenleitungen, Tochtergesellschaften, USt-Verantwortlichen, Steuerabteilung und Geschäftsführung.

c) Transparenz hinsichtlich Aufgaben, Funktionen und Maßnahmen des USt-Managements

Diese Maßnahme bezieht sich auf Fragen zur unternehmensinternen bzw. -externen Transparenz und zu Informationspflichten gegenüber wichtigen Stellen. In Anlehnung an bestimmte Stakeholder, an Geschäftsaktivitäten, an die Unternehmensgröße, die Organisationsstruktur, den Grad der internationalen Ausrichtung und an länderspezifische Regelungen sind Entscheidungen über die interne bzw. die externe **Veröffentlichung** der Wertentscheidungen, über die USt-Zielvorgaben und die USt-Strategien notwendig. Die Transparenz der USt-Compliance kann in unterschiedlichen Stufen erfolgen. Während z.B. der Geschäftsführung ein vollständiger Einblick gewährt wird, können zum Schutz sensibler Steuerdaten Mitarbeiter außerhalb der Steuerabteilung, Kunden, Lieferanten und die Öffentlichkeit weniger Informationen zur Verfügung gestellt werden. In den Compliance-Standards können außerdem Informationen zu den eingesetzten Softwaretechnologien im USt-Bereich mitgeteilt und deren Vor- und Nachteile offengelegt werden.

In den Compliance-Standards sind konkrete Aussagen zu Informationspflichten in Bezug auf USt-relevante Sachverhalte im Unternehmen zu treffen. Festzulegen ist, welche Abteilung oder welcher Akteur zu welchem Zeitpunkt bestimmte Stellen über Geschäftsvorfälle oder andere Vorgänge informieren muss.

---

641 Vgl. EHNERT (2010), S. 66.
642 Vgl. KINDL/PETSCHE (2013), S. 173; STRECK (2010), S. 58.

Transparenz bedeutet auch die Bewerkstelligung eines **regelmäßigen Berichtswesens** an die Geschäftsführung und die operativen Abteilungen.[643] Zudem werden alle USt-relevanten Prozesse und Kontrollen im USt-Compliance-System dokumentiert. Dieser Baustein ist Voraussetzung für eine konsistente Anwendung, für die dauerhafte Beachtung durch USt-relevante Stellen im Unternehmen und für die personenunabhängigen Funktionen.[644] Eine sorgfältige und konstante Dokumentation ermöglicht zudem interne Vergleiche und Zeitvergleiche.

d) Unternehmensstrukturen: Festlegung von Kooperation und Zusammenarbeit

Da die Ursprünge der USt-relevanten Vorgänge und die damit zusammenhängenden Fehler zumeist nicht in der Steuerabteilung liegen, sind Verhalten und Arbeitsweisen von operativen Abteilungen und Tochterunternehmen wesentlich für das USt-Risikoprofil eines Unternehmens. Nur im Zusammenwirken mit den operativen Geschäftseinheiten und der internen Revision kann daher sichergestellt werden, dass USt-Compliance-Aufgaben tatsächlich erfüllt werden.[645] Compliance-Standards für das USt-Management müssen daher Aussagen zur Kooperation und Zusammenarbeit mit wichtigen Akteuren treffen. Hierbei ist zwischen unternehmensinternen und -externen Stellen zu differenzieren. Wichtige interne Stellen sind z.B. die Steuer-, Finanz- oder Rechtsabteilung, die Geschäftsführung, Unternehmens-Compliance oder Tochter- bzw. Muttergesellschaften. Als externe Stellen kommen z.B. die Finanzverwaltung, Kunden, Lieferanten oder externe Berater in Betracht.

Ein wichtiger Baustein für die Zusammenarbeit ist die Unternehmensintegration der USt-Compliance. Sinnvoll ist eine **Vernetzung** mit anderen Abteilungen, mit Tochtergesellschaften und gegebenenfalls mit vor- oder nachgelagerten Abnehmern, mit Transporteuren oder Lieferanten. Die Aufnahme und Sammlung von USt-relevanten Informationen und Sachverhalten vollzieht sich fast ausschließlich außerhalb der Steuerabteilung in operativ tätigen Abteilungen. Diese Informationen werden in der Regel zunächst dort gesammelt, aufbereitet und anschließend über die Einbuchung in das Rechnungswesen elektronisch an die Steuerabteilung übermittelt. Erst nach der Sichtung durch die Steuerabteilung können fehlende Informationen oder andere Dinge nachgeholt oder nachgearbeitet werden. Da USt-relevante Informationen im Ver-

643 Vgl. Kromer/Pumpler/Henschel (2013), S. 160.
644 Vgl. Vetter (2009), Fn. 55, S. 47.
645 Vgl. Pumpler (2012), S. 71, zu allgemeinen Tax-Compliance-Standards.

gleich zu anderen Steuerarten besonders zeitsensibel sind, muss durch eine entsprechende Vernetzung die zügige Weitergabe wichtiger Informationen an die Steuerabteilung erfolgen. Dies ist im USt-Compliance-Managementsystem zu regeln.

Neben der länder- und abteilungsübergreifenden Vernetzung sind auch Bestimmungen zu internen **Kommunikationswegen** erfolgswirksam, die „schlank" sein müssen, denn je weiter sie im Konzernverbund verlaufen, desto höher ist die Wahrscheinlichkeit, dass Informationen fehlgeleitet und Prozesse unvollständig bearbeitet werden.[646] Es ist notwendig, eindeutige und für alle Beteiligten transparente Strukturen zu schaffen und die USt-Compliance festzulegen. Dies liegt im Tätigkeitsbereich des USt-Verantwortlichen.

Ein weiterer Baustein für die Festlegung der Zusammenarbeit sind interne **USt-Richtlinien**, bestehend aus verbindlichen und eindeutigen Regeln zu internen Prozessen. Diese Prozesse müssen länderübergreifend aufeinander abgestimmt sein und nahtlos ineinander übergehen. Als Werkzeuge dienen Checklisten, Fristenvereinbarungen, Verhaltenskataloge, Dokumentationserfordernisse, Zuständigkeitsregeln[647], Zeichnungsbefugnisse, Freigabenhoheiten und Organigramme. Weitere Richtlinien regeln die Zusammenarbeit mit der Finanzverwaltung. Hier werden z.B. Aussagen zur Beantwortung von Anfragen nationaler Finanzämter, Einsprüche, FG-Verfahren und Rechtsbehelfe geregelt.

e) Das Umsatzsteuer-Risikomanagement

Ein festgelegtes USt-Risikomanagementsystem ist fester Bestandteil des USt-Compliance-Systems. Konkrete Maßnahmen zum Aufbau eines USt-Risikomanagements werden im folgenden Abschnitt H vorgestellt und erläutert.[648]

3. Umsetzung und Überwachung der Umsatzsteuer-Compliance

Für die Umsetzung eines Tax-Compliance-Managementsystems kann im Unternehmen ein kombiniertes Top-Down- und Bottom-Up-Vorgehen angewendet werden.[649]

---

646 Vgl. KROMER (2010), S. 255 ff.

647 Hergeleitet und angepasst aus Regeln zur allgemeinen Tax Compliance (*tax operating manual*) von KINDL/PETSCHE (2013), S. 165; BESCH/STARCK (2010), Rn. 61.

648 Siehe Ausführungen im V. Kapitel, Abschnitt H, S. 272 ff.

649 Vgl. KROMER/PUMPLER/HENSCHEL (2013), S. 800: Bottom-Up und Top-Down-Ansatz für die allgemeine Steuerstrategie.

Dieser übergeordnete Methodenansatz wird im Folgenden modifiziert und speziell auf die USt-Compliance übertragen:

Top-Down-Ansatz **Bereiche** (Rangfolge von oben nach unten)	**Beispiele für Aufgaben**
USt-Zielvorgaben u. USt-Strategie	Entwicklung, Formulierung, Implementierung
Strukturen u. USt-Prozesse	**Entwicklung u. Einsatz** USt-Strategie u. zugehörende Maßnahmen[650] eindeutige Verantwortlichkeiten USt-Risikomanagement[651] Kommunikationskonzepte, Schnittstellen, Richtlinien USt-Berichtswesen[652] **Koordination** Schnittstellen, Informationsfluss, abteilungsübergreifende Kommunikation, externe Dienstleister, Outsourcing
Budgetierung	**Betriebswirtschaftliche Kalkulation** Kostenplanung, Ermittlung von Kostenstellen, - trägern[653] Ermittlung von Kosten-Nutzen-Relationen
USt-Technologieeinsatz	Entwicklung, Implementierung, Anpassungen[654]
Externe Berater	Auswahl, Einsatz, Begleitung (länderbezogen)
Ausweitung von Konzepten	**Entwicklung von Szenarien** Was passiert, wenn ... ? Wer ist im Fall ... ab wann hinzuzuziehen?
Überwachung	USt-Softwareeinsatz, Plausibilitätskontrollen funktionierendes, lernfähiges USt-Risikomanagement Durchführung von Korrekturen in USt-Prozessen Einleitung von Lernprozessen, Wissensmanagement[655]
Interne Revision	Einsatz u. Auswertung der Ergebnisse

650 Siehe Ausführungen im V. Kapitel, Abschnitt B, S. 201 ff.
651 Siehe Ausführungen im V. Kapitel, Abschnitt H, S. 272 ff.
652 Siehe Erläuterungen im V. Kapitel, Abschnitt D, S. 220 ff.
653 Siehe Ausführungen im IV. Kapitel, Abschnitt B, S. 104 ff.
654 Siehe Erläuterungen im IV. Kapitel, Abschnitt I, S. 173 ff.
655 Siehe Erläuterungen im V. Kapitel, Abschnitt C. 2, S. 215 ff.

Top-Down-Ansatz **Bereiche** (Rangfolge von oben nach unten)	**Beispiele für Aufgaben**
USt-Personal	**Personalmanagement**[656] Planung u. Einsatz **Mitarbeiterschulungen** Mitarbeiterqualifikation, Personalentwicklung Förderung von Lernprozessen
Wirtschaftsprüfung	Einsatz u. Auswertung der Ergebnisse
Außenprüfungen der Finanzverwaltung	Auswertung von USt-Prüfungen[657] Einleitung von Lernprozessen Verknüpfungen zum Wissensmanagement

Tabelle 33: USt-Compliance-Managementsystem: Top-Down-Aufgaben
Quelle: Eigene Darstellung.

Während die oberen Bereiche und Aufgaben speziell in der Verantwortung von der Geschäftsführung und USt-Verantwortlichen liegen ist die Durchführung der mittleren und unteren Bereiche Aufgabe der Abteilungsleitungen. Die beiden untersten Bereiche sind dahingegen ausschließlich unternehmensextern ausgerichtet (Wirtschaftsprüfung und Außenprüfungen der Finanzverwaltung). Es findet demnach eine Abstufung nach den Hierarchieebenen statt.

Bottom-Up-Ansatz **Bereiche** (Rangfolge von unten nach oben)	**Beispiele für Aufgaben**
Finanzverwaltung	**Kontakt und Austausch** Tagesgeschäft der Steuerabteilung USt-Deklaration, Klärung USt-relevanter Sachverhalte Einholung verbindlicher Zusagen und Auskünfte

---

656 Siehe Erläuterungen im V. Kapitel, Abschnitt C. 1, S. 209 ff.
657 Siehe Erläuterungen im V. Kapitel, Abschnitt F, S. 255 ff.

Bottom-Up-Ansatz **Bereiche** (Rangfolge von unten nach oben)	**Beispiele für Aufgaben**
Externe Berater	**Kontakt und Austausch** Erörterung von Zweifelsfragen Einholung lokaler Fachexpertise
Konfliktszenario	Finanzverwaltung, Kunden, Lieferanten, ggf. auch mit externen Beratern FG-Prozesse, internationale Schlichtungsverfahren
Information und Berichtswesen	**Rückblick, Statusquo, Ausblick** Allgemeine Fakten und Veränderungen in den Bereichen USt-Compliance, USt-Risiken und Chancenpotenzial[658] **Verknüpfung** USt-Compliance u. USt-Berichtswesen
Überwachung und Erfolgskontrolle	**Kommunikation** Informationsfluss zu Entscheidungsträgern Abläufe zwischen verschiedenen Abteilungen **Dokumentation und Archivierung** USt-relevante Geschäftsvorfälle u. abteilungsübergreifende USt-Prozesse Kalkulation von USt-Befolgungskosten **Überwachung** USt-Softwareeinsatz ausgelagerte USt-Prozesse[659]
Anwendungen	**USt-Prozesse im Geschäftsalltag** operative Geschäftsbereiche, Rechnungswesen u. Steuerabteilung Koordination durch den USt-Verantwortlichen

Tabelle 34: USt-Compliance-Managementsystem: Botto- Up-Aufgaben
Quelle: Eigene Darstellung.

658 Siehe Erläuterungen im V. Kapitel, Abschnitt D, S. 220 ff.
659 Siehe Erläuterungen im IV. Kapitel, Abschnitt G, S. 154 ff.

Für eine sachgerechte Bearbeitung von Kernprozessen[660] sind im USt-Compliance-System zudem **Qualitätskriterien** festzulegen. So ist bei den aufgestellten Organisations-, Informationshinweisen, Verhaltensregeln und Bestimmungen die **Nachvollziehbarkeit** für betroffene Unternehmensteile zu beachten. Weiter ist die USt-Compliance auf **Personenunabhängigkeit**[661] zu prüfen. Bestimmte Prozesse oder Berichtspflichten müssen beispielsweise dem Vier-Augen-Prinzip unterliegen. Auf diese Weise wird die Unabhängigkeit der handelnden Personen gefördert. Die USt-Compliance ist auch als Werkzeug zur **Fristenkontrolle** für die Steuerabteilung heranzuziehen. Hierzu können bestimmte Zeitabläufe aufgenommen werden. Innerhalb des Unternehmens ist die **Erreichbarkeit** der USt-Compliance sicherzustellen, um zu prüfen, in welchen Sprachen die Bereitstellung vorliegt. Die Kontaktdaten des USt-Verantwortlichen sind unternehmensweit zu kommunizieren. Zur Information unternehmensexterner Stakeholder ist es ratsam, die **jährlichen Veröffentlichungen** der Tax Compliance zu gewährleisten. Aus eigenem Interesse werden ehrliche Aussagen zu den unternehmenseigenen USt-Risiken und Ad-hoc-Mitteilungen zum unternehmensindividuellen Risikoprofil getroffen. Gleichzeitig können Einschätzungen und Empfehlungen für Gesetzgeber und Unternehmensverbände ausgesprochen werden.

USt-Compliance-Systeme sind zu pflegen, damit eine fortlaufende **Aktualität** gewährleistet bleibt. Bedarf besteht daher in der unternehmensweiten, abteilungsübergreifenden Bündelung und Aktualisierung von Informationsmaterialien zu USt-relevanten Sachverhalten sowie deren permanente **Verfügbarkeit**. Anderenfalls könnten wichtige USt-Informationen verloren gehen.[662] Ständige Anpassungen an Geschäfts- und Umfeldveränderungen sind ebenfalls vorzunehmen.

Die **Überwachung** und Pflege der Kernprozesse eines USt-Compliance-Managementsystems liegen im Verantwortungsbereich des unternehmensweiten USt-Verantwortlichen. Zentral sind die Erfüllung und Kommunikation von Steuererklärungspflichten (USt-Erklärungen und USt-Voranmeldungen), Bescheidprüfungen, USt-Zahlungen, weltweite Fristenkontrollen und die Erstellung von Dokumentationen. Im operativen Verlauf müssen festgelegte Verantwortlichkeiten der USt-Compliance ständig überwacht, gegebenenfalls korrigiert und notfalls Sanktionen bei Verstößen

---

660 Vgl. KROMER/PUMPLER/HENSCHEL (2013), S. 161, zu Qualitätskriterien der allgemeinen Tax Compliance.

661 Vgl. VETTER (2009), S. 47, zu Qualitätskriterien allgemeiner Tax Compliance.

662 In Anlehnung an KINDL/PETSCHE (2013), S. 173; PRATTER/EICHENBERGER (2012), S. 382.

vorgenommen werden. In einem weiteren Schritt finden regelmäßige Effizienzkontrollen[663] statt. Dabei ist eine Koordination und Abstimmung zwischen der Steuerabteilung und der Unternehmens-Compliance notwendig.

H. Umsatzsteuer-Risikomanagement als Bestandteil des steuerlichen Risikomanagement- und Internen Kontrollsystems

1. Problemaufriss und Eingrenzung des Untersuchungsgegenstands

Da die abwehrende Komponente der Tax Compliance auf die präventive Vermeidung von Risiken ausgerichtet ist, ist das USt-Risikomanagement (USt-RM) ein integraler Bestandteil eines funktionierenden Tax-Compliance-Systems. Einleitend wurde bereits im II. Kapitel auf USt-Risiken und deren betriebswirtschaftliche Bedeutung für Unternehmen eingegangen. In diesem Zusammenhang wurde auch der Begriff **USt-Risiko** abgegrenzt und definiert.[664]

Die **Ursachen** für USt-Risiken[665] liegen in der Internationalisierung unternehmerischer Wertschöpfungsketten, der Vielzahl weltweiter Umsatzsteuergesetze, ihrer Kompliziertheit und der ständigen Rechtsprechung, zunehmenden Formalisierung und europäischen Rechtsprechung. Dies bietet einen Nährboden für eine hohe Fehleranfälligkeit in der unternehmerischen Einordnung von USt-Sachverhalten durch das Rechnungswesen und die Steuerabteilung. Verstärkt wird dies durch verschachtelte Konzern- und horizontale Organisationstrukturen. All diese genannten Ursachen lassen USt-Risiken entstehen, die bis zu ihrem Eintritt bemerkt oder unbemerkt in sehr unterschiedlichen Unternehmensbereichen[666] liegen. USt-Risiken begründen in jedem Unternehmen **erfolgswirksame Kostenpotenziale** mit Haftungsrisiken und bieten zudem einen Gefahrenraum für Schadensersatz (im B2B-Verhältnis) bis hin zu Freiheitsstrafen.[667] Immaterielle Schäden wie z.B. die Gefährdung des guten Rufs durch negative mediale Berichterstattung (Reputationsrisiken)[668] entfalten zusätzlichen Einfluss auf Umsatz und Gewinn. Aufgrund der stetig steigenden internationalen

---

663 Zur Erläuterung des Effizienzbegriffs siehe S. 21 dieser Arbeit sowie UNGERICH (2012), S. 114 f.

664 Siehe II. Kapitel, Abschnitt D, S. 24 ff.

665 Siehe Arten und Bereiche von USt-Risiken, S. 30. Dies ist Grundlage für die Bearbeitungen im Abschnitt H zum USt-Risikomanagement.

666 Siehe z.B. Untersuchungsergebnisse zu risikobehafteten Unternehmensbereichen, S. 73.

667 Siehe Ausführung zu Folgen von USt-Risiken, S. 31 ff.

668 Siehe Untersuchungsergebnisse zur medialen Berichterstattung, S. 45 und Anhang 9.

Ausrichtung unternehmerischer Umsätze und der steigenden Komplexität umsatzsteuerlicher Regelungen weltweit, sind Unternehmen zunehmend USt-Risiken ausgesetzt.

Das **Ziel** des steuerlichen Risikomanagements ist die Optimierung von Steuern ohne eine weitergehende Wertentscheidung durch Evaluieren, Aufdecken und Vermeiden von Steuerrisiken[669], zur Begrenzung des Verlustpotenzials und Ausschöpfung des Gewinnpotenzials[670]. Angesichts dessen ist das Ziel des unternehmerischen USt-RM die Identifikation und Priorisierung von USt-Risiken in Unternehmensbereichen, die vorsorgliche Reduzierung von Kostenpotenzialen, die Bekämpfung eintretender Risiken und die begleitende Dokumentation zur Einleitung von Lernprozessen zur Verbesserung. Die Reduzierung von USt-Risiken geschieht dabei durch Bekämpfung der Ursachen und der Verringerung von Eintrittswahrscheinlichkeiten. Werden die Ziele des USt-RM erreicht, sind Wettbewerbsvorteile geschaffen, die sich positiv auf den Unternehmenswert auswirken.[671]

Das USt-RM erfordert **strategische Entscheidungen** zur umsatzsteuerlichen Risikoausrichtung des Unternehmens, die Definition zugehöriger USt-Zielvorgaben und Strategien sowie die Einleitung konkreter Maßnahmen. Erfahrungen und Erkenntnisse sind aus der USt-Organisation heranzuziehen, die aus Analysen und Interpretationen gesammelter Daten gewonnen werden. Das USt-RM wird im Bereich der USt-Planung verortet, weil die rein USt-technischen Aufgaben und Funktionen der Betriebsorganisation übersteigt und Entscheidungsprozesse aktiv modelliert werden.[672]

Das USt-RM impliziert teilweise erhebliche **Herausforderungen** und **Einschränkungen**. Zum einen sind USt-Risiken erheblich von Eintrittswahrscheinlichkeiten abhängig, die oftmals nur schwer oder gar nicht kalkulierbar sind (eingeschränkte Vorhersagbarkeit). Zum anderen ist ungewiss, wie hoch die monetären Auswirkungen ausfallen. Dabei ist die **Eintrittswahrscheinlichkeit** von USt-Risiken von vielen unternehmensinternen und -externen Faktoren abhängig. Die Aufdeckungswahrscheinlichkeit von Compliance-Verstößen in operativen Geschäftsbereichen steigt z.B. permanent

---

669 Vgl. BESCH/STARCK (2010), Rn. 9.
670 Vgl. FREIDANK (2012), S. 60.
671 Vgl. FREIDANK/MAMMEN (2008), S. 285 zum RM allgemeiner Steuerrisiken.
672 Siehe Aufführung von Aufgaben und Funktion des USt-Managements, S. 23.

durch den zunehmenden Einsatz digitaler Kontrollmethoden und den internationalen Datenaustausch der Finanzverwaltungen.[673]

Die erfolgswirksamen und haftungsrelevanten Auswirkungen eintretender USt-Risiken rechtfertigen ein **funktionierendes Überwachungssystem** umsatzsteuerlicher Aktivitäten als festen Bestandteil des steuerlichen RMS. Die Ausführungen folgender Abschnitte orientieren sich an der vorgenommenen Klassifizierung von USt-Risiken.[674] Ursachen, Realisation und Herausforderungen von USt-Risiken sind stets **unternehmensspezifisch** zu beurteilen. Anpassungen an die jeweilige Branche, an Geschäftsaktivitäten, die Unternehmensgröße, an die Organisationsstruktur, an den Grad der internationalen Ausrichtung sowie an länderspezifische Regelungen sind vorzunehmen. Die Einrichtung eines leistungsfähigen USt-RMs liegt im **Verantwortungsbereich** des unternehmensweiten USt-Verantwortlichen.

In diesem Abschnitt H werden zunächst mögliche Folgen von USt-Risiken aufgeführt, bevor auf solche mit besonderem Gefahrenpotenzial näher eingegangen wird. Anschließend wird der Aufbau eines möglichen USt-RMS dargestellt.

2. Umsatzsteuerrisiken: Mögliche Folgen für Unternehmen

Eintretende USt-Risiken können für Unternehmen weltweit kostenintensive Auswirkungen haben, was die hohe betriebswirtschaftliche Relevanz der USt bei vielen unternehmerischen Aktivitäten im Geschäftsalltag begründet. Dies rechtfertigt die Einbindung in das USt-RM und in das unternehmensweite Überwachungssystem der Steuerabteilung.

Das EU-harmonisierte deutsche UStG bietet der Finanzverwaltung viele Sanktionsmöglichkeiten bei Verstößen. Hierzu gehören insbesondere Bußgelder und Strafen, die in der folgenden Übersicht vorgestellt werden.

---

673 Siehe Untersuchungsergebnisse zu Frage 2 und 3, S. 68 ff.

674 Siehe Operationalisierung von USt-Risiken, S. 30.

USt-Risiken Mögliche Folgen u. Sanktionen	**Ausprägung**
Finanziell	**Steuernachzahlungen** (mit/ohne Nebenleistungen) 6% Zinsen p.a.
	VoSt-Versagung nachträglich werden bereits gezogene VoSt rückgängig gemacht
	Steuerliche Nebenleistungen Verspätungszuschläge[675] u. Säumniszuschläge [676], Zinsen[677], Zwangsgelder[678], Verzögerungsgelder [679], Schätzung[680], Zuschläge[681] **Bsp.:** Verspätete Einreichung von USt-Voranmeldungen Unterstellung von Vorsatz bei Wiederholung, mangelnde Mitwirkung, Zahlungsverzug
	Geldbußen bei vorsätzlichen oder leichtfertigen Verstößen gegen Vollzugspflichten[682] Schädigung des USt-Aufkommens[683]
	Schadensersatzleistungen Forderungen von Kunden u. Lieferanten

675 **Verspätungszuschläge** werden mit der Steuer festgesetzt und dürfen höchstens 10% der festgesetzten Steuer sowie nicht mehr als 25.000 Euro betragen, § 152 AO.

676 **Säumniszuschläge** betragen 1% der zu entrichtenden Steuerschuld für jeden angefangenen Monat bis zur Zahlung des rückständigen Betrags, § 240 AO.

677 Der **Zinssatz** für nachträgliche Steuerfestsetzungsänderungen (z.B. aufgrund einer USt-Sonderprüfung) beginnt 15 Monate nach dem Ende des relevanten Steuerjahres und endet mit dem Tag, an dem die Steuerfestsetzung wirksam wird. Der Zinssatz beträgt 0,5% der nachzuentrichtenden Steuer pro Monat, 6% p.a., § 233a, 238 Abs. 1 AO.

678 **Zwangsgelder** können bis zu 25.000 Euro zur Erzwingung der Einreichung von Steuererklärungen oder anderen Handlungen (z.B. Erfüllung der Buchführungspflicht, Herausgabe von Unterlagen) festgesetzt werden, §§ 328-333 AO.

679 **Verzögerungsgelder** zwischen 2.500 und 250.000 Euro können zum Einsatz gelangen, wenn innerhalb einer angemessenen Frist z.B. bestimmte Auskünfte oder Mitwirkungspflichten nicht erfolgen bzw. vernachlässigt werden, § 146 Abs. 2b AO.

680 § 162 Abs. 1 und 2 AO.

681 **Zuschläge** können bei der Durchsetzung von Auskunfts- und Vorlagepflichten anfallen, 162 Abs. 4 AO.

682 **Geldbußen** von 500 bis zu 5.000 Euro bei vorsätzlicher oder leichtfertiger Verletzung von Aufzeichnungspflichten, §§ 379 AO und 26a UStG.

683 Bei Ordnungswidrigkeiten, Geldbuße bis zu 50.000 Euro, § 26b UStG.

USt-Risiken Mögliche Folgen u. Sanktionen	**Ausprägung**
	Bsp.: falsch ausgewiesene USt bei Ausgangsrechnungen (§ 14c UStG) Folge: Kein VoSt-Abzug beim Empfänger
	Zwang zur Erstellung von ZMs (§ 328 AO)
	ggf. ungewisse Aufwendungen für Beratung Entstehung von Gerichtskosten
Haftung	**Haftung gem. Steuergesetzen** schuldhaft nicht abgeführte Steuern[684] Vertreter (z.B. GmbH-Geschäftsführer)[685], Steuerhinterziehung[686]
	Haftung gem. Zivilrecht[687] Unternehmen aufgrund von Verträgen mit Kunden oder Lieferanten externe Berater aufgrund von Beratungsverträgen Aufsichtsratsmitglieder haften für die Verletzung von Sorgfaltspflichten ggü. dem Unternehmen (sog. Innenhaftung)[688]
	Freiheitsstrafen bis zu 5 Jahren bei gewerbsmäßiger oder bandenmäßiger Schädigung des USt-Aufkommens[689]
Immaterielle Folgen	**Reputationsverlust** Gefährdung des guten Rufs Auswirkungen negativer medialer Berichterstattung auf Stakeholder u. Geschäftspartner Ggf. Ausschluss bei privaten / öffentlichen Ausschreibungen
	Verstärkte Prüfungen Außenprüfungen, USt-Sonderprüfungen und USt-Nachschauen (Verdachtsprinzip)

Tabelle 35: USt-Risiken: Mögliche Folgen und Sanktionen
Quelle: Eigene Darstellung.

684 § 25d UStG.
685 § 69 AO.
686 § 71 AO.
687 Z.B. §§ 281 BGB.
688 § 116 S. 1 i.V.m. § 93 Abs. 2 S. 1 AktG.
689 § 26c UStG.

Intensivierte **digitale Kontrollmethoden** in Außenprüfungen und innovativer Software-einsatz der Finanzverwaltung lassen Aufdeckungswahrscheinlichkeiten verborgener USt-Risiken erheblich ansteigen. Dies betrifft insbesondere Dokumentationsmängel und die elektronische Aufbewahrung von Buch- und Belegnachweisen mit der Folge unerwarteter USt-Nachzahlungen, in Einzelfällen sogar USt-Schätzungen inklusive Verzögerungsgelder.[690] Europäische Länder wie z.B. Polen, Tschechien und Rumänien haben damit begonnen, bei Verstößen gegen USt-Formvorschriften zur Steuerschätzung überzugehen.[691] Weitere erfolgswirksame Nachteile betreffen z.B. nachträgliche Aberkennungen von VoSt.

Zur Reduzierung von USt-Risiken und von Sanktionsgefahren bei Verstößen gegen das deutsche UStG sind in den betriebsorganisatorischen Prozessen und Abläufen mit konzerninternen oder -externen Stellen deutsche **Dokumentations- und Aufbewahrungspflichten** sicherzustellen. Unternehmen mit ausgelagerten Buchführungsstellen und externer Dokumentation müssen der deutschen Finanzverwaltung einen jederzeitigen Datenzugriff und eine Nachvollziehbarkeit gewährleisten.

Unerwünschte finanzielle Auswirkungen realisierter USt-Risiken gehen regelmäßig mit **Haftungsfragen** einher. Dies betrifft z.B. das nicht rechtzeitige Ausstellen von Rechnungen, Verstöße gegen Aufbewahrungspflichten, Zahlungsverzug, unrichtig oder nicht vorgenommene Verbuchung von Geschäftsvorfällen oder die Nichteinreichung vorzulegender Unterlagen[692]. Die Nichtentrichtung oder nicht vollständige Entrichtung ausgewiesener USt führt neben der Pflicht zur Entrichtung[693] zu Geldbußen von bis zu 50.000 Euro. Obwohl verspätet abgegebene Steuer(vor)anmeldungen und geringfügige Abweichungen gem. verwaltungsinterner Anweisungen[694] nur bei zusätzlichen Anhaltspunkten in begründeten Einzelfällen an die Bußgeld- und Strafsachenstellen (BuStra) weitergeleitet werden, ist die Vorhersagbarkeit von Geldbußen nur begrenzt möglich. Eine nicht rechtzeitige Anmeldung der USt erfüllt bereits den Tatbestand einer **Steuerverkürzung** und somit einer Steuerhinterziehung.[695] Geschäftsführer sowie gesetzliche Vertreter von Unternehmen haften für Steuerschulden der Gesellschaft bei grob fahrlässiger oder vorsätzlicher Verletzung rechtlicher

---

690 §146 Abs. 2b AO.
691 Siehe hierzu KROMER/PUMPLER/HENSCHEL (2013), S. 796.
692 Ordnungswidrigkeiten §§ 26a UStG, 379 AO, Geldbußen von 500 bis 5.000 Euro.
693 § 14c UStG.
694 Nr. 132 Abs. 2 AStBV 2013.
695 § 370 Abs. 4 AO.

Pflichten persönlich mit ihrem Privatvermögen gegenüber dem Steuergläubiger.[696] Bei vollendeter **Steuerhinterziehung** haften nach § 25d UStG alle Teilnehmer für hinterzogene USt und Hinterziehungszinsen. Mehreren Haftungsschuldner haften als Gesamtschuldner.[697] Daneben sind **Freiheitsstrafen** von bis zu fünf Jahren wegen banden- oder gewerbsmäßiger Schädigung des USt-Aufkommens möglich.[698]

Für entstehende finanzielle Schäden kann das Unternehmen bei Verletzung von Sorgfaltspflichtigen und grob fahrlässigem bzw. vorsätzlichem Handeln zivilrechtliche **Schadensersatzforderungen**[699] gegen ihre gesetzlichen Vertreter erheben. Werden Sorgfaltspflichten durch schuldhaftes Handeln von Aufsichtsratsmitgliedern verletzt, so haften auch diese im Rahmen der sogenannten Innenhaftung und sind zum Schadensersatz gegenüber dem Unternehmen verpflichtet.[700] Da umsatzsteuerliche Haftungsrisiken im gewöhnlichen Geschäftsverkehr von hoher Bedeutung sind, müssen diese in einem HMS für den Aufsichtsrat, als Bestandteil des gesamtunternehmerischen RMS, abgebildet sein.[701] Hierzu gehört die Aufnahme in ein Haftungsmanagementhandbuch, das als konzeptionelles Hilfsmittel für den Umgang mit Haftungsrisiken dient[702] sowie die Auflistung in dem HMS-Pflichtenkatalog zur Haftungsidentifikation. Im Hinblick auf umsatzsteuerliche Haftungsrisiken zielt das USt-RMS auf die Minimierung von Eintrittswahrscheinlichkeiten und Kostenpotenzialen ab, u.a. durch die Priorisierung von Haftungsrisiken[703] und den Einsatz von Frühwarnindikatoren. Der transparente Umgang mit umsatzsteuerlichen Haftungsrisiken kann einen positiven Einfluss auf den Unternehmenswert entfalten.[704] Für entstehende finanzielle Schäden kann das Unternehmen bei Verletzung von Sorgfaltspflichtigen und grob fahrlässigem bzw. vorsätzlichem Handeln auch zivilrechtliche **Schadensersatzforderungen von Kunden- oder Lieferanten** ausgesetzt sein, z.B. bei falscher Zuordnung der Steuerschuldnerschaft oder Falschauslegungen bezüglich Reihengeschäften.

---

696 § 69 AO; § 25d UStG; siehe auch KÜNSTLER/SEIDEL (2009), S. 245 f.

697 § 25d Abs. 1 Satz 2 UStG.

698 §§ 26b, 26c UStG.

699 z.B. § 280 BGB.

700 § 116 Satz 1 i.V.m. § 93 Abs. 2 Satz 1 AktG.

701 Zum Haftungsmanagementsystem für den Aufsichtsrat siehe FREIDANK/DÜRR/SASSEN (2013), S. 2283, 2284.

702 Vgl. REICHLING/BIETKE/HENNE (2007), S. 217; FREIDANK/DÜRR/SASSEN (2013), S. 2284, 2285.

703 Vgl. WITTMANN (2001), Rn. 332 zum allgemeinen, unternehmerischen RMS.

704 Vgl. FREIDANK/DÜRR/SASSEN (2013), S. 2288 zur Transparenz von umfangreichen HMS für Aufsichtsräte.

Obwohl Compliance-Risiken und damit verbundene Steuernachzahlungen durch lückenhafte Beratung oder sogar **Beratungsfehler** ausgelöst werden können, liegt die Steuerschuldnerschaft für die USt[705] ausnahmslos beim Leistungsgeber bzw. Leistungsnehmer des jeweiligen Umsatzes. Eine Beraterhaftung ergibt sich allenfalls aus etwaigen Beratungsverträgen oder aufgrund der Verletzung von Berufspflichten[706].

Eintretende USt-Risiken lösen gegebenenfalls auch **immaterielle Folgen** aus. Diese können je nach Branche, Bekanntheit des Unternehmens und anderen Faktoren unterschiedlich ausgeprägt sein. Sie sind gekennzeichnet von einer unzureichenden Vorhersagbarkeit und schwer zu kalkulierenden Eintrittswahrscheinlichkeiten. Daher sind sie ebenfalls fester Bestandteil eines leistungsfähigen USt-RM.

3. Umsatzsteuermatrix: Wahrscheinlichkeits- und Kostenabwägungen von Umsatzsteuerrisiken

Die Eintrittswahrscheinlichkeiten für USt-Risiken können je nach Unternehmen erheblich voneinander abweichen. Auch die finanziellen Folgen sind oftmals nicht absehbar. Aufgrund begrenzter finanzieller und personeller Ressourcen ist es Unternehmen regelmäßig nicht möglich, alle USt-Risiken im Unternehmen zu entdecken und zu bewältigen. Notwendig ist daher eine Fokussierung auf die wesentlichen USt-Risiken. Dies ist der Fall, wenn die Möglichkeit hoher Eintrittswahrscheinlichkeiten bei gleichzeitig hohen finanziellen Auswirkungen gegeben ist. Der USt-Verantwortliche erstellt Rangfolgen, beginnend bei den Risiken mit den höchsten Gefahrenpotenzialen für den USt-Bereich. Ausgangspunkt eines leistungsfähigen USt-RM sind **Prioritätslisten**.

Die folgende Grafik kategorisiert USt-Risiken anhand der Untersuchungsergebnisse in einem **Matrix-Profil**.[707]

705 §§ 13, 13b UStG.

706 Zu den allgemeinen Berufspflichten des Steuerberaters (Deutschland) siehe § 57 Abs. 1 und 2 SteuerberatungsG.

707 Siehe Antworten der Steuerexperten zu Frage 2, Anhang 6 (Wortprotokoll) und Rangfolge von USt-Risiken in Unternehmen, S. 71.

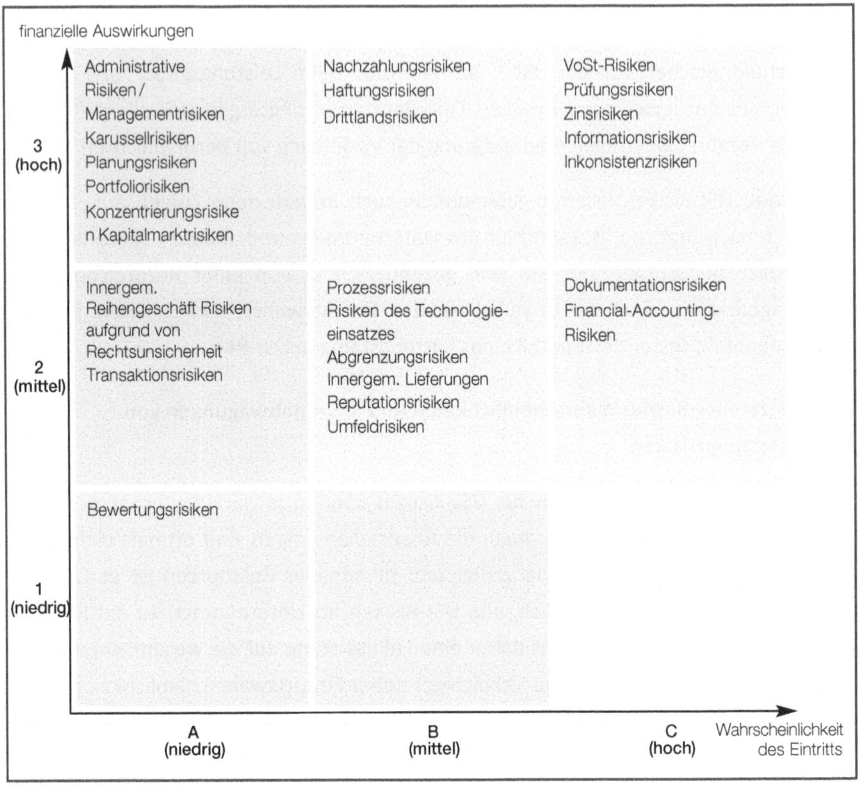

Abbildung 16: USt-Risiken-Matrix – Finanzielle Auswirkungen und Eintrittswahrscheinlichkeit
Quelle: Eigene Darstellung.

Die mit Abstand wichtigsten USt-Risiken für Unternehmen sind weltweite **Compliance-Risiken**.[708] Innerhalb dieser Risikoart verbergen sich unterschiedliche Risikobereiche, wie VoSt-, Abgrenzungsrisiken oder Risiken in Zusammenhang mit innergemeinschaftlichen Lieferungen, Reihengeschäften, Drittlandsumsätzen oder Rechtsunsicherheiten.[709] Finanzielle Auswirkungen und Eintrittswahrscheinlichkeiten dieser Bereiche variieren teilweise erheblich voneinander. Daher werden die Bereiche in der Matrix separat aufgeführt. Innerhalb anderer USt-Risikoarten erfolgt keine Aufteilung.

708 Siehe Untersuchungsergebnisse zu Frage 2, S. 71.
709 Siehe Aufführung von umsatzsteuerlichen Compliance-Risiken, S. 30.

Die Ansiedlung von **Karussellrisiken** im Feld A3 entspricht einer Risikoausprägung im gewöhnlichen Geschäftsverkehr. In gefährdeten Branchen wären diese im Feld B3 oder sogar C3 anzusiedeln. **Transaktionsrisiken** wurden vorliegend im Feld A3 platziert, da sie bei den meisten Unternehmen nicht zu den regelmäßig auftretenden Risiken gehören.

Die Eintrittswahrscheinlichkeit von **Planungsrisiken** wurde aufgrund der damit einhergehenden externen Beratung dem A-Bereich zugeordnet. Denn planerische Überlegungen werden aus Risikogesichtspunkten in der Regel nicht ohne Hinzuziehung von externen Beratern durchgeführt.

Die hohe Prüfungsdichte im Bereich der USt und die hohe Aufdeckungswahrscheinlichkeit von Unregelmäßigkeiten[710] verbunden mit Nachzahlungen, belegen ein überdurchschnittlich hohes Risikopotenzial der **Betriebsprüfungs- und Nachzahlungsrisiken**. Die USt-Mehreinnahmen bemessen sich in Deutschland bei insgesamt über 200.000 abgeschlossenen Außenprüfungen auf 1,981 Mrd. € in 2012[711], USt-Sonderprüfungen brachten in 2012 weitere 2,3 Mrd. € ein (ohne Prüfungen der Steuerfahndung).[712] Die Nacherhebung im USt-Bereich belief sich in 2012 somit auf über 4 Mrd. Euro. Statistischen Werten zufolge betragen die Nachzahlungen inklusive hypothetischer Mehreinnahmen bei flächendeckender Ausweitung von Außenprüfungen jährlich bis zu 4 Mrd. Euro. Dies entspricht dem gesamten umsatzsteuerlichen Haftungs- und Nachzahlungsrisiko pro Kalenderjahr[713], zzgl. **Zinsrisiko** nach § 233a AO.

Unterschiedliche Geschäftsaktivitäten, der Grad der internationalen Ausrichtung, die Erfahrungsstärken der Steuerabteilung und Länderunterschiede lassen Eintrittswahrscheinlichkeiten und die dazugehörigen finanziellen Auswirkungen von USt-Risiken weltweit erheblich variieren. Nicht standardisierte, abweichende Sachverhalte und Transaktionen zeigen stärkere Fehleranfälligkeiten[714] und somit höhere Risiken. Daher ist die vorgenommene Matrixeinteilung nur eine Orientierung, die einer unternehmensspezifischen Überprüfung bzw. Anpassung bedarf.

---

710 Siehe Untersuchungsergebnisse zu Frage 2, Arten von USt-Risiken und deren Bedeutung, S. 71, siehe auch IW CONSULT (2008), S. 46.

711 Vgl. BMF (2013A), S. 2, 4.

712 Vgl. BMF Pressemitteilung v. 19.04.2013 zu USt-Sonderprüfungen, online verfügbar unter http://www.bundesfinanzministerium.de/Web/DE/Service/Presse/Pressemitteilungen/presse mitteilungen.html (Juni 2015).

713 IW CONSULT (2008), S. 54.

714 Siehe Antworten der Steuerexperten zu Frage 3, Wortprotokoll (Anhang 6).

4. Umsatzsteuerliche Compliance-Risiken

Compliance-Risiken im USt-Bereich sind in der Umfrage unter Steuerexperten die mit Abstand am häufigsten genannte Risikoart.[715] Diese USt-Risiken entstehen fast ausschließlich durch weltweite Geschäftsaktivitäten in operativen Unternehmensbereichen.

Das **Ziel** des USt-RM ist es, umsatzsteuerliche Fehleranfälligkeiten in operativen Geschäftsbereichen zu reduzieren. Dies geschieht durch Anwendung von **Strategien**, die risikoorientierte Strukturen in der USt-Organisation[716] fördern, USt-relevante Schnittstellen im Unternehmen erfassen und Hilfestellungen für Mitarbeiter außerhalb der Steuerabteilung bereitstellen. Die dazugehörigen **Maßnahmen** zielen auf organisatorische, USt-relevante Abläufe im Unternehmen ab. So sollen z.B. Verhaltensmuster (USt-Compliance) für Mitarbeiter in risikobehafteten Abteilungen und Unternehmensbereichen bereitgestellt werden. Angesichts der Untersuchungsergebnisse betrifft dies vor allem die Unternehmensbereiche Rechnungswesen, Vertrieb, Tochter-, Muttergesellschaften, Betriebsstätten und die Logistik.[717]

Die Verhaltensmuster werden vom USt-Verantwortlichen in Zusammenarbeit mit der Geschäftsführung festgelegt und in die **USt-Compliance** aufgenommen. Sie bieten betroffenen Mitarbeitern und Abteilungsleitungen im operativen Geschäftsverkehr eine Richtschnur und Orientierung. In Zweifelsfragen oder komplizierten Geschäftsvorfällen ist die Steuerabteilung rechtzeitig hinzuzuziehen. Hierzu gehört z.B. die Information der Steuerabteilung über vom gewöhnlichen Geschäftsverkehr abweichende Umsätze, die Inkenntnissetzung des USt-Verantwortlichen ab bestimmter Umsatzgrößen und Erschließung neuer Geschäftsfelder oder die Durchführung komplizierter Transaktionen. Abgrenzungen zwischen Tochtergesellschaften, verschiedenen Konzernebenen oder regionalen Bereichen können dabei variieren.

---

715 Siehe Untersuchungsergebnisse zu Frage 2, S. 71.
716 Siehe Aufführung von Aufgaben und Funktionen der USt-Organisation, S. 23.
717 Siehe Untersuchungsergebnisse zu Frage 3, S. 74.

5. Von Außenprüfungen und Umsatzsteuer-Sonderprüfungen zu umsatzsteuerlichen Prüfungs-, Nachzahlungs-, Zins- und Haftungsrisiken

Betriebsprüfungs- und Nachzahlungsrisiken[718] sind in der Umfrage nach Compliance-Risiken die am häufigsten genannte USt-Risikoart.[719] Eine **Ursache** ist u.a. das Prüfungsverhalten der deutschen Finanzverwaltung. Prüfungsgrundlage sind allgemeine Außenprüfungen, USt-Sonderprüfungen und USt-Nachschauen. Zoll- und BaFin-Prüfungen stehen daher nicht unter Finanzverwaltungshoheit und werden daher vernachlässigt. Ebenfalls vernachlässigt werden Zins- und Haftungsrisiken, die zum selben Portfoliorisiko wie Prüfungsrisiken gehören[720] , deren mögliche Belastungen von Unternehmen in der Praxis aber nicht vernachlässigt werden können.

Bei einer **Prüfungsdichte** von ca. 85% der Unternehmen in den letzten fünf Jahren entstehen bei ca. 40% der geprüften Unternehmen USt-Nachzahlungen i.H.v. von durchschnittlich etwa 6.000 Euro p.a.[721], zzgl. Zinsbelastungen. Gemäß den Angaben der Hamburger Finanzverwaltung kam es hinsichtlich der USt-Sonderprüfungen im Zeitraum zwischen 2010 und 2012 zu einem Anstieg um ca. 13%, bei USt-Nachschauen sogar um über 30%. Die Finanzverwaltung erhöhte zudem den Personaleinsatz bei der USt-Sonderprüfung um fast 40%. Die erzielten Mehreinnahmen sind teilweise erheblich. Zudem kam es im gleichen Zeitraum zu einer Verdopplung der eingeleiteten USt-Strafverfahren.[722] Diese Angaben beziehen sich zwar lediglich auf das Bundesland Hamburg. In anderen Bundesländern ist allerdings nicht von einer gegenläufigen Entwicklung auszugehen. Durch die internationale Bedeutungszunahme der USt und dem globalen Trend steigender USt-Sätze[723] ist zukünftig von einer steigenden Prüfungsdichte auszugehen.

Diese Aussagen belegen, dass sich USt-Risiken im Bereich der Haftung und der Prüfung bzw. Nachzahlung **wesentliche Steuerrisiken** für Unternehmen darstellen. Gem. Statistik der Hamburger Finanzverwaltung wird fast jede USt-Sonderprüfung mit Mehrergebnissen abgeschlossen. Unternehmen, die im Unternehmensregister nicht

---

718 Definition siehe II. Kapitel, Abschnitt D zum USt-Risiko, Arten und Ausprägung von USt-Risiken, S. 30.

719 Siehe Untersuchungsergebnisse zu Frage 2, S. 68 ff.

720 Siehe Ausführungen zu Portfoliorisiken, S. 30 f.

721 IW CONSULT (2008), S. 50.

722 Vgl. hierzu die schriftliche Antwort des SENATS DER FREIEN U. HANSESTADT HAMBURG (2014), S. 1.

723 Siehe Ergebnisse empirischer Untersuchungen, S. 31 ff sowie Ergebnisse der Umfrage zu Frage 1, S. 64 ff.

als Kleinstunternehmen geführt werden, d.h. über mehr als 10 sozialversicherungspflichtige Beschäftigte verfügen, müssen jederzeit mit USt-Sonderprüfungen und entsprechenden umsatzsteuerlichen Mehrergebnissen rechnen, insbesondere wenn angemeldete USt-Beträge stark von gewöhnlichen Umsatzzahlen abweichen oder sich hohe VoSt-Erstattungen ergeben. Haftungs- und Nachzahlungsrisiken sind bei den finanziellen Auswirkungen daher in der Kategorie 3 verortet.[724]

Entstehungsort weltweiter Betriebsprüfungs- und Nachzahlungsrisiken ist der Compliance-Bereich, insbesondere hinsichtlich des VoSt-Abzugs, der Abgrenzungsfragen, Qualifizierung von Leistungen, Fragen der Rechtsanwendung und Rechtsunsicherheit, der innergemeinschaftlichen Lieferungen und Reihengeschäfte, Drittlandsumsätze sowie der nicht standardisierten umsatzsteuerlichen Spezialbereiche.[725]

Im Hinblick auf Betriebsprüfungs- und Nachzahlungsrisiken verfolgt das USt-RM das **Ziel**, diese abzubilden und bereits auf der Ebene der USt-Organisation im Compliance-Bereich die Fehleranfälligkeit zu minimieren. Konkret bedeutet dies, bei den Ausgangsumsätzen nur die gesetzlich geschuldete USt abzuführen bei gleichzeitiger Generierung des zulässigen VoSt-Abzugs aller Eingangsumsätze.

Diese Zielvorgabe erfordert im Bereich der USt-Planung handfeste **Maßnahmen** zur Reduzierung von Betriebsprüfungs- und Nachzahlungsrisiken, die im Folgenden vorgestellt werden. **Vorabstimmungen** mit der Finanzverwaltung wie z.B. verbindliche Auskünfte, verbindliche Zusagen[726] sowie Zolltarifs- oder Ursprungsauskünfte[727] fördern die Rechtssicherheit und tragen zur Senkung dieser Risiken bei. In vielen anderen Staaten ist die Einholung rechtlicher Auskünfte weniger formalisiert und findet durch mündliche Absprachen mit dem zuständigen Finanzamt statt. Oftmals werden seitens ausländischer Finanzverwaltungen Beratungsempfehlungen ausgesprochen oder Kompromisse angeboten. Dies geben die gesetzlichen Rahmenbedingungen in Deutschland nicht her. In anderen Staaten sollte zur Senkung von Betriebsprüfungs- und Nachzahlungsrisiken daher auf diese Mittel zurückgegriffen werden. Für Absprachen mit Finanzverwaltungen ist aus Gründen der Rechtssicherheit eine sorgfältige

---

724 Vgl. USt-Risiken Matrix, S. 280.

725 Siehe Untersuchungsergebnisse zu Frage 3, S. 73 ff. sowie Antworten der Steuerexperten zu Frage 3, Wortprotokoll (Anhang 6).

726 §§ 89 Abs. 2-5, 204 ff. AO.

727 Art. 12 Zollkodex.

Dokumentation der Absprachen mit den dazugehörigen steuerlichen Pflichten anzulegen.

Weitere Maßnahmen betreffen **Beratungsverträge** mit Steuerberatungsgesellschaften. Durch vereinbarte Begleitung umsatzsteuerlicher Sachverhalte werden Compliance-Risiken abgemildert und Gefahren von Nachzahlungen reduziert. Dies ist bei ausländischen Tochtergesellschaften und Betriebsstätten angesichts länderspezifischer Besonderheiten immer in Erwägung zu ziehen. Vor der Beauftragung externer Berater ist eine Kosten-Nutzen-Abwägung vorzunehmen.

Neben fristgerechter Einreichung von USt-Voranmeldungen, können Rechtsunsicherheiten oder Zweifelsfragen durch einkalkulierte **Sicherheitszuschläge** verringert werden. Dies schafft Verrechnungspotenzial bei zukünftigen USt-Nachzahlungen bei anderen USt-Sachverhalten.

Wurden bestimmte Umsätze beim deutschen Fiskus nicht erklärt, kann eine vorsorgliche Selbstanzeige gem. § 370 AO als Ultima Ratio dienen. Bei diesem Lösungsvorschlag ist angesichts neuer gesetzlicher Regelungen ab 1.1.2015 auf die Vollständigkeit aller steuerstrafrechtlich relevanten Tatsachen zu achten,[728] zumal vergangenheitsbezogene USt-Korrekturen noch nicht abschließend geklärt sind.[729]

Weitere Maßnahmen betreffen den Bereich der Internen Revision. So haben Verantwortungsträger abzuwägen, inwieweit USt-Risiken als **ergänzende Prüfungsfelder** aufzubereiten sind.

An dieser Stelle ist abschließend auch auf die **Aufmerksammachung** der Mitarbeiter in der Steuerabteilung und im Rechnungswesen hinzuweisen. Gefahren und Auswirkung von Compliance-Fehlern auf Betriebsprüfungs- und Nachzahlungsrisiken sind unternehmensweit und in risikoanfälligen Unternehmensbereichen zu kommunizieren. Zudem ist bei **Fort- und Weiterbildung** ständig auf diese Risiken einzugehen.

---

[728] Vgl. ZUGMAIER/KAISER (2013), S. 19.
[729] Vgl. MANN (2014), S. 247.

6. Reputationsrisiken im Umsatzsteuerbereich

a) Begriffsabgrenzung und Problemaufriss

Reputationsrisiken[730] können durch Compliance-Risiken ausgelöst werden. Ihre **Ursachen** liegen stets im umsatzsteuerlichen Compliance-Bereich von Unternehmen. Compliance- und Reputationsrisiken können aufgrund ihrer kombinierenden Wirkung als Portfoliorisiko[731] klassifiziert werden. Trotz ihres Gefahrenpotenzials werden sie in der Umfrage von Steuerexperten nicht aufgeführt.[732]

Steuerliche Reputationsrisiken sind **steuerindizierte Gefahrenpotenziale**, die der Reputation eines Unternehmens oder seiner Marken schaden können. Reputationsrisiken in Zusammenhang mit steuerlichen Sachverhalten werden von Prüfungsgesellschaften international als eines der steuerlichen Schlüsselrisiken beurteilt.[733] Im Gegensatz zu anderen Steuerrisiken sind sie dadurch gekennzeichnet, dass sie auch im Falle von korrekter Steuerveranlagung und fristgerechter Abführung entstehen können. So kann bereits eine vom Stakeholder wahrgenommene Steueraggressivität oder ein Verdacht auf steuerliches Fehlverhalten steuerliche Reputationsrisiken begründen.[734]

In den letzten Jahren ist ein erheblicher Anstieg der **medialen Berichterstattung** zum Steuerverhalten von Unternehmen zu beobachten. Seit dieser Entwicklung nimmt der Themenkomplex zwischen unternehmerischer Reputation und Steuern keine Nischenstellung mehr ein. In jüngster Zeit die Berichterstattung bei der USt zum Themenkomplex Steuerbetrug ansteigend.[735] Dabei werden oft die Namen bekannter deutscher Großunternehmen aufgeführt. Dieser Entwicklung liegt ein Informationsbedürfnis der Öffentlichkeit hinsichtlich des USt-Verhaltens von Unternehmen zugrunde. Die Erwartungshaltung gegenüber den Unternehmen erscheint dabei hoch. In diesem Kontext haben Reputationsrisiken im USt-Bereich eine wachsende Bedeutung.

---

730 Definition siehe II. Kapitel, Abschnitt D zum USt-Risiko, Arten und Ausprägung von USt-Risiken, S. 30.

731 Siehe Ausführungen zu Portfoliorisiken, S. 30 f.

732 Siehe Untersuchungsergebnisse zu Frage 2, S. 68 ff.

733 Vgl. z.B. PWC (2004), S. 12; ERNST&YOUNG (2008), S. 1 und 14.

734 Vgl. HARDECK/LANGHEIN (2013), S. 860.

735 Siehe Untersuchungsergebnisse zur medialen Berichterstattung, S. 45 und Anhang 9.

In dieser Arbeit wird der Reputationsbegriffs in Anlehnung an Fombrun wie folgt **definiert**: Die unternehmerische Reputation ist die wahrgenommene Repräsentation vergangener unternehmerischer Handlungen und zukünftiger Erwartungen bezüglich der gesamtunternehmerischen Anziehungskräfte von eigenen Kernaktivitäten verglichen mit denen der Konkurrenz.[736]

b) Bedeutung für Unternehmen

Eine hohe Reputation gehört zu den wichtigsten immateriellen **Vermögenswerten** eines Unternehmens,[737] weil deren Aufbau und Erhalt ein langwieriger und voraussetzungsvoller Prozess ist. Demgegenüber kann ein Verlust sehr kurzfristig eintreten. Die Auswirkungen auf die strategische Wettbewerbsposition[738] und die Wirtschaftlichkeit eines Unternehmens können gravierend sein.

Medien beobachten verstärkt die Steuerpolitik von Unternehmen und kommunizieren unternehmerisches Fehlverhalten demonstrativ gegenüber der Öffentlichkeit. Die USt steht dabei immer wieder im Mittelpunkt und nimmt aufgrund ihrer fiskalischen Bedeutung verbunden mit teilweise erheblichen Steuerausfällen eine herausragende Stellung ein.[739] In den vielen untersuchten Artikeln[740] werden konkret Unternehmensnamen im Zusammenhang mit USt-Betrug erwähnt. Unabhängig vom Wahrheitsgehalt und dem Ausgang etwaiger gerichtlicher Verfahren werden durch die mediale Berichterstattung erhebliche Reputationsschäden ausgelöst, die auch Auswirkungen auf Tochterunternehmen und Geschäftspartner entfalten. Bekannte Großunternehmen sind besonders einem Risiko ausgesetzt, in eine unerwünschte Berichterstattung hineingezogen zu werden. Die erwähnten öffentlichkeitswirksamen Fälle zeigen, dass die Folgen von Steuerrisiken nicht nur finanzieller oder strafrechtlicher Art sein können, sondern die Reputation eines Unternehmens bzw. seiner Marken substanziell beschädigen können.

---

736 Eigene Übersetzung von Fombrun (1996), S. 7: *A corporate reputation is a erceptual representation of a company's past action and future prospects that describes the firm's overall appeal to all of its key constituents when compared with other leading rivals.*

737 Vgl. DUNBAR/SCHWALBACH (2001), S. 115.

738 Vgl. FOMBRUN/GARDBERG/BARNETT (2000), S. 88; SCHWALBACH (2004), S. 1262 f.

739 Siehe Untersuchungsergebnisse zur medialen Berichterstattung, S. 45 und Anhang 9.

740 Siehe hierzu Anhang 9.

Die Öffentlichkeit ist zunehmend daran interessiert, wo und mit welchem moralischen Anspruch Unternehmen Steuern zahlen.[741] So strengen **NGOs** immer wieder Kampagnen an, die genau hierauf abzielen und sich konkret an bestimmte Stakeholder-Gruppen richten. Dies führt z.B. zu Nachteilen bei der Vergabe von öffentlichen Aufträgen[742] und zu konfliktbehafteten Beziehungen zur Finanzverwaltung, die z.B. in Form erhöhter Prüfungsrisiken ihren Niederschlag findet. In diesem sensibilisierten Umfeld nimmt das Themengebiet **USt-Betrug** in der medialen Berichterstattung eine herausragende Stellung ein.[743] Das unternehmerische USt-RM muss sich diesem Themenkomplex daher stellen.

Während im angelsächsischen Raum steuerliches Fehlverhalten von Unternehmen schnell in die interessierte Öffentlichkeit gelangt, hemmt das geltende **Steuergeheimnis** eine nicht gewünschte Verbreitung. In jüngster Vergangenheit ist jedoch eine Verwässerung dieser Institution bei großen Steuerbetrugsdelikten zu beobachten. Zu groß erscheint das öffentliche und politische Interesse an der Veröffentlichung des steuerlichen Fehlverhaltens. Für betroffene Unternehmen erweist sich das einst so beliebte „Verteidigungsschwert" zunehmend als stumpf. Sobald staatsanwaltliche Ermittlungen angestrengt werden, gelangen unerwünschte Informationen trotz laufender Verfahren an die Öffentlichkeit. Nicht selten erscheinen diese sogenannten Insiderinformationen als gezielte Kampagnen.

Im **angelsächsischen Raum** ist bereits seit einigen Jahren eine Entwicklung zu beobachten, nach der renommierte Investorengruppen (z.B. *Henderson Global Investors* oder *Citigroup*), staatliche Institutionen und NGOs (z.B. *Global Witness* oder *Save the Children*) mit regem Interesse und öffentlichkeitswirksam steuerliche Planungen von Großunternehmen verfolgen.[744] Immer häufiger werden diese medienwirksamen Kampagnen von NGOs wie *Tax Justice Network, Citizens for Tax Justice, US Uncut, Attac* und *Christian Aid* initiiert. Ziel dieser Kampagnen ist es, auf tatsächliches oder unterstelltes Fehlverhalten von Unternehmen öffentlichkeitswirksam aufmerksam zu machen.[745] Britische Steuerverantwortliche großer Unternehmen sprechen steuerli-

741 Vgl. KPMG (2014A), S. 3.
742 Vgl. HARDECK (2011), S. 938; HARDECK/LANGHEIN (2013), S. 860.
743 Siehe Untersuchungsergebnisse zur medialen Berichterstattung, S. 45 und Anhang 9.
744 Vgl. SUSTAINABILITY LTD. (2006), S. 11.
745 Vgl. HARDECK (2011), S. 938.

chen Reputationsrisiken eine hohe Bedeutung zu[746], nicht zuletzt aufgrund der gestiegenen Anforderungen der OECD-Leitsätze für große Unternehmen.[747]

Vor dem Hintergrund eines erheblichen Anstiegs des gesellschaftlichen und medialen Interesses am Steuerverhalten von Unternehmen insbesondere im Zusammenhang mit USt-Betrug kann nicht mehr von einer Nischenstellung des Themenkomplexes gesprochen werden. Unternehmensleitungen und Steuerverantwortliche spüren zunehmend eine steuersensibilisierte Öffentlichkeit, die von den Akteuren Transparenz, Kommunikation und Gesetzestreue einfordert. Diese veränderte Wahrnehmung erfordert einen **Umdenkungsprozess** der wirtschaftlichen Akteure und ein Bewusstsein für die Tatsache von Vertrauensverlusten durch Steuerrisiken.

c) Von Reputationsrisiken zu Reputationsschäden

Eintretende Reputationsrisiken entfalten **Negativeffekte** auf die Wirtschaftlichkeit eines Unternehmens, die Ertragslage[748], den Absatz und den Aktienkurs[749] (Kapitalmarktreaktionen). Zusätzlich leidet die Investitionsbereitschaft von Investoren, die Rekrutierung und Bindung von Mitarbeitern sowie die Kunden- und Lieferantenbeziehungen.[750] Reputationsschäden sind im Zeitverlauf daher immer erfolgswirksam, weil Befolgungskosten bei gleichzeitiger Minderung der Rechts- und Planungssicherheit erhöht werden.[751] Diese Feststellung unterstreicht die Notwendigkeit für eine USt-Planung, die steuerliche Reputationsrisiken im USt-Bereich identifiziert, bewertet und auf deren Reduzierung abzielt.

Abbildung 17 zeigt, in welchen Bereichen des USt-Managements Reputationsrisiken liegen, aus denen sich bei Eintritt folgenreiche Reputationsschäden für das Gesamtunternehmen entwickeln können.

---

746 Vgl. DOYLE et al. (2009), S. 177 und 190; HMRC (2006), S. 13.

747 Vgl. HARDECK (2011), S. 939.

748 Vgl. STEINER/BELZ (2009), S. 101.

749 Vgl. HANLON/HEITZMAN (2010), S. 127; FREEDMAN/LOOMER/VELLA (2009), S. 90; HANLON/SLEMROD (2009), S. 126.

750 Vgl. HARDECK (2011), S. 938; PELOZA/SHANG (2011), S. 117 ff.; CAROLL/SHABANA (2010), S. 92 ff.; FRIESE/LINK/MAYER (2008), S. 405; HANSEN/SCHRADER (2005), S. 383; FREEDMAN (2004), S. 340.

751 Vgl. ELGOOD/FULTON/SCHUTZMAN (2008), Kap. 10 S. 10; SPENGEL/ORTMANN-BABEL/MATENAER (2012), S. 466 ff. zum Tax Risk Management der Finanzverwaltung; FREEDMAN/LOOMER/VELLA (2009), S. 83 f., für die Situation in Großbritannien; MEUSSEN (2011), S. 117, für die Situation in den Niederlanden.

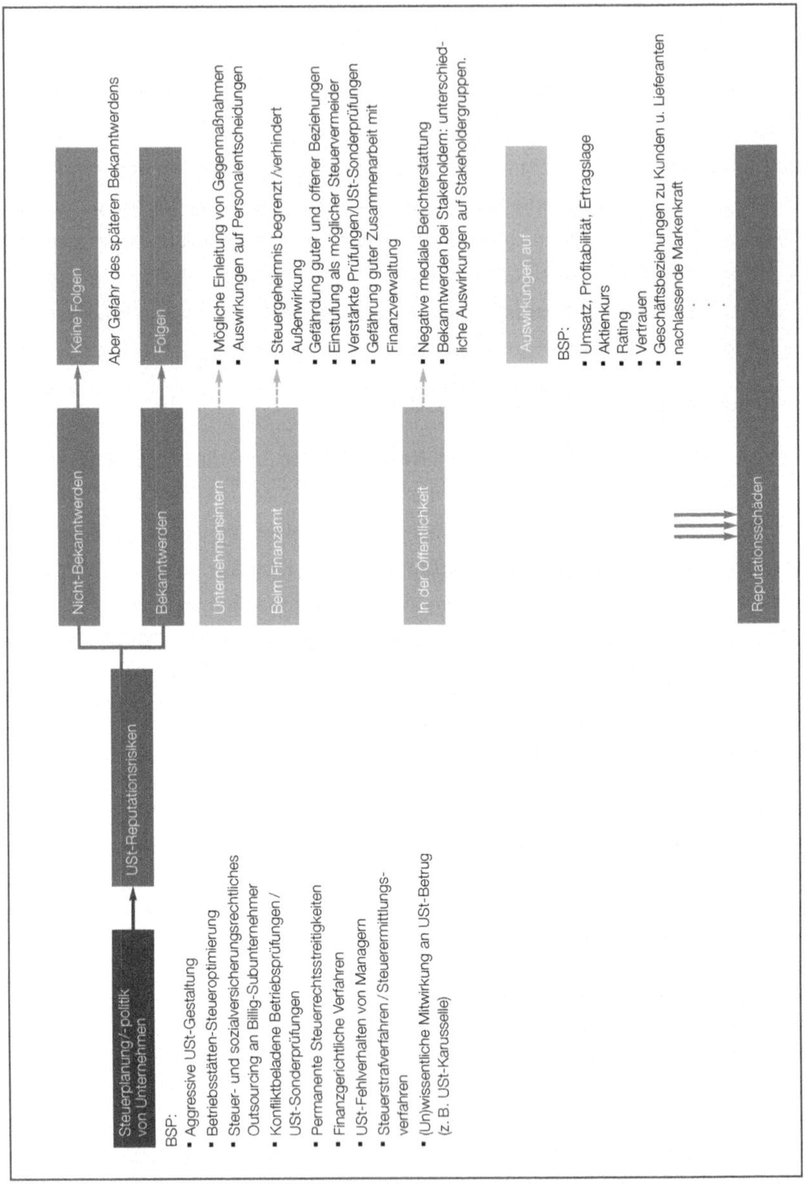

Abbildung 17: Entwicklung von USt-Reputationsrisiken zu Reputationsschäden
Quelle: Eigene Darstellung.

In welchen **Bereichen** und in welchem **Ausmaß** USt-Reputationsrisiken entstehen können, hängt von der branchenbezogenen Ausrichtung und den Geschäftsaktivitäten eines Unternehmens ab.

Als besonders gefährdet gelten betrugsanfällige Branchen.[752] Die beschriebenen Folgen können zwischen verschiedenen Geschäfts- bzw. Marktsegmenten oder unternehmensindividuellen Anspruchsgruppen ebenfalls variieren. So können Reputationsrisiken im USt-Bereich auch zwischen verschiedenen Ländern voneinander abweichen. Die sorgfältige Analyse und Bewertung dieses speziellen Unternehmensrisikos unter besonderer Beurteilung durch die Unternehmensführung ist daher unverzichtbar. Denn eintretende Reputationsschäden können unternehmensspezifische Steuerpolitiken in Frage stellen und die Gesamtreputation bei Geschäftspartnern und in der Öffentlichkeit beschädigen.

d) Empfehlungen für Unternehmen

Die Intensität der Berichterstattung verdeutlicht den Zusammenhang zwischen Reputationsrisiken im USt-Bereich und notwendigen Maßnahmen des USt-RM. Der Schutz der Unternehmensreputation bei gleichzeitiger Wahrnehmung von Reputationsrisiken und der Abwehr von Reputationsschäden wird für Unternehmen bestimmter Branchen in den nächsten Jahren eine besondere Herausforderung bleiben. Der USt-Verantwortliche muss das Gefahrenpotenzial von USt-Reputationsrisiken kennen und **unternehmensspezifisch** einschätzen. Dies geschieht in Anlehnung an die Geschäftsaktivitäten, die Unternehmensgröße, die Organisationsstruktur, an den Grad der internationalen Ausrichtung und an länderspezifischen Regelungen. Im Folgenden werden unterschiedliche **Maßnahmen** vorgestellt, wie Unternehmen Reputationsrisiken im USt-Bereich begegnen und Reputationsschäden verhindert können.

Vor dem Hintergrund zahlreicher medialer Veröffentlichungen zu USt-Betrugsfällen sind USt-Verantwortliche aufgefordert, die vorsorgliche Entwicklung möglicher **Szenarien** bei einer belastenden Medienberichterstattung voranzutreiben. Dies umfasst Überlegungen zu Präventivmaßnahmen, deren Kommunikation und ein geeignetes PR-Management. Es sind insbesondere Vorkehrungen für den Fall zu treffen, dass der Unternehmensname im Zusammenhang mit Betrugsvorwürfen in bestimmten Wertschöpfungsketten erscheint. Die entwickelten Szenarien sind in das USt-RM zu integ-

[752] Siehe hierzu IV. Kapitel, Abschnitt H. 1, S.159.

rieren und gegebenenfalls in Prozessstrukturen des Steuercontrollings zu implementieren.

Unternehmen können sich nicht mehr allein auf das Steuergeheimnis als Bollwerk gegen eine unerwünschte Medienberichterstattung verlassen. Maßnahmen des Verbergens von unangenehmen Steuerinformationen sind aufgrund einer sensibilisierten Öffentlichkeit und wachsamen Medien fast ausgeschlossen. Diesen Druck können Unternehmen zum Anlass nehmen, mehr **Steuertransparenz** zu wagen und dies als Wettbewerbsvorteil zu nutzen. Als geeignete Plattform erscheint ein gesondertes Kapitel im CSR-Bericht, in dem Stakeholdern der gesellschaftliche Beitrag des Unternehmens als Treuhänder der USt erläutert wird. Dieser Schritt kann zur Vertrauensbildung gegenüber Geschäftspartnern und Öffentlichkeit beitragen. Der ökonomische Anreiz dieser Möglichkeit ist zudem nicht zu unterschätzen. Eine transparente Informationspolitik im USt-Bereich dient dem Erhalt und der Erweiterung einer hohen Reputation. Im Zentrum des öffentlichen Interesses stehen die Fragen, wie hoch die entrichtete USt war und in welchen Staaten sie bezahlt wurde.

Insbesondere Unternehmen, deren Geschäftsaktivitäten in betrugsanfälligen Branchen[753] liegen, sind aufgefordert, eingeleiteter Vorsichtsmaßnahmen gegenüber Stakeholdern offensiv zu **kommunizieren**. So kann im Falle eines Eintritts darauf verwiesen werden, was Reputationsschäden verringert. Kommunizierte Vorsichtsmaßnahmen können z.B. ständige Analysen und eingeleitete Gegenmaßnahmen sein. Die Kommunikation kann formal als fester Bestandteil von Vertragswerken erfolgen und zusätzlich in zu veröffentlichenden Verhaltenskodizes (z.B. Tax Compliance) aufgenommen werden. Die Unternehmenskommunikation bezüglich Steuern ist besonders in Deutschland angesichts des Steuergeheimnisses ein neues Terrain. Jedoch scheinen die Zeiten vollkommender steuerlicher Verschwiegenheit gegenüber der Öffentlichkeit bei größeren Unternehmen vorbei zu sein. Vielmehr braucht der Steuerbereich aufgrund des Gefahrenpotenzials ein aktives Reputationsmanagement, angefangen bei der Kommunikation steuerlichen Verhaltens. Kommunikationspartner sind vor allem Regierungen, Finanzverwaltungen, Medien und NGOs.

Maßnahmen zur Reduzierung von USt-Reputationsrisiken sind gegebenenfalls unter **Hinzuziehung** externer Berater und PR-Agenturen zu entwickeln und zu implementieren. Wenn erforderlich sind andere Abteilungen und Tochterunternehmen länder-

---

753 Siehe hierzu IV. Kapitel, Abschnitt H, S. 157.

übergreifend einzubinden. Die Einschätzung eines konkreten Risikopotenzials ist Bestandteil der USt-Planung. Steuerberater und Abschlussprüfer sind angehalten, diesem Themenkomplex zukünftig mehr Aufmerksamkeit zu widmen und Mandanten verstärkt auf die Bedeutung dieser Gesichtspunkte für die Wettbewerbssituation des Unternehmens hinzuweisen.

7. Karussellrisiken in Zusammenhang mit Umsatzsteuerbetrug

Die Ursachen für Karussellrisiken[754] liegen oftmals in Geschäftsbeziehungen zu Lieferanten und Abnehmern. Unternehmen geraten unwissentlich in Betrugsmodelle, weswegen die Abbildung dieses Risikopotenzials im USt-RM notwendig ist.

Ausführliche Erläuterungen zum Gefahrenpotenzial von Karussellrisiken, betriebsorganisatorische Konsequenzen und konkrete Maßnahmeempfehlungen befinden sich im IV. Kapitel, Abschnitt H.[755] Hier wurde auch das **Ampelschema** zur Einordnung von Geschäftsbeziehungen vorgestellt.[756] Beschrieben wurde, inwieweit schon bei der Eröffnung von Kunden- bzw. Lieferantenkonten Geschäftsbeziehungen risikoorientiert innerhalb des ERP-Systems eingeordnet werden können[757] bei gleichzeitiger Abbildung des Ampelschemas im USt-RM. Generierte Daten und Informationen zu Geschäftspartnern werden risikoorientiert bewertet und gegebenenfalls dem USt-RM zugeführt. Im Fokus steht hierbei u.a. das Informationsverhalten der Geschäftspartner.

Im IV. Kapitel, Abschnitt I wurden bereits Überschneidungen zwischen ERP-System und USt-RM beschrieben.[758] Indem Risiko-, Prüfhinweise und Verbindungen von verfügbaren Kunden- bzw. Lieferanteninformationen im **ERP-Datenstamm** hinterlegt sind, können Mitarbeiter operativer Abteilungen rechtzeitig und ohne Hinzuziehung der Steuerabteilung auf Unregelmäßigkeiten hingewiesen werden.

Da eine Verknüpfung zwischen Betrugsbekämpfung, Softwareeinsatz und Steuer-RM bereits hergestellt wurde, soll an dieser Stelle hierauf nicht weiter eingegangen werden.

---

[754] Definition siehe II. Kapitel, Abschnitt D, Arten und Ausprägung von USt-Risiken, S. 30.

[755] Siehe hierzu IV. Kapitel, Abschnitt H, S. 157 ff.

[756] Aus Gründen besserer Lesbarkeit wurde das Ampelschema im IV. Kapitel, Abschnitt H, vorgestellt. Gliederungssystematisch gehört diese konkrete Maßnahme des USt-RM an diese Stelle.

[757] Siehe hierzu IV. Kapitel, Abschnitt I, S. 173 ff.

[758] Siehe hierzu IV. Kapitel, Abschnitt I. 4, Weiterentwicklungen, S. 180 ff.

8. Aufbau eines Risikomanagementsystems im Bereich der Umsatzsteuer zur Reduzierung umsatzsteuerlicher Risiken und Erzielung effektiver Kontrollen

a) Allgemeine Voraussetzungen

Die Einrichtung eines steuerlichen RM ist fester Bestandteil einer funktionierenden Tax Compliance.[759] Im unternehmensweiten Steuer-RM sind alle direkten und indirekten Steuern abgebildet. Aufgrund ihrer Bedeutung ist die USt ein wesentlicher Bestandteil.

Die Umfrageergebnisse zeichnen zum Themenkomplex USt-RM ein sehr lückenhaftes Bild in deutschen Unternehmen. Bei den meisten Untersuchungsteilnehmern fehlt es an einem unternehmensweiten Gesamtkonzept.[760] Diese Feststellung wird von externen Beratern geteilt. Gleichzeitig wird aber auch ein Umdenkungsprozess in Unternehmen festgestellt.[761] Abbildung 18 zeigt in Anlehnung an die Untersuchungsergebnisse die Häufigkeitsverteilung der genannten USt-Risiken.

Eine starke Häufung ist in den Bereichen C3 und B3 zu beobachten, eine mittlere bis hohe in den Bereichen C2, A3 und A2, eine eher schwache im Bereich B2. Die meisten Risiken liegen gem. Häufigkeitsverteilung im oberen C-Bereich, Eintrittswahrscheinlichkeit und Kostenrisiko sind hier am höchsten. Die Untersuchungsergebnisse lassen einige Schlussfolgerungen zu: Wenn USt-Risiken in Unternehmen auftreten, dann eher im Bereich mittlerer bis hoher Eintrittswahrscheinlichkeit und hohem Kostenpotenzial. Mit abnehmender Eintrittswahrscheinlichkeit bleibt das Kostenpotenzial von USt-Risiken dennoch konstant hoch.

Die dichte Verteilung auf den Bereich C3 belegt die Fokussierung von Steuerabteilungen auf **Risiken mit hohem Kostenpotenzial**. Dies birgt jedoch die Gefahr, dass andere Risikoarten aus dem Blickfeld der Steuerabteilung geraten. Insbesondere der Bereich der Reputationsrisiken wird trotz sensibilisierter Öffentlichkeit und Medien von Steuerverantwortlichen erheblich unterschätzt, obwohl an der Untersuchung teilnehmende Unternehmen bereits im Mittelpunkt medialer Berichterstattung zur USt standen.

---

759 Siehe bzgl. allgemeiner Steuer-RMS: KROMER/WALKER (2012), S. 408 f.; KROMER/WALKER (2011), S. 753 ff; ausführlich KROMER (2010), S. 255 ff.

760 Siehe Antworten der Steuerexperten zu Frage 6, Wortprotokoll (Anhang 6).

761 Siehe Antworten externer Berater zu Frage 6, Wortprotokoll (Anhang 6).

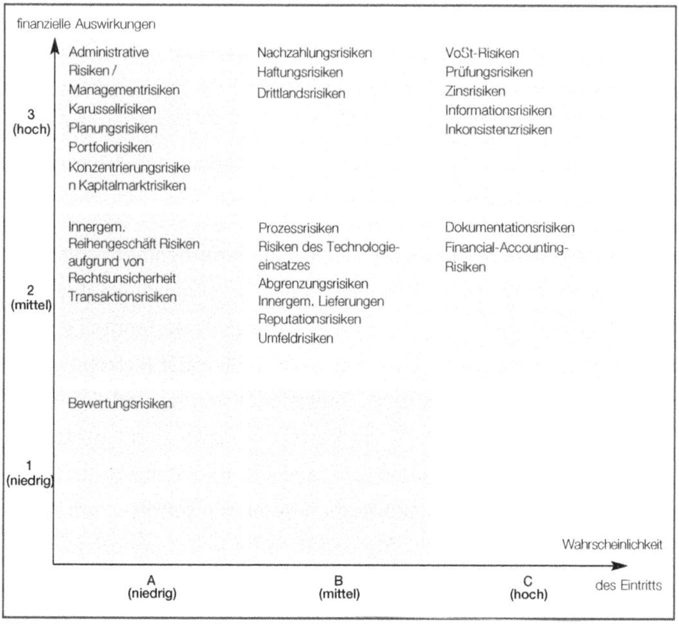

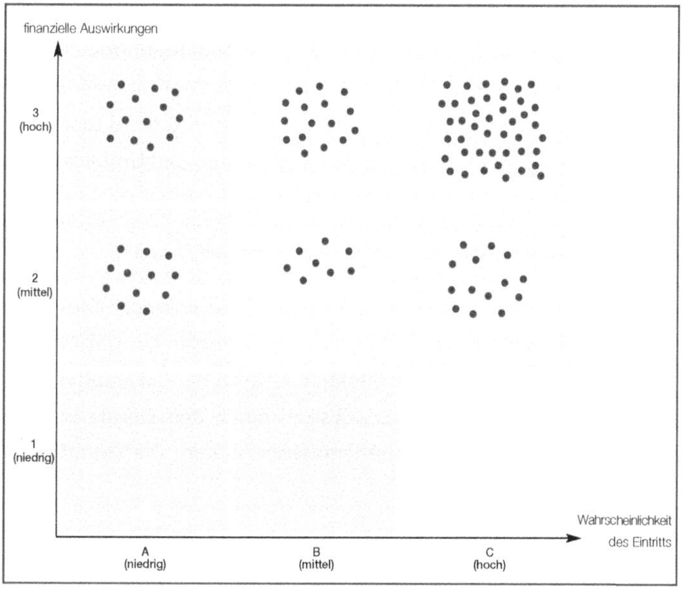

Abbildung 18: USt-Risiken-Matrix: Häufigkeitsverteilung laut Untersuchungsergebnissen zu Frage 2, S. 68 ff.
Quelle: Eigene Darstellung.

Im Durchschnitt nennen die Steuerverantwortlichen 4 verschiedene USt-Risiken.[762] Angesichts der Tatsache von 22 operationalisierten USt-Risiken verbunden mit hohen monetären Auswirkungen ist dies nicht erschöpfend. Berater der Big-Four-Gesellschaften bestätigen in der Befragung diese Beobachtung. Untersuchungsergebnisse lassen die Annahme zu, dass jedes Unternehmen mindestens 10 konkreten Formen von USt-Risiken ausgesetzt ist.

Der Aufbau eines USt-RM orientiert sich ausschließlich am unternehmens- und branchenspezifischen Umfeld. Grundvoraussetzungen sind daher Individualität und die Anpassung an die Bedürfnisse vor Ort. Ein effektives USt-RM als Bestandteil einer effizienten USt-Strategie verlangt die Abbildung des individuellen USt-Risikopotenzials. Der erste Schritt ist daher die **Identifizierung, Operationalisierung und Einordnung** von USt-Risiken in die USt-Risiken-Matrix[763], um Kostenpotenziale und Eintrittswahrscheinlichkeiten zu analysieren und zu bewerten. In einem nächsten Schritt werden **Rangfolgen** aller relevanten USt-Risiken gebildet. Diese ersten Schritte zum Aufbau eines effizienten USt-RMS bieten Ansatzpunkte und Basis für jeden weiteren Entwicklungsprozess. Gleichzeitig kann organisatorischen und planerischen Defiziten im unternehmerischen USt-Bereich entgegengewirkt werden.

Zu erwähnen ist zudem, dass innerhalb des USt-RMS **Reaktionsstandards** und **Konfliktszenarien** festzuschreiben sind, die sich am Risikoprofil der übergeordneten Steuer- und Unternehmensstrategie orientieren. Schlussendlich ist die **Aktualität** des USt-RMS zu gewährleisten. Ständige Anpassungen an Geschäfts- und Umfeldentwicklungen sind vorzunehmen.

b) Umsatzsteuer-Risikomanagement: Bildung von Verteidigungslinien

Anhand des Aufbaus und der Struktur des *three lines of defense approach*-Modells für ein unternehmensweites Risikomanagement[764] wird im Folgenden ein USt-RMS entwickelt, die „USt-Dreierkette". **Ziel** ist eine effektive Bewertung, Bekämpfung, Kontrolle und Beseitigung aller identifizierten USt-Risiken durch den Einsatz von Kontrollmechanismen in unterschiedlichen Unternehmensbereichen. Die Grundlage ist

---

762 Siehe Untersuchungsergebnisse zu USt-Risiken, S. 68.

763 Siehe USt-Matrix, S.280.

764 Vgl. IIA (2013), S. 2, online verfügbar unter https://na.theiia.org/standards-guidance/Public%20Documents/PP%20The%20Three%20Lines%20of%20Defense%20in%20Effective%20Risk%20Management%20and%20Control.pdf (Juni 2015).

eine **Integrationsstrategie**, die die Einbindung des USt-RMS in alle USt-relevanten Unternehmensprozesse und deren Schnittstellen sicherstellt. Ein separates, von operativen Geschäftsbereichen und ERP-Systemen losgelöstes USt-RMS würde nicht zum gewünschten Erfolg verhelfen.

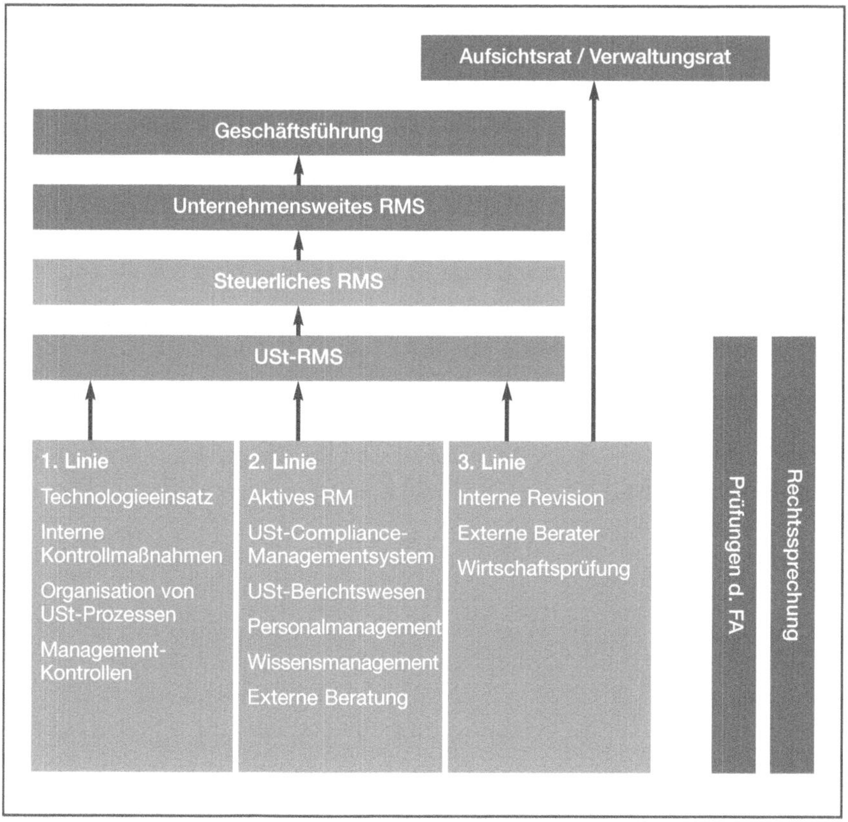

Abbildung 19: USt-Risikomanagement: Die USt-Dreierkette
Quelle: Eigene Darstellung in Anlehnung an IIA (2013), S. 2.

Die USt-Dreierkette umfasst 3 Abwehrlinien (*lines of defense).* Zur **ersten** Linie gehört die Kontrolle seitens der Prozessverantwortlichen in den operativen Abteilungen und deren Selbsteinschätzung zur umsatzsteuerlichen Relevanz von Sachverhalten. Diese

Kontrolle obliegt den Mitarbeitern selbst oder deren unmittelbaren Vorgesetzten. Die Risikokontrolle und Überprüfung von USt-Sachverhalten seitens der Steuerabteilung und unternehmensweite Compliance-Funktionen i.w.S. bilden die **zweite** Linie. Unabhängige Prüfungen seitens der Internen Revision und der Wirtschaftsprüfung bilden die **dritte** Abwehrlinie. Alle drei Linien sind dabei eindeutig voneinander abgegrenzt und sind im USt-RM gleichberechtigte Einheiten.

Das USt-RMS, damit verbundene Zielsetzungen, Strategien und Maßnahmen für eine Implementierung gehören zu den **Aufgaben des USt-Verantwortlichen**. Primäre Adressaten der Risikoberichterstattung sind Aufsichtsrat und Geschäftsführung, weil sie die Risikolage des Gesamtkonzerns im Auge haben müssen.[765] Gleichzeitig tragen sie Verantwortung für die Implementierung in das unternehmensweite RMS, der Aufsichtsrat im Zusammenhang mit seinen allgemeinen Überwachungsaufgaben.[766] In Anlehnung an die gewählte USt-Strategie in Bezug auf das Berichtswesen oder die Veröffentlichungen unternehmerischer USt-Compliance-Systeme können bestimmte Stakeholdergruppen weitere Adressaten sein.

c) Erste Verteidigungslinie: Operative Geschäftsbereiche

In Tabelle 36 werden konkrete Ansatzpunkte und die dazugehörigen Maßnahmen beispielhaft vorgestellt.

---

765 Vgl. FREIDANK (2012), S. 64.

766 Vgl. FREIDANK (2012), S. 62 zur Überwachungsfunktion des Aufsichtsrats.

USt-Risikomanagement **Erste Verteidigungslinie der USt-Dreierkette**	
Ansatzpunkt	**Maßnahmen**
Kontrolle operativer Geschäfts- u. Management-aktivitäten	**Identifikation** USt-relevanter Vorgänge im Unternehmen *u.a.* • Erfassung von USt-Sachverhalten im Unternehmen • notwendige Buch- und Belegnachweise • Zuweisung von Verantwortlichkeiten • Festlegung von USt-Risiken • Begleitung eingeleiteter Maßnahmen • Beseitigung von Defiziten • technische Plausibilisierung und Auswertung **Management** der Liquidität (*cash tax planning*) *u.a.* • Erfassung von USt-Zahlungen, weltweit • Erfassung von VoSt-Erstattungen, weltweit **Erfassung** von Steuerrestriktionen *u.a.* • Fristigkeiten, länderübergreifend und unternehmensweit • Abgabetermine u. beizulegende Dokumente **Auswertungen** der Außenprüfungen *u.a.* • Bereinigung von Fehlern • Verbesserung bemängelter Prozesse • Überwachung eingeleiteter Verbesserungsmaßnahmen • Einleitung und Etablierung von Lernprozessen • Feststellung von Länderunterschieden **Bewertung** offener Rechtsbehelfe *u.a.* • Gegenstand, Einschätzung, mögliche Folgen
Interne Kontrollmaßnahmen	Klare Handlungsanweisungen für MA des operativen Bereichs: Wer prüft wann was und wieso ? • Koordination des Berichtwesens • Aufstellung interner Richtlinien • wirksame Fristenkontrolle • Vier-Augen-Prinzip

Tabelle 36: USt-Risikomanagement – Erste Verteidigungslinie
Quelle: Eigene Darstellung.

Ziel der ersten Verteidigungslinie ist es, *compliant* in Bezug auf die weltweiten Umsatzsteuergesetze zu sein, Kontrollpannen und unvorhergesehene Geschehnisse zu vermeiden und mangelhafte USt-Prozesse zu verbessern. Dabei müssen sämtliche Tochtergesellschaften miteinbezogen werden.

In der ersten Abwehrlinie werden USt-Risiken operativer Geschäftsaktivitäten besonders wirkungsvoll bewältigt.[767] **Zentrale Aufgabe** ist die Implementierung von Kontrollmechanismen und korrektiven Maßnahmen in die Unternehmensprozesse. So werden USt-Risiken identifiziert, bewertet, überprüft und entschärft bzw. beseitigt. Die dazugehörigen Maßnahmen werden vom USt-Verantwortlichen begleitet und beaufsichtigt. Veränderungen werden umgesetzt und interne Strategien angepasst, um Zielvorgaben und Planziele zu erreichen. Hierzu gehört auch die Anpassung interner Kontrollmaßnahmen an ERP-Systeme und USt-Prozesse sowie die stufenweise Zuweisung von Verantwortungsstrukturen im Unternehmen.

d) Zweite Verteidigungslinie: Überwachungsfunktionen

Zum Konzept der „USt-Dreierkette" gehört eine weitere *line of defense*, die dabei hilft, die Kontrollfunktion der ersten Linie zu verstärken. Die zur zweiten Linie gehörenden Managementfunktionen können **unternehmensspezifisch** in Bezug auf Marktteilnahme, Geschäftsfeld und Ausprägung internationaler Betätigung (Internationalisierungsgrad) erheblich variieren. Die vorgestellten Funktionen müssen daher hinsichtlich des Umfangs, der Intensität und Ausprägung mit dem jeweiligen Anforderungsprofil des Unternehmens abgestimmt sein. Tabelle 37 zeigt eine Auswahl effektiver Risikomanagementpraktiken, die auf die **Identifizierung** von Risiken abzielen und ein risikobezogenes **Berichtswesen** an relevante Unternehmensbereiche und die Geschäftsführung gewährleisten soll. Nicht zuletzt geschieht dies vor dem Hintergrund, dass Steuerrisiken einen wichtigen Einfluss auf die Unternehmensbewertung haben.[768]

Aktives Risikomanagement kann dabei nach einem **Bottom-Up-** oder einem **Top-Down-Ansatz** durchgeführt werden. Der Bottom-Up-Ansatz empfiehlt sich aus Vollständigkeitsgesichtspunkten, weil in vielen Unternehmen von individuellen, voneinander unabhängigen USt-Sachverhalten ausgegangen werden kann, die zunächst

767 Vgl. KPMG (2014A), S. 18; KPMG (2012A), S. 23; KPMG (2011), S. 18.
768 Vgl. FREIDANK/MAMMEN (2008), S. 285 zu allgemeinen Steuerrisiken.

gesammelt und ausgewertet werden müssen. Die Entscheidung zu einem Top Down-Ansatz kann für Unternehmen ebenfalls Vorteile beinhalten.

USt-Risikomanagement **Zweite Verteidigungslinie der „USt-Dreierkette"** **(Bottom-Up-Ansatz)**	
Ansatzpunkt	**Maßnahmen**
Aktives RM Ort: Operative Geschäftsbereiche	**Identifizierung** von USt-Risiken z.B. • Früherkennung von Compliance-Risiken • Früherkennung von Prüfungs-, Nachzahlungs-, Haftungs- und Zinsrisiken, Reputationsrisiken • USt-relevante Informationen aus dem IKS • fehlende bzw. fehlerhafte Buch- und Belegnachweise • unentgeltliche Wertabgaben im Vertrieb • rechtzeitige Fristmeldung und Zahlung • ungeregelte Zuständigkeiten im USt-Bereich • Krankheit von Mitarbeitern • unvollständige Dokumentation USt-relevanter Sachverhalte
	Zuordnung identifizierter Risiken, • qualitative und quantitative Risiken werden Sachverhalten zugewiesen
	Bewertung identifizierter Risiken • Einsatz der USt-Risiken-Matrix[769]
	Festlegung von Maßnahmen zur Bekämpfung u. Reduzierung z.B. • Ordnung und Verteilung der Zuständigkeit und Vertretung • Einrichtung des FiBu-Systems, inkl. Abnahme und Plausibilisierung • Prüfung von Mitarbeiterqualifikationen • Einholung verbindlicher Auskünfte
	Kommunikation identifizierter USt-Risiken • Information betroffener Unternehmensbereiche • Aufnahme ins USt-Berichtswesen[770]
	Überwachung der Risikobekämpfung
Verknüpfung zur USt-Compliance	**Formulierung** von Grund- und Wertentscheidungen zur Befolgung nationaler Umsatzsteuergesetze u.a. • Sicherstellung der Befolgung weltweiter Umsatzsteuergesetze und Vorschriften

769 Siehe Abbildung der USt-Matrix, S. 280.

770 Siehe Ausführungen zum USt-Berichtwesen, S. 222.

USt-Risikomanagement Zweite Verteidigungslinie der „USt-Dreierkette" (Bottom-Up-Ansatz)	
Ansatzpunkt	**Maßnahmen**
	• Konsistenz und Differenzierung nach Ländern u. Ansässigkeitsstaaten (länderbezogen) • Entwicklung von **Verhaltensmustern** für unterschiedliche Unternehmensbereiche **Information** von unternehmensinternen und -externen Stellen • Festlegung und Kontrolle von Informationsabläufen /-wegen Gewährung von Einblicken und **Transparenz** über das USt-Management u.a. • Festlegung von Adressaten im USt-Berichtswesen **Aufbewahrungs- und Dokumentationspflichten** u.a. • Stand, Überwachung, Erfüllung • Überblick über offene Veranlagungszeiträume Verhinderung der unwissentlichen Mitwirkung an USt-Betrug • Maßnahmen zur Reduzierung von Karussellrisiken
Verknüpfung zur USt-Strategie Ort: Steuerabteilung	Definition von **USt-Zielvorgaben** für das USt-RM Entwicklung zugehöriger **Strategien** Bereitstellung von **Rahmenkonzepten** fürs USt-RM Definition von **Aufgaben und Verantwortlichkeiten**
Technologieeinsatz Ort: Rechnungswesen Steuerabteilung	Koordination, Anpassung, Veränderung, Umsetzung des softwaretechnischen Fortschritts • regelmäßige Auswertung von Ergebnissen der USt-Organisation • Plausibilitätsprüfungen • Durchführung interner *hazard checks*
Mitarbeiterschulungen Ort: Betroffene Abteilungen	Planung, Vorbereitung, Durchführung • abteilungsübergreifend und unternehmensweit
Einholung externer Beratung	Differenzierung nach Veranlagung und Beratungsbedarf Kosten-Nutzen-Analyse

Tabelle 37: USt-Risikomanagement – Zweite Verteidigungslinie
Quelle: Eigene Darstellung.

Die jeweilige **Unternehmensorganisation** begründet oftmals individuelle Risikomanagementmaßnahmen.[771] Daher sind Abweichungen hinsichtlich der Reihenfolge einzelner Schritte teilweise notwendig.

Die Durchführung der Maßnahmen werden stets abteilungs- und länderübergreifend durchgeführt. Aufgrund großer Herausforderungen und dem hohen Entwicklungspotenzial gehört die Überwachung des Einsatzes von USt-Softwarelösungen zu den wichtigsten Aufgaben der zweiten Verteidigungslinie.

Die **Funktionen** der zweiten Linie stehen gleichberechtigt neben den Funktionen der ersten Linie. Sie sichern den planmäßigen Verlauf der ersten Linie. Bei Defiziten der ersten Linie können sie direkt intervenieren und Unvorhergesehenes relativieren. Die Ergebnisse der zweiten Linie sind nicht geeignet, direkt an die Aufsichtsratsebene weitergeleitet zu werden. Die Kapazität ist in diesem Modell so angelegt, dass Maßnahmen dieser Verteidigungslinie direkt an die Geschäftsführung berichtet werden. In allen Bereichen der zweiten Verteidigungslinie ist die vollständige Aufzeichnung wichtiger USt-Sachverhalte[772] und der dazugehörenden Maßnahmen des USt-Managements von besonderer Wichtigkeit.

Alternativ kann der **Top-Down-Ansatz** zur Anwendung gelangen, der die 22 identifizierten und als gegeben angenommenen Risikoarten in diesem Modell abbildet.[773] In Anlehnung an die gewählte USt-Strategie würden z.B. mithilfe der USt-Risiken-Matrix[774] USt-Risiken mit den größten finanziellen Auswirkungen und Eintrittswahrscheinlichkeiten ermittelt, um sie anschließend zu USt-relevanten Sachverhalten des operativen Geschäftsbetriebs zuzuordnen. Dieser Ansatz empfiehlt sich für unternehmerische Steuerabteilungen, die bezüglich der Operationalisierung von USt-Risiken über eher weniger Erfahrung verfügen.

Verantwortlichkeit AR, Vorstand...

e) Dritte Verteidigungslinie: Unabhängige Überprüfung

In Tabelle 38 wird die dritte Linie der USt-Dreierkette darstellt.

---

771 KROMER (2010), S. 264.

772 Vgl. KPMG (2014A), S. 3 zur effektiven Risikominimierung durch Aufzeichnungs- und Überwachungssysteme.

773 Siehe Aufführung der USt-Risiken, S. 24.

774 Siehe USt-Risiken-Matrix, S. 279.

USt-Risikomanagement **Dritte Verteidigungslinie der USt-Dreierkette**	
Interne Revision	**Festlegung** der Kriterien für die interne Prüfung *z.B.* ERP-Systemverprobung Ablaufprozesskontrolle Anwendung von Prüfungssoftware (z.B. IDEA, ACL) Kontrolle der Wirtschaftlichkeit (u.a. durch Stichproben)
Wirtschaftsprüfung	Interne *hazard checks* durch externe Berater Prüfung der USt-Risiken durch Abschlussprüfer externe Berichterstattung, Jahresabschluss externe Zwischenberichterstattung, *forecasting*

Tabelle 38: USt-Risikomananagement – Dritte Verteidigungslinie
Quelle: Eigene Darstellung.

Die Interne Revision ist eine **unternehmensinterne** Abteilung, in der unabhängige objektive Prüfungs- und Beratungsdienstleistungen für das Unternehmen erbracht werden und die darauf ausgerichtet ist, Mehrwerte zu schaffen und Geschäftsprozesse zu verbessern. Dabei bewertet sie mit einem systematischen und zielgerichteten Ansatz u.a. die Effektivität des RM sowie Führungs- und Überwachungsprozesse.[775] Demgegenüber wird die Wirtschaftsprüfung **unternehmensextern** von unabhängigen Abschlussprüfern durchgeführt.

Die Interne Revision prüft das USt-RMS als Bestandteil des unternehmensweiten RMS[776] und führt Erfolgskontrollen durch um den Aufsichtsrat und die Geschäftsführung mit unabhängigen und objektiven, betriebsinternen **Informationen** zum USt-Bereich zu versorgen. Im Mittelpunkt des Berichtswesens stehen Fakten zur USt-Organisation, Ansatzpunkte der USt-Planung sowie deren Effizienz[777], Erfolge der Risikobekämpfung und weitere Ergebnisse interner Kontrollen. Diese Aufgaben umfassen auch die Zuverlässigkeit und Integrität des internen Berichtswesens, der USt-

775 Vgl. DIIR (2015), online verfügbar unter http://www.diir.de/ueber-das-diir/berufsgrundlagen/definition-interne-revision/ (Juni 2015).

776 Vgl. KAJÜTER (2008), S. 109-126; FREIDANK (2012), S. 59 zu den Aufgaben der Internen Revion hinsichtlich des unternehmensweiten RMS.

777 Zur Erläuterung des Effizienzbegriffs siehe S. 21 dieser Arbeit sowie UNGERICH (2012), S. 114 f.

Compliance, der unternehmensinternen Steuerungsprozesse im USt-Bereich, des Einsatzes von USt-Softwaretechnologie und die Bereiche der unternehmerischen Steuerpolitik. Diese Auswertungen sind vorerst nicht für die erste oder zweite Verteidigungslinie verfügbar.

Die Interne Revision trägt zudem zu einer effektiven USt-Organisation bei. Die Durchführung findet unter Beachtung internationaler Revisionsstandards statt. Das Ziel ist die permanente Bereitstellung von Berichten für die Geschäftsführung.

KMU verfügen in der Regel über keine Interne Revision. Allerdings kann auch in komplizierten Geschäftsfeldern und sehr hohen USt-Risikopotenzialen die vorübergehende Einrichtung einer Internen Revision vorteilhaft sein, weil nur so der Erfolg des eigenen USt-Managements überprüft werden kann. Alternativ können Aufgaben der Internen Revision von externen Beratern durchgeführt werden (z.B. *hazard checks*). Die Hinzuziehung externer Berater in der dritten Verteidigungslinie reduziert Gefahren von Betriebsblindheit und gewährleistet zudem eine größere Objektivität. Das USt-RMS wird auf Effizienzkriterien (u.a. Zeit, Kosten, Arbeit), der Fähigkeit zur Fehlererkennung und Risikobeseitigung getestet.

Der Wirtschaftsprüfer muss bei börsennotierten Aktiengesellschaften im Rahmen der Abschlussprüfung beurteilen, ob die Geschäftsführung ein unternehmensweites RMS eingerichtet hat, das geeignet ist, auch im USt-Bereich seine Aufgaben zu erfüllen.[778] Der Wirtschaftsprüfer erfährt im Hinblick auf potenzielle Prüffelder und der hohen USt-Risiken eine Aufgabenerweiterung. Dies geschieht anhand einer inhärenten Risikoüberprüfung. Hierzu erfolgt die Abstimmung der USt aus den spezifischen Konten des Rechnungswesens nach Plausibilitätsgrundsätzen. Dies betrifft z.B. die Prüfung, ob die ordnungsgemäße Ermittlung und Abführung der USt in Übereinstimmung mit den Erlöskonten sowie den USt-relevanten Aufwandskonten erfolgte und ob sich daraus latente oder tatsächliche USt-Zahlungsverpflichtungen ergeben. Werden dabei USt-Risiken identifiziert, die wesentlich und geeignet sind, das Ergebnis eines Konzerns zu beeinflussen, müssen hierzu gegebenenfalls Ausführungen im Lagebericht[779] erfolgen.[780]

---

[778] § 91 Abs. 2 AktG, § 317 Abs. 4 HGB.

[779] § 315 HGB, insb. Abs. 1 Satz 5.

[780] Zum Informationszweck des Lageberichts und der Informationspflicht bzgl. wesentlicher Risiken siehe FREIDANK/SEPETAUZ (2013), S. 55 f.

I. Zwischenfazit

In der nachfolgenden grafischen Übersicht sind die Handlungsempfehlungen des USt-planerischen Bereichs dieser Arbeit zusammengefasst. Die Reihenfolge der Anwendungsbereiche ergibt sich aus der Gliederung der einzelnen Abschnnitt des V. Kapitels.

Untersuchungsergebnisse USt-Planung	
Ansatzpunkt / Anwendungsbereich	**Ausprägung**
USt-Strategie	**Ziel** Generierung von Wettbewerbsvorteilen u. Unterstützung der zukünftigen unternehmerischen Entwicklung **Maßnahmen** Formulierung von unternehmens- u. länderspezifischen USt-Zielvorgaben Verknüpfung der USt-Strategie mit der übergeordneten Steuer- u. Unternehmensstrategie **Ergebnis** Unternehmens- u. länderspezifische USt-Zielvorgaben bilden die Grundlage der weltweiten **USt-Strategie**, die wiederum mit der übergeordneten Steuer- u. Unternehmensstrategie verknüpft ist. Aus ihnen lassen sich sog. Maßnahmenbündel ableiten. Dies geschieht unter Beachtung des unternehmerischen USt-Risikoprofils. Der **Wirkungsgrad** einer formulierten USt-Strategie ist abteilungsübergreifend u. wird von einem eingesetzten USt-Verantwortlichen koordiniert u. fortlaufend angepasst.
Personal- u. Wissensmanagement	**Ziel** Reduzierung von Befolgungskosten Mobilisierung von Lernprozessen Erzielung von **Wettbewerbsvorteilen** **Maßnahme** Organisation des Wissensaufbaus u. der Wissensbereitstellung **Ergebnis** Entsprechend umsatzsteuerlicher Zielvorgaben müssen Fortbildungs- u. Auswahlstrategien zur Personalentwicklung verfolgt werden, die ständige **Verbesserungen** erzielen, auf systematische Nachwuchsgewinnung

Untersuchungsergebnisse USt-Planung	
Ansatzpunkt / Anwendungsbereich	**Ausprägung**
	von Steuerfachpersonal ausgerichtet sind u. unternehmensweite **Lernprozesse** mobilisieren. Grundelemente des Wissensmanagements sind die schnelle **Verfügbarkeit** u. **Interpretierbarkeit** USt-relevanter Informationen zur Lösung betrieblicher USt-Sachverhalte u. zur Reduzierung von USt-Risiken. Die dazugehörigen Maßnahmen fokussieren u.a. die Generierung, Sammlung, Aufbewahrung u. Weitergabe von Erfahrungen im Umgang mit Finanzverwaltungen.
USt-Kommunikation u. USt-Berichtswesen	**Ziel** Reduzierung von USt-Risiken Generierung von weltweiten Informationsvorteilen **Maßnahmen** Aufbau u. Koordination eines Kontakt- u. Kommunikationsnetzwerks Einführung von Berichtswesen als Bezugspunkt der innerbetrieblichen Kontrolle Unternehmensweite Vernetzung USt-relevanter Prozesse **Ergebnis** USt-Berichtswesens bedeutet, für die jeweiligen Adressaten alle relevanten USt-Informationen **länderspezifisch** aufzubereiten. Dabei werden USt-Daten analysierte, interpretiert u. **Soll-Ist-Vergleiche** angestellt sowie aus Erkenntnissen der Vergangenheit Verbesserungen für die Zukunft abgeleitet. **Gliederungsebenen** sind die Bereiche allgemeine Fakten, USt-Compliance, USt-Risiken u. allgemeine Chancen. In Abhängigkeit zur Position des Adressaten muss die Berichterstattung zudem unterschiedliche **Vertraulichkeitsgrade** berücksichtigen.
USt-Liquiditätsmanagement	**Ziel** Verbesserung der unternehmerischen Liquidität **Maßnahmen** Durchführung steuerplanerischer **Liquiditätsüberlegungen** Implementierung notwendiger USt-Prozesse u. Kontrollmechanismen **Ergebnis** Die USt kann bei mangelhafter VoSt-Verarbeitung oder nachträglicher Aberkennung in Prüfungen zum **Kostenfaktor** mutieren, mit starkem Einfluss auf den unternehmerischen **Cash Flow**. Liquiditäts- u. Finanzierungsvorteile lassen sich u.a. durch USt-Organkreise, Zuordnungswahlrechte, Gestaltung der Leistungsausführung sowie durch die Ausübung

Untersuchungsergebnisse USt-Planung	
Ansatzpunkt / Anwendungsbereich	**Ausprägung**
	von Optionsmöglichkeiten erzielen. Je nach Ausgestaltung von Wertschöpfungsketten können in Konzernen **USt-günstige Betriebsstrukturen** geschaffen werden. Für Unternehmen, Stiftungen u. Vereine mit **USt-freien Ausgangsumsätzen** besteht hinsichtlich Optionsmöglichkeiten ein besonderes Gestaltungspotenzial.
USt-Außenprüfungen	**Ziel** Reduzierung von Fehlerquoten Verringerung von Betriebsprüfungs- u. Nachzahlungsrisiken **Maßnahmen** Systematische Auswertung von Prüfungsergebnissen **Ergebnis** Finanzverwaltungen intensivieren Prüfungen im USt-Bereich u. generieren so z.T. erhebliche Mehrergebnisse. Für Unternehmen steigen **Betriebsprüfungs- u. Nachzahlungsrisiken**. Unternehmen müssen dies zum Anlass nehmen, umsatzsteuerliche Probleme zu thematisieren u. entsprechend zu dokumentieren, um sich gegen eine spätere gegenläufige Beurteilung abzusichern. Entsprechende Erkenntnisse, deren Kommunikation u. die daraus abgeleiteten **Erfahrungsgewinne** finden eine unmittelbare Verwertung im umsatzsteuerlichen Wissensmanagement.
Tax Compliance im USt-Bereich	**Ziel** Präventive Vermeidung von USt-Risiken **Maßnahmen** Formulierung fester Standards für den USt-Bereich Entwicklung u. Implementierung einer USt-Managementstruktur **Ergebnis** Die USt-Compliance enthält **vier zentrale Maßnahmen**: Erstens, die Festlegung von **Grund- u. Wertentscheidungen** zur Einhaltung aller für das Unternehmen geltenden Steuergesetze, zweitens, die **Information** von Stakeholdern u. Gewährung der maximal benötigten **Transparenz** bzgl. des USt-Managements, drittens, die Festlegung von inner- u. außerbetrieblicher **Kooperation u. Zusammenarbeit**, viertens, die Implementierung eines **USt-Risikomanagementsystems**.

Untersuchungsergebnisse USt-Planung	
Ansatzpunkt / Anwendungsbereich	**Ausprägung**
USt-Risikomanagementsystem	**Ziel** Optimierung von USt-Risiken durch präventive Reduzierung u. Eintrittsverhinderung Einleitung und Etablierung von Lernprozessen um Verbesserung zu erzielen **Maßnahme** Bekämpfung eintretender Risiken und die dazugehörige Dokumentation Erstellung von Risikoprioritätslisten Ermittlung von Eintrittswahrscheinlichkeiten und Kostenpotenzialen **Ergebnis** USt-Risiken können als Gefahrenpotenziale steuerliche u. finanzielle Mehrbelastungen sowie haftungsrechtliche u. immaterielle Schäden verursachen. **Ursachen** liegen in der Internationalisierung von Wertschöpfungsketten, der Vielzahl unterschiedlicher Umsatzsteuergesetze, ihrer Kompliziertheit und der ständigen Rechtsprechung. Zur Beseitigung bzw. Reduzierung von USt-Risiken sind u.a. Absprachen mit den Finanzverwaltungen, klare Management- und Veranwortungsstrukturen, der Einsatz von USt-Softwaretechnologie und die sorgfältige **Dokumentationen** USt-relevanter Sachverhalte notwendig. Mögliche **Szenarien** werden entwickelt, um eintretenden Risiken effizient begegnen zu können. Die dazugehörigen Unternehmensprozesse lassen sich unter dem sog. ***three lines of defense approach*-Modell** vereinen.

VI. Kapitel: Empfehlungen an den Gesetzgeber

Entsprechend den Untersuchungsergebnissen können viele Unternehmen infolge der Komplexität und des Umfangs des UStG mit entsprechenden Auslegungs- und Interpretationsspielräumen die eigene USt nicht lückenlos und korrekt ermitteln bzw. veranlagen. Dies ist ein Beleg für die hohe und erfüllungsunmögliche Befolgung aller USt-Regelungen, da selbst Fachleute der Steuerabteilungen mit Unterstützung externer Berater z.T. unkalkulierbaren Risiken ausgesetzt sind. Das UStG mit dazugehöriger Rechtsprechung ist unüberschaubar, bürokratisch und mit entsprechenden Risikopotenzialen gespickt. Nach den Auskünften der EU-Kommission scheitern Reformvorhaben immer wieder am politischen Widerstand einzelner EU-Mitgliedstaaten, obwohl Strukturreformen und Entbürokratisierungsbestreben administrative Belastungen zurückfahren und Wettbewerbsvorteile für das Gemeinschaftsgebiet bedeuten können. Leidtragende sind Staaten und Unternehmen beiderseits, die auf Erleichterungen und eine Senkung von Befolgungskosten setzen. Der europäische **Integrationsprozess** muss den Anspruch aufbringen, dass Lieferungen innerhalb des innereuropäischen Gemeinschaftsgebiets mit weniger administrativem Aufwand verbunden ist als Lieferungen in das Drittlandgebiet. Die richtige Antwort auf die Herausforderungen dieser Zeit ist die Weiterverfolgung des europäischen **Harmonisierungsprozesses**[781] und die Ausweitung der Kooperation von Staaten. Andernfalls scheitern Entlastungsvorhaben für Unternehmen und eine effektive europaweite Betrugsbekämpfung. Zur weitergehenden Harmonisierung gehören die Schaffung einheitlicher USt-Standards zur Erbringung von Buch- und Belegnachweisen, der Abbau von Ausnahmetatbeständen, die europaweite Angleichung von USt-Sätzen, sowie weitgehende gesetzliche Erleichterungen wie z.B. die Anhebung von Schwellenwerten. Unter volkswirtschaftlichen Gesichtspunkten eignet sich dabei nicht die von vielen Seiten immer wieder geforderte Abschaffung der ermäßigten USt-Sätze, da sie das effizienzsichernde Verbrauchsteuersystem fördern.[782] Ein Defizit auf Ebene der europäischen Umsatzsteuergesetzgebung ist bislang das Fehlen eines europäischen Organkreises. Die Schaffung entsprechender gesetzlicher Grundlagen wäre ein wichtiger Schritt der Harmonisierung. Entgegen des vom deutschen Fiskus vertretenen Organkreismodells eines Unterordnungskonzerns muss aus Harmonisierungsgesichtspunkten im deutschen UStG die Entwicklung zum Modell des Gleichordnungskonzerns erfolgen.

---

781 So auch WELLISCH (2000), S. 174.

782 Vgl. WELLISCH (2000), S. 35.

Der weltweite Bedeutungsanstieg der USt und der Trend zur Erhöhung von USt-Sätzen schaffen einerseits höhere Steueraufkommen. Andererseits steigt mit Höhe der Steuersätze auch die Betrugsanfälligkeit. Bei der USt-Betrugsbekämpfung stehen die EU-Mitgliedstaaten vor einem Dilemma. Die Ausweitung der Betrugsbekämpfung führt zwangsläufig zur Verkomplizierung und weiteren Formalisierung des UStG. Schon jetzt wenden EU-Mitgliedstaaten unterschiedliche Maßnahmen an, z.B. die temporäre Einrichtung von Reverse-Charge-Verfahren innerhalb des § 13b Abs. 2 UStG. Alle redlich handelnden Unternehmen tragen jedoch die Lasten des zunehmenden administrativen Aufwands und erhöhte Befolgungskosten. Der Fiskus nimmt somit die Benachteiligung der großen Mehrheit von Unternehmen billigend in Kauf. Diese Entwicklung muss dazu veranlassen die bestehende Prüfungspraxis zu überdenken und neue Konzepte zu entwickeln, die gewissenhafte und ehrliche Unternehmen entlasten und vor zusätzlichem Aufwand schützen. Vorstellbar sind daher Modelle, die z.T. schon in den Niederlanden und Großbritannien zur Anwendung gelangen. Bei erfolgreicher Implementierung bestimmter Risikomanagement-Tools, betriebsinterner USt-Prozesse und Software verzichtet die Finanzverwaltung auf die Erbringung bestimmter Formalien und USt-Prüfungen. Die Finanzverwaltung ist gleichermaßen entlastet und kann frei werdende Kapazitäten betrugsanfälligen Branchen widmen und Außenprüfungen bei nicht kooperierenden Unternehmen konzentrieren.

Trotz harmonisiertem Umsatzsteuerrecht gibt es innerhalb der EU noch immer erhebliche Unterschiede in der Umsetzung der MwStSystRL. Die Reduzierung von Unterschieden kann hierbei zu Handelssteigerungen von bis zu 3,7% führen, bei gleichzeitiger Verringerung von Befolgungskosten i.H.v. 9,5 Mrd. Euro bei Finanzverwaltung und Unternehmen.[783] Ein sehr wichtiges europäisches Vorhaben ist daher die Einführung des vorgeschlagenen **EU-standardisierten VAT-Return-Verfahrens**, einem Standard-Verfahren zur einheitlichen Erstattung von VoSt unter Verwendung EU-weiter Standards zur Abfrage von Informationen und Erfüllung von Fristen.[784] Das EU-weite VoSt-Erstattungsverfahren ist zudem die richtige Antwort auf EU-Mitgliedstaaten mit geringen Erstattungsquoten für ausländische Unternehmen. Diese andauernde Praxis einiger EU-Mitgliedstaaten ist nicht nur problematisch und teuer für Unternehmen, sondern europarechtlich diskriminierend, schädlich für den europäischen Binnen-

---

783 EU-KOMMISSION (2013), S. 721.

784 EU-KOMMISSION (2013), S. 721.

markt und Standortnachteil. Hier muss die EU-Kommission einschreiten. Ähnlich gehen einige außereuropäische OECD-Staaten vor, obwohl dies internationale Richtlinien verletzt.[785] Die EU-Kommission muss auch in dieser Hinsicht aktiv werden um diskriminierende und z.T. rechtswidrige Vorenthaltung von VoSt-Erstattungen europäischer Unternehmen im EU-Ausland zu verhindern. Auch innerhalb Deutschlands berichten Unternehmen von z.T. erheblichen Unterschieden bei der VoSt-Erstattung. Während einige Bundesländer eine sehr formalistische Auslegungsweise des UStG betreiben, bekräftigen andere Bundesländer den Neutralitätsgrundsatz und handeln mit mehr Augenmaß. Fraglich ist ob dies im Einklang zur Gleichmäßigkeit der Besteuerung steht. VoSt-Erstattungen dürfen nicht nach Haushaltslage entschieden werden.

Insgesamt liegen die umsatzsteuerlichen Befolgungskosten in Deutschland jährlich bei 8,616 Mrd. Euro in 2008. Das entspricht ca. 5% des deutschen USt-Aufkommens. Hiervon sind große, mittlere und kleine Unternehmen unterschiedlich stark betroffen: Kleine Unternehmen mit 5,429 Mrd. Euro, mittlere mit 2,762 Mrd. Euro und große mit 425 Mio. Euro.[786] **Bürokratieabbau und Kostensenkung** für Unternehmen sind daher zentrale Themen jetziger Besteuerungsverfahren. Konkrete Erleichterungen sind z.B. die Abschaffung der USt-Jahreserklärung aufgrund der vorhandenen Praxis monatlicher Voranmeldungen, die Verlängerung von Voranmeldungszeiträumen, eine flexiblere Gestaltung der Zahlfristen[787] sowie die zeitnahe Bearbeitung von Auskunftsersuchen. Dies betrifft z.B. die europaweite Abfrage von USt-IdNr. und Verfahren bezüglich von MwSt-Registrierungen. Weitere Erleichterung wäre die Abschaffung der drei verschiedenen Termine zur Erklärungsabgabe, bei gleichzeitiger Einrichtung eines einheitlichen Termins für das gesamte UStG.[788] Der Kostendruck der Finanzverwaltung darf nicht zur Verlagerung von Funktionen der Steuererhebung auf Unternehmen führen, indem immer mehr neue Vorschriften und Gesetze erlassen werden.

Der globale Wettlauf um effiziente USt-Systeme zur Reduzierung administrativen Aufwands und der Befolgungskosten für Finanzverwaltung und Unternehmen darf nicht am Gemeinschaftsgebiet vorbeigehen. Daher ist die europaweite Einführung **innovativer Besteuerungsverfahren** im Bereich der indirekten Steuern zu prüfen. Als

---

[785] Vgl. hierzu OECD (2014), S. 8 ff. (1.16-2.70).
[786] Siehe IW CONSULT (2008), S. 6 f., 35, 37, 41.
[787] Vgl. IW CONSULT (2008), S. 17.
[788] Vgl. KEMPER (2015), S. 378.

Beispiel ist das Assisted Compliance Assurance Programme (ACAP) in Singapur zu nennen, eine sogenannte kooperative Compliance-Initiative.[789] Hier können Unternehmen freiwillig teilnehmen unter Anwendungspflicht einer Spezial-Software, die der Finanzverwaltung von außen jederzeit Zugriff gestatten und Selbst-Revisionstools vorhalten. Auf diesem Weg erhalten partizipierende Unternehmen einen Premiumstatus, der weniger Außenprüfungen und erleichterte Vorschriften verspricht. Ziel ist einerseits die Reduzierung von Formalitäten und Befolgungskosten für Unternehmen und andererseits die Schaffung verbesserter Kontrollmöglichkeiten für die Finanzverwaltung. Die Einführung von elektronischen Kontrollmöglichkeiten von Rechnungen (*electronic auditing*) ist zu prüfen. Portugal hat als erster EU-Mitgliedstaat ein sogenanntes SAF-T-System eingeführt. Die Kooperation von Finanzverwaltung und Unternehmen basiert hierbei auf der Benutzung gleicher Software und ermöglicht so erhebliche Erleichterungen, z.B. indem Außenprüfungen auf ein Mindestmaß reduziert werden. Im Gegenzug kann die Finanzverwaltung von außen frühzeitig in Abrechnungsprozesse korrigierend eingreifen, die jahrzehntelange Notwendigkeit der Vorhaltung und Aufbewahrung von Rechnungen entfällt. Diese innovativen Verfahren sind gegenüber Außenprüfungen weitaus effizienter, da Fehler zeitnah korrigiert werden können. So wird verhindert, dass Sachverhalte nach vielen Jahren wieder aufgerollt werden müssen. USt-Risiken für Unternehmen wären so erheblich reduziert.

Unternehmen brauchen **Rechtssicherheit** für aktuelle und zukünftige Geschäftsaktivitäten und planbare Risiken innerhalb des USt-Managements. Der Anstieg von EuGH-Verfahren zwischen 1974 und 2013[790] zeigt die Notwendigkeit für Reformen in der EU und den EU-Mitgliedstaaten, die MwSt einfacher und effizienter zu gestalten. Innerhalb Deutschlands kann verfahrensrechtlich z.B. die anonymisierte Veröffentlichung von verbindlichen Auskünften durch die Finanzverwaltung zu mehr Rechtsicherheit für Unternehmen führen.[791] Unternehmen könnten sich so in einem frühen Planungsstadium bezüglich konkreter Rechtsfragen informieren.[792] Eine wichtige Aufgabe der EU-Kommission und der EU-Mitgliedstaaten ist der systematische Abbau von Rechtsunsicherheit, bedingt durch unterschiedliche Rechtsauslegung bzw. -anwendung,

---

789 Vgl. PWC (2013), S. 22.

790 PWC (2013), S. 9.

791 Vgl. GROTHERR/WITTENSTEIN (2015), S. 2, 9.

792 Vgl. GROTHERR (2015), S. 484.

restriktive Gesetzesinterpretation und z.T. überzogene Außenprüfungen seitens der Finanzverwaltungen.

VII. Kapitel: Zusammenfassung der Untersuchungsergebnisse

A. Untersuchungsergebnisse im Bereich der USt-Organisation

Die Grundlage für die Untersuchung ist der weltweite **Bedeutungsanstieg** der USt. So stellen viele Staaten[793] ihre Steuersysteme um und verlagern die Generierung von Steueraufkommen auf indirekte Steuern.[794] Ein weiterer Ausgangspunkt ist die Annahme, dass Unternehmen mit einem hohen umsatzsteuerlichen Problembewusstsein und einer effektiven USt-Organisation deutlich in der Minderheit sind.[795]

Diese Arbeit befasst sich mit den Perspektiven des harmonisierten Umsatzsteuergesetzes für Unternehmen zur Verbesserung ihrer betriebsorganisatorischen und planerischen Strukturen mit dem Ziel, umsatzsteuerliche Befolgungskosten zu verringern und umsatzsteuerliche Definitivbelastungen zu vermeiden. Denn die USt beeinflusst unmittelbar Produktionsfaktoren des **unternehmerischen Zielsystems**. Finanzierungs- und Liquiditätsaspekte, administrativer Aufwand und erhebliche Risikopotenziale als zukünftige (mögliche) Kostenverursacher berühren unmittelbar die unternehmerische Kostenstruktur, den Cashflow sowie das Gewinn- und Rentabilitätsziel. Der USt kommt daher eine zentrale unternehmerische Bedeutung zu, weshalb eine hohe **betriebswirtschaftliche Relevanz** begründet wird. Steuern vom Umsatz sind für Unternehmen in der Praxis kein sich neutralisierender durchlaufender Posten, da Unternehmensumsätze vielfach zu einem hohen Anteil international generiert werden und daher länderspezifisch zu veranlagen sind. Diese Arbeit steht im Kontext der Internationalen Betriebswirtschaftlichen Steuerlehre.

Die Herausgeber **empirischer Untersuchungen** im USt-Bereich weisen ohne Ausnahme auf den weltweiten Trend einer Verlagerung von der direkten zur indirekten Besteuerung hin. Gleichzeitig zum **Bedeutungsanstieg** der USt erfahren immer mehr Unternehmen die Folgen dieser Entwicklung: intensivierte USt-Prüfungen, mehr Verwaltungsaufwand, höhere Befolgungskosten, steigende USt-Risiken und die Notwendigkeit des verstärkten Einsatzes von Softwaretechnologie. Der in den vorgestellten empirischen Untersuchungen festgestellte globale Bedeutungsanstieg spiegelt sich auch in der Berichterstattung wirtschafts- und finanzorientierter deutscher Leit-

---

793 Z.B. einzelne US-Staaten, Bahrai, Brasilien, China, Indien, Katar, Kuwait, Malaysia, Oman, Saudi-Arabien, VAE.

794 Vgl. EY (2014A), S. 8; PWC (2013), S. 29.

795 Siehe auch KPMG (2012A), S. 2.

medien wider. USt-Themen sind in der **öffentlichen Wahrnehmung** und der öffentlichen Diskussion präsent. Demgegenüber widmen Geschäftsführungen und CFO der USt im Vergleich zu Unternehmenssteuern derzeit noch ein untergeordnetes Interesse. Dabei ist ein effizientes und effektives USt-Management ein fester Bestandteil der wertorientierten Unternehmensführung. Die Untersuchungsergebnisse der in dieser Arbeit durchgeführten **qualitativen Befragung** von Experten aus Wirtschaft und Finanzverwaltung zu Problembereichen, Veränderungen, Herausforderungen, Risiken und Management im Bereich der USt sind ausschlaggebende Ansatzpunkte für die thematische Auswahl der bearbeiteten Gebiete.

Im Folgenden werden die Untersuchungsergebnisse zusammengefasst und **differenziert nach betriebsorganisatorischem und planerischem Bezug** vorgestellt. Zur USt-Betriebsorganisation gehören die unternehmerischen Bereiche der administrativen USt-Kosten, die USt-Organschaft, Ausführungen zur Einführung des MOSS-Verfahrens für elektronische Dienstleistungen, die betriebsinterne Handhabung von innergemeinschaftlichen Lieferungen sowie der MwSt-Registrierung im EU-Gemeinschaftsgebiet, die Verbesserung von betrieblichen USt-Prozessen, die unternehmerische Bekämpfung von USt-Betrug und der Technologieeinsatz im USt-Management von Unternehmen.

Das Management der USt löst in Unternehmen **administrative Kosten** in Form von USt-Befolgungskosten aus, die durch Gesetzesbefolgung (USt-Compliance) und den sich daraus ergebenden umsatzsteuerlichen Mitwirkungs- und Informationspflichten entstehen. Dabei sind KMU relativ gesehen stärker belastet als Großunternehmen und müssen mit weitaus weniger Ressourcen den gleichen umsatzsteuerlichen Belastungen entgegentreten. Aus betriebswirtschaftlichen Kostenüberlegungen ist es notwendig, USt-Befolgungskosten genauer zu analysieren. Gemäß den Untersuchungsergebnissen ist die Position der Personalkosten die bedeutendste interne Kostenstelle. Größter Kostenträger innerhalb der USt-Compliance ist die Befolgung von USt-Informationspflichten. Als Kostentreiber wurde u.a. der Parameter **Zeitaufwand** ermittelt, mit dem betriebliche Kostentreiber besser zu identifizieren sind. Die Kosten des Personaleinsatzes werden als wesentliches Indiz für den administrativen Aufwand der USt angesehen. Der internationale Bedeutungsanstieg der USt erfordert aus betriebswirtschaftlicher Sicht eine **Aufwertung des USt-Managements** mit entsprechender Ressourcenbereitstellung. Da durch mehr USt-Fachpersonal, ausgeweiteter USt-Planung und erhöhtem Technologieeinsatz Fehlerquoten im USt-Bereich gesenkt,

Befolgungskosten reduziert und Lernprozesse mobilisiert werden können, rentieren sich Investitionen im USt-Bereich innerhalb kürzester Zeit. Je intensiver die Bereitstellung an internen und externen Ressourcen ist, desto höher ist die Erfolgsquote des USt-Compliance und desto niedriger sind die Risikopotenziale.

Die Einrichtung eines umsatzsteuerlichen **Organkreises** bietet für Konzerne und Unternehmen mit mehreren Tochtergesellschaften erhebliche betriebsorganisatorische Vorteile. Aufgrund der zentralen Dokumentation und nur einer Zahlungsverpflichtung fällt weniger administrativer Aufwand bei verbessertem Cash-Management an. Die Folge sind sinkende USt-Befolgungskosten. Zudem werden entlang von Produktions-, Transport- und Lieferketten durch interne Buchungsbelege ansonsten dezidiert zu dokumentierende Leistungsbeziehungen zwischen Konzerngesellschaften und Betriebsstätten eliminiert. Eine Voraussetzung der USt-Organschaft ist die Schaffung einer gesetzlich notwendigen finanziellen, wirtschaftlichen und organisatorischen Eingliederung aller Organgesellschaften. Neben diesen Vorteilen werden allerdings auch USt-Risiken ausgelöst, z.B. umsatzsteuerliche Mindestbemessungsgrundlagen hinsichtlich konzerninterner Verrechnungspreise und VoSt-Abzüge. Aufgrund von Außenprüfungen können insoweit USt-Nachzahlungen fällig und gegebenenfalls zukünftige bürokratische Hürden aufgebaut werden. Ein Defizit auf der Ebene des europäischen Gesetzgebers ist bislang das Fehlen eines **europäischen Organkreises**. Die Schaffung entsprechender gesetzlicher Grundlagen wäre zudem ein weiterer wichtiger Schritt für eine notwendig erachtete Steuerharmonisierung.

Mit Einführung des **MOSS-Verfahrens** werden Unternehmen im E-Commerce-Bereich europaweit mit neuen Herausforderungen konfrontiert. Zunächst gilt es, elektronische Dienstleistungen, die von der neuen Gesetzeslage erfasst werden, innerhalb des Unternehmens zu identifizieren. In Zeiten eines Internets und ständig neuer digitaler Produktangebote ist dieser Bereich mit einem hohen Arbeitsaufwand verbunden. Das MOSS-Verfahren weist zurzeit erhebliche Problembereiche mit hohem Risikopotenzial für Unternehmen auf. Dies betrifft z.B. den genauen Ablauf von Außenprüfungen, die Art und Weise der Datenbereitstellung für die Finanzverwaltung, Datenschutzregelungen, das betriebliche Management großer Datenbestände und fehlende einheitliche Regelungen zu Rechnungspflichten und Prüfungssprachen. USt-Verantwortliche müssen Risikopotenziale ständig neu abschätzen und zukünftige Befolgungskosten einplanen. Insgesamt werden Unternehmen mit Geschäftsaktivitäten im E-Commerce durch das MOSS-Verfahren zukünftig erheblichen Mehrbelastungen ausgesetzt sein.

USt-Verantwortliche sind aufgefordert, auf Anwendungserlasse und Übergangsregelungen zu warten, im Zweifel verbindliche Auskünfte einzuholen und zukünftige Befolgungskosten zu kalkulieren. Die zukünftige Nutzung wird zeigen, inwieweit das MOSS-Verfahren als rein virtuelles, länderübergreifendes Modell betrugsanfällig ist und welche gesetzlichen Nachbesserungen notwendig sind.

USt-befreite **innergemeinschaftliche Lieferungen** sind mit hohen Erklärungs-, Dokumentations- und Archivierungsanforderungen verbunden. Ziel einer effizienten Betriebsorganisation ist dabei stets die Sicherstellung der Steuerbefreiung, die Reduzierung von Nachzahlungs- und Haftungsrisiken aufgrund von Außenprüfungen sowie die Minimierung von Befolgungskosten. Dieses Ziel wird erreicht, indem in risikobehafteten Unternehmensbereichen und für entsprechende Geschäftsaktivitäten geeignete Dokumentations- und Sorgfaltsstrategien implementiert werden. Hierzu gehören Maßnahmen der Differenzierung unterschiedlicher Versandarten und den dazugehörigen Liefernachweisen. Risikoeinschätzungen und Handlungsempfehlungen müssen im Bewusstsein von Entscheidungsträgern operativer Abteilungen sowie ERP-System und Intranet hinterlegt sein. Die weitere betriebsinterne Vertrautheit wird durch entsprechende Schulungen der Mitarbeiter mit USt-relevanten Tätigkeiten verstärkt. Die umfangreichen Dokumentationsanforderungen erfordern ein geschultes Fachpersonal vor allem im Bereich der Logistik und im Vertrieb. Zusätzliche Sicherheit gewähren abgestimmte Prozesse wie die Sicherstellung der abteilungsübergreifenden Kommunikation bei bestimmten Versandarten bzw. Versandgruppen und sich verändernden Geschäftsbeziehungen.

MwSt-Registrierungen in EU-Mitgliedstaaten bedeuten für Unternehmen einen hohen administrativen Aufwand verbunden mit erheblichen Befolgungskosten. Es können aber Voraussetzungen geschaffen werden, die Unternehmen von der Registrierpflicht entbinden. Außerdem sind Chancen und Risiken abzuwägen, ab wann sich Registrierungen für Unternehmen lohnen.

Vorteile bestehen z.B. bei der Einräumung längerer Fristen zur Einreichung notwendiger Buch- und Belegnachweise für VoSt-Erstattungen und der Möglichkeit zur Abgabe periodischer USt-Abrechnungen bei VoSt-Überhängen. Daneben sind aufgrund des Erhalts einer nationalen USt-IdNr. USt-befreite Einkäufe im jeweiligen EU-Mitgliedstaat und die Abwicklung von Dreiecksgeschäften möglich. MwSt-Registrierungen unterstützen auch die Cashflow-Optimierung. Nachteile bestehen hinsichtlich hoher

Dokumentations- und Archivierungsanforderungen in den jeweiligen EU-Mitgliedstaaten sowie Prüfungs-, Nachzahlungs- und Haftungsrisiken.

Zur Erfüllung der weltweiten USt-Compliance und der Überwachung der Ergebnisse der USt-Organisation (z.B. VoSt-Erstattungen) ist die Entwicklung und Einrichtung **unternehmensweiter USt-Prozesse** notwendig, indem alle USt-relevanten Abläufe, Systeme und Mechanismen in die Unternehmens- und Geschäftsabläufe implementiert werden. Hierzu gehören z.B. Maßnahmen der abteilungsübergreifenden Kommunikation, gezielte Informationsweitergaben an USt-Verantwortliche und Entscheidungsträger sowie Kontrollen und eine Risikofrüherkennung. Weltweite UStG-Änderungen und veränderte Geschäftsaktivitäten müssen kurzfristig weitergegeben und in betriebliche Systeme implementiert werden. Erfolgsindikatoren sind an dieser Stelle die pünktliche und korrekte Abgabe von USt-Voranmeldungen, ein aktueller weltweiter Überblick über Zahllasten bzw. VoSt-Erstattungen. Innerhalb der Risikomanagementprosesse müssen risikobehaftete Unternehmensbereiche und Schwachstellen bekannt sein, abteilungsübergreifende Schnittpunkte und der Einsatz von USt-Softwaretechnologie überwacht sowie Konfliktszenarien und Plausibilitätsprüfungen festgelegt werden. Bei ausgelagerten Prozessen erhält die Partnerschaft zwischen Dienstleister und Unternehmen eine sehr hohe Bedeutung. Bei guter Organisation bietet das Outsourcing viele wirtschaftliche und strategische Möglichkeiten für die USt-Organisation, im Speziellen erhebliche Erleichterungen für die USt-Compliance. Aufgrund des weltweiten Bedeutungsanstiegs indirekter Steuern lassen sich durch abgestimmte und angepasste USt-Prozesse **wertsteigernde Effekte** für das Unternehmen erzielen.

Die jährlichen Mindereinnahmen aufgrund von USt-Hinterziehung betragen für den Fiskus europaweit jährlich bis zu 170 Mrd. Euro, für Deutschland ca. 20 Mrd. Euro. Einen erheblichen Anteil an diesen Mindereinnahmen haben USt-Karusselle. Unternehmen mit Geschäftsaktivitäten in betrugsanfälligen Geschäftsfeldern sind im besonderen Maße **Karussellrisiken** und die dazugehörigen Portfoliorisiken (Haftungs-, Nachzahlungs-, Zinsrisiken) ausgesetzt. USt-Verantwortliche sind daher aufgefordert, Fahrlässigkeit im Umgang mit Geschäftspartnern zu vermeiden, Kundenkontakte zu überwachen und betriebliche Überprüfungsstrukturen einzubeziehen. Denn Karussellrisiken ist insbesondere derjenige Wirtschaftsteilnehmer ausgesetzt, der nicht alle in seiner Macht stehenden, vernünftigerweise zu ergreifenden Maßnahmen trifft, die von einem sorgfältigen und ordentlichen Kaufmann hätten verlangt werden können.

Anknüpfungspunkt für eine Risikominimierung und Verhinderung der unwissentlichen Mitwirkungen an Karussellgeschäften ist die Analyse von Geschäftsbeziehungen und den dazugehörenden Leistungsaustauschen. Rechtsicherheit geben EuGH-Urteile, die bestätigen, dass die Möglichkeit des VoSt-Abzugs bei der unwissentlichen Betrugsmitwirkung grds. erhalten bleibt. Gleichzeitig werden Unternehmen aber nicht von der Haftung aufgrund eines bandenmäßigen USt-Betrugs (§ 25d UStG) entbunden, wenn der Unternehmer von betrügerischen Absichten Beteiligter Kenntnis hatte oder nach der Sorgfalt eines ordentlichen Kaufmanns hätte haben müssen. Unternehmen mit Geschäftsaktivitäten in betrugsanfälligen Bereichen müssen durch Präventivmaßnahmen und die Integration dieser in ein übergeordnetes USt-RMS jedweder Fahrlässigkeit entgegenwirken. Präventivmaßnahmen zur Reduzierung von Karussellrisiken orientieren sich unternehmens- und branchenspezifisch an Aufdeckungswahrscheinlichkeiten, kalkulierbaren Befolgungskosten, an dem organisatorischen Aufwand und an den Durchführungsgeschwindigkeiten. Ein wichtiger Risikoindikator ist das Informationsverhalten neuer Geschäftspartner.

Der letzte betriebsorganisatorische Bereich dieser Arbeit ist der Einsatz von USt-Softwaretechnologien. Unbegrenzte Mengen USt-relevanter, länderspezifischer Daten und Informationen der unternehmensweiten Geschäftsumsätze müssen zeitnah, pünktlich sowie vollständig und gesetzeskonform verarbeitet und dokumentiert werden. Dies ist nur mithilfe des Einsatzes komplexer **Softwaretechnologieunterstützung** in der USt-Organisation möglich. USt-Softwarelösungen müssen über Fähigkeiten hinsichtlich der intelligenten Anwendung elektronischer Einstellungen und Werkzeuge zur Standardisierung, Zentralisierung, Automatisierung und Digitalisierung von Aufgaben und Funktionen des USt-Managements verfügen. Dieses Angebot soll für betroffene Unternehmen betriebsorganisatorische Vereinfachungen gewährleisten und bei gleichzeitiger Reduzierung von USt-Befolgungskosten und -Risiken die Identifikation von Fehlerquellen ermöglichen. Für diese Anwendungsbereiche bieten Softwarehersteller verschiedene Technologien an, die innerhalb der USt-Organisation unterschiedliche Ansatzpunkte haben und optimal an branchen- bzw. unternehmensspezifischen Bedürfnissen angepasst sind. Ein Potenzial für die Weiterentwicklung und Optimierung liegt in der abteilungsübergreifenden Vernetzung weltweiter Unternehmensteile, Integration weltweiter USt-Compliance, Umsatzkategorisierung und in den elektronischen Rechnungsverfahren. Dies schafft für Steuerabteilungen einen zentralen Überblick bezüglich weltweiter USt-Vorgänge, verbessert IT-gestützte Plausibilitätsprüfungen und schafft ein vereinfachtes Reporting mit entsprechenden Auswertungstools. Gemeinsame Weiterentwicklungsmöglichkeiten für Unternehmen und Finanzverwaltung bestehen zudem in der Anwendung kooperierender Softwarelösungen. Limitationen des USt-Softwaretechnologieeinsatzes liegen in den erheblichen weltweiten Rechtsunterschieden, die unternehmensweite, standardisierte und zentralisierte Softwarelösungen verhindern. Die hohen Investitionskosten sind zudem anhand von Kosten-Nutzen-Relationen abzuwägen.

B. Untersuchungsergebnisse im Bereich der USt-Planung

Folgende Bereiche beziehen sich auf die **USt-Planung**: Im Einzelnen sind dies folgende Bereiche: die unternehmerische USt-Strategie, das betriebliche Personal- und Wissensmanagement sowie das umsatzsteuerliche Kommunikations- und Berichtswesen, das USt-Liquiditätsmanagement, der Umgang mit Betriebsprüfungen und die Entwicklung einer Tax Compliance mit dem dazugehörigem USt-RMS.

Unternehmens- und länderspezifische Zielvorgaben für den Umsatzsteuerbereich bilden die Grundlage für eine weltweite **USt-Strategie**, aus der konkrete Maßnahmen für das USt-Management abgeleitet werden. Dabei ist eine Verknüpfung und Integration mit übergeordneten Steuer- und Unternehmensstrategien vorzunehmen. Die weltweite Tendenz, Steueraufkommen von direkten auf indirekte Steuern zu verlagern, muss in der unternehmerischen Steuerstrategie abgebildet werden und im Bewusstsein der Geschäftsführung präsent sind. Als Basis für Erfolgsmessungen der USt-Strategie dienen eindeutig im Vorwege formulierte Zielvorgaben, die von der Geschäftsführung wahrgenommen und unterstützt werden. Der Wirkungsgrad einer verbindlich formulierten, abteilungsübergreifenden USt-Strategie wird von einem eingesetzten USt-Verantwortlichen koordiniert und fortlaufend angepasst. Mehrmals jährlich sind Berichterstattungen zu umsatzsteuerlichen Zielvorgaben und Strategien einzuplanen. Eine erfolgreiche USt-Strategie schafft Wettbewerbsvorteile und steigert den Unternehmenswert.

Angesichts des internationalen Bedeutungsanstiegs der USt sind Investitionen in das **Personalwesen und Wissensmanagement** im USt-Bereich notwendig, um USt-Befolgungskosten und Risikopotenziale zu reduzieren. Ein entsprechend geplantes und umgesetztes Personal- und Wissensmanagement verbessert die unternehmerische USt-Organisation, hat einen positiven Einfluss auf den Unternehmenswert und kann gegenüber Konkurrenten Wettbewerbsvorteile ermöglichen. Entsprechend den umsatzsteuerlichen Zielvorgaben müssen Fortbildungs- und Auswahlstrategien zur Personalentwicklung verfolgt werden, die ständige Verbesserungen USt-relevanter Prozesse erzielen, auf systematische Nachwuchsgewinnung von Steuerfachpersonal ausgerichtet sind und unternehmensweite Lernprozesse mobilisieren. Verantwortungsstrukturen im USt-Management sind flexibel zu gestalten, um Fehlerquoten und USt-Risiken zu minimieren.

USt-Wissensmanagement dient dem Erwerb, dem Transfer, der Entwicklung, Speicherung und Nutzung des umsatzsteuerlichen Wissens und der Informationen zur Erfüllung aller vorgeschriebenen bzw. notwendigen Aufgaben des USt-Managements. Grundelemente sind die schnelle Verfügbarkeit und Interpretierbarkeit USt-relevanter Informationen zur Lösung betrieblicher USt-Sachverhalte und zur Reduzierung von USt-Risiken. Entsprechend den umsatzsteuerlichen Zielvorgaben werden Strategien zum Wissensaufbau und zur Wissensbereitstellung verfolgt. Die dazugehörigen Maßnahmen fokussieren die Generierung, Sammlung, Aufbewahrung und Weitergabe von Erfahrungen im Umgang mit Finanzverwaltungen, Informationen zur umsatzsteuerlichen Entwicklung weltweiter Geschäftsaktivitäten und Lehren aus USt-relevanten Geschäftsvorfällen. Auf diese Weise werden Prozesse des Lernens und des Wissenstransfers angeregt. Strategien der unternehmensweiten Vernetzung zielen auf eine bessere Verteilung notwendiger USt-Informationen und den Aufbau effizienter Prozesse zwischen Unternehmensteilen weltweit ab. Dabei bieten Innovationen in der industriellen Vernetzung und in dynamischen Cloud-Systemen ein erhebliches Entwicklungspotenzial.

Die USt setzt regelmäßig unternehmensweit abteilungsübergreifende Prozesse in Bewegung. Angesichts dessen besteht die Notwendigkeit für ein länder- und abteilungsübergreifendes **Kommunikations- und Berichtswesen** im USt-Bereich. Aufgabe des USt-Verantwortlichen ist es daher, ein Kontakt- und Kommunikationsnetzwerk zu koordinieren, das sich aus internen und externen Akteuren zusammensetzt. Das regelmäßig durchzuführende USt-Berichtswesen bezeichnet die Zusammenstellung und Aufbereitung relevanter USt-Informationen für Entscheidungsträger, damit Erkenntnisse aus der Vergangenheit Verbesserungen für die Zukunft ermöglichen. Aufgrund des weltweiten Bedeutungsanstiegs der USt gewinnt das Berichtswesen betriebsintern an Tragweite und wird mittelfristig verstärkt in den Mittelpunkt der Geschäftsführung rücken. Als Gliederungsebenen bieten sich die Bereiche allgemeine Fakten, USt-Compliance, USt-Risiken und allgemeine Chancen an, wobei Inhalte länderspezifisch aufzubereiten sind. In Abhängigkeit von der Position des Adressaten muss die Berichterstattung unterschiedliche Intensitäten und Vertraulichkeitsgrade berücksichtigen.

Entgegen der noch anzutreffenden Charakterisierung als durchlaufender Posten kann die USt weltweit aufgrund von Gesetzesvorschriften, bei mangelhafter VoSt-Verarbeitung oder nachträglicher Aberkennung in Außenprüfungen regelmäßig zu einem Kostenfaktor mutieren mit einem erheblichen Einfluss auf den unternehmerischen Cashflow. Diese betriebswirtschaftlich relevante Perspektive erfordert planerische **Liquiditätsüberlegungen**, die Implementierung notwendiger USt-Prozesse und Kontrollmechanismen in betriebliche Organisationssteuerungen im Rechnungswesen und IT-Bereich. Liquiditäts- und Finanzierungsvorteile lassen sich durch USt-Organkreise, Zuordnungswahlrechte, Gestaltung der Leistungsausführung, Ausübung von Optionsmöglichkeiten und nachträgliche VoSt-Berichtigungen erzielen. Bei der Herstellung von Wirtschaftsgütern und Anschaffungsvorgängen sind entsprechende Möglichkeiten aus Liquiditätsgründen zu prüfen und gegebenenfalls anzuwenden. USt-Organkreise bieten innerhalb von Konzernstrukturen Möglichkeiten für vorteilhafte horizontale Liquiditätsausgleiche (USt-Cashpool). Interne Kooperationen zwischen der Steuer- und Finanzabteilung sind unumgänglich, weil planerische Liquiditätsüberlegungen unmittelbar das unternehmerische Cash Management beeinflussen. Für Unternehmen, Stiftungen und Vereine mit USt-freien Ausgangsumsätzen bestehen aufgrund von Optionsmöglichkeiten besondere Gestaltungspotenziale. Durch die Einrichtung von Zweckbetrieben lassen sich bei gemeinnützigen Körperschaften gegebenenfalls VoSt-Abzugsmöglichkeiten schaffen, die den Cashflow schonen und finale Kostenvorteile generieren. Die ideellen Bereiche können hingegen vom europäischen USt-Gefälle und von Schwellenwerten profitieren. Je nach Ausgestaltung von Wertschöpfungsketten können in Konzernen USt-günstige Betriebsstrukturen geschaffen werden. Bei großen Unternehmen mit länderübergreifenden Produktions- und Geschäftsaktivitäten ist die Gestaltung von Liefer- und Transportwegen ein fester Bestandteil der USt-Strategie. Zur Schonung liquider Mittel und Reduzierung formeller Befolgungskosten innerhalb eines europäischen Konzerns ist der Einsatz des innergemeinschaftlichen Dreieckgeschäfts entlang der konzernweiten Wertschöpfungskette ein wichtiges Gestaltungsinstrument. Aus ähnlichen Gründen empfiehlt sich die aktive Gestaltung von Lieferketten im Rahmen innereuropäischer Reihengeschäfte. Weltweit steigende USt-Sätze machen nationale Systeme für die VoSt-

Erstattung zu einem wichtigen Standortfaktor, denn nicht erstattete VoSt bewirken für Unternehmen höhere Kosten.

Im europäischen Gemeinschaftsgebiet verfügen die Finanzverwaltungen über Instrumente, die USt-Compliance für Unternehmen sicherzustellen, USt-Betrug einzudämmen und das Steueraufkommen sicherzustellen. Dies sind reguläre Außenprüfungen, USt-Sonderprüfungen und USt-Nachschauen. In jüngster Zeit intensivieren Finanzverwaltungen europaweit **Prüfungen im USt-Bereich** und generieren auf diese Weise erhebliche Mehrergebnisse. Finanzverwaltungen können zudem auf einen verbesserten und europaweit vernetzten Einsatz von Softwaretechnologie zurückgreifen. Für die Unternehmen steigen Betriebsprüfungs- und Nachzahlungsrisiken. Ein Unternehmensziel ist es daher, Fehlerquellen zu reduzieren, um Nachzahlungsrisiken zu verringern. Dies erfolgt durch eine systematische Auswertung der Prüfungsergebnisse. Hierzu dient die praktische Aufbereitung der unternehmensinternen Erfolgskontrolle des USt-Bereichs. Entsprechende Erkenntnisse, deren Kommunikation und die daraus abgeleiteten Erfahrungsgewinne finden eine unmittelbare Verwertung im umsatzsteuerlichen Wissensmanagement. Finanzverwaltungen verwenden das Instrument der USt-Sonderprüfung regelmäßig für bestimmte Anlässe. Finden sich hierin die spezifischen Geschäftsaktivitäten von Unternehmen wieder, steigt die Wahrscheinlichkeit für USt-Sonderprüfungen. Finanzverwaltungen greifen in letzter Zeit verstärkt auf das Instrument der USt-Nachschau zurück. Unternehmen sollten dies unter Hinzunahme externer Berater zum Anlass nehmen, umsatzsteuerliche Probleme zu thematisieren und entsprechend zu dokumentieren, um sich vor gegenläufigen Beurteilungen zu einem späteren Zeitpunkt zu schützen.

Ein **USt-Compliance-Managementsystem** ist auf die präventive Vermeidung von Risiken ausgerichtet. Durch die Formulierung fester Standards für den USt-Bereich wird eine Organisationsstruktur im unternehmerischen USt-Bereich als Teil der übergeordneten Tax Compliance geschaffen. Innerhalb eines branchen- und unternehmensindividuellen Rahmens beinhaltet das USt-Compliance vier zentrale Standards. Der erste Standard ist die Festlegung von Grund- und Wertentscheidungen zur Einhaltung des geltenden Umsatzsteuergesetzes und die Gewährleistung eines rechtskonformen Verhaltens aller Unternehmensbereiche. Zweiter bis vierter Standard sind die Informationen von Stakeholdern und die Gewährung der maximal benötigten Transparenz über das unternehmerische USt-Management, die Festlegung interner und externer Kooperationen sowie die Implementierung eines USt-RMS. Dies geschieht in Anlehnung an unternehmensspezifische Geschäftsaktivitäten und Risikostrukturen. Adressaten der USt-Compliance sind Stakeholdergruppen wie z.B. ausländische und inländische Finanzverwaltungen, Regierungen, Kunden, Lieferanten und die eigenen Mitarbeiter. Zur Umsetzung des Compliance-Systems dient eine Kombination aus Top-Down- und Bottom-Up-Ansatz. Zur sachgerechten Bearbeitung der Kernprozesse werden Qualitätskriterien festgelegt. Dies sind die Nachvollziehbarkeit für betroffene Unternehmensbereiche, die Personenunabhängigkeit, die Einhaltung von Fristen, die permanente Erreichbarkeit, die jährliche Veröffentlichung aus Transparenzgesichtspunkten, die Aktualität und ständige Verfügbarkeit.

Als schwer vorhersehbare Gefahrenpotenziale können **USt-Risiken** bei deren Eintritt steuerliche und finanzielle Mehrbelastungen (erfolgswirksame Kostenpotenziale) sowie haftungsrechtliche und immaterielle Schäden verursachen. Bei jährlich 5 Mrd. Euro umsatzsteuerlichen Nachzahlungen und drastischen Sanktionen besteht für das Risikopotenzial in Unternehmen in Deutschland eine hohe betriebswirtschaftliche Relevanz. Ursachen für USt-Risiken liegen in der Internationalisierung der unternehmerischen Wertschöpfungsketten, in der Vielzahl unterschiedlicher weltweiter Umsatzsteuergesetze und ihrer Kompliziertheit sowie in der ständig sich ändernden nationalen und europäischen Rechtsprechung. Das **USt-Risikomanagement** wird zukünftig erheblich an Bedeutung gewinnen, einerseits durch sich kontinuierlich ändernde Strukturen innerhalb von Konzernen, andererseits durch wachsende administrative Anforderungen und die weltweiten gesetzlichen Verschärfungen im Bereich der umsatzsteuerlichen Rechnungslegung. Unternehmerisches Ziel ist daher die unternehmensspezifische Verbesserung der USt-Planung durch die vorsorgliche Reduzierung und Eintrittsverhinderung von Kostenpotenzialen, die Bekämpfung eintretender Risiken und die begleitende Dokumentation zur Einleitung von Lernprozessen zur Systematisierung der Abläufe. Ansatzpunkt für die Bekämpfung von USt-Risiken ist die Erstellung von Risikoprioritätslisten, die anhand von Eintrittswahrscheinlichkeiten und geschätzten Kostenpotenzialen vorgenommen wird. Im Rahmen von Entscheidungsprozessen sind Risikopotenziale abzuschätzen und einzukalkulieren. Konkrete Maßnahmen zur Beseitigung von Defiziten sind z.B. klare Management- und Verantwortungsstrukturen, Absprachen bzw. Verständigungen mit der Finanzverwaltung, Einsatz von USt-Softwaretechnologie, sorgfältige Dokumentationen, ein weltweites Fristenmanagement, rechtzeitige weltweite Steueranmeldungen, der Einsatz der Internen Revision, Generierung von Lernprozessen, Gestaltung von Beraterverträgen,

Entwicklung von Szenarien sowie stakeholderorientierte und abteilungsübergreifende Kommunikationssysteme. Diese Maßnahmen und alle dazugehörigen Unternehmensprozesse lassen sich unter dem *three lines of defense approach*-Modell vereinen, in dem USt-Risiken durch unterschiedliche Funktionen identifiziert, bewertet, entschärft und beseitigt werden können.

Die Untersuchungen im Rahmen dieser Arbeit identifizieren den Kostencharakter der USt für Unternehmen. Je höher die nationalen USt-Sätze, die umsatzsteuerlichen Befolgungskosten und die Risikopotenziale für Unternehmen und je restriktiver die Gesetzesinterpretationen sowie das Prüfungsverhalten der Finanzverwaltungen im Gemeinschafts- bzw. Drittlandgebiet sind, desto betriebswirtschaftlich relevanter werden betriebsorganisatorische und planerische Überlegungen. Rechtsunsicherheiten und Unübersichtlichkeiten dürfen nicht davor abschrecken, die Gestaltungsmöglichkeiten der USt zu ergründen und zu ergreifen. Der internationale Bedeutungsanstieg und der Trend zur Verlagerung des Steueraufkommens zu indirekten Steuern müssen Unternehmen dazu veranlassen, ausreichend Ressourcen für Maßnahmen zur Reduzierung von Befolgungskosten und Risiken bereitzustellen. Das Rechtsgebiet der USt bleibt in Anbetracht vieler Detailregelungen sowie der Koexistenz nationaler und europäischer Rechtsauffassungen kompliziert und wird auch zukünftig schwierig zu handhaben. Harmonisierungsdefizite, verschärfte Gesetzgebung zur Sicherung des Steueraufkommens, unterschiedliche Rechtsauslegungen und Formalitäten in den EU-Mitgliedstaaten werden auch in Zukunft die Herausforderungen bestimmen und Spannungsfelder schaffen. Trotz der global ausgerichteten Geschäftsaktivitäten von Unternehmen bleibt die Besteuerung von Umsätzen auf absehbare Zeit lokal mit den daraus international entstehenden Herausforderungen bestehen.

VIII. Anhänge

Anhang 1: Anschreiben

Universität Hamburg
DER FORSCHUNG | DER LEHRE | DER BILDUNG

UHH – Fakultät für Betriebswirtschaft
Von-Melle-Park 5, 20146 Hamburg

An

Prof. Dr. Siegfried Grotherr
Fakultät für Betriebswirtschaft
Institut für Wirtschaftsprüfung und Steuerwesen
Arbeitsbereich Betriebswirtschaftliche Steuerlehre
Von-Melle-Park 5
Aufgang C, 3. Etage, Raum 3100
20146 Hamburg
Tel. +49 (0)40 - 42838-5993
Fax +49 (0)40 - 42838-6121
steuerlehre@uni-hamburg.de
www.uni-hamburg.de/steuerlehre

Betreff: Umfrage zu aktuellen Herausforderungen und Management der Umsatzsteuer

Sehr geehrte Damen und Herren,

Im Rahmen der Dissertation „Die Umsatzsteuer unter steuerplanerischen und betriebsorganisatorischen Gesichtspunkten" befrage ich Steuerexperten aus Unternehmen und Finanzverwaltung zum unternehmerischen USt-Management.

Das Ziel ist die Veröffentlichung einer repräsentativen Studie. Die Ergebnisse der Studie werden in anonymisierter Form ausschließlich zu wissenschaftlichen Zwecken verwendet.

Nach Fertigstellung der Befragungen werden Ihnen die Auswertungen und Ergebnisse zur Verfügung gestellt.

Für Fragen stehe ich Ihnen gerne zur Verfügung. Über eine **Rückmeldung** würde ich mich freuen **(nils@langhein.net)**

Mit freundlichen Grüßen

Nils Langhein
Doktorand

Anlage:

Verschwiegenheitserklärung,
Fragebogen

Anhang 2: Verschwiegenheitserklärung

Universität Hamburg
DER FORSCHUNG | DER LEHRE | DER BILDUNG

UHH – Fakultät für Betriebswirtschaft
Von-Melle-Park 5, 20146 Hamburg

Prof. Dr. Siegfried Grotherr

Fakultät für Betriebswirtschaft
Institut für Wirtschaftsprüfung und Steuerwesen
Arbeitsbereich Betriebswirtschaftliche Steuerlehre
Von-Melle-Park 5
Aufgang C, 3. Etage, Raum 3100
20146 Hamburg

Tel. +49 (0)40 - 42838-5993
Fax +49 (0)40 - 42838-6121
steuerlehre@uni-hamburg.de
www.uni-hamburg.de/steuerlehre

04.07.2015

Umfrage zu aktuellen Herausforderungen und Management der Umsatzsteuer (USt)
Doktorand Nils Langhein, M.Sc.

Verschwiegenheitserklärung

Meine Verschwiegenheit erstreckt sich auf alles, was mir durch die Sammlung, Analyse und Bewertung von Aussagen der Untersuchungsteilnehmer im Rahmen meiner Dissertation an der Universität Hamburg bekannt geworden ist oder noch bekannt wird.

Insbesondere erstreckt sich meine Verschwiegenheit auf

1. Namen, Anschriften sowie die wirtschaftlichen Verhältnisse der untersuchten Unternehmen, auf ihre Aussagen, Absichten, Objekte, Planungen, internen Verhältnisse, auf rechnerische Zahlen und kaufmännische Zusammenhänge;

2. alle Aussagen gegenüber Fremden, Familienangehörigen oder sonstigen nahestehenden Personen.

Zur Wahrung der Schweigepflicht ist weiterhin besonders zu beachten:

1. In Post- oder Emailsachen wird Dritten kein Einblick gewährt.

2. Alle Unterlagen der vorgenommenen Untersuchungsvorgänge werden sorgfältig verwahrt und weggeschlossen.

3. **Die Aufbereitung und Veröffentlichung der Ergebnisse erfolgt durch anonyme und quantitative Statistiken, die die Rückverfolgbarkeit ausschließen.**

4. Die Verschwiegenheitserklärung erstreckt sich nicht auf die Zusammenarbeit mit Doktorvater und Erstprüfer Prof. Dr. Siegfried Grotherr.

Seite 2/2

Gemäß § 5 Bundesdatenschutzgesetz bin ich dazu verpflichtet, geschützte personenbezogene Daten zu keinem anderen als dem zur jeweiligen rechtmäßigen Aufgabenerfüllung gehörenden Zweck zu verarbeiten, bekanntzugeben, unbefugten Personen zugänglich zu machen oder sonst zu nutzen.

Meine Verschwiegenheitserklärung bleibt auch nach Beendigung der Dissertation an der Universität Hamburg bestehen.

________________________ ________________________

(Ort und Datum) (Unterschrift)

Anhang 3: Gesprächsleitfaden für Experten aus Unternehmen

Universität Hamburg
DER FORSCHUNG | DER LEHRE | DER BILDUNG

Prof. Dr. Siegfried Grotherr
Fakultät für Betriebswirtschaft
Institut für Wirtschaftsprüfung und Steuern
Arbeitsbereich Betriebswirtschaftliche Steuerlehre
Von-Melle-Park 5
Aufgang C, Raum 3100
D-20146 Hamburg
Telefon: +49 40 428 38-5993
Telefax: +49 40 428 38-6121
steuerlehre@uni-hamburg.de
http://www.uni-hamburg.de/steuerlehre

Umfrage zum unternehmerischen Umsatzsteuer-Management
Doktorand Nils Langhein, M.Sc.

Gesprächsleitfaden für Experten aus Unternehmen

1. **Können Sie Veränderungen in der Bedeutung bzw. Relevanz der USt im Zeitverlauf der letzten 5-10 Jahre für ihr Unternehmen feststellen?**

a. Bestehen diesbezüglich Unterschiede zwischen verschiedenen Ländern in denen Ihr Unternehmen tätig ist?

b. Kam es im Bereich der USt zu Rechtsstreitigkeiten?

Umfrage zum unternehmerischen Umsatzsteuer-Management
Universität Hamburg – Arbeitsbereich Betriebswirtschaftliche Steuerlehre

2. **Welche Arten steuerlicher USt-Risiken haben in Ihrem Unternehmen eine Bedeutung? Gibt es eine Rangfolge?**

   Bsp:
   Einfuhrrisiken
   Innergemein. Lieferungen / Erwerb
   VoSt - Risiken
   Risiken mit Drittländern
   Reihengeschäfte
   Differenzbesteuerung
   Administrative Risiken
   Prüfungsrisiken
   Qualifizierung von Leistungen

3. **In welchen Bereichen Ihres Unternehmens liegen potentielle Quellen bzw. Ursachen für umsatzsteuerliche Risiken und Herausforderungen?**

a. Welche Abteilungen bzw. Hierarchieebenen sind am Management dieser Risiken beteiligt?

4. **Durch welche Maßnahmen und Prozesse wird sichergestellt, dass das Management von USt-Risiken und die USt-Kontrolle in den Geschäftsablauf eingebunden sind?**

5. Welche Abteilung ist für das USt-Management verantwortlich? Wer begleitet USt-Prüfungen der Finanzverwaltung?

6. Existiert in Ihrem Unternehmen eine festgelegte USt-Strategie, gibt es ein umsatzsteuerliches Risikomanagement-System (RMS)?

a. Hat sich ihr Unternehmen diesbezüglich fachlich beraten lassen?

7. **Inwieweit kann Ihr Unternehmen im USt-Bereich planerisch tätig werden?**

8. **Welche betriebsorganisatorischen Herausforderungen stellt die USt für Ihr Unternehmen dar? Wie viele Mitarbeiter hat die Steuerabteilung und wie viele davon sind ausschließlich im USt-Bereich (VAT/GST) beschäftigt?**

9. **In welchen Bereichen gab es in den letzten Jahren konkrete Veränderungen im USt-Management? Sind aus Effizienzgründen weitere Änderungen geplant, wenn ja wo?**

10. **Wie und wie häufig prüft die Finanzverwaltung umsatzsteuerliche Sachverhalte ihres Unternehmens?**

Anhang 4: Gesprächsleitfaden für Experten aus der Finanzverwaltung

Universität Hamburg
DER FORSCHUNG | DER LEHRE | DER BILDUNG

Prof. Dr. Siegfried Grotherr
Fakultät für Betriebswirtschaft
Institut für Wirtschaftsprüfung und Steuern
Arbeitsbereich Betriebswirtschaftliche Steuerlehre
Von-Melle-Park 5
Aufgang C, Raum 3100
D-20146 Hamburg

Telefon: +49 40 428 38-5993
Telefax: +49 40 428 38-6121

steuerlehre@uni-hamburg.de
http://www.uni-hamburg.de/steuerlehre

Umfrage zur Bedeutung und Herausforderungen der Umsatzsteuer
Doktorand Nils Langhein, M.Sc.

Gesprächsleitfaden für Experten der Finanzverwaltung

1. **Welche Bereiche der USt gelten als Problembereiche? Worin liegen potentielle Quellen, Ursachen für umsatzsteuerliche Risiken und Herausforderungen?**

Bsp:

Einfuhr
Innergemein. Lieferungen / Erwerb
VoSt
Risiken mit Drittländern
Differenzbesteuerung
Administration
Betriebsprüfungen

2. **Können Sie Veränderungen in der Bedeutung bzw. Relevanz der USt im Zeitverlauf der letzten 5 – 10 Jahre feststellen?**

 Bearbeitender: Nils Langhein – Jun. 2015

Umfrage zur Bedeutung und Herausforderungen der Umsatzsteuer
Universität Hamburg – Arbeitsbereich Betriebswirtschaftliche Steuerlehre

3. Welche Maßnahmen werden zur Beseitigung oder Reduzierung von USt-Problembereichen vorgenommen?

4. Mit welchen Mitgliedstaaten gestaltet sich die Zusammenarbeit auf europäischer Ebene als besonders schwierig?

5. Welche Maßnahmen müssten auf europäischer Ebene getroffen werden, um Befolgungskosten der USt (z.B. Verwaltungsaufwand) bei Finanzverwaltung und Unternehmen zu senken?

Anhang 5: Übersicht zu den Untersuchungsobjekten

Gemäß Verschwiegenheitserklärung ist dieser Anhang nicht veröffentlicht.

Anhang 6: Wortprotokoll der interviewten Experten aus Unternehmen

Gemäß Verschwiegenheitserklärung ist dieser Anhang nicht veröffentlicht.

Anhang 7: Wortprotokoll der interviewten Experten aus der Finanzverwaltung

Gemäß Verschwiegenheitserklärung ist dieser Anhang nicht veröffentlicht.

Anhang 8: Informationspflichten im Umsatzsteuergesetz

Informationspflicht	UStG
Qualifizierte elektronische Signatur bei elektronisch übermittelten Rechnungen	§ 14 Abs. 3 Nr. 1 UStG
Berichtigung der USt-Voranmeldung bzw. USt-Erklärung, insb. bei innergemeinsch. Lieferungen, Reverse Charge	z.B. § 18b Satz 4 und 5 UStG
Aufbewahrung von Rechnungen	§ 14b Abs. 1 UStG
Kosten der Steuerveranlagung: USt-Voranmeldung und ZM	§§ 18 Abs. 1 Satz 1 HS 1, Abs. 2, 18a UStG
Gesonderte Erklärung innergemeinschaftlicher Lieferungen im Besteuerungsverfahren	§ 18b Satz 1 UStG
Abgabe der USt-Erklärung	§ 18 Abs. 3 UStG
Ausstellung von Rechnungen	§ 14 Abs. 2 Nr. 2 Satz 2 UStG
Berichtigung der USt-Voranmeldung bzw. USt-Erklärung bzgl. innergemeinschaftlicher Lieferungen	§ 18b Satz 4 und 5 UStG
Bereithaltung und Vorlage von Aufzeichnungen und Dokumentationen	z.B. Verbringungsnachweise, Reverse Charge, u.a. § 22 Abs. 1 bis 6 UStG

Quelle: Eigene grafische Darstellung der Untersuchungsergebnisse, DESTATIS (2014), TOP 100 der kostenintensivsten Informationspflichten aller Rechtsgebiete, Reihenfolge gem. Ergebnistabelle.

Anhang 9: Mediale Wahrnehmung der USt zwischen 2011 und 2014

Die Datenerhebung erfolgte zwischen Oktober und Dezember 2014 und wurde im Rahmen einer Masterarbeit an der Universität Hamburg, Fakultät für Betriebswirtschaft, Lehrstuhl für Betriebswirtschaftliche Steuerlehre von Daniel-Andrè Danneberg durchgeführt.

In der nachfolgenden Tabelle sind USt-Artikel aufgeführt, die in deutschen Leitmedien zwischen 2011 und 2014 erschienen sind.

Medium	Kategorie	Artikel
Bild	**USt-Satz 7 oder 19%**	16/01/2011 „Seehofer verteidigt niedrigere Hotel-Mehrwertsteuer" Online verfügbar unter: http://www.bild.de/regional/muenchen/seehofer-verteidigt-niedrigere-hotelmehrwertsteuer-15519722.bild.html (November 2014). 29/07/2011 „Hoteliers Mehrwertsteuersenkung schafft Arbeitsplätze" Online verfügbar unter: http://www.bild.de/regional/muenchen/hoteliers-mehrwertsteuersenkung-schafft-arbeitsplaetze-19128276.bild.html (November 2014). 24/08/2011 „Gericht Bratwurst im Stehen kostet weniger Steuern" Online verfügbar unter: http://www.bild.de/regional/muenchen/gericht-bratwurst-im-stehen-kostet-weniger-19572806.bild.html (November 2014). 01/12/2011 „Steuer-Irrsinn zur Adventszeit" Online verfügbar unter: http://www.bild.de/geld/sparen/mehrwertsteuer/steuer-irrsinn-im-

Medium	Kategorie	Artikel
		advent-21335046.bild.html (November 2014). 11/01/2012 „Hotel muss gesenkte Mehrwertsteuer weitergeben" Online verfügbar unter: http://www.bild.de/regional/ruhrgebiet/hotel-muss-gesenkte-mehrwertsteuer-weitergeben-22021918.bild.html (November 2014). 13/02/2012 „Wird der Pizza-Service künftig teurer" Online verfügbar unter: http://www.bild.de/geld/wirtschaft/mehrwertsteuer/pizza-service-wird-teurer-22620876.bild.html (November 2014). 10/07/2012 „Steuernachlass für Hotels gilt nicht für Bordelle" Online verfügbar unter: http://www.bild.de/regional/ruhrgebiet/steuernachlass-fuer-hotels-gilt-nicht-fuer-25087206.bild.html (November 2014). 26/09/2012 „DGB: Hoteliers streichen Extraprofit aus Steuersenkung ein". Online verfügbar unter: http://www.bild.de/regional/hamburg/dgb-hoteliers-streichen-extraprofit-aus-steuersenkung-26410004.bild.html (November 2014). 18/10/2012 „Lebensmittelspenden an die Tafeln steuerfrei" Online verfügbar unter: http://www.bild.de/regional/duesseldorf/lebensmittelspenden-an-die-tafeln-steuerfrei-26771538.bild.html (November 2014). 29/10/2012 „Currywurst im Stehen wird wieder teurer" Online verfügbar unter: http://www.bild.de/geld/wirtschaft/mehrwertsteuer/mehrwertsteuer-irrsinn-currywurst-im-stehen-wieder-teurer-26926884.bild.html (November 2014). 22/04/2013 „Gastgewerbe will Mehrwertsteuersenkung auf Essen aller Art" Online verfügbar unter: http://www.bild.de/regional/stuttgart/gastgewerbe-will-mehrwertsteuersenkung-auf-30107760.bild.html (November 2014).

Medium	Kategorie	Artikel
	USt-Reform	18/10/2012 „Bundesrats-Ausschuss stützt Initiative gegen Hotel-Steuerprivileg" Online verfügbar unter: http://www.bild.de/regional/hamburg/bundesratsausschuss-stuetzt-initiative-gegen-26770910.bild.html (November 2014). 21/10/2012 „SPD Staat soll auf Mehrwertsteuer bei Strom verzichten" Online verfügbar unter: http://www.bild.de/news/aktuell/spd-staat-soll-auf-mehrwertsteuer-bei-strom-26809418.bild.html (November 2014). 23/12/2012 „Schäuble will Mehrwertsteuertourismus in Südbaden eindämmen" Online verfügbar unter: http://www.bild.de/regional/stuttgart/schaeuble-will-mehrwertsteuertourismus-in-27784004.bild.html (November 2014). 04/01/2013 „Regierung Keine Mehrwertsteuer-Reform" Online verfügbar unter: http://www.bild.de/news/aktuell/regierung-keine-mehrwertsteuerreform-27964996.bild.html (November 2014). 25/05/2014 „SPD-Politikerin will Mehrwertsteuer-Revolution" Online verfügbar unter: http://www.bild.de/politik/inland/politik-inland/spd-politikerin-fordert-16-prozent-mehrwertsteuer-auf-alles-36121524.bild.html (November 2014).
	Bedeutung der USt	04/11/2011 „Schäuble nimmt 40 Milliarden Euro mehr ein" Online verfügbar unter: http://www.bild.de/politik/inland/steuern/steuerschaetzung-schaeuble-nimmt-40-milliarden-mehr-ein-20824824.bild.html (November 2014). 05/06/2012 „Fiskus: Post soll halbe Milliarde zahlen" Online verfügbar unter: http://www.bild.de/geld/wirtschaft/finanzamt/post-muss-steuern-nachzahlen-24495808.bild.html (November 2014). 18/12/2012 „So viel Steuern zahlten die Deutschen 2012" Online verfügbar unter:

Medium	Kategorie	Artikel
		http://www.bild.de/geld/wirtschaft/wirtschaft/uebersicht-steuern-27703722.bild.html (November 2014). 21/03/2013 „Umsatzsteuer-Sonderprüfungen in Bremen 15 Millionen Euro Einnahmen" Online verfügbar unter: http://www.bild.de/regional/bremen/umsatzsteuersonderpruefungen-in-bremen-15-29610246.bild.html (November 2014). 18/05/2013 „Schweizer Einkaufslust macht Zöllnern im Südwesten Arbeit" Online verfügbar unter: http://www.bild.de/news/aktuell/schweizer-einkaufslust-macht-zoellnern-im-30453360.bild.html (November 2014). 10/08/2014 „Asiaten stürmen Taxfree-Schalter" Online verfügbar unter: http://www.bild.de/regional/frankfurt/frankfurt-am-main/asiaten-stuermen-taxfree-schalter-37187286.bild.html (November 2014). **International:** 25/06/2011 „Keine Steuererstattungen für deutsche Firmen mehr!" Online verfügbar unter: http://www.bild.de/geld/wirtschaft/griechenland-krise/keine-steuererstattung-fuer-deutsche-firmen-mehr-auf-finanzaemtern-18519946.bild.html (November 2014). 14/10/2011 „Schulden-Krise Portugal verkündet drakonische Sparpläne" Online verfügbar unter: www.bild.de/politik/ausland/portugal-krise/drakonische-sparplaene-2012-20457308.bild.html (November 2014). 23/04/2012 „Niederländische Regierung scheitert an Streit um Euro-Sparkurs" Online verfügbar unter: http://www.bild.de/news/aktuell/niederlaendische-regierung-scheitert-an-streit-23812400.bild.html (November 2014). 06/07/2012 „Monti legt die Axt bei den öffentlichen Ausgaben an"

Medium	Kategorie	Artikel
		Online verfügbar unter: http://www.bild.de/news/aktuell/monti-legt-die-axt-bei-den-oeffentlichen-25029762.bild.html (November 2014). 19/07/2012 „Spanisches Parlament stimmt Milliarden-Sparpaket zu" Online verfügbar unter: http://www.bild.de/news/aktuell/spanisches-parlament-stimmt-milliardensparpaket-25241842.bild.html (November 2014). 06/11/2012 „Frankreich setzt auf milliardenschwere Erleichterungen für Firmen" Online verfügbar unter: http://www.bild.de/news/aktuell/frankreich-setzt-auf-milliardenschwere-erleichterungen-27062686.bild.html (November 2014). 12/04/2013 „Zypern muss härter sparen und steht vor schwierigen Tagen" Online verfügbar unter: http://www.bild.de/news/aktuell/zypern-muss-haerter-sparen-und-steht-vor-29973778.bild.html (November 2014). 16/11/2013 „Ganz Frankreich ist auf den Barrikaden!" Online verfügbar unter: http://www.bild.de/politik/ausland/frankreich-krise/auf-den-barrikaden-streiks-und-demos-33414314.bild.html (November 2014). 16/12/2014 „Griechen sollen überfällige Reformen durchsetzen" Online verfügbar unter: „http://www.bild.de/geld/wirtschaft/griechenland-krise/troika-macht-druck-aufgriechenland-38996786.bild.html (Januar 2015)
	USt-Betrug	01/05/2011 „Autohändler wegen Steuerbetrugs vor Gericht" Online verfügbar unter: http://www.bild.de/regional/duesseldorf/autohaendler-wegen-steuerbetrugs-vor-gericht-17672300.bild.html (November 2014). 16/05/2011 „Million hinterzogen Hartz-IV-Empfänger vor Gericht" Online verfügbar unter: http://www.bild.de/regional/ruhrgebiet/million-hinterzogen-hartzivempfaenger-vor-17927326.bild.html (November 2014).

Medium	Kategorie	Artikel
		24/05/2011 „Prozess um Steuerhinterziehung in Millionenhöhe" Online verfügbar unter: http://www.bild.de/regional/stuttgart/prozess-um-steuerhinterziehung-in-millionenhoehe-18047586.bild.html (November 2014). 06/07/2011 „Razzia Illegaler Handel mit iPhones" Online verfügbar unter: http://www.bild.de/regional/frankfurt/razzia-illegaler-handel-mit-iphones-18714246.bild.html (November 2014). 20/07/2011 „Neue märkische Spezialeinheit gegen Steuerbetrug" Online verfügbar unter: http://www.bild.de/regional/berlin/neue-maerkische-spezialeinheit-gegen-steuerbetrug-18960476.bild.html (November 2014). 15/09/2011 „Haben Manager den Staat um 230 Mio. Euro betrogen?" Online verfügbar unter: http://www.bild.de/geld/wirtschaft/betrug/prozess-um-millionen-betrug-gestartet-19399718.bild.html (November 2014). 18/12/2011 „Prozess um Zertifikatehandel geht zu Ende" Online verfügbar unter: http://www.bild.de/regional/stuttgart/prozess-um-steuerhinterziehung-in-millionenhoehe-18047586.bild.html (November 2014). 18/01/2012 „Mit Handyhandel Steuern hinterzogen – Anklage" Online verfügbar unter: http://www.bild.de/regional/frankfurt/mit-handyhandel-steuern-hinterzogen--anklage-22142674.bild.html (November 2014). 27/01/2012 „Verdacht auf Steuerhinterziehung - bundesweite Durchsuchung" Online verfügbar unter: http://www.bild.de/regional/leipzig/verdacht-auf-steuerhinterziehung--bundesweite-22323318.bild.html (November 2014). 21/03/2012 „Urteil im Prozess um 20 Millionen Euro Steuerhinterziehung erwartet"

Medium	Kategorie	Artikel
		Online verfügbar unter: http://www.bild.de/regional/stuttgart/urteil-im-prozess-um-20-millionen-euro-steuerhinterziehung-23253404.bild.html (November 2014). 16/04/2012 „Wirtschaftsprüfer muss wegen Steuerhinterziehung vor Gericht“ Online verfügbar unter: http://www.bild.de/regional/koeln/wirtschaftspruefer-muss-wegen-steuerhinterziehung-23659452.bild.html (November 2014). 15/06/2012 „Europaweite Razzia wegen Steuerbetrugs - 120 Millionen Euro Schaden“ Online verfügbar unter: http://www.bild.de/regional/hamburg/europaweite-razzia-wegen-steuerbetrugs--120-24677840.bild.html (November 2014). 09/08/2012 „Hamburger Steuerfahndung stoppt Umsatzsteuer-Betrüger“ Online verfügbar unter: http://www.bild.de/regional/hamburg/hamburger-steuerfahndung-stoppt-umsatzsteuerbetrueger-25575746.bild.html (November 2014). 14/08/2012 „Millionenbetrug mit Umsatzsteuer – Haftstrafen“ Online verfügbar unter: http://www.bild.de/regional/frankfurt/millionenbetrug-mit-umsatzsteuer--haftstrafen-25654218.bild.html (November 2014). 07/09/2012 „Steuer-Prozess gegen Bremer Kaufmann“ Online verfügbar unter: http://www.bild.de/regional/bremen/schwere-steuerhinterziehung/prozess-gegen-bremer-kaufmann-26072040.bild.html (November 2014). 27/09/2012 „Dresdner beschuldigt Bremer Schrott-Firma“ Online verfügbar unter: http://www.bild.de/regional/bremen/schwere-steuerhinterziehung/dieser-dresdner-beschuldigt-bremer-schrott-firma-26420716.bild.html (November 2014). 08/11/2012 „Millionen-Betrug mit der Mehrwertsteuer“ Online verfügbar unter:

Medium	Kategorie	Artikel
		http://www.bild.de/regional/frankfurt/betrug/millionen-betrug-mit-der-mehrwertsteuer-27089784.bild.html (November 2014). 12/12/2012 „Auch Bank-Boss Fitschen im Visier" Online verfügbar unter: http://www.bild.de/geld/wirtschaft/deutsche-bank/deutsche-bank-polizei-einsatz-zentrale-27627000.bild.html (November 2014). 22/01/2013 „Kupferbande hinterzieht neun Millionen Euro Steuern" Online verfügbar unter: http://www.bild.de/regional/ruhrgebiet/kupferbande-hinterzieht-neun-millionen-euro-28208448.bild.html (November 2014). 14/03/2013 „Steuerfahnder spüren 2012 weniger hinterzogene Steuern auf als 2011" Online verfügbar unter: http://www.bild.de/regional/dresden/steuerfahnder-spueren-2012-weniger-hinterzogene-29505830.bild.html (November 2014). 25/03/2013 „Steuerhinterziehung mit Energiedrinks und Kosmetik" Online verfügbar unter: http://www.bild.de/regional/stuttgart/steuerhinterziehung-mit-energiedrinks-und-29657588.bild.html (November 2014). 19/04/2013 „Anklage wegen Steuerhinterziehung von 120 Millionen Euro" Online verfügbar unter: http://www.bild.de/regional/muenchen/anklage-wegen-steuerhinterziehung-von-120-30077466.bild.html (November 2014). 17/07/2013 „Prozess um 32 Mio. Steuerhinterziehung" Online verfügbar unter: http://www.bild.de/regional/hamburg/prozesse/32millionen-steuerhinterzogen-31380064.bild.html (November 2014). 03/11/2013 „Steuerbetrug So beklauen Banden den Freistaat" Online verfügbar unter: http://www.bild.de/regional/leipzig/schwere-steuerhinterziehung/so-beklauen-banden-den-freistaat-33242818.bild.html (November 2014).

Medium	Kategorie	Artikel
		20/12/2013 „Verdacht auf Steuerbetrug im Strommarkt“ Online verfügbar unter: http://www.bild.de/geld/wirtschaft/strom/verdacht-auf-milliardenschweren-steuerbetrug-im-strommarkt-33934638.bild.html (November 2014). 10/04/2014 „ER betrog Deutschland um 58 Mio Euro“ Online verfügbar unter: http://www.bild.de/regional/frankfurt/steuerhinterziehung/englaender-betrog-deutschland-um-58-mio-euro-35453300.bild.html (November 2014). 28/04/2014 „BKA jagt Frankfurter Unternehmer“ Online verfügbar unter: http://www.bild.de/regional/frankfurt/bundeskriminalamt/jagt-frankfurter-betrueger-35739876.bild.html (November 2014).
Der Spiegel	**USt-Satz 7 oder 19%**	11/01/2012 „Kunden müssen mehr für Flusskreuzfahrten zahlen“ Online verfügbar unter: http://www.spiegel.de/reise/aktuell/hoehere-mehrwertsteuer-kunden-muessen-mehr-fuerflusskreuzfahrten-zahlen-a-808545.html (November 2014). 10/03/2011 „EuGH findet deutschen Mehrwertsteuer-Irrsinn okay“ Online verfügbar unter: http://www.spiegel.de/wirtschaft/soziales/urteil-eugh-findet-deutschen-mehrwertsteuer-irrsinn-okay-a-749974.html (November 2014). 26/09/2011 „Niedrigsteuer für Sportwetten“ Online verfügbar unter: http://magazin.spiegel.de/EpubDelivery/spiegel/pdf/80652365 (November 2014). 08/10/2011 „So will der Fiskus bei Berliner Clubs abkassieren“ Online verfügbar unter: http://www.spiegel.de/wirtschaft/soziales/steuer-irrsinn-so-will-der-fiskus-bei-berliner-clubsabkassieren-a-790581.html (November 2014). 27/02/2012 „EU will höhere Abgaben auf Kunst“

Medium	Kategorie	Artikel
		Online verfügbar unter: http://www.spiegel.de/kultur/gesellschaft/mehrwertsteuer-eu-will-hoehere-abgaben-auf-kunsta-817800.html (November 2014). 01/05/2012 „Amazon und Apple setzen auf Luxemburg-Trick" Online verfügbar unter: http://www.spiegel.de/netzwelt/web/umsatzsteuer-apple-und-amazon-verkaufen-e-book-via-luxemburga-829658.html (November 2014). 20/07/2012 „Fiskus will Lebensmittel-Spender verschonen" Online verfügbar unter: http://www.spiegel.de/wirtschaft/soziales/steuern-auf-lebensmittel-fuer-tafeln-a-845620.html (November 2014). 30/07/2012 „Der Mehrwertsteuer-Trick der Bundesregierung" Online verfügbar unter: http://www.spiegel.de/wirtschaft/soziales/bundesagentur-finanzminister-will-mehrwertsteuerzuschuessestoppen-a-846587.html (November 2014). 21/08/2012 „Schleswig-Holstein will Steuernachlass für Hotels kippen" Online verfügbar unter: http://www.spiegel.de/politik/deutschland/schleswig-holstein-will-steuernachlass-fuer-hotels-kippena-851327.html (November 2014). 23/10/2013 „Ein Puff ist kein Hotel" Online verfügbar unter: http://www.spiegel.de/wirtschaft/soziales/umsatzsteuer-bordelle-gelten-laut-bundesfinanzhof-nichtals-hotel-a-929504.html (November 2014). 07/11/2013 „Tantra-Massagen sind vergnügungssteuerpflichtig" Online verfügbar unter: http://www.spiegel.de/wirtschaft/soziales/tantra-massagen-sind-laut-stuttgarter-richtern-steuerpflichtiga-932356.html (November 2014).
	USt-Reform	04/02/2011 „Schäuble wagt sich an Reform der Mehrwertsteuer" Online verfügbar unter: http://www.spiegel.de/politik/deutschland/schwarz-gelbe-koalition-

Medium	Kategorie	Artikel
		schaeuble-wagt-sich-an-reformder-mehrwertsteuer-a-743554.html (November 2014). 20/05/2011 „Schwarz-Gelb zofft sich um die Mehrwertsteuer" Online verfügbar unter: http://www.spiegel.de/politik/deutschland/fdp-vs-union-schwarz-gelb-zofft-sich-um-die-mehrwertsteuera-763978.html (November 2014). 01/07/2011 „Schäuble will Unternehmen um Milliarden entlasten" Online verfügbar unter: http://www.spiegel.de/wirtschaft/soziales/umsatzsteuer-schaeuble-will-unternehmen-um-milliardenentlasten-a-771714.html (November 2014). 12/07/2011 „Experten fordern niedrige Mehrwertsteuer" Online verfügbar unter: http://www.spiegel.de/wirtschaft/unternehmen/strom-und-gas-experten-fordern-niedrigemehrwertsteuer-a-773966.html (November 2014). 14/02/2012 „OECD empfiehlt Deutschland höhere Mehrwertsteuer" Online verfügbar unter: http://www.spiegel.de/wirtschaft/soziales/angst-vor-flaute-oecd-empfiehlt-deutschland-hoeheremehrwertsteuer-a-815238.html (November 2014). 26/05/2014 „Schäuble lehnt Mehrwertsteuerreform ab" Online verfügbar unter: http://www.spiegel.de/wirtschaft/soziales/mehrwertsteuer-schaeuble-lehnt-reform-ab-a971839.html (November 2014). 08/09/2014 „Finanztransaktionssteuer soll Staat 17,6 Milliarden Euro bringen" Online verfügbar unter: http://www.spiegel.de/wirtschaft/unternehmen/finanztransaktionssteuer-soll-staat-17-6-milliardeneuro-bringen-a-990335.html (November 2014).
	Bedeutung der USt	18/04/2011 „Wirtschaftsboom beschert Fiskus zusätzliche Milliarden" Online verfügbar unter:

Medium	Kategorie	Artikel
		http://www.spiegel.de/wirtschaft/soziales/steuerschub-wirtschaftsboom-beschert-fiskus-zusaetzlichemilliarden-a-757609.html (November 2014). 05/06/2012 „Post muss halbe Milliarde nachzahlen“ Online verfügbar unter: http://www.spiegel.de/wirtschaft/unternehmen/steuerstreit-post-zahlt-halbe-milliarde-euro-steuernnach-a-837058.html (November 2014). 06/09/2012 „Staat verdient an Ökostrom Milliarden“ Online verfügbar unter: http://www.spiegel.de/wirtschaft/soziales/oekostrom-bringt-bund-eine-milliarde-pro-jahr-a-854189.html (November 2014). 17/12/2012 „Staat kassiert durch Strompreiserhöhung 3,4 Milliarden Euro“ Online verfügbar unter: http://www.spiegel.de/wirtschaft/soziales/staat-kassiert-durch-strompreiserhoehung-3-4-milliardeneuro-a-873267.html (November 2014). 30/12/2012 „Elbphilharmonie wird noch teurer als bisher bekannt“ Online verfügbar unter: http://www.spiegel.de/kultur/gesellschaft/elbphilharmonie-wegen-mehrwertsteuer-erneut-um-millionenteurer-a-875167.html (November 2014). 08/03/2013 „Elster soll ohne Java-Technologie auskommen“ Online verfügbar unter: http://www.spiegel.de/netzwelt/web/elektronische-steuererklaerung-verwaltung-sucht-nach-loesungohne-java-a-887582.html (November 2014). 10/07/2013 „Ebay und Amazon müssen Steuerfahndung Namen nennen“ Online verfügbar unter: http://www.spiegel.de/netzwelt/web/ebay-und-amazon-muessen-steuerfahndung-namen-nennena-910412.html (November 2014).

Medium	Kategorie	Artikel
		17/08/2013 „Finanzministerium bezeichnet Bitcoins als "privates Geld"" Online verfügbar unter: http://www.spiegel.de/netzwelt/netzpolitik/finanzministerium-erkennt-bitcoins-als-zahlungsmittelan-a-917151.html (November 2014). 20/12/2013 „Bund kommt mit weniger neuen Schulden aus" Online verfügbar unter: http://www.spiegel.de/wirtschaft/soziales/hohe-steuereinnahmen-bund-kommt-mit-weniger-neuenkrediten-aus-a-940226.html (November 2014). 01/04/2014 „Mehrwertsteuerreform würde Geringverdiener belasten" Online verfügbar unter: http://www.spiegel.de/wirtschaft/soziales/mehrwertsteuerreform-wuerde-geringverdiener-belastena-961886.html (November 2014). 27/11/2014 „Warum der Soli bleiben muss" Online verfügbar unter: http://www.spiegel.de/wirtschaft/soziales/soli-warum-der-solidaritaetszuschlag-eine-extra-steuerbleiben-soll-a-1005157.html (Januar 2015). 18/12/2014 „EU holt Stoiber zurück" Online verfügbar unter: http://www.spiegel.de/politik/deutschland/stoiber-soll-eu-weiter-bei-buerokratieabbau-helfena-1009309.html (Januar 2015). **International:** 19/08/2011 „Spanien will schwachen Bausektor unterstützen" Online verfügbar unter: http://www.spiegel.de/wirtschaft/soziales/steuersenkung-spanien-will-schwachen-bausektorunterstuetzen-a-781336.html (November 2014). 12/10/2011 „Zocken am Abgrund" Online verfügbar unter:

Medium	Kategorie	Artikel
		http://www.spiegel.de/wirtschaft/soziales/steuerhinterziehung-in-griechenland-zocken-am-abgrunda-791065.html (November 2014). 27/04/2012 „Premier bringt Sparhaushalt durchs Parlament" Online verfügbar unter: http://www.spiegel.de/politik/ausland/niederlande-durchbruch-bei-haushaltsverhandlungena-830048.html (November 2014). 20/07/2012 „Euro-Gruppe billigt Hilfen für Spanien" Online verfügbar unter: http://www.spiegel.de/wirtschaft/soziales/spanien-euro-gruppe-billigt-hilfen-fuer-banken-a-845538.html (November 2014). 06/11/2012 „Frankreich gewährt Unternehmen Steuerentlastung" Online verfügbar unter: http://www.spiegel.de/wirtschaft/soziales/frankreich-entlastet-unternehmen-bei-steuern-a-865657.html (November 2014). 02/04/2013 „Zypern bürdet Bevölkerung heftiges Sparpaket auf" Online verfügbar unter: http://www.spiegel.de/wirtschaft/soziales/zypern-sparpaket-fast-fertig-a-891948.html (November 2014). 13/05/2013 „Euro-Gruppe setzt auf Erfolg des slowenischen Sparprogramms" Online verfügbar unter: http://www.spiegel.de/politik/ausland/eurogruppe-setzt-auf-erfolg-von-sloweniens-sparprogramma-899611.html (November 2014). 17/07/2013 „Griechenland senkt Mehrwertsteuer für Restaurants" Online verfügbar unter: „http://www.spiegel.de/wirtschaft/soziales/griechenland-senkt-mehrwertsteuer-fuer-gastronomiedrastisch-a-911629.html (November 2014). 02/08/2013 „Japans Mega-Schulden wachsen trotz Reformen" Online verfügbar unter: http://www.spiegel.de/wirtschaft/soziales/japan-duerfte-sparziel-verfehlen-a-914448.html (November 2014).

Medium	Kategorie	Artikel
		09/08/2013 „Griechische Gastronomen hinterziehen weiter Steuern" Online verfügbar unter: http://www.spiegel.de/wirtschaft/soziales/griechenland-bekommt-steuerhinterziehung-nicht-in-den-griffa-915777.html (November 2014). 01/12/2013 „Zehntausende demonstrieren gegen Hollandes Steuerpolitik Online verfügbar unter: http://www.spiegel.de/politik/ausland/zehntausende-menschen-demonstrieren-in-paris-gegen-regierunga-936657.html (November 2014). 07/02/2014 „Portugal bekämpft Schattenwirtschaft mit Kassenbon-Lotto" Online verfügbar unter: http://www.spiegel.de/wirtschaft/soziales/portugal-bekaempft-schattenwirtschaft-mit-kassenbon-lottoa-952019.html (November 2014). 14/02/2014 „Lettas Erbe, Renzis Last" Online verfügbar unter: http://www.spiegel.de/wirtschaft/soziales/italien-nach-letta-aus-dringende-wirtschafts-und-sozialreformen-a-953537.html (November 2014). 09/07/2014 „China verzichtet bei Elektroautos auf die Mehrwertsteuer" Online verfügbar unter: http://www.spiegel.de/auto/aktuell/china-regierung-in-peking-setzt-mehrwertsteuer-fuer-e-autos-aus-a-980123.html (November 2014).
	USt-Betrug	31/01/2011 „Der Pillen-Express" Online verfügbar unter: http://magazin.spiegel.de/EpubDelivery/spiegel/pdf/76659505 (November 2014). 28/02/2011 „Missbrauch bei der Mehrwertsteuer" Online verfügbar unter: http://magazin.spiegel.de/EpubDelivery/spiegel/pdf/77222561 (No-

Medium	Kategorie	Artikel
		vember 2014). 06/07/2011 „Razzia bei iPhone-Händlern" Online verfügbar unter: http://www.spiegel.de/wirtschaft/unternehmen/verdacht-auf-steuerhinterziehung-razzia-bei-iphonehaendlern-a-772669.html (November 2014). 12/12/2011 „Staatsanwalt beschuldigt Deutsche Bank" Online verfügbar unter: http://www.spiegel.de/wirtschaft/unternehmen/steuerbetrug-im-emissionshandel-staatsanwaltbeschuldigt-deutsche-bank-a-803152.html (November 2014). 21/12/2011 „Steuerbetrüger müssen jahrelang hinter Gitter" Online verfügbar unter: http://www.spiegel.de/wirtschaft/unternehmen/geschaefte-mit-co2-rechten-steuerbetrueger-muessenjahrelang-hinter-gitter-a-805062.html (November 2014). 27/01/2012 „Fiskus-Fahnder stürmen Dutzende Häuser" Online verfügbar unter: http://www.spiegel.de/wirtschaft/soziales/verdacht-auf-steuerhinterziehung-fiskus-fahnder-stuermendutzende-haeuser-a-811903.html (November 2014). 15/06/2012 „Razzia gegen Steuerbetrüger in ganz Europa" Online verfügbar unter: http://www.spiegel.de/wirtschaft/soziales/razzia-fiskus-jagt-steuerbetrueger-in-ganz-europaa-839136.html (November 2014). 15/06/2012 „Fahnder durchsuchen EnBW-Zentrale" Online verfügbar unter: „http://www.spiegel.de/wirtschaft/unternehmen/umsatzsteuer-betrug-fahnder-ermitteln-gegendrei-mitarbeiter-von-enbw-a-839007.html (November 2014). 17/12/2012 „Odins Hammer" Online verfügbar unter:

Medium	Kategorie	Artikel
		http://magazin.spiegel.de/EpubDelivery/spiegel/pdf/90157548 (November 2014). 21/12/2012 „Porno-König Thylmann droht lange Haft“ Online verfügbar unter: http://www.spiegel.de/panorama/justiz/porno-koenig-thylmann-droht-hohe-strafe-a-874174.html (November 2014). 06/08/2013 „NRW-Finanzminister: "Die Betrüger sind schneller als unsere Bürokratie"“ Online verfügbar unter: http://www.spiegel.de/wirtschaft/soziales/walter-borjans-nrw-finanzminister-ueber-umsatzsteuerbetruga-914951.html (November 2014). 20/12/2013 „Ermittler vermuten Milliardenbetrug auf dem Strommarkt“ Online verfügbar unter: http://www.spiegel.de/wirtschaft/unternehmen/umsatzsteuer-ermittler-vermuten-milliardenbetruga-940352.html (November 2014). 18/02/2014 „CO2-Betrüger müssen jahrelang ins Gefängnis“ Online verfügbar unter: http://www.spiegel.de/wirtschaft/unternehmen/co2-betrueger-muessen-fuer-insgesamt-zehn-jahreins-gefaengnis-a-954307.html (November 2014). 07/06/2014 „Die Dubai-Connection“ Online verfügbar unter: http://magazin.spiegel.de/EpubDelivery/spiegel/pdf/127396634 (November 2014).
Die Süddeutsche	**USt-Satz 7 oder 19%**	24/08/2011 „Currywurst ist nicht gleich Currywurst“ Online verfügbar unter: http://www.sueddeutsche.de/geld/urteil-zur-umsatzsteuer-currywurst-ist-nicht-gleichcurrywurst-1.1134465 (November 2014). 08/10/2012 „Steuervorteil Stradivari“ Online verfügbar unter: http://www.sueddeutsche.de/geld/streit-beim-zoll-steuervorteil-stradivari-1.1490373 (November 2014).

Medium	Kategorie	Artikel
		10/10/2012 „Fiskus verzichtet auf Steuern für Lebensmittelspenden" Online verfügbar unter: http://www.sueddeutsche.de/geld/versorgung-durch-die-tafeln-fiskus-verzichtet-auf-steuernfuer-lebensmittelspenden-1.1491812 (November 2014). 18/10/2012 „Ende des Silberprivilegs" Online verfügbar unter: http://www.sueddeutsche.de/geld/steuerplaene-ende-des-silberprivilegs-1.1499296 (November 2014). 22/07/2013 „"Der Staat ist die gierigste Instanz der Weltgeschichte"" Online verfügbar unter: http://www.sueddeutsche.de/wissen/steuern-und-moral-der-staat-ist-die-gierigste-instanzder-weltgeschichte-1.1719003 (November 2014). 25/07/2013 „Politisch verminte Ausnahmen" Online verfügbar unter: http://www.sueddeutsche.de/geld/mehrwertsteuer-politisch-verminte-ausnahmen-1.1730161 (November 2014). 23/10/2013 „Mövenpick-Gesetz gilt nicht für Stundenhotels" Online verfügbar unter: http://www.sueddeutsche.de/wirtschaft/urteil-des-bundesfinanzhofs-moevenpick-gesetzgilt-nicht-fuer-stundenhotels-1.1801649 (November 2014). 11/01/2014 „Mit Hörbuch am Currywurststand" Online verfügbar unter: http://www.sueddeutsche.de/wirtschaft/mehrwertsteuer-mit-hoerbuch-am-currywurststand-1.1860578 (November 2014). 29/04/2014 „Koalition will Mehrwertsteuer für E-Books und Hörbücher senken" Online verfügbar unter: http://www.sueddeutsche.de/wirtschaft/ermaessigter-satz-fuer-kulturprodukte-koalitionwill-mehrwertsteuer-fuer-e-books-und-

Medium	Kategorie	Artikel
		hoerbuecher-senken-1.1946997 (November 2014). 18/09/2014 „Kalt erwischt" Online verfügbar unter: http://www.sueddeutsche.de/wirtschaft/hoehere-mehrwertsteuer-fuer-saunabesuchekalt-erwischt-1.2135151 (November 2014). 10/10/2014 „Gipfel des Mehrwertsteuer-Wahnsinns" Online verfügbar unter: http://www.sueddeutsche.de/wirtschaft/steuersaetze-fuer-buecher-gipfeldes-mehrwertsteuer-wahnsinns-1.2166076 (November 2014).
	USt-Reform	04/01/2011 „Kälteschock am Arbeitsmarkt" Online verfügbar unter: http://www.sueddeutsche.de/wirtschaft/deutschland-kaelteschock-am-arbeitsmarkt-1.1042519 (November 2014). 20/05/2011 „FDP drängt Union zur Reform" Online verfügbar unter: http://www.sueddeutsche.de/wirtschaft/mehrwertsteuer-fdp-draengt-union-zur-reform-1.1099728 (November 2014). 28/06/2011 „So radikal stutzt Kirchhof das Steuerrecht" Online verfügbar unter: http://www.sueddeutsche.de/wirtschaft/konzept-zur-steuerreform-so-radikal-stutztder-professor-das-steuerrecht-1.1113185 (November 2014). 29/06/2011 „EU-Kommission will eigene Steuern erheben" Online verfügbar unter: http://www.sueddeutsche.de/geld/entwurf-fuer-den-neuen-finanzrahmen-ab-eu-kommissionwill-eigene-steuern-erheben-1.1114175 (November 2014). 01/07/2011 „Steuersenkung - für die Unternehmen" Online verfügbar unter: http://www.sueddeutsche.de/geld/schaeuble-plant-reform-der-umsatzsteuer-steuersenkungfuer-die-unternehmen-1.1114723 (November 2014). 31/07/2012 „EU-Kommission will Mehrwertsteuer-Betrug stoppen"

Medium	Kategorie	Artikel
		Online verfügbar unter: http://www.sueddeutsche.de/wirtschaft/schaeden-in-milliardenhoehe-eu-kommissionwill-mehrwertsteuer-betrug-stoppen-1.1427635 (November 2014). 17/01/2013 „Vernichtendes Zeugnis für Schwarz-Gelb" Online verfügbar unter: http://www.sueddeutsche.de/geld/bundesrechnungshof-zur-mehrwertsteuer-vernichtendeszeugnis-fuer-schwarz-gelb-1.1575105 (November 2014). 10/09/2013 „Stirb langsam, Finanztransaktionsteuer" Online verfügbar unter: http://www.sueddeutsche.de/geld/umsatzsteuer-auf-finanzgeschaefte-stirb-langsamfinanztransaktionsteuer-1.1767506 (November 2014). 17/02/2014 „Entscheidende Woche für die Börsensteuer" Online verfügbar unter: http://www.sueddeutsche.de/wirtschaft/finanztransaktionsteuer-entscheidende-wochefuer-die-boersensteuer-1.1890911 (November 2014). 01/04/2014 „Mehrwertsteuerreform belastet Geringverdiener" Online verfügbar unter: http://www.sueddeutsche.de/wirtschaft/gutachten-mehrwertsteuerreform-belastetgeringverdiener-1.1926281 (November 2014). 25/05/2014 „SPD-Finanzexpertin fordert einheitliche Mehrwertsteuer" Online verfügbar unter: http://www.sueddeutsche.de/wirtschaft/vorsitzende-des-finanzausschussesspd-finanzexpertin-fordert-einheitliche-mehrwertsteuer-1.1974306 (November 2014).
	Bedeutung der USt	19/04/2012 „Erst die Umsatzsteuer, dann der Weltraum" Online verfügbar unter: http://www.sueddeutsche.de/geld/deutschen-wissenschaftszentren-droht-millionennachzahlung-erst-die-umsatzsteuer-dann-der-weltraum-1.1336298 (November 2014). 20/08/2012 „Steuerrekord in Sicht"

Medium	Kategorie	Artikel
		Online verfügbar unter: http://www.sueddeutsche.de/wirtschaft/staatseinnahmen-steigen-steuerrekord-in-sicht-1.1445111 (November 2014). 23/10/2012 „Verteilungsphantasien im Wahlkampf" Online verfügbar unter: http://www.sueddeutsche.de/wirtschaft/diskussion-um-steigende-strompreiseverteilungsphantasien-im-wahlkampf-1.1503314 (November 2014). 10/12/2013 „Rechnungsprüfer warnen vor Steuerlücke bei Tattoo-Entfernung" Online verfügbar unter: http://www.sueddeutsche.de/wirtschaft/fiskalpolitik-rechnungspruefer-warnenvor-steuerluecke-bei-tattoo-entfernung-1.1839942 (November 2014). 27/01/2014 „Jeder Einwohner zählt" Online verfügbar unter: http://www.sueddeutsche.de/politik/laenderfinanzausgleich-jeder-einwohner-zaehlt-1.1872662 (November 2014). 06/05/2014 „Fair ist das nicht" Online verfügbar unter: http://www.sueddeutsche.de/wirtschaft/steuer-und-sozialpolitik-fair-ist-das-nicht-1.1951518 (November 2014). 21/07/2014 „Fiskus kassiert kräftig" Online verfügbar unter: http://www.sueddeutsche.de/wirtschaft/finanzministerium-fiskus-kassiert-kraeftig-1.2054918 (November 2014). 08/09/2014 „Finanz-Steuer soll dem Staat Milliarden einbringen" Online verfügbar unter: http://www.sueddeutsche.de/wirtschaft/finanztransaktionssteuer-steuer-soll-milliardenbringen-1.2119145 (November 2014). **International:** 26/03/2011 „Ausschreitungen bei Großdemonstration in London"

Medium	Kategorie	Artikel
		Online verfügbar unter: http://www.sueddeutsche.de/politik/protest-gegen-sparprogramm-hunderttausende-britendemonstrieren-in-london-1.1077678 (November 2014). 12/08/2011 „Portugal kann nächste Milliardenspritze abrufen" Online verfügbar unter: http://www.sueddeutsche.de/geld/pruefbericht-ueber-haushaltssanierung-portugalkann-naechste-milliardenspritze-abrufen-1.1130675 (November 2014). 07/11/2011 „Wer Triple-A sein will, muss leiden" Online verfügbar unter: http://www.sueddeutsche.de/wirtschaft/sparpaket-in-frankreich-wer-triple-a-sein-will-mussleiden-1.1182464 (November 2014). 03/04/2012 „Japan, das Griechenland Asiens" Online verfügbar unter: http://www.sueddeutsche.de/wirtschaft/krise-in-tokio-japan-das-griechenland-asiens-1.1324791 (November 2014). 27/04/2012 „Tschechiens Regierung übersteht Vertrauensfrage" Online verfügbar unter: http://www.sueddeutsche.de/politik/politicker-tschechiens-regierung-uebersteht-vertrauensfrage-1.1344192 (November 2014). 20/07/2012 „Auf Spaniens Straßen wächst die Wut" Online verfügbar unter: http://www.sueddeutsche.de/politik/ausschreitungen-in-spanien-auf-den-druck-der-maerktefolgt-der-druck-der-strasse-1.1416418 (November 2014). 09/05/2013 „Slowenien beschließt radikalen Sparkurs" Online verfügbar unter: http://www.sueddeutsche.de/politik/schuldenkrise-in-europa-slowenien-beschliesstradikalen-sparkurs-1.1669085 (November 2014). 18/07/2013 „Parlament in Athen billigt Massenentlassungen" Online verfügbar unter: http://www.sueddeutsche.de/wirtschaft/umstrittene-sparmassnahme-parlament-in-athenbilligt-massenentlassungen-1.1724371 (November

Medium	Kategorie	Artikel
		2014). 31/08/2013 „Mit dem Einkaufsbeleg zum Hauptgewinn" Online verfügbar unter: http://www.sueddeutsche.de/geld/neue-lotterie-in-der-slowakei-mit-dem-einkaufsbelegzum-hauptgewinn-1.1759212 (November 2014). 09/09/2013 „Japans Wirtschaft wächst deutlich" Online verfügbar unter: http://www.sueddeutsche.de/wirtschaft/bruttoinlandsprodukt-japans-wirtschaft-waechstdeutlich-1.1765724 (November 2014). 28/09/2013 „Berlusconis Minister treten zurück" Online verfügbar unter: http://www.sueddeutsche.de/politik/italien-minister-aus-berlusconi-partei-kuendigenruecktritt-an-1.1782976 (November 2014). 06/02/2014 „Kassenbon-Lotterie gegen die Schattenwirtschaft" Online verfügbar unter: http://www.sueddeutsche.de/wirtschaft/portugal-kassenbon-lotterie-gegendie-schattenwirtschaft-1.1881922 (November 2014). 31/05/2014 „Verfassungsgericht kippt Sparbeschlüsse" Online verfügbar unter: http://www.sueddeutsche.de/wirtschaft/finanzkrise-in-portugal-verfassungsgericht-kipptsparbeschluesse-1.1980892 (November 2014). 17/09/2014 „"Wie die 72 Jungfrauen im Paradies"" Online verfügbar unter: http://www.sueddeutsche.de/wirtschaft/abstimmung-ueber-schottische-unabhaengigkeit-wie-die-jungfrauen-im-paradies-1.2129835 (November 2014).
	USt-Betrug	06/07/2011 „Razzia bei iPhone-Händlern" Online verfügbar unter: http://www.sueddeutsche.de/wirtschaft/handy-verkauf-verdacht-auf-steuerbetrug-razziabei-iphone-haendlern-1.1116684 (November 2014). 21/12/2011 „Vom Karussell in den Knast"

Medium	Kategorie	Artikel
		Online verfügbar unter: http://www.sueddeutsche.de/wirtschaft/urteil-wegen-betrugs-mit-emissionsrechtenvom-karussell-in-den-knast-1.1240627 (November 2014). 08/02/2012 „Bei einer Million endet die Milde" Online verfügbar unter: http://www.sueddeutsche.de/geld/gefaengnisstrafen-fuer-steuerhinterzieher-bei-einermillion-endet-die-milde-1.1278086 (November 2014). 19/03/2012 „Unternehmer sollen halbe Milliarde Euro hinterzogen haben" Online verfügbar unter: http://www.sueddeutsche.de/wirtschaft/zwei-festnahmen-unternehmer-sollen-halbemilliarde-euro-hinterzogen-haben-1.1313242 (November 2014). 14/12/2012 „Strafverfolger warnen vor kriminellen Stromhändlern" Online verfügbar unter: http://www.sueddeutsche.de/wirtschaft/umsatzsteuerbetrug-mit-energie-strafverfolgerwarnen-vor-kriminellen-stromhaendlern-1.1550252 (November 2014). 25/07/2013 „Die EU - eine Goldgrube für Betrüger" Online verfügbar unter: http://www.sueddeutsche.de/wirtschaft/umsatzsteuertricksereien-die-eu-eine-goldgrubefuer-betrueger-1.1730226 (November 2014). 20/12/2013 „Die Strom-Mafia" Online verfügbar unter: http://www.sueddeutsche.de/wirtschaft/enbw-im-visier-der-steuerfahnder-die-strom-mafia-1.1848004 (November 2014). 29/04/2014 „Wo der Bund Millionen verschwendet" Online verfügbar unter: http://www.sueddeutsche.de/politik/report-des-bundesrechnungshofs-wo-derbund-millionen-verschwendet-1.1946637 (November 2014). 15/07/2014 „Wunderbare Geldvermehrung"

Medium	Kategorie	Artikel
		Online verfügbar unter: http://www.sueddeutsche.de/wirtschaft/zinsmodell-fuer-bautraeger-wunderbaregeldvermehrung-1.2045683 (November 2014). 15/10/2014 „Konzerne müssen wieder mehr Steuern zahlen" Online verfügbar unter: http://www.sueddeutsche.de/wirtschaft/schaedlicher-wettbewerb-konzerne-muessen-wiedermehr-steuern-zahlen-1.2173115 (November 2014).
Das Handelsblatt	**USt-Satz 7 oder 19%**	24/08/2011 „Im deutschen Steuerdschungel geht es um die Wurst" Online verfügbar unter: http://www.handelsblatt.com/finanzen/recht-steuern/urteile-entscheidungen/bundesfinanzhof-im-deutschen-steuerdschungel-geht-es-um-die-wurst/4536586.html (November 2014). 24/08/2011 „7 Prozent im Stehen, 19 Prozent im Sitzen" Online verfügbar unter: http://www.handelsblatt.com/unternehmen/handel-dienstleister/currywurst-steuer-7-prozent-im-stehen-19-prozent-im-sitzen-/4534688.html (November 2014). 19/03/2012 „Schäuble verwandelt Merkels Vorlage" Online verfügbar unter: http://www.handelsblatt.com/politik/international/mehrwertsteuerluege-schaeuble-verwandelt-merkels-vorlage/6345380.html (November 2014). 04/11/2012 „Das Schlimmste verhindern" Online verfügbar unter: http://www.handelsblatt.com/panorama/kunstmarkt/mehrwertsteuer-das-schlimmste-verhindern/7338460.html (November 2014). 16/05/2013 „Windeln statt Whiskas" Online verfügbar unter: http://www.handelsblatt.com/politik/deutschland/familien-zahlen-zu-viel-mehrwertsteuer-windeln-statt-whiskas/8212010.html (November 2014). 30/06/2013 „Silberhändler hoffen auf Schlussverkauf"

Medium	Kategorie	Artikel
		Online verfügbar unter: http://www.handelsblatt.com/finanzen/rohstoffe-devisen/rohstoffe/mehrwertsteuererhoehung-silberhaendler-hoffen-auf-schlussverkauf/8352022.html (November 2014). 29/10/2013 „Die Gaga-Steuer" Online verfügbar unter: http://www.handelsblatt.com/politik/deutschland/7-oder-19-prozent-die-gaga-steuer/8972938.html (November 2014). 04/12/2013 „Hoteliers müssen Frühstücksei voll versteuern" Online verfügbar unter: http://www.handelsblatt.com/finanzen/recht-steuern/steuern/uebernachtungs-pauschale-hoteliers-muessen-fruehstuecksei-voll-versteuern/9167236.html (November 2014). 11/01/2014 „Ausnahmen bei Mehrwertsteuer kosten Staat Milliarden" Online verfügbar unter: http://www.handelsblatt.com/politik/deutschland/unterschiedliche-saetze-ausnahmen-bei-mehrwertsteuer-kosten-staat-milliarden/9318444.html (November 2014). 13/03/2014 „Die Uhr tickt" Online verfügbar unter: http://www.handelsblatt.com/panorama/kunstmarkt/mehrwertsteuer-die-uhr-tickt/9613990.html (November 2014). 21/03/2014 „Absurd, verwirrend, kaum nachvollziehbar Online verfügbar unter: http://www.handelsblatt.com/finanzen/recht-steuern/steuern/mehrwertsteuersaetze-absurd-verwirrend-kaum-nachvollziehbar/9618884.html (November 2014). 14/04/2014 „Ein Stück aus dem Tollhaus" Online verfügbar unter: http://www.handelsblatt.com/panorama/kunstmarkt/mehrwertsteuer-ein-stueck-aus-dem-tollhaus/9764148.html (November 2014).
	USt-Reform	22/02/2011 „Top-Ökonomen fordern radikale Reform" Online verfügbar unter: http://www.handelsblatt.com/politik/deutschland/mehrwertsteuer-top-oekonomen-fordern-radikale-reform/3871996.html (November

Medium	Kategorie	Artikel
		2014). 20/05/2011 „Mehrwertsteuer-Reform ist für FDP nicht vom Tisch" Online verfügbar unter: http://www.handelsblatt.com/politik/deutschland/entgegen-unions-plaenen-mehrwertsteuer-reform-ist-fuer-fdp-nicht-vom-tisch/4198912.html (November 2014). 28/06/2011 „Clement will Steuer-System an den Kragen" Online verfügbar unter: http://www.handelsblatt.com/politik/deutschland/handelsblatt-exklusiv-clement-will-steuer-system-an-den-kragen/4334884.html (November 2014). 12/03/2012 „Reform der Mehrwertsteuer wird dauern" Online verfügbar unter: http://www.handelsblatt.com/politik/deutschland/wolfgang-schaeuble-reform-der-mehrwertsteuer-wird-dauern/6316640.html (November 2014). 04/01/2013 „Ermäßigte Mehrwertsteuer soll abgeschafft werden" Online verfügbar unter: http://www.handelsblatt.com/politik/deutschland/cdu-wirtschaftsfluegel-ermaessigte-mehrwertsteuer-soll-abgeschafft-werden/7587606.html (November 2014). 04/01/2013 „Mehrwertsteuerreform muss bis zur Wahl warten" Online verfügbar unter: http://www.handelsblatt.com/politik/deutschland/reduzierter-steuersatz-mehrwertsteuerreform-muss-bis-zur-wahl-warten/7588984.html (November 2014). 23/10/2013 „EU-Kommission vereinfacht Mehrwertsteuer-Erklärungen" Online verfügbar unter: http://www.handelsblatt.com/politik/konjunktur/nachrichten/einheitliche-formulare-eu-kommission-vereinfacht-mehrwertsteuer-erklaerungen/8974554.html (November 2014). 26/05/2014 „Union will Abgabendschungel nicht lichten"

Medium	Kategorie	Artikel
		Online verfügbar unter: http://www.handelsblatt.com/politik/deutschland/debatte-um-mehrwertsteuer-union-will-abgabendschungel-nicht-lichten/9951152.html (November 2014). 26/05/2014 „Regierung lehnt Mehrwertsteuerreform ab" Online verfügbar unter: http://www.handelsblatt.com/politik/deutschland/forderung-aus-der-spd-regierung-lehnt-mehrwertsteuerreform-ab/9952788.html (November 2014). 08/09/2014 „Börsensteuer füllt Schäuble die Kasse" Online verfügbar unter: http://www.handelsblatt.com/politik/international/milliarden-fuer-deutschen-fiskus-boersensteuer-fuellt-schaeuble-die-kasse/10667296.html (November 2014).
	Bedeutung der USt	21/02/2011 „Umsatzsteuer bereitet Banken Probleme" Online verfügbar unter: http://www.handelsblatt.com/finanzen/recht-steuern/steuern/vermoegensverwaltung-umsatzsteuer-bereitet-banken-probleme/3865562.html (November 2014). 01/07/2011 „Kleinbetriebe sollen entlastet werden" Online verfügbar unter: http://www.handelsblatt.com/politik/deutschland/zahlungsaufschub-kleinbetriebe-sollen-entlastet-werden/4348460.html (November 2014). 24/05/2013 „Bund muss weniger Steuereinnahmen verkraften" Online verfügbar unter: http://www.handelsblatt.com/politik/deutschland/umsatzsteuer-bund-muss-weniger-steuereinnahmen-verkraften/8248768.html (November 2014). 19/09/2013 „Deutschland entgehen 27 Milliarden Euro" Online verfügbar unter: http://www.handelsblatt.com/politik/international/mehrwertsteuereinnahmen-deutschland-entgehen-27-milliarden-euro/8815794.html (November 2014). 06/03/2014 „Apple verschob Milliardengewinne nach Irland"

Medium	Kategorie	Artikel
		Online verfügbar unter: http://www.handelsblatt.com/unternehmen/it-medien/us-internetkonzern-apple-verschob-milliardengewinne-nach-irland/9581376.html (November 2014). 02/07/2014 „Koalition schiebt Steuerkonstrukten Riegel vor" Online verfügbar unter: http://www.handelsblatt.com/politik/deutschland/bei-umzug-ins-ausland-koalition-schiebt-steuerkonstrukten-riegel-vor/10139874.html (November 2014). 15/09/2014 „Glück beim Pokern, Pech beim Fiskus" Online verfügbar unter: http://www.handelsblatt.com/finanzen/recht-steuern/steuern/umsatzsteuer-glueck-beim-pokern-pech-beim-fiskus/10700690.html (November 2014). 14/10/2014 „Edmund Stoiber kehrt Brüssel den Rücken" Online verfügbar unter: http://www.handelsblatt.com/politik/international/der-entbuerokratisierer-geht-edmund-stoiber-kehrt-bruessel-den-ruecken/10838758.html (November 2014). 19/12/2014 „Ein Schlag ins Kontor" Online verfügbar unter: http://www.handelsblatt.com/panorama/kunstmarkt/mehrwertsteuer-erlass-ein-schlag-ins-kontor/11146896.html (Januar 2015). 19/12/2014 „Bundeshaushalt schielt auf „Schwarze Null"" Online verfügbar unter: http://www.handelsblatt.com/politik/deutschland/schon-2014-bundeshaushalt-schielt-auf-schwarze-null/11145196.html (Januar 2015). **International:** 06/09/2011 „Italien geht weiter auf Sparkurs" Online verfügbar unter: http://www.handelsblatt.com/politik/international/finanzkrise-italien-geht-weiter-auf-sparkurs/4591268.html (November 2014). 11/04/2012 „Tschechische Regierung stimmt Sparpaket zu"

Medium	Kategorie	Artikel
		Online verfügbar unter: http://www.handelsblatt.com/politik/international/schuldenbekaempfung-tschechische-regierung-stimmt-sparpaket-zu/6496978.html (November 2014). 17/09/2012 „Spaniens Automarkt leidet unter der Umsatzsteuererhöhung" Online verfügbar unter: http://www.handelsblatt.com/unternehmen/industrie/absatzrueckgang-spaniens-automarkt-leidet-unter-der-umsatzsteuererhoehung/7144576.html (November 2014). 11/10/2012 „Spaniens Inflation steigt sprunghaft an" Online verfügbar unter: http://www.handelsblatt.com/politik/konjunktur/nachrichten/hohe-mehrwertsteuer-belastet-spaniens-inflation-steigt-sprunghaft-an/7242630.html (November 2014). 29/10/2012 „Frankreich streitet um Wachstumskurs" Online verfügbar unter: http://www.handelsblatt.com/politik/international/nach-arbeitgebervorschlag-frankreich-streitet-um-wachstumskurs/7318922.html (November 2014). 10/05/2013 „Slowenien will nicht das neue Zypern sein" Online verfügbar unter: http://www.handelsblatt.com/politik/international/sparpaket-slowenien-will-nicht-das-neue-zypern-sein/8187314.html (November 2014). 18/07/2013 „Griechenland stimmt neuem Sparpaket zu" Online verfügbar unter: http://www.handelsblatt.com/politik/international/einigung-in-athen-griechenland-stimmt-neuem-sparpaket-zu/8512364.html (November 2014). 23/07/2013 „Japans Finanzminister dringt auf höhere Mehrwertsteuer" Online verfügbar unter: http://www.handelsblatt.com/politik/international/haushaltskrise-

Medium	Kategorie	Artikel
		japans-finanzminister-dringt-auf-hoehere-mehrwertsteuer/8534466.html (November 2014). 09/08/2013 „Steuerhinterziehung in Tourismuszentren blüht weiter" Online verfügbar unter: http://www.handelsblatt.com/politik/international/griechenland-steuerhinterziehung-in-tourismuszentren-blueht-weiter-/8619740.html (November 2014). 28/01/2014 „Toyota kürzt Produktion in Japan" Online verfügbar unter: http://www.handelsblatt.com/unternehmen/industrie/mehrwertsteuerhoehung-toyota-kuerzt-produktion-in-japan/9394006.html (November 2014). 23/02/2014 „Lotto gegen die Krise" Online verfügbar unter: http://www.handelsblatt.com/politik/international/staatsverschuldung-in-portugal-lotto-gegen-die-krise/9493174.html (November 2014). 06/06/2014 „Regierung billigt Sparmaßnahmen für 2015" Online verfügbar unter: http://www.handelsblatt.com/politik/international/portugal-regierung-billigt-sparmassnahmen-fuer-2015/10000778.html (November 2014). 14/11/2014 „Mögliche Neuwahlen setzen Yen unter Druck" Online verfügbar unter: http://www.handelsblatt.com/finanzen/rohstoffe-devisen/devisen/unpopulaere-massnahmen-geplant-moegliche-neuwahlen-setzen-yen-unter-druck/10980512.html (November 2014). 24/11/2014 „„Wenn es ernst wird, muss man lügen"" Online verfügbar unter: http://www.handelsblatt.com/politik/international/luxemburg-leaks-faktencheck-wenn-es-ernst-wird-muss-man-luegen-seite-all/11024116-all.html (Januar 2015). 16/12/2014 „Troika fordert weitere Reformen von Griechenland"

Medium	Kategorie	Artikel
		Online verfügbar unter: http://www.handelsblatt.com/politik/international/finanzkrise-troika-fordert-weitere-reformen-von-griechenland/11126340.html (Januar 2015).
	USt-Betrug	31/01/2011 „Schwere Vorwürfe gegen Manager des Pharmakonzerns Pfizer" Online verfügbar unter: http://www.handelsblatt.com/unternehmen/industrie/steuerfahndung-schwere-vorwuerfe-gegen-manager-des-pharmakonzerns-pfizer/3819952.html (November 2014). 08/05/2011 „Beim Verkauf von Handys gelten strengere Regeln" Online verfügbar unter: http://www.handelsblatt.com/finanzen/recht-steuern/steuern/umsatzsteuerbetrug-beim-verkauf-von-handys-gelten-strengere-regeln/4128004.html (November 2014). 15/08/2011 „Schmutziges Geschäft mit CO2-Verschmutzungsrechten" Online verfügbar unter: http://www.handelsblatt.com/finanzen/recht-steuern/urteile-entscheidungen/umsatzsteuer-betrug-schmutziges-geschaeft-mit-co2-verschmutzungsrechten/4498412.html (November 2014). 25/04/2012 „„Wir bekämpfen Karussell-Geschäfte"" Online verfügbar unter: http://www.handelsblatt.com/politik/international/eu-kommissar-semeta-wir-bekaempfen-karussell-geschaefte/6554652.html (November 2014). 17/05/2012 „Ebay-Verkäufern droht Umsatzsteuerzahlung" Online verfügbar unter: http://www.handelsblatt.com/finanzen/recht-steuern/anleger-und-verbraucherrecht/nach-bfh-urteil-ebay-verkaeufern-droht-umsatzsteuerzalung/6644098.html (November 2014). 16/07/2012 „Ermittlungen gegen Radeberger wegen Pfandwert" Online verfügbar unter: http://www.handelsblatt.com/unternehmen/industrie/brauerei-ermittlungen-gegen-radeberger-wegen-pfandwert/6885354.html (November 2014).

Medium	Kategorie	Artikel
		04/10/2012 „Deutsche Bank stellt mehrere Mitarbeiter frei" Online verfügbar unter: http://www.handelsblatt.com/unternehmen/banken/umsatzsteuer-betrug-deutsche-bank-stellt-mehrere-mitarbeiter-frei/7212126.html (November 2014). 18/02/2014 „Gefängnisstrafen wegen Betrugs mit CO2-Zertifikaten" Online verfügbar unter: http://www.handelsblatt.com/politik/deutschland/emissionshandel-gefaengnisstrafen-wegen-betrugs-mit-co2-zertifikaten/9502974.html (November 2014). 10/03/2014 „Wann Gesellschafter für Steuerschulden haften" Online verfügbar unter: http://www.handelsblatt.com/finanzen/recht-steuern/steuern/umsatzsteuer-wann-gesellschafter-fuer-steuerschulden-haften/9593726.html (November 2014). 04/04/2014 „Kriminell wider Willen" Online verfügbar unter: http://www.handelsblatt.com/finanzen/recht-steuern/steuern/umsatzsteuer-kriminell-wider-willen/9663764.html (November 2014). 24/04/2014 „Betrug beim Handel mit Kupferkathoden vermutet" Online verfügbar unter: http://www.handelsblatt.com/finanzen/rohstoffe-devisen/rohstoffe/steuer-hinterziehung-betrug-beim-handel-mit-kupferkathoden-vermutet/9799364.html (November 2014).

Anhang 10: CSR-Berichte ausgewählter großer Unternehmen

(Online abgerufen im Juni 2015)

Unternehmen	Fundstelle
AngloAmerican	http://china.angloamerican.com/~/media/Files/A/Anglo-American-China/reports-and-publications/2014/sustainable-development-report-2013.pdf
Diageo	http://srreport2013.diageoreports.com/
Intel	http://www.intel.com/content/www/us/en/corporate-responsibility/corporate-responsibility-report-overview.html
GlaxoSmithKline	http://www.gsk.com/media/325170/cr-report-2013.pdf
RioTintoGroup	http://www.riotinto.com/documents/RT_Annual_report_2013.pdf
Vodafone	http://www.vodafone.com/content/dam/sustainability/pdfs/vodafone_sustainability_report_2012_13.pdf
Glencore Xstrata	http://www.glencore.com/assets/investors/doc/reports_and_results/2013/GLEN-2013-Annual-Report.pdf

Literaturverzeichnis

ACHATZ (2009)	Achatz, Markus: Formale Voraussetzungen, materielle Berechtigung und Gutglaubensschutz, DStJG 32/2009, S. 461-488.
ACHATZ/HEGER (2010)	Achatz, Reinhold; Heger, Hans-Jörg: Technology Strategy for the Corporate Research Center of a Diversified Global Enterprise, in Gerybadze, Alexander; Hommel, Ulrich; Reiners, Hans W.; Thomaschewski, Dieter (Hrsg.): Innovation and International Corporate Growth, S. 31-46.
ALEFS (2012)	Alefs, Ralf: Der EU-Binnenmarkt steht zur Disposition, DB 36/2012, S. M01 ff.
AMMANN (2013)	Ammann, Gunter: Umsatzbesteuerung bei ärztlichen Gutachten für Pharmaunternehmen, UR 3/2013, S. 111-123.
ANDERMANN/DEGKWITZ (2006)	Andermann, Heike; Degkwitz, Andreas: Zirkulation wissenschaftlicher Information in elektronischen Räumen, in: Jeanette Hofmann (Hrsg.), Wissen und Eigentum, Geschichte, Recht und Ökonomie stoffloser Güter, Schriftenreihe der Bundeszentrale für politische Bildung, Bonn 2006, Bd. 552, S. 221-240.
AUSTRALIAN TAX OFFICE (2014)	Australian Tax Office (Hrsg.): Large Business and Tax Compliance, 2014, online verfügbar unter https://www.ato.gov.au/uploadedFiles/Content/LB_I/downloads/BUS16985lrgbustaxcomp.pdf (Juni 2015).
BÄHRING/HAUFF et al.(2008)	Bähring, Katrin; Hauff, Sven; Sossdorf, Maik; Thommes, Kirsten: Methodologische Grundlagen und Besonderheiten der qualitativen Befragung von Experten in Unternehmen – Ein Leitfaden, DU 1/2008, S. 89-111.
BDI (2013)	Bundesverband der Deutschen Industrie e.V. (Hrsg.): Umsatzsteuer: Belastung der Unternehmen reduzieren – Vereinfachung statt Verschärfung, in: Aktuelle Steuerrundschau – Kernforderungen zum Wahljahr 2013 vom BDI, online verfügbar unter http://www.bdi.eu/download_content/Marketing/Kernforderungen_zum_Wahljahr_2013_small.pdf (Juni 205).
BEISER (2012)	Beiser, Reinhold: Innergemeinschaftliches Reihengeschäft – Ein Vorschlag zur Vereinfachung, UR 6/2012, S. 222-226.

BESCH/STARCK (2010) Besch, Christoph; Starck, Arnulf: in: Hauschka, Christopf (Hrsg.): Corporate Compliance, 2. Auflage, München 2010, § 34 Tax Compliance, S. 912-928.

BIRKENFELD (2014) Birkenfeld, Wolfram: Organschaft als Mehrwertsteuergruppe, UR 3/2015, S. 120-128.

BIRKENFELD (2011) Birkenfeld, Wolfram, § 64, Rz. 88, in: Birkenfeld, Wolfram; Wäger, Christoph (Hrsg.): Das große Umsatzsteuer-Handbuch, Loseblattausgabe, Köln 1998/2012, Lfg. 67 märz 2015.

BLÖCHER/GLAUM (2005) Blöcher, Annette; Glaum, Martin: Die Rolle der Unternehmenskultur bei Akquisition und die Möglichkeit und Grenzen einer Cultural Due Dilligence, DBW 3/2005, S. 295-317.

BMF (2013) Bundesministerium der Finanzen: Ergebnis der steuerlichen Betriebsprüfung vom 18.6.2013, online verfügbar unter http://www.bundesfinanzministerium.de/Content/DE/Standardarti-kel/Themen/Steuern/Weitere_Steuerthemen/Betriebspruefung/BMF_Schreiben_Allgemeines/2013-06-18-ergebnis-steuerliche-betriebspruefung-2012.html (Juni 2015).

BÖHLER (2012) Böhler, Tino M.: Industrie 4.0 – Smarte Produkte und Fabriken revolutionieren die Industrie. In: Produktion Magazin, 10. Mai 2012, online verfügbar unter http://www.produktion.de/automatisierung/industrie-4-0-smarte-produkte-und-fabriken-revolutionieren-die-industrie/ (Juni 2015).

BOGNER/MENZ (2005) Bogner, Alexander; Menz, Wolfgang, in: Bogner, Alexander; Littig, Beate; Menz, Wolfgang (Hrsg.): Das Experteninterview – Theorie, Methode, Anwendung, 2. Auflage, Wiesbaden 2005, S. 10-16.

BOHNSACK (2003) Bohnsack, Ralf: Rekonstruktive Sozialforschung – Einführung in qualitative Methoden, 5. Auflage, Berlin 2003.

BÜRKLE (2005) Bürkle, Jürgen: Corporate Compliance – Pflicht oder Kür für den Vorstand der AG, BB 11/2005, S. 565-569.

BUNDESRECHNUNGSHOF (2012A) Bundesrechnungshof (Hrsg.): Bericht nach § 99 BHO über den Vollzug der Steuergesetze, insb. im Arbeitnehmerbereich, BR-Drucks. 17/8429 vom 17.1.2012, online verfügbar unter http://dipbt.bundestag.de/extrakt/ba/WP17/418/41858.html (Juni 2015).

BUNDESRECHNUNGSHOF (2012B)	Bundesrechnungshof (Hrsg.): Gemeinsamer Bericht der Rechnungshöfe über die Kontrollprüfung zum innergemeinschaftlichen USt-Betrug, online verfügbar unter https://www.bundesrechnungshof.de/de/veroeffentlichungen/sonderberichte/langfassungen/2012-sonderbericht-kontrollpruefung-zum-innergemeinschaftlichen-umsatzsteuerbetrug (Juni 2015).
BURGMAIER (2012)	Burgmaier, Bernd: Anmerkungen zum *EuGH-Urteil v. 27.09.2012, C-587/10 – VSTR*, Steuerbefreiung einer innergemeinschaftlichen Lieferung von Gegenständen im Reihengeschäft trotz fehlender Mitteilung der Umsatzsteuer-Identifikationsnummer des Erwerbers, UR 21/2012, S. 832-842.
BRADTKE/FISCHER et al. (2004)	Bradtke, Marcus; Fischer, Nicole; Hübner, Sabine; Schramm, Florian; Zachert, Ulrich: Personalpolitische Wirkungen von Arbeitsrechtsformen, in: WSI Mitteilungen, 3/2004, S. 138-144.
BROCKHOFF (1999)	Brockhoff, Klaus: Forschung und Entwicklung: Planung und Kontrolle, 5. Auflage, München, Wien 1999.
CAROLL/SHABANA (2010)	Carroll, Archie B.; Shabana, Kareem M.: The Business Case for Corporate Social Responsibiltiy – A Review of Concepts, Research and Practice, IJMR International Journal of Management Reviews Vol. 12, 1/2010, S. 85-105 ff.
CHMIELEWICZ (1979)	Chmielewicz, Klaus: Forschungskonzeptionen der Wirtschaftswissenschaften, 2. Auflage, Stuttgart 1979.
CLOPÀTH (2000)	Clopáth, Gion: Steuerplanung und Risikomanagement – Wie Steuerrisken erkennen und minimieren? Schweizer Treuhänder Nr. 74, 6-7/2000, S. 661-668.
CORBIN/STRAUSS (2008)	Corbin, Juliet; Strauss, Anselm: Basics of Qualitative Research – Techniques and Procedures for Developing Grounded Theory, 3rd edition, Thousand Oaks: SAGE, 2008.
DAHM/HAMACHER (2012)	Dahm, Joachim; Hamacher, Rolfjosef: Differenzgeschäfte und Umsatzsteuer, DStR 48/2012, S. 2409-2413.
DELOITTE (2014)	Deloitte, Wirtschaftsprüfungsgesellschaft, Indirect Tax Client Survey 2014, online verfügbar unter http://www.ukbudket.com/files/uk-services-tax-indirect-tax-client-survey-2014.pdf (Juni 2015).

DELOITTE (2011) Betriebsprüfung Belastungstest, online verfügbar unter http://www.deloitte-tax-news.de/steuern/unternehmensteuer/files/studie-betriebspruefung-komplett-301111.pdf (Juli 2015).

DENK/EXNER-MERKELT (2005) Denk, Robert; Exner-Merkelt, Karin: Corporate Risk Management, Wien 2005.

DODENHOFF (2014) Dodenhoff, Jan: Eine Putzfrau zum Aufräumen der organisatorischen Eingliederung – Plädoyer für den einfachen Mitarbeiter, UR 9/2015, S. 337-346.

DOMSCHKE/SCHOLL (2005) Domschke, Wolfgang; Scholl, Armin: Grundlagen der Betriebswirtschaftslehre, 3. Auflage, Berlin/Heidelberg 2005.

DOYLE et al. (2009) Doyle, Elaine M.; Frecknall Hughes, Jane; Glaister, Keith W.: Linking Ethics and Risk Management in Taxation: Evidence from an Exploratory Study in Ireland and the UK, Journal of Business Ethics, 86 (2), 2009, S. 177-198.

DRÜEN (2010) Drüen, Klaus-Dieter, Zum Gutglaubensschutz im Umsatzsteuerrecht, DB 34/2010, S. 1847-1850.

DUNBAR/SCHWALBACH (2001) Dunbar, Roger L. M.; Schwalbach, Joachim: Corporate Reputation and Performance in Germany, Corporate Reputation Review, Vol. 3, 2001, S. 115-123.

DUYFJES/VON STREIT (2013) Duyfjes, Nico; von Streit, Georg: Anwendbares Recht bei der Ausstellung von Rechnungen für grenzüberschreitende Dienstleistungen, UStB 8/2013, S. 233-237.

DZIADKOWSKI (1983) Dziadkowski, Dieter: Die Entwicklung der Betriebswirtschaftlichen Steuerlehre von einer "Steuerbetriebslehre" zu einer unternehmenstheoretisch orientierten Steuerwissenschaft, in: DB 1983, S. 2045-2050.

EHNERT (2010) Ehnert, Manja: Tax Compliance aus der Sicht einer Compliance-Abteilung eines Großunternehmens, in: Streck, Michael; Mack, Alexandra; Schwedhelm, Rolf (Hrsg.): Tax Compliance – Risikominimierung durch Pflichtenbefolgung und Rechteverfolgung, Köln 2010, S. 65-73.

EISELE (2012) Eisele, Manfred: FG Baden-Würtemberg: Qualifizierung der Bauträgertätigkeit als Grundstückslieferung, BB 39/2012, S. 2416.

EISELE (2002) Eisele, Wolfgang: Technik des betrieblichen Rechnungswesens, 7. Auflage, München 2002;

EISELE/LEYPOLDT (1977) Eisele, Wolfgang; Leypoldt, Hubert: Kostenrechnung - Konzeptionelle erfolgs- und liquiditätsorientierte Kostenrechnung für den Handelsbetrieb, in KRP 1977, S. 277-288.

EISENHARDT/SANTOS (2002) Eisenhardt, Kathleen; Santos, Felipe: Knowledge-Based View: A New Theory of Strategy?, in: Pettigrew, Andrew M.; Thomas, Howard W.R. (Hrsg.): Handbook of Strategy and Management , London 2002, S. 139-164.

ELGOOD/FULTON/SCHUTZMAN (2008) Elgood, Tony; Fulton, Tony; Schutzman, Mark: Tax Function Effectiveness, The Vision for Tomorrow`s Tax Function, Chicago 2008.

ENGELS (2013) Engels, Dieter: Chancen zur Sicherung des USt-Aufkommens, UR 4-5/2013, S. 188-195.

ENGLISCH (2008) Englisch, Joachim: Nachweispflichten und Vertrauensschutz bei innergemeinschaftlichen Lieferungen, UR 13/2008, S. 481-494.

ERLE (2008) Erle, Bernd, in: Schön, Wolfgang (Hrsg.): Tax and Corporate Governance, Berlin/Heidelberg 2008., S. 205-220.

EU-KOMMISSION (2012) Europäische Kommission vom 06.12.2012: Aktionsplan zur Verstärkung der Bekämpfung von Steuerbetrug und Steuerhinterziehung, EU KOM 2012, 722 final, online verfügbar unter http://ec.europa.eu/taxation_customs/resources/documents/taxation/tax_fraud_evasion/com_2012_722_de.pdf (Juni 2015).

EU-KOMMISSION (2011) Europäische Kommission: Mitteilung der Kommission an das Europäische Parlament, den Rat und den Europäischen Wirtschafts- und Sozialausschuss zur Zukunft der MwSt, KOM vom 06.12.2011, 851 endg., online verfügbar unter http://ec.europa.eu/taxation_customs/resources/documents/taxation/vat/key_documents/communications/com_2011_851_de.pdf (Juni 2015).

EU-KOMMISSION (2010) Europäische Kommission: Mitteilung der Kommission an das Europäische Parlament, den Rat, den Europäischen Wirtschafts- und Sozialausschuss und den Ausschuss der Regionen: Die Vorteile der elektronischen Rechnungsstellung für Europa nutzen, KOM (2010) 712 endg. = BR-Drucks. 802/10 vom 02.12.2010.

EU-KOMMISSION (2009) Europäische Kommission: Mitteilung der Kommission an das Europäische Parlament und den Rat über die Option der MwSt-Gruppe gem. Art. 11 d. RL 2006/112 EG des Rates über das gemeinsame MwStSystem, KOM vom 02.07.2009, online verfügbar unter http://ec.europa.eu/taxation_customs/resources/documents/taxation/vat/key_documents/communications/com(2009)325_de.pdf (Juni 2015).

EU-KOMMISSION (2008) Europäische Kommission: Mehrwertsteuer-Ausschuss der Europäischen Kommission, Protokoll d. 83. Sitzung am 28., 29.02. und 15.07.2008, TAXUD/2417/08 – FINAL – DE.

EY (2014A) EY (Hrsg.): Indirect Tax in 2014 – a review of global indirect tax developments and issues, online verfügbar unter http://www.ey.com/Publication/vwLUAssets/EY-PDF-Indirect-tax-2014/$FILE/EY-Indirect_Tax_2014.pdf (Juni 2015).

EY (2014B) EY (Hrsg.): Indirect Tax Briefing – A review of global indirect tax developments and issues, online verfügbar unter http://emergingmarkets.ey.com/wp-content/uploads/downloads/2014/04/61.-EY-ITB-Issue-9.pdf (Juni 2015).

EY (2014C) EY (Hrsg.): VAT/GST electronic filling and data exraction, online verfügbar unter http://www.ey.com/Publication/vwLUAssets/EY_-_VAT-GST_electronic_filing_and_data_extraction/$FILE/EY-vat-gst-electronic-filing-and-data-extraction.pdf (Juni 2015).

ERNST&YOUNG (2008) Ernst&Young (Hrsg.): Global Tax Risk Survey, online verfügbar unter: http://www2.eycom.ch/publications/items/tax/2008_global_tax_risk_survey_findings/200812_ey_global_tax_risk_survey_findings.pdf (Juni 2015).

FAYOL (1929) Fayol, Henri: Allgemeine und Industrielle Verwaltung, München/Berlin 1929.

FELDERHOFF (2013) Felderhoff, Kai Henning: Umsatzsteuer-Binnenmarkt – Erwartungen an die USt im Hinblick auf das Grünbuch der Europäischen Kommission, Zusammenfassung der Podiumsdiskussion, Jubiläumsveranstaltung des UmsatzsteuerForum e.V., UR 1/2013, S. 24-26.

FELDGEN (2010) Feldgen, Renè: Die umsatzseuerliche Organschaft im Konzern, BB 6/2010, S. 285-289.

FISCHER/KLEINEIDAM/ WARNEKE (2005)	Fischer, Lutz; Kleineidam, Hans-Jochen; Warneke, Perygrin: Internationale Betriebswirtschaftliche Steuerlehre, 5. Auflage, Berlin 2005.
FISCHER/WENZEL (2002)	Fischer, Thomas; Wenzel, Julia: Value Reporting, DBW 62/2002, S. 327-335
FLICK (2002)	Flick, Uwe: Qualitative Sozialforschung – Eine Einführung, 6. Auflage, Reinbek 2002.
FLITZINGER (2014)	Filtzinger, Stephan: Neue Bedeutung des § 15a UStG für die Vorsteueraufteilung bei gemischter Verwendung von Eingangsleistungen, UR 8/2014, S. 293-305.
FLITZINGER (2013)	Filtzinger, Stephan: Schnellreaktionsmechanismus als Hebel zur Schubumkehr bei der Mehrwertsteuerharmonisierung, UR 5/2013, S. 136-148.
FLÜCKIGER (2010)	Flückiger, Klaus-Peter, zu *§ 2 Abs. 2 UStG*, in: Plückebaum, Konrad; Malitzky, Heinz; Widmann, Werner: Kommentar zum UStG, Köln 2008, Ergänzungslieferungen durch den C. H. Beck Verlag, Stand: April 2015.
FOMBRUN/GARDBERG/ BARNETT (2000)	Fombrun, Charles J.; Gardberg, Naomi A.; Barnett, Michael L.: Opportunity Platforms and Safety Nets: Corporate Citizenship and Reputational Risks, Business and Society Review Volume 105:1/2000, S. 85-106.
FOMBRUN (1996)	Fombrun, Charles J.: Reputation - Realizing Value from the Corporate Image, New York 1996.
FREEDMAN (2004)	Freedman, Judith: Defining Taxpayer Responsibility: In Support of a General Anti-Avoidance Principle, BTR No. 4/2004, S. 332-357.
FREEDMAN/LOOMER/VELLA (2009)	Freedman, Judith; Loomer, Geoffrey; Vella, John: Corporate Tax Risk and Tax Avoidance - New Approaches, BTR No. 1/2009, S. 74-116.
FREIDANK (2012)	Freidank, Carl-Christian: Unternehmensüberwachung – Die Grundlagen betriebswirtschaftlicher Kontrolle, Prüfung und Aufsicht, München 2012.
FREIDANK/DÜRR/ SASSEN (2013)	Freidank, Carl-Christian; Dürr, Barbara; Sassen, Remmer: Entwicklung eines Haftungsmanagementsystems für den Aufsichtsrat, BB 2013, S. 2283-2288.

FREIDANK/MAMMEN (2008) Freidank, Carl-Christian; Mammen, Andreas: Reporting steuerlicher Risiken im Konzernlagebericht als Instrument der Corporate Governance, Zeitschrift für Corporate Governance 6/2008, Berlin 2011, S. 285-292.

FREIDANK/SEPETAUZ (2013) Freidank, Carl-Christian; Sepetauz, Karsten: Konzernlagebericht nach DRS 20 – Bestandsaufnahme und Darstellung der Änderungen, StuB 2/2013, S. 54-62.

FRIEDRICH-VACHE (2014) Friedrich-Vache, Heidi: Option zur Steuerpflicht und deren Widerruf – Risiken der eigenen Umsatzbesteuerung durch Abhängigkeiten vom Geschäftspartner, UR 16/2015, S. 646-651.

FRIESE/LINK/MAYER (2008) Friese, Arne; Link, Simon; Mayer, Stefan: Taxation and Corporate Governance – The State of the Art, in: Schön, Wolfgang (Hrsg.): Tax and Corporate Governance, Berlin, Heidelberg 2008, S. 355-425.

FRITSCH (2013) Fritsch, Frank: Gutglaubensschutz bei innergemeinschaftlichen Lieferungen, UStB 8/2013, S. 223-225.

FRYE (2014) Fryre, Bernhard: Nachweis der Voraussetzungen einer innergemeinschaftlichen Lieferung – Ein systematischer Überblick, UR 19/2014, S. 753-763.

FULL (2013) Full, Matthias: Immobilientransaktionen in der USt – Neues zur vorsorglichen Option bei angenommener Geschäftsveräußerung, DStR 18/2013, S. 881-886.

GÄFGEN (1968) Gäfgen, Gérard: Theorie der wirtschaftlichen Entscheidung, 2. Auflage, Tübingen 1968.

GLÄSER/LAUDEL (2004) Gläser, Jochen; Laudel, Grit: Experteninterviews und qualitative Inhaltsanalyse, 1. Auflage, Wiesbaden 2004.

GRAF KERSENBROCK/KIRCH (2013) Graf Kerssenbrock, Otto-Ferdinand; Kirch, Wieland: Steuerorientiertes Risikomanagement bei Massendatenverarbeitung – Auch ein Thema für kleine und mittelgroße Unternehmen, BC 9/2013, S. 388-394.

GRESSE (2010 Gresse, Christopher: Wissensmanagement im Technologietransfer, Wiesbaden 2010.

GROTE/JANSSEN (2011) Grote; Martin; Janssen, Sjoerd: ERP und Umsatzsteuer – Häufig eine gefährliche Kombination, CMR 4/2011, S. 244-247.

GROTHERR (2015) Grotherr, Siegfried: Anonymisierte Veröffentlichung von verbindlichen Auskünften und elektronisches Auskunftsverfahren, BB 9/2015, S. 471-484.

GROTHERR (2003) Grotherr, Siegfried: Grundlagen der internationalen Steuerplanung, in: Grotherr, Siegfried (Hrsg.): Handbuch der internationalen Steuerplanung, 3. Ausgabe, Herne/Berlin 2011, S. 1-28.

GROTHERR/ WITTENSTEIN (2015) Grotherr, Siegfried; Wittenstein, Patrick: Veröffentlichungspraxis bei verbindlichen Auskünften, IWB Nr. 7 vom 10.04.2015.

GRÜTZNER/JAKOB (2010) Bartmann, Jeannine; Grützner, Thomas; Jakob, Alexander; et al.: Compliance von A-Z, 1. Auflage, München 2010.

GRUNE/MÖNCKEDIECK (2012) Grune, Jörg; Mönckedieck, Alexander: Umsatzsteuerliche Organschaft – Bedeutung und aktuelle Entwicklungstendenzen, UR 14/2012, S. 541-576.

HABERSTOCK/ BREITHECKER (2008) Haberstock, Volker; Breithecker, Ralf: Einführung in die Betriebswirtschaftliche Steuerlehre, 14. Auflage, Berlin 2008.

HÄUSLER (2013) Häusler, Ludwig: Zielorientierte Geschäftsprozesse - Interdisziplinarität im Industriebetrieb, Hamburg 2013.

HAHN/KORTSCHAK (2012) Hahn, Volker; Kortschak, Hans-Peter: Lehrbuch Umsatzsteuer, 14. Auflage, Ludwigsburg/Karlsruhe 2012.

HANH/KORTSCHAK (2009) Hahn, Volker; Kortschak, Hans-Peter: Lehrbuch Umsatzsteuer, 12. Auflage, Ludwigsburg/Karlsruhe 2009.

HAMMER (2015) Hammer, Richard: Unternehmensplanung – Planung und Führung, 9. Auflage, Berlin, München, Boston 2015.

HAMMER (2012) Hammer, Richard: Führungsorientierte Betriebswirtschaftslehre, 2. Auflage, Wien 2012.

HAMMER/KALTENBRUNNER (2009) Hammer, Richard; Kaltenbrunner, Katharina: Organisation, Personal und Führung, Wien 2009.

HANSEN/SCHRADER (2005) Hansen, Ursula; Schrader, Ulf: Corporate Social Responsibility als aktuelle Thema der Betriebswirtschaftslehre, DBW 4/2005, S. 373-395.

HARDECK (2011) Hardeck, Inga: Die Empfehlungen der OECD-Leitsätze für multinationale Unternehmen im Bereich der Besteuerung, IStR 24/2012, S. 933-972.

HARDECK/LANGHEIN (2013) Hardeck, Inga; Langhein, Nils: Bedeutung und Management reputativer Steuerrisiken – Eine empirische Untersuchung basierend auf Interviews mit den Leitern der Steuerabteilung deutscher Unternehmen, WPg 17/2013, S. 859-870.

Heinhold (1979) Heinhold, Michael: Betriebliche Steuerplanung mit quantitativen Methoden, München 1979.

HEINTZEN (1999) Heintzen, Markus: Die umsatzsteuerrechtliche Organschaft bei Organisationsprivatisierungen in der öffentlichen Verwaltung, DSt 37/1999, S. 1799-1803.

HELFFERICH (2011) Helfferich, Cornelia: Die Qualtität qualitative Daten – Manual für die praktische Durchführung qualitativer Interviews, 4. Auflage, Wiesbaden 2011.

HERMANNS (1995) Hermanns, Harry: Narratives Interview, in: Flick, Uwe; Kardorff, Ernst von; Keupp, Heiner; Rosenstiel, Lutz von; Wolff, Stephan (Hrsg.): Handbuch Qualitative Sozialforschung, Weinheim 1995, S. 182-185.

HEUERMANN (2014) Heuermann, Bernd: Neujustierung der Vorsteueraufteilung bei gemischter Verwendung von Eingangsleistungen, UR 13/2014, S. 505-512.

HEYD/MEFFLE (2008) Heyd, Reinhard; Meffle Günther: Das Rechnungswesen der Unternehmung als Entscheidungsinstrument, 6. Auflage, Band 1, München 2008.

HITZLER/HONER/MAEDER (1994) Hitzler, Ronald; Honer, Anne; Maeder, Cristoph (Hrsg.): Expertenwissen. Die institutionalisierte Kompetenz zur Konstruktion von Wirklichkeit, Opladen 1994.

HMRC (2006) Her Majesty`s Revenue and Customs (Britische Finanzbehörde) (Hrsg.): Tax on the boardroom agenda, 2006, online verfügbar unter http://customs.hmrc.gov.uk/channelsPortalWebApp/channelsPortalWebApp.portal?_nfpb=true&_pageLabel=pageVAT_ShowContent&id=HMCE_PROD1_025452&propertyType=document (Juni 2015).

HÖINK/ADICK (2014) Höink, Carsten; Adick, Markus: Sorgfaltspflichten im Binnenmarkt: Leichtfertige Inanspruchnahme von Steuerbefreiungen?, DB 51-52/2014, S. 2928-2929.

HOLLSTEIN/ULLRICH (2003) Hollstein, Bettina; Ullrich, Carsten G.: Einheit trotz Vielfalt? Zum konstruktiven Kern qualitativer Sozialforschung, in: Soziologie. Forum der Deutschen Gesellschaft für Soziologie 2003, S. 29-44, online verfügbar unter http://www.wiso.uni-hamburg.de/file admin/sozialoekonomie/hollstein/Team/Hollstein_Betina/Litera tur_Betina/Hollstein_Ullrich_4-2003.pdf (Juni 2015).

HOPF (1995) Hopf, Christel: Qualitative Interviews in der Sozialforschung. Ein Überblick. In: Flick u.a. (Hg.): Handbuch Qualitative Sozialforschung. Weinheim 1995, S. 177-182.

HÜTTEMANN (2014) Hüttenmann, Rainer: Umsatzsteuerbefreiung der Studentenwerke, UR 2/2014, S. 45-56.

HUMMEL (2015) Hummel, David: Entgeld als Bemessungsgrundlage im Umsatzsteuerrecht, UR 6/2015, S. 213-223.

HUMMEL (2014) Hummel, David: Umgang mit „betrugsbehafteten Umsätzen" im Umsatzsteuerrecht – Zu den aktuellen Versuchen der Finanzverwaltung, das Umsatzsteueraufkommen nach einem Betrugsfall nicht nur zu sichern, sondern zu vervielfachen, UR 7/2014, S. 256-264.

HUNGENBERG/WULF (2007) Hungenberg, Harald; Wulf, Thorsten: Grundlagen der Unternehmensführung, 3. Auflage, Berlin 2007.

HUNGENBERG/WULF (2006) Hungenberg, Harald; Wulf, Thorsten: Grundlagen der Unternehmensführung, 2. Auflage, Berlin 2006.

HUSCHENS (2012) Huschens, Ferdinand: Umsatzsteuerliche Karussellgeschäfte und deren Auswirkungen, SteuK 23/2012, S. 479-483.

IDW (1996) Institut der Wirtschaftsprüfer in Deutschland e.V. (Hrsg.): Wirtschaftsprüfer-Handbuch – Handbuch für Rechnungslegung, Prüfung und Beratung, Band I, 11. Auflage, Düsseldorf 1996.

ISMER/PULL/ENDRES (2013) Ismer, Roland; Pull, Veronika; Endres, Daniela: Reform des Mehrwertsteuersystems – Handlungsoptionen zur Verringerung der Befolgungskosten im innergemeinschaftlichen Warenverkehr, MwStR 8/2013, S. 260-267.

IW Consult (2008) Institut der deutschen Wirtschaft Köln, Consult GmbH (Hrsg.): Hand- und Spanndienste – Untersuchung der betrieblichen Kosten der Abführung von Umsatzsteuer, Lohnsteuer und Sozialabgaben, Köln 2008, online verfügbar unter http://bdi.eu/download_content/KonjunkturStandortUndWettbewerb/02_Buerokratie_Hand-und_Spanndienste.pdf (Juni 2015).

Kaiser (2014) Kaiser, Daniel: Anmerkungen zum *BGH-Urteil v. 01.10.2013 – 1 StR 312/13*, Keine Steuerhinterziehung bei Kenntniserlangung von Einbindung in USt-Karussellbetrug nach Leistungsbezug, DStR 8/2014, S. 365-368.

Kajüter (2008) Kajüter, Peter, in: Woods, Margaret; Kajüter, Peter; Linsley, Philip (Hrsg.): International Risk Management - Systems, Internal Control and Corporate Governance, Oxford 2008, S. 109-126.

Kemper (2015) Kemper, Martin: Erklärungspflichten des UStG – Kritische Betrachtung der zunehmenden Pflichten der Unternehmer im deutschen Umsatzsteuerrecht, UR 10/2015, S. 373-379.

Kemper (2014) Kemper, Martin: Eine Bestandsaufnahme mit Blick auf den Monatsbericht des BMF vom 21.07.2014, MwStR 19/2014, S. 640-643.

Kettisch (2014) Kettisch, Richard: Reihengeschäfte, Rechtsrahmen, Vertrauensschutz und die Tragweite des Zivilrechts, UR 15/2014, S. 593-607.

KFW (2012) Kreditanstalt für Wiederaufbau (Hrsg.): KMU-Definition, online verfügbar unter https://www.kfw.de/Download-Center/F%C3%B6rderprogramme-%28Inlandsf%C3%B6rderung%29/PDF-Dokumente/6000000196-KMU-Definition.pdf (Juni 2015).

Kiethe (2007) Kiehte, Kurt: Vermeidung der Haftung von geschäftsführenden Organen durch Corporate Compliance, GmbHR 8/2007, S. 393-399.

Kindl/Petsche (2013) Kindl, Caroline; Petsche, Alexander: Tax Compliance – Haftungsprävention für Geschäftsführung und Vorstand, in: Althuber, Franz (Hrsg.), Geschäftsführer- und Vorstandshaftung im österreichischen Steuerrecht, 1. Auflage, Wien 2013, S. 161-180.

Kirchhof (2011) Kirchhof, Paul: Bundessteuergesetzbuch – Ein Reformentwurf zur Erneuerung des Steuerrechts, Schriftenreihe des Instituts für Finanz- und Steuerrecht Forschungsstelle Bundessteuergesetzbuch Band 4, Heidelberg 2011.

KLEINEIDAM (1970) Kleineidam, Hans-Jochen: Zur Weiterentwicklung der Betriebswirtschaftlichen Steuerlehre, in: ZfB 1970, S. 105-118.

KNAAP (2008) Knaap, Werner, in: Mayring, Philipp; Gläser-Zikuda, Michaela (Hrsg.): Die Praxis der Qualitativen Inhaltsanalyse, 2. Auflage, Weinheim 2008.

KORF (2011) Korf, Ralph E.: Gestaltungen im Umsatzsteuerrecht, in: Grotherr, Siegfried (Hrsg.): Handbuch der internationalen Steuerplanung, Neue Wirtschaftsbriefe, 3. Auflage, Herne/Berlin 2011, S. 1069-1087.

KORF (2010) Korf, Ralph E.: Seminar D – Umsatzsteuer und Goods and Sales Tax in Organschaften, IStR 15/2010, S. 558-561.

KORF (2008) Korf, Ralph E.: Anmerkungen zum *EuGH-Urteil v. 21.02.2008, C-425/06 – Part Service Srl.*, Mehrwertsteuer – Aufspaltung einer Leistung als Mißbrauch, IStR 7/2008, S. 258.

KPMG (2014A) KPMG (Hrsg.): Corporate and Indirect Tax Rate Survey 2014, online verfügbar unter http://www.kpmg.com/Global/en/IssuesAndInsights/ArticlesPublications/Documents/corporate-indirect-tax-rate-survey-2014.pdf (Juni 2015).

KPMG (2014B) KPMG (Hrsg.): VAT/GST Refunds Survey 2014, online verfügbar unter http://www.kpmg.com/Global/en/IssuesAndInsights/ArticlesPublications/Documents/vat-gst-refunds-survey-2014-v2. pdf (Juni 2015).

KPMG (2013) KPMG Global Indirect Tax Services (Hrsg.): The 2013 Benchmark Survey on VAT/GST, online verfügbar unter http://www.kpmg.com/Global/en/IssuesAndInsights/ArticlesPublications/benchmark-survey-vat-gst/Documents/benchmark-survey-vat-gst-2013-v1.pdf (Juni 2015)

KPMG (2012A) KPMG (Hrsg.): The 2012 Benchmark Survey on VAT/GST, online verfügbar unter http://www.kpmg.com/Global/en/IssuesAndInsights/ArticlesPublications/Lists/Expired/vat-gst-benchmark-2012v2.pdf (Juni 2015).

KPMG (2012B) KPMG (Hrsg.): Corporate and Indirect Tax Survey 2012, online verfügbar unter http://www.kpmg.com/DE/de/Documents/Corporate_and_Indirect_Tax_Survey_2012.pdf (Januar 2015).

KPMG (2011) KPMG (Hrsg.): The Benchmark Survey on VAT/GST, online verfügbar unter http://www.kpmg.com/Global/en/IssuesAndInsights/ArticlesPublications/Documents/The-Benchmark-Survey-on-VAT-GST.pdf (Juni 2015).

KPMG (2004) KPMG (Hrsg.): Tax Risk Management in the Financial Sector – an International KPMG Survey, online verfügbar unter http://www.kpmg.com.hk/en/virtual_library/Financial_services/Tax_risk_management.pdf (Juni 2015).

Kröner/Beckenhaub (2007) Kröner, Michael; Beckenhaub, Claus: Konzernsteuerquote – Einflussfaktoren, Planung, Messung, Management, 1. Auflage, München 2007.

Kromer (2010) Kromer, Christoph: Kapitel 9 – Germany, in: Bakker, Anuschka; Kloosterhof, Sander (Hrsg.): Corporate Tax Risk Management – From Risk to Opportunity, Amsterdam 2010, S. 255-288.

Kromer/Henschel/Simshäuser (2013) Kromer, Christoph; Henschel, Katharina; Simshäuser, Sascha: Umsetzung einer effektiven Tax Compliance Organisation – Teil I, Erfüllung von Steuererklärungspflichten, BB 48/2013, S. 2903-2011.

Kromer/Pumpler/Henschel (2013) Kromer, Christoph; Pumpler, Reinhard; Henschel, Katharina: Tax Compliance, BB 14/2013, S. 791-803.

Kromer/Pumpler/Henschel (2013) Kromer, Christoph; Pumpler, Reinhard; Henschel, Katharina: Beurteilung der Effektivität eines Tax-Compliance-Systems – Teil 1, Compliance-Berater 4/2013, S. 156-162.

Kromer/Walker (2012) Kromer, Christoph; Walker, Jörg: B.2.4. Steurn, in: Vater, Hendrik; Reinhard, Hartmut (Hrsg.): Praxishandbuch Kostensenkungspläne, 1. Auflage, Weinheim 2012, S. 391-411.

Kromer/Walker (2011) Kromer, Christoph; Walker, Jörg: Strategisches Steuermanagement in Krisenzeiten, in: Weber, Jürgen; Vater, Hendrik; Schmidt, Walter; Reinhard, Hartmut (Hrsg.): Turnaround-Navigation in stürmischen Zeiten, Weinheim 2011, S. 739-755.

Kube (2013) Kube, Hanno: Verantwortung für ein prinzipiengeleitetes Umsatzsteuerrecht – Anmerkungen zum Reformprozess auf Unionsebene, UR 13/2013, S. 489-493.

KUCKARTZ (2010) Kuckartz, Udo: Einführung in die computergestützte Analyse qualitativer Daten, 3. Auflage, Wiesbaden 2010.

KÜFFNER (2013) Küffner, Thomas: Exakte Rechnungsangaben bei innermeinschaftlichen Lieferungen geboten, BC 4/2013, S. 143.

KÜNSTLER/SEIDEL (2009) Künstler, Tilo; Seidel, Frank: Tax Compliance, in: Wecker, Gregor; van Laak, Hendrik (Hrsg.): Compliance in der Unternehmerpraxis – Grundlagen, Organisation und Umsetzung, 2. Auflage, Wiesbaden 2009, S. 243-261.

KURZEWITZ (2009) Kurzewitz, Christina: Wahl der geeigneten Verrechnungspreismethode zur Verringerung von Doppelbesteuerungsproblemen, Hamburg 2009.

KUßMAUL (2006) Kußmaul, Heinz: Betriebswirtschaftliche Steuerlehre, 4. Auflage, München/Wien 2006.

LANG-HORGAN (2012) Lang-Horgan, Angela: Zukunft des innergemeinschaftlichen Reihengeschäfts, UR 16/2012, S. 628-632.

LANG/MÜLLER et al. Lang, Michael; Müller, Eduard; Staringer, Claus; Schrittwieser, Eva M.; Wakounig, Marian: Tax Governance (Teil 1), ÖStZ 6/2013.

LAIER/QUICK (2012) Laier, Rainer; Quick, Reiner: Zur Relevanz der wertorientierten Berichterstattung, WPg 5/2012, S. 264-271.

LAMI (2011) Lami, Stefan: Spitzenleistungen in der Steuerberatung – Acht neue Wege für eine erfolgreiche Kanzleiführung, Wien 2011.

LAMNEK (2010) Lamnek, Siegfried: Qualitative Sozialforschung, 5. Auflage, Weinheim/Basel 2010.

LAMNEK (2005) Lamnek, Siegfried: Qualitative Sozialforschung. Ein Lehrbuch, 4. Auflage, Weinheim 2005.

LAMNEK (1990) Lamnek, Siegfried: Qualitative Sozialforschung – Ein Lehrbuch, 1. Auflage, Weinheim 1990.

LEONARD (2010) Leonard, Axel: Taugt die Organschaft noch als Gestaltungsinstrument bei steuerfreien Umsätzen?, DStR 15/2010, S. 721-725.

LISSEN et al.(2014) Lissen, Nina; Brünger, Christian; Damhorst, Stephan (Hrsg.): IT-Services in der Cloud und ISAE 3402 – Ein praxisorientierter Leitfaden für eine erfolgreiche Auditierung, Berlin und Heidelberg 2014.

LISTL/BAUMGARTNER (2014) Listl, Peter Roman; Baumgartner, Egid,: Reverse-Charge-Verfahren bei Bauleistungen – BMF-Schreiben vom 37.7.2014, UR 23/2014, S. 913-918.

LUDÄSCHER/HOPPLER (2012) Ludäscher, Dieter; Hoppler, Rolf: Werklieferungen eines Drittlandsunternehmers und Übergang der Steuerschuldnerschaft auf den Leistungsempfänger, UR 8/2012, S. 303-312.

MAMMEN (2011) Mammen, Andreas: Die Berücksichtigung von Ertragsteuerrisiken im Rahmen der Konzernsteuerplanung, BFuP 5/2011, S. 502-561.

MANN (2014) Mann, Peter: Korrektur einer Rechnung – Praxisprobleme beim Vorsteuerabzug, BC 6/2014, S. 241-247.

MARSHALL (1996) Marshall, Martin N.: Sampling for qualitative research, Family Practice Vol. 13 No. 6/1996, S. 522-524, online verfügbar unter http://fampra.oxfordjournals.org/content/13/6/522.full.pdf+html (Juni 2015).

MARTIN (2012) Martin, Thomas: *§ 3 UStG*, in: Sölch, Otto; Ringleb, Karl: Umsatzsteuergesetz, Loseblattausgabe, 67. Auflage, 74. Ergänzungslieferung, München 1993/2015, Stand Juni 2015.

MAUNZ (2012) Maunz, Stefan: Anmerkungen zum *EuGH-Urteil v. 06.09.2012, Rs. C-273/11, Mecsek-Gabona Kft*, Versagung des Rechts eines Steuerpflichtigen auf Vorsteuerabzug bei seiner Kenntnis oder seinem Kennenmüssen der Einbeziehung seines Eingangsumsatzes in eine vom Rechnungsaussteller oder einem anderen Wirtschaftsteilnehmer auf einer vorhergehenden Umsatzstufe der Leistungskette begangene Steuerhinterziehung, UR 21/2012, S. 802.

MAUNZ (2011) Maunz, Stefan: Anmerkungen *zum BFH-Urteil v. 11.08.2011 – V R 3/10*, Für die Steuerfreiheit im Reihengeschäft unschädliche Angabe eines unzutreffenden Bestimmungsorts – Keine Ausnahme ruhender Lieferungen von der Gewährung von Vertrauensschutz UR 23/2011, S. 909-916.

MAUNZ/KÜFFNER (2013) Maunz, Stefan; Küffner, Thomas: Organschaft – Organisatorische Eingliederung - Änderung von Abschn. 2.8. UStAE und offene Fragestellung, MwStR 2013, S. 221.

MAYRING (2005) Mayring, Philipp; Gläser-Zikuda, Michaela (Hrsg.): Die Praxis der Qualitativen Inhaltsanalyse, 1. Auflage, Weinheim 2005.

MAYRING (2002) Mayring, Philipp: Qualitative Sozialforschung, 5. Auflage, Weinheim 2002.

MELLINGHOFF (2013) Mellinghoff, Rudolf: Deutsches USt-Recht unter unions- und verfassungsrechtlichem Einfluss, UR 1/2013, S. 5-15.

MERTON/KENDALL (1993) Merton, Robert K. ; Kendall P. L.: Das fokussierte Interview, in: Hopf, Christel; Weingarten, Elmar (Hrsg.): Qualitative Sozialforschung, Stuttgart 1993.

MEUSER/NAGEL (1991) Meuser, Michael; Nagel, Ulrike: ExpertInneninterviews – Vielfach erprobt, wenig bedacht – Ein Beitrag zur qualitativen Methodendiskussion, in: Garz, Detlef; Kraimer; Kraimer (Hrsg.): Qualitativ-empirische Sozialforschung – Konzepte, Methoden, Analysen, Wiesbaden 1991, S. 441-471.

MEUSSEN (2011) Meussen, Gerard: Horizontaal toezicht – eine neue Kooperationsform im Besteuerungsverfahren in den Niederlanden, FR 3/2011, S. 114-117.

MEY/MRUCK (2009) Mey, Günter; Mruck, Katja: Methodologie und Methodik der Grounded Theory, in: Kempf, Wilhelm; Kiefer, Markus (Hrsg.): Forschungsmethoden der Psychologie – Zwischen naturwissenschaftlichem Experiment und sozialwissenschaftlicher Hermeneutik, Band 3, Berlin 2009, S. 100-152.

MÜLLER/STÖCKER (2011) Müller, Thomas; Stöcker, Ernst: Die Organschaft, 8. Auflage, Herne 2011.

NEUBERT (1959) Neubert, Helmut: Internal Control – Kontrollinstrument der Unternehmensführung, Düsseldorf 1959.

NIESKENS (2012) Nieskens, Hans: Acht Thesen zur umsatzsteuerlichen Bewertung des innergemeinschaftlichen Reihengeschäfts, UR 1/2012, S. 17-25.

NIESKENS (2008) Nieskens, Hans: Gutglaubensschutz bei nachträglich ungültiger Umsatzsteuer-Identifikationsnummer, UR 21/2008, S. 812-815.

NIESKENS (2006) Nieskens, Hans: Die Umsatzsteuermissbrauchsbekämpfung durch Reverse-Charge mit R-Check und seine Auswirkungen auf die Beraterpraxis, BB 07/2006, S. 356-360.

NIESKENS/HEINRICHSHOFEN/MATHEIS (2014) Nieskens, Hans; Heinrichshofen, Stefan; Matheis, Philipp: Praxisproblem der grenzüberschreitenden Reihengeschäfte, UR 13/2014, S. 513-518.

OBERMAYR (2004) Obermayr, Armin: Managing Tax Risks, in: Ertl, Peter(Hrsg.): Risikomanagement und Jahresabschluss, Wien 2004, S. 85-108.

OECD (2014) OECD (Hrsg.): International VAT/GST Guidelines, Global Forum on VAT, 17-18 April 2014, online verfügbar unter http://www.oecd.org/ctp/consumption/international-vat-gst-guidelines.pdf (Juni 2015).

OECD (2011) OECD (Hrsg.): Leitsätze für multinationale Unternehmen, Paris 2011, online verfügbar unter http://www.bmwi.de/BMWi/Redaktion/PDF/M-O/oecd-leitsaetze-2011-de,property=pdf,be reich =bmwi2012,sprache=de,rwb=true.pdf (Juni 2015).

OECD (2008) OECD (Hrsg.): Guidelines for Multinational Enterprises, Paris 2008, online verfügbar unter http://www.oecd.org/dataoecd/56/36/1922428.pdf (Juni 2015).

PATTON (1990) Patton, Michael Quinn: Qualitative Evaluation and Research Methods, Newbury Park, California 1990.

PELOZA/SHANG (2011) Peloza, John; Shang, Jingzhi: What Business Leaders Should Know – Investing in CSR to Enhance Customer Value, Journal of the Academy of Marketing Science Vol. 3, 3/2011, S. 117–135.

PETSCHE (2010) Petsche, Alexander: Datenschutzrecht, in: Petsche, Alexander; Mair, Karin (Hrsg.): Handbuch Compliance, Wien 2010, S. 145-175.

PRÄTZLER (2013) Prätzler, Rovert C.: Neue Überlegungen zur nachträglichen Option zur USt-Pflicht, DB 18/2013, S. 959-964.

PRÄTZLER (2012) Prätzler, Rovert C.: Neue Entwicklungen bei steuerfreien innergemeinschaftlichen Lieferungen, DB 47/2012, S. 2654-2659.

PUMPLER (2012) Pumpler, Reinhard; in: Zöchling, Hans (Hrsg.): Tax Controlling in der Praxis, SWK-Spezial, 1. Auflage, Wien 2012, S. 64-74.

PWC (2013)	PWC (Hrsg.): Shifting the Balance from Direct to Indirect Taxes – Bringing New Challenges, online verfügbar unter http://www.pwc.com/en_GX/gx/tax/assets/pwc-shifting-the-balance-from-direct-to-indirect-taxes-bringing-new-challenges.pdf (Juni 2015).
PWC (2010A)	PWC (Hrsg.): The Impact of VAT Compliance on Business, online verfügbar unter http://www.pwc.com/gx/en/tax/pdf/impact-of-vat.pdf (Januar 2015).
PWC (2010B)	PWC (Hrsg.): Paying Taxes 2010 – The Global Picture, online verfügbar unter http://www.pwc.com/gx/en/paying-taxes/assets/paying-taxes-2010.pdf (Juni 2015).
PWC (2004)	PWC (Hrsg.): Tax Risk Management, 2004, online verfügbar unter http://www.pwc.ch/user_content/editor/files/publ_tls/pwc_tax_risk_mgmt_e.pdf (Juni 2015).
RADEISEN (2013)	Radeisen, Rolf-Rüdiger zu § 2 Abs. 2 UStG, in Vogel, Alfred; Schwarz, Bernhard: Kommentar zum UStG, Grundwerk mit 172. Ergänzungslieferung, Freiburg 1998, Stand: 01/2014, Ergänzungslieferungen durch den Haufe Verlag.
RADEISEN (2011)	Radeisen, Rolf-Rüdiger: Vertrauensschutz im Umsatzsteuerrecht – Hoffnung und Wirklichkeit im Spiegel der Rechtsprechung, SteuK 3/2011, S. 51-54.
REICHLING/BIETKE/HENNE (2007)	Reichling, Peter; Bietke, Daniela; Henne, Antje: Praxishandbuch Risikomanagement und Rating, 2. Auflage, Wiesbaden 2007.
RISSE (2012)	Risse, Robert: Steuerliches Risikomanagement, Ubg 3/2012, S. 169-176.
ROBBINS/DECENZO/COULTER (2011)	Robbins, Stephen P; DeCenzo, David A.; Coulter, Mary: Fundamentals of Management. Essential Concepts and Applications, 7. Auflage, Pearson Education, Boston, Mass. 2011.
RÖDDER (1988)	Rödder, Thomas: Steuerplanungslehre und steuerliche Gestaltungsfindung, München 1988.
RÖTHLISBERGER/ZITTER (2005)	Röthlisberger, René; Zitter, Gernot: Tax Risk Management – Aktuelle Herausforderung für alle Steuerverantwortlichen, ST 79/2005, S. 295-301.

RÜCKLE (1983) Rückle, Dieter: Normative Theorie der Steuerbilanzpolitik, Wien 1983.

RUSSELL/KANE (2008) Russell, Edmund; Kane, Jennifer: The Missing Link – Assessing the Reliability of Internet Citations in History Journals, Technology and Culture 2/2008, S. 420-429.

SALDER (2012) Salder, Christian: Umsatzsteuerliche und zollrechtliche Folgen der Auflösung des Freihafens Hamburg, DStR 48/2012, S. 2422-2423.

SALZBERGER (2008) Salzberger, Wolfgang: Seminar G – Tax Risk Management, IStR 15/2008, S. 555-556.

SAUER/GISSEL (2014) Sauer, Marcus; Gissel, Lutz: Außenwirkung einer umsatzsteuerlichen Organschaft – Praxisfälle und das EuGH-Urteil Skandia Filial Sverige, UR 23/2014, S. 918-924.

SCHIERENBECK/LISTER (2002) Schierenbeck, Henner; Lister, Michael: Value Controlling – Grundlagen wertorientierter Unternehmensführung, 2. Auflage, München/Wien 2002.

SCHNEELOCH (2012) Schneeloch, Dieter: Betriebswirtschaftliche Steuerlehre, Band 1, 6. Auflage, München 2012.

SCHNEELOCH (2002) Schneeloch, Dieter: Besteuerung und betrieliche Steuerpolitik, Band 2, Betriebliche Steuerpolitik, 2. Auflage, München 2002.

SCHNEIDER (2003) Schneider, Uwe H.: Compliance als Aufgabe der Unternehmensleitung, ZIP 15/2003, S. 645-650.

SCHNEIDER (1967) Schneider, Dieter: Theorie und Praxis der Unternehmensbesteuerung, ZfbF 1967, S. 206-221.

SCHNEIDER/BAREIS/SIEGEL (2013) Schneider, Dieter; Bareis, Peter; Siegel, Theodor: Für normative Steuerlehre – Wider eine Beseitigung des gesellschaftlich-verpflichtenden Fundaments der Betriebswirtschaftlichen Steuerlehre, DStR 22/2013, S. 1145-1151.

SCHNELL/HILL/ESSER (2005) Schnell, Rainer; Hill, Paul; Esser, Elke: Methoden der empirischen Sozialforschung, 7. Auflage, München 2005.

SCHOLZ (2014) Scholz, Jürgen: Vorsteueraufteilung gemischt genutzter Gebäude – Zugleich Anmerkungen zu den BFH-Entscheidungen vom 07.05.2014 und 05.06.2014, UR 19/2014, S. 764-769.

SCHWALBACH (2004) Schwalbach, Joachim: Reputation, in: Schreyögg, Georg; von Werder, Axel (Hrsg.): Handwörterbuch Unternehmensführung und Organisation, 4. Auflage, Stuttgart 2004, S. 1262-1269.

SLAPIO (2000) Slapio, Ursula: Gestaltungsmöglichkeiten bei umsatzsteuerlicher Organschaft, DStR 24/2000, S. 999-1001.

SPENGEL/MATENAER (2011) Spengel, Christoph; Matenaer, Sebastian: Tax Risk Management – Strategische, prozessuale und organisationale Einflussfaktoren, Ubg 10/2011, S. 798-811.

SPENGEL/ORTMANN-BABEL/MATENAER (2012) Spengel, Christoph; Ortmann-Babel, Martina; Matenaer, Sebastian: Tax Risk Management der Finanzverwaltung: Hat Deutschland den Anschluss an die internationale Entwicklung verpasst?, Ubg 7/2012, S. 466–475.

SPRONDEL (1979) Sprondel, Walter M.: Experte und Laie - Zur Entwicklung von Typenbegriffen in der Wissenssoziologie, in: Sprondel, Walter M. ; Grathoff, Richard (Hrsg.): Alfred Schütz und die Idee des Alltags in den Sozialwissenschaften, Stuttgart 1979, S. 140-154.

STADIE (2011) Stadie, Holger, zu *§ 2 UStG,* in: Rau, Günter; Dürrwächter, Erich: Kommentar zum UStG – Grundwerk mit Fortsetzungsbezug, 147. Ergänzungslieferung, Köln 1967/2012, Stand Juni 2015.

STANGE (2013) Stange, Arnold: Anwalt und Umsatzsteuer, Brak Magazin 01/2013, S. 12.

STAPPERFEND (2013) Stapperfend, Thomas: Schutz des guten Glaubens im Umsatzsteuerrecht, UR 9/2013, S. 321-364.

STAPPERFEND (2012) Stapperfend, Thomas: Aktuelles aus der Rechtsprechung, in: Kölner Tage (Arbeitsunterlage), Umsatzsteuer – Aktuelle Entwicklungen 2012/2013, S. 3-76.

STEINER/BELZ (2009) Steiner, Hans Jürgen; Belz, David: Steuerliches Risikomanagement – Ergebnisse einer Umfrage im deutschsprachigen Raum, ST 2009, S. 95-99.

STEINMANN/SCHREYÖGG (2013) Steinmann, Horst; Schreyögg, Georg; Koch, Jochen: Management – Grundlagen der Unternehmensführung, 7. Auflage, Wiesbaden 2013.

STEINMANN/SCHREYÖGG (2000) — Steinmann, Horst; Schreyögg, Georg; Koch, Jochen: Management – Grundlagen der Unternehmensführung, 5. Auflage, Wiesbaden 2000.

STERZINGER (2014A) — Sterzinger, Christian: Notwendige Einbeziehung von Nichtsteuerpflichtigen in einen Organkreis, UR 4/2014, S. 133-140.

STERZINGER (2014B) — Sterzinger, Christian: Versagung des Vorsteuerabzugs bei betrügerischem Handeln des Vorlieferanten, DStR 17/2014, S. 831-834.

STERZINGER (2011) — Sterzinger, Christian: Befreiung der aufeinanderfolgenden Lieferungen derselben Gegenstände innerhalb der Union bei einer einzigen innergemeinschaftlichen Versendung oder Beförderung, UR 8/2011, S. 269-272.

STRECK (2010) — Streck, Michael; Mack, Alexandra; Schwedhelm, Rolf (Hrsg.): Tax Compliance – Risikominimierung durch Pflichtenbefolgung und Rechteverfolgung, Köln 2010.

STREIT (2013) — Streit, Thomas: Vorsteuerabzug und Gutglaubensschutz – EuGH führt unternehmerfreundliche Rechtsprechung fort, BC 3/2013, S. 97-98.

SUSTAINABILITY LTD. (2006) — Sustainability LTD. (Hrsg.): Taxing Issues: Responsible business and tax., unter Mitarbeit von Seb Beloe und andere, 2006, online verfügbar unter www.taxjustice.net/cms/upload/pdf/Sus tainability_taxing_issues.pdf. (Juni 2015).

THEISEN (2013) — Theisen, Manuel Renè: Wissenschaftliches Arbeiten – Erfolgreich bei Bachelor- und Masterarbeit, München 2013.

THOMA (2006) — Thoma, Alexander: Das Zollrecht im Wandel – Auswirkungen von zollrechtlichen Änderungen auf das Umsatzsteuerrecht, UStB 2/2006, S. 46-49.

TÖNNES/WEWEL (1998) — Tönnes, Wolf-Achim; Wewel, Thomas: Ausgliederung wirtschaftlicher Geschäftsbetriebe durch steuerbefreite Einrichtungen, DStR 8/1998, S. 274-280.

UNGERICH (2012) — Ungerich, Bernhard: Strategiebewusstes Management – Konzepte und Instrumente für nachhaltiges Handeln, München 2012.

VERA (2001) — Vera, Antonio: Das steuerliche Zielsystem einer international tätigen Großunternehmung – Ergebnisse einer empirischen Untersuchung, StuW, 2001, S. 308-315.

VETTER (2009) Vetter, Eberhard: Compliance in der Unternehmerpraxis, in: Wecker, Gregor; van Laak, Hendrik (Hrsg.): Compliance in der Unternehmerpraxis – Grundlagen, Organisation und Umsetzung, 2. Auflage, Wiesbaden 2009, S. 43-47.

VOBBE/WINTER (2011) Vobbe, Rainald; Winter, Matthias: Zuordnung der Warenbewegung zur ersten Lieferung im Reihengeschäft – Zugleich Anmerkung zum *BFH-Urteil v. 11.08.2011, V R 3/10*, DStR 2011, S. 2135-2137.

WÄGER (2015) Wäger, Christoph: Der Kampf gegen die Steuerhinterziehung, UR 3/2015, S. 81-99.

WÄGER (2014) Wäger, Christoph: Vorsteueraufteilung bei gemischt vermieteten Gebäuden – Zurück auf Start?, UR 18/2014, S. 724-731.

WÄGER (2013) Wäger, Christoph: Rechtsprechungsauslese 2012, UR 3/2013, S. 81-111.

WÄGER (2012) Wäger, Christoph: Rechtsprechungsauslese 2011, UR 4/2012, S. 125-168.

WAGNER (1974) Wagner, Franz: Zum gegenwärtigen Forschungsprogramm der betriebswirtschaftlichen Steuerlehre, DB 1974, S. 393-398.

WALDEN (1984) Walden, Peter: Zur Betriebswirtschaftlichen Steuerlehre als einer angewandten Wissenschaftsdisziplin, DB 1984, S. 413-416.

WELLISCH (2000) Wellisch, Dietmar: Finanzwissenschaft II – Theorie der Besteuerung, München 2000.

WIDMANN (2013) Widmann, Werner: 20 Jahre USt-Binnenmarkt – Eine kritische Analyse, UR 1/2013, S. 15-24.

WIDMANN (2012) Widmann, Werner: Aktuelle Praxisfragen der Umsatzsteuer, UR 11/2012, S. 417-429.

WIDMANN (2014) Widmann, Werner, zu *§ 14c UStG*, in: Schwarz, Bernhard; Widmann, Werner; Radeisen, Rolf-Rüdiger (Hrsg.): Kommentar zum UStG, Freiburg 2009, Ergänzungslieferungen durch den Haufe Verlag, Stand 11.04.2015.

WINTER (1997) Winter, Matthias: Das Bermuda-Dreieck oder wie die Umsatzsteuer zum Sparmodell wurde, DB 15/1997, I.

WITTE (2013) Witte, Peter zu Art. 5a Zollkodex, in Witte, Peter: Zollkodex Kommentar, 6. Auflage, 3. Auflage, München 2013.

WITTMANN (2001) Wittmann, Edgar, in: Lange, Knut Werner; Wall, Friederike (Hrsg.), Risikomanagement nach dem KonTraG, München 2001, S. 259-281.

WÖHE (1991) Wöhe, Günther: Die Steuern des Unternehmens, 6. Auflage, München 1991.

WÖHE (1988) Wöhe, Günter: Betriebswirtschaftliche Steuerlehre – Die Steuern des Unternehmens – Das Besteuerungsverfahren, Band 1, Halbband 1, 6. Auflage, München 1988.

WÖHE (1978) Wöhe, Günter: Betriebswirtschaftliche Steuerlehre, Band 1, 5. Auflage, München 1978.

WÖHE (1973) Wöhe, Günter: Betriebswirtschaftliche Steuerlehre, Band 1, 2. Auflage, München 1973.

Wöhe/Döring (2002) Wöhe, Günther; Döring, Ulrich: Einführung in die allgemeine Betriebswirtschaftslehre, München 2002.

WOHLFAHRT (2013) Wohlfahrt, Beate: Umsatzbesteuerung und Umsatzsteuerausfall in der EU – Eine rechtliche und ökonomische Analyse, Mannheim 2013 – zugleich Diss. Universität Mannheim.

ZUGMAIER/KAISER (2013) Zugmaier, Oliver; Kaiser, Daniel: Entkriminalisierung der Anmeldung bei Umsatzsteuer und Lohnsteuer?, DStR 1-2/2013, S. 17-19.

Rechtsprechungsverzeichnis

Rechtsprechung des EuGH

Entschei-dung	Datum	Aktenzeichen	Fundstelle
Urteil	05.02.1996	C-85/95 – Reisdorf	UR 2004, S. 323
Urteil	08.06.2000	C-400/98 – Breitsohl	UR 2000, S. 329
Urteil	19.09.2000	C-454/98 – Strobel	UR 2000, S. 470
Urteil	12.07.2001	C-102/00 – Welthgrove BV	UR 2001, S. 533
Urteil	27.09.2001	C-16/00 – Cibo Participations	UR 2001, S. 500
Urteil	29.04.2004	C-152/02 – Terra	UR 2004, S. 323
Urteil	12.01.2006	C-354/03, C-355/03, C-484/03 – Fulcrum Electronics Ltd	IStR 2006, S. 132
Urteil	21.02.2006	C-255/02 – Halifax	UR 2006, S. 276
Urteil	06.04.2006	C-245/04 – EMAG Handel Eder OHG	UR 2006, S. 342
Urteil	06.07.2006	C-439/04 , C-440/04 – Recolta Recycling und Axel Kittel	UR 2006, S. 594 und DStR 2006, S. 1274
Urteil	15.03.2007	C-35/05 – Reemtsma	UR 2007, S. 343
Urteil	21.02.2008	C-271/06 – Netto Supermarkt	UR 2008, S. 508
Urteil	21.02.2008	C-425/06 – Part Service Srl	IStR 2008, S. 258
Urteil	13.03.2008	**C-437/06** – Securenta	DStR 2008, S. 615
Urteil	08.05.2008	C-95/07 – Ecotrade	UR 2008, S. 512
Urteil	15.07.2010	C-368/09 – Pannon Gép Centrum	UR 2010, S. 693
Urteil	16.12.2010	C-430/09 – Euro Tyre Holding BV	UR 2011, S. 176
Urteil	12.05.2011	C-107/10 – Enel Maritsa Iztok	UR 2011, S. 507
Urteil	01.03.2012	C-280/10 – Polski Trawertyn	UR 2012, S. 366
Urteil	29.03.2012	C-414/10 – Veleclair	UR 2012, S. 602
Urteil	21.06.2012	C-80/11, C-142/11, Mahagében, Péter Dávid	UR 2012, S. 591
Urteil	06.09.2012	C-273/11 – Mecsek-Gabona	UR 2012, S. 796
Urteil	06.09.2012	C-324/11 – Gabor Tóth	UR 2012, S. 851
Urteil	27.09.2012	C-587/10 – VSTR	UR 2012, S. 832
Urteil	19.12.2012	C-310/11 – Grattan plc.	UR 2013, S. 271
Urteil	18.12.2014	C-131/13, C-163/13, C-164/13 – Italmoda	Haufe-Index 7539707

Rechtsprechung des BFH

Entscheidung	Datum	Aktenzeichen	Fundstelle
Urteil	13.10.1960	V 294/58 U	BStBl. III 1960, S. 478
Urteil	12.03.1992	V R 70/87	BStBl. II 1992, S. 755
Urteil	**16.09.1993**	V R 82/91	BStBl. II 1994, S. 271
Urteil	25.01.1996	V R 42/95	BStBl. II 1996, S. 338
Urteil	**10.04.1997**	V R 26/96	BStBl. II 1997, S. 552
Urteil	02.04.1998	V R 34/97	BStBl. II 1998, S. 695
Urteil	08.03.2001	V R 61/97	BStBl. II 2004, S. 373
Urteil	09.10.2002	V R 64/99	BStBl. II 2003, S. 375
Urteil	28.11.2002	VR 54/00	BStBl. II 2003, S. 175
Urteil	23.10.2003	V R 2/02	BStBl. II 2004, S. 39
Beschluss	18.10.2007	V B 36/06 (NV) (veröffentlicht am 12.12.2007)	Haufe-Index 1930306
Urteil	03.04.2008	V R 76/05	BStBl. II 2008, S. 905
Urteil	14.04.2008	XI B 171/07 (nv)	IWW 082000
Urteil	30.04.2009	V R 15/07	BStBl. II 2009, S. 744
Urteil	08.07.2009	XI R 51/07	BFH/NV 2010, S. 256
Urteil	20.08.2009	V R 30/06	BStBl. II 2010, S. 863
Urteil	28.10.2010	V R 7/10	**BStBl. II 2011, S. 391**
Urteil	10.11.2010	XI R 11/09	BStBl. II 2011, S. 237
Urteil	07.07.2011	V R 53/10	BStBl. II 2013, S. 218
Urteil	19.07.2011	XI R 29/09	BStBl. II 2012, S. 430
Urteil	11.08.2011	V R 3/10	BFH/NV 2011, S. 2208
Urteil	14.12.2011	XI R 32/09	BFH/NV 2012, S. 1004
Urteil	15.12.2011	V R 48/10	BFH/NV 2012, S. 808
Urteil	18.04.2012	XI R 14/10	BFH/NV 2012, S. 1828
Urteil	11.07.2012	XI R 17/09	BFH/NV 2013, S. 266

Rechtsprechung des BGH

Entscheidung	Datum	Aktenzeichen	Fundstelle
Urteil	11.07.2002	5 StR 516/01	wistra 2002, S. 384
Urteil	01.10.2013	1 StR 312/13	DStR 8/2014, S. 365

Verzeichnis der Verwaltungsanweisungen

Deutschland

Anweisungen Straf- und Bußgeldverfahren (**AStBV**)	Anweisungen für das Straf- und Bußgeldverfahren (Steuer) 2014 vom 01.11.2013, BStBl. I 2013, S. 1394 ff. Behörde: Oberste Finanzbehörden der Länder, Vorgänger: AStBV 2013.
Bundeshaushaltsordnung (**BHO**)	vom 19.08.1969, BGBl. I S. 1284 ff. Zuletzt geändert durch Artikel 2 des Gesetzes vom 15.07.2013, BGBl. I S. 2395 ff.
BMF-Schreiben	vom 05.05.2014, Az. IV D 2 - S 7105/11/10001/IV D 2 – S 7105/13/10003, BStBl. I 2014, 820 ff.
BMF-Schreiben	vom 01.10.2010, Az. IV D 3 – S 7198/09/10002, BStBl. I 2010, S. 768 ff.
BMF-Schreiben	vom 18.04.1997, IV C 3 – S 7116, UR 11/1997, 231 ff.
Betriebsprüfungsordnung (**BpO**)	vom 20.07.2011, BStBl. I 2011, S. 710 ff. Zuletzt geändert durch die allgemeine Verwaltungsvorschrift zur Änderung der Betriebsprüfungsordnung vom 20.07.2011, BStBl. I 2011, S. 710 ff.
EStDV	Zuletzt geändert durch die Verordnung zur Änderung steuerlicher Verordnungen und weiterer Vorschriften vom 22.12.2014, BGBl. I 2014, S. 2392 ff.
OFD-Frankfurt	OFD Frankfurt/M., Verfügung vom 17.3.2010, S 7100a A – 4 – St 110, HaufeIndex 2382111.
OFD-Karlsruhe	OFD Karlsruhe vom 19.09.2005 zu § 13 UStG – USt-Kartei S 7270 Karte 2, UR 2006, S. 302 ff.
Umsatzsteuer-Anwendungserlass (**UStAE**)	Verwaltungsregelung zur Anwendung des Umsatzsteuergesetzes vom 01.10.2010, BStBl. I 2010, S. 846 ff. Zuletzt geändert durch BMF-Schreiben vom 11.12.2014, BStBl. I 2014.
Umsatzsteuer-durchführungs-verordnung (**UStDV**)	Vom 21.12.1979, BGBl. I 1979, S. 2359. Zuletzt geändert durch die Verordnung zur Änderung steuerlicher Verordnungen und weiterer Vorschriften vom 22.12.2014, BGBl. I 2014, S. 2392 ff.

Europa

Mehrwertsteuerdurchführungsverordnung der EU-Kommission (**MwStDVO**)	Durchführungsverordnung (EU) Nr. 282/2011 des Rates vom 15.03.2011 zur Festlegung von Durchführungsvorschriften zur Richtlinie 2006/112/EG über das gemeinsame Mehrwertsteuersystem (Neufassung), ABl. L 77 vom 23.03.2011, S. 1 ff. sowie Abl. L 84/22 vom 28.03.2015.

Rechtsquellenverzeichnis

Deutschland

Aktiengesetz (**AktG**)	vom 06.09.1965, BGBl. I 1965, S. 1089 ff. Zuletzt geändert durch das zweites Gesetz zur Modernisierung des Kostenrechts (2. Kostenrechtsmodernisierungsgesetz - 2. KostRMoG) vom 23.07.2013, BGBl. I 2013, S. 2586 ff.
Abgabenordnung (**AO**)	vom 16.03.1976, BGBl. I 1976, S. 613 ff.; 1977 I S. 269 ff. Zuletzt geändert durch das Gesetz zur Anpassung der Abgabenordnung an den Zollkodex der Union und zur Änderung weiterer steuerlicher Vorschriften vom 22.12.2014, BGBl I. 2014, S. 2417 ff.
Bürgerliches Gesetzbuch (**BGB**)	vom 02.01.2002, BGBl. I 2002, S. 42 ff. Zuletzt geändert durch das Gesetz zur Bekämpfung von Zahlungsverzug im Geschäftsverkehr und zur Änderung des Erneuerbare-Energien-Gesetzes vom 22.07.2014, BGBl. I 2014, S. 1218 ff.
Gesetz zur Modernisierung des Bilanzrechts (**BilMoG**)	vom 29.05.2009, BGBl. I 2009, 1102 ff.
Bilanzrechtsreformgesetz (**BilReG**)	vom 04.12.2004, BGBl. I S. 3166 ff.
Einkommensteuergesetz (**EStG**)	vom 16.10.1934, RGBl. I 1934, S. 1005 ff. Zuletzt geändert durch das Gesetz zur Anpassung der Abgabenordnung an den Zollkodex der Union und zur Änderung weiterer steuerlicher Vorschriften vom 22.12.2014, BGBl. I 2014, S. 2417 ff.
Finanzgerichtsordnung (**FGO**)	vom 06.10.1965, BGBl. I 1965, S. 1477 ff. Zuletzt geändert durch das Gesetz zur Durchführung der Verordnung (EU) Nr. 1215/2012 sowie zur Änderung sonstiger Vorschriften vom 08.07.2014, BGBl. I 2014, S. 890 ff.
Finanzverwaltungsgesetz (**FVG**)	vom 30.08.1971, BGBl. I 1971, S. 1426 ff. Zuletzt geändert durch das Gesetz zur Anpassung der Abgabenordnung an den Zollkodex der Union und zur Änderung weiterer steuerlicher Vorschriften vom 22.12.2014, BGBl. I 2014, S. 2417 ff.

Gewerbesteuergesetz (**GewStG**)	vom 21.03.1991, BGBl. I 1991, S. 814 ff. Zuletzt geändert durch das Gesetz zur Anpassung der Abgabenordnung an den Zollkodex der Union und zur Änderung weiterer steuerlicher Vorschriften vom 22.12.2014, BGBl. I 2014, S. 2417 ff.
Handelsgesetzbuch (**HGB**)	vom 10.05.1897, RGBl. 1897, S. 219 ff. Zuletzt geändert durch das Gesetz zur Umsetzung der Richtlinie 2012/17/EU in Bezug auf die Verknüpfung von Zentral-, Handels- und Gesellschaftsregistern in der Europäischen Union vom 22.12.2014, BGBl. I 2014, S. 2409 ff.
Körperschaftsteuergesetz (**KStG**)	vom 22.04.1999, BGBl. I 1999, S. 817 ff. Zuletzt geändert durch das Gesetz zur Anpassung der Abgabenordnung an den Zollkodex der Union und zur Änderung weiterer steuerlicher Vorschriften vom 22.12.2014 BGBl. I 2014, S. 2417 ff.
Steuerbürokratieabbaugesetz (**SteuBAG**)	vom 20.12.2008, BGBl. I 2008, S. 2850 ff.
Steuerberatungsgesetz (**StBerG**)	vom 04.11.1975, BGBl. I 1975, S. 2735 ff. Zuletzt geändert durch das Gesetz zur Anpassung des nationalen Steuerrechts an den Beitritt Kroatiens zur EU und zur Änderung weiterer steuerlicher Vorschriften vom 25.07.2014, BGBl. I 2014, S. 1266 ff.
Umsatzsteuergesetz (**UStG**)	vom 26.11.1979, BGBl. I 1997, S. 1953 ff. Zuletzt geändert durch das Gesetz zur Anpassung der Abgabenordnung an den Zollkodex der Union und zur Änderung weiterer steuerlicher Vorschriften vom 22.12.2014, BGBl. I 2014, S. 2417 ff.
Vorstandsvergütungs-Offenlegungsgesetz (**VorstOG**)	Gesetz über die Offenlegung der Vorstandsvergütungen vom 03.08.2005, BGBl. I 2005, S. 2267 ff.

Europa

Mehrwertsteuersystem-richtlinie (**MwStSystRL**)	vom 28.11.2006, ABl. Nummer L 347 2006, S. 1 ff. Richtlinie 2006/112/EG des Rates über das gemeinsame Mehrwertsteuersystem. Zuletzt geändert durch die Richtlinie 2013/43/EU des Rates zur Änderung der Richtlinie 2006/112/EG über das gemeinsame Mehrwertsteuersystem im Hinblick auf eine fakultative und zeitweilige Anwendung der Umkehrung der Steuerschuldnerschaft (Reverse-Charge-Verfahren) auf Lieferungen bestimmter betrugsanfälliger Gegenstände und Dienstleistungen vom 22.07.2013, ABl. Nummer L 201 2013, S. 4 ff.
Zollkodex (**ZK**)	vom 12.10.1992, ABl. Nummer L 302 1992, S. 1 ff., Verordnung EWG Nr. 2913/92 des Rates zur Festlegung des Zollkodex der Gemeinschaften. Zuletzt geändert durch die Verordnung (EU) Nr. 517/2013 des Rates zur Anpassung einiger Verordnungen und Beschlüsse in den Bereichen freier Warenverkehr, Freizügigkeit, Gesellschaftsrecht, Wettbewerbspolitik, Landwirtschaft, Lebensmittelsicherheit, Tier- und Pflanzengesundheit, Verkehrspolitik, Energie, Steuern, Statistik, transeuropäische Netze, Justiz und Grundrechte, Recht, Freiheit und Sicherheit, Umwelt, Zollunion, Außenbeziehungen, Außen-, Sicherheits- und Verteidigungspolitik und Organe aufgrund des Beitritts der Republik Kroatien vom 13.05.2013, ABl. Nummer L 158 2013, S. 1 ff.

Verzeichnis der sonstigen Quellen

Internetquellen:

BDI — Bundesverband der Deutschen Industrie e.V.
Pressemitteilung August 2010:
BDI Mängelliste des deutschen Steuerrechts, online verfügbar unter http://bdi.eu/Maengelliste-Steuerrecht.htm (Juni 2015).

Pressemitteilung März 2013:
Aktuelle Steuerrundschau – Kernforderungen zum Wahljahr 2013, online verfügbar unter http://www.bdi.eu/download_content/Marketing/Kernforderungen_zum_Wahljahr_2013_small.pdf (Juni 2015).

BMF (2013) — Bundesministerium der Finanzen: Steuereinnahmen 2012, online verfügbar unter http://www.bundesfinanzministerium.de/Web/DE/Themen/Steuern/Steuerschaetzungen_und_Steuereinnahmen/steuerschaetzungen_einnahmen.html (Juni 2015).

BMF-Pressemitteilung (2013) — Bundesministerium der Finanzen vom 19.04.2013: Umsatzsteuer-Sonderprüfung führte 2012 zu Mehrergebnissen in Höhe von rund 2,3 Mrd. Euro, online verfügbar unter http://www.bundesfinanzministerium.de/Content/DE/Standardartikel/Themen/Steuern/Steuerarten/Umsatzsteuer/BMF_Anordnungen_Allgemeines/2013-04-19-ust-sonderpruefungsergebnisse-2012.html?msg=6fde76edddcb45998a437f61ba937b70 (Juni 2015).

BSI (2014) — Bundesamt für Sicherheit und Informationstechnik: Cloud Computing Grundlagen, online verfügbar unter https:// www.bsi.bund.de/DE/Themen/CloudComputing/Grundlagen/Grundlagen_node.html (Juni 2015).

Destatis (2015) — Statistisches Bundesamt: Jährliche Wachstumsrate des B2C-E-Commerce-Umsatz in Deutschland, 2011 bis 2017, online verfügbar unter http://de.statista.com/statistik/daten/studie/324949/umfrage/wachstumsraten-des-b2c-e-commerce-umsatzes-in-deutschland/ (Juni 2015).

Destatis (2014) — Statistisches Bundesamt: TOP 100 der Informationspflichten nach Rangfolge (nv), online verfügbar unter https://www-skm. destatis.de/webskm/online/ (Juni 2015).

DESTATIS (2013A)	Statistisches Bundesamt: Anteil EU-Handel am gesamten deutschen Außenhandel 2012, online verfügbar unter https://www.destatis.de/DE/ZahlenFakten/GesamtwirtschaftUmwelt/Aussenhandel/Handelskennzahlen/Tabellen/AnteilEUHandel.html. (Juni 2015).
DESTATIS (2013B)	Statistisches Bundesamt: Außenhandel 2012, Rangfolge der Handelspartner im Außenhandel der Bundesrepublik Deutschland (mit Umsatz und Saldo), vom 19.7.2013, S. 1-6, online verfügbar unter https://www.destatis.de/DE/ZahlenFakten/GesamtwirtschaftUmwelt/Aussenhandel/Handelspartner/Tabellen/RangfolgeHandelspartner.pdf;jsessionid=EB2AC44AF259655192E56FE701E2E930.cae1?__blob=publicationFile (Juni 2015).
DIIR (2015)	Deutsches Institut für Interne Revision e.V., Definition der Internen Revision, online verfügbar unter http://www.diir.de/ueber-das-diir/berufsgrundlagen/definition-interne-revision/ (Juni 2015).
EU-KOMMISSION (2014)	Europäische Kommission, Pressemitteilung vom 23.10.2014: Milliardenverluste durch Mehrwertsteuer-Lücke, online verfügbar unter http://europa.eu/rapid/press-release_IP-14-1187_de.htm (Juni 2015).
IFO INSTITUT (2008 u. 2007)	Leibniz-Institut für Wirtschaftsforschung an der Universität München e. V, Pressemitteilung vom 30.6.2008: Betrügereien bei USt geht zurück, online verfügbar unter http://www.cesifo-group.de/de/ifoHome/presse/Media-Coverage/deutsch/2008/ifo_Presse_Echo_2008_Juni__Aug_/medienecho_7467841_echo-ftd-30-06-08.html (Juni 2015). Pressemitteilung vom 29.05.2007: Betrug bei der USt geht zurück, online verfügbar unter http://www.cesifo-group.de/de/ifoHome/presse/Media-Coverage/deutsch/2007/ifo_Presse_Echo_2007_Mai__Aug_/medienecho_5019981_echo-hdbl-29-05-07.html (Juni 2015).
IHK REGION STUTTGART (2015)	Industrie- und Handelskammer Region Stuttgart am 01.01.2015, online verfügbar unter http://www.stuttgart.ihk24.de/recht_und_steuern/steuerrecht/Umsatzsteuer_Verbrauchssteuer/Umsatzsteuer_international/971964/Konsignationslager.html (Juni 2015).

IIA (2013) The Institute of Internal Auditors (Hrsg.), Position Paper: Three Lines of Defence in Effective Risk Management and Control, 2013, online verfügbar unter https://na.theiia.org/standards-guidance/Public%20Documents/PP%20The%20Three%20Lines %20of%20Defense%20in%20Effective%20Risk%20Managemen t%20and%20Control.pdf (Juni 2015).

IVW (2015) Informationsgemeinschaft zur Feststellung der Verbreitung von Werbemitteln, online verfügbar unter http://www.ivw.eu/print/quartalsauflagen/quartalsauflagen (Juni 2015).

RMCD (2015) Royal Malaysian Customs Department am 24.01.2014, online verfügbar unter http://gst.customs.gov.my/en/gst/Pages/gst_ci.aspx (Juni 2015).

SPIEGEL ONLINE (2015) Spiegel Online: Hackerangriff – Sony zahlt betroffenen Mitarbeitern Entschädigung, online verfügbar unter http://www.spiegel.de/wirtschaft/unternehmen/hackerangriff-auf-sony-firma-entschaedigt-mitarbeiter-a-1058809.html (Juni 2015).

STATISTISCHES AMT FÜR HAMBURG U. SCHLESWIG-HOLSTEIN Siehe Unternehmensregister des Statistischen Amtes für Hamburg und Schleswig-Holstein, online verfügbar unter http://www.statistik-nord.de/fileadmin/Dokumente/Pressein formationen/SI06_021_F.pdf (Juni 2015).

SÜDDEUTSCHE (2014) Süddeutsche Zeitung vom 11.02.2014: Daten sind das neue Öl, online verfügbar unter http://www.sueddeutsche.de/wirt schaft/google-wertvoller-als-exxon-mobil-daten-sind-das-neue -oel-1.1885188 (Juni 2015).

TU BERLIN (2015) Technische Universität Berlin vom 31.03.2015, Fakultät Wirtschaft u. Management, Fachbereich Informations- u. Kommunikationsmanagement, online verfügbar unter: tu-berlin.de/menue/forschung/cloud_computing/ (Juni 2015).

UNITED NATIONS (2013) United Nations Statistics Division (Hrsg.), online verfügbar unter: http://unstats.un.org/unsd/cr/registry/regcst.asp ?Cl=27 &Lg=1&Top=1 (Juni 2015).

Weitere Quellen:

IFO-INSTITUT (2013)	Interne Erhebung zum Steuerausfall im USt-Bereich für die Länderfinanzbehörden (nv), eingesehen bei der Finanzverwaltung.
SENAT DER FREIEN UND HANSESTADT HAMBURG (2015)	Schriftliche Antwort, Drucks. 21/761, 2015.
SENAT DER FREIEN UND HANSESTADT HAMBURG (2014)	Schriftliche Antwort, Drucks. 20/11954, 2014.

The manufacturer's authorised representative in the EU is Springer Nature Customer Service Centre GmbH, Europaplatz 3, 69115 Heidelberg, Germany. If you have any concerns regarding our products, please contact ProductSafety@springernature.com

Printed and bound by CPI Group (UK) Ltd, Croydon, CR0 4YY

21/10/2026

02237175-0004